中国社会科学院青年学者文库

历史考古研究系列

中国社会科学院创新工程学术出版资助项目

八旗佐领
承袭制度初探

INHERITANCE SYSTEM OF
EIGHT BANNERS NIRU DURING QING DYNASTY

关 康 著

社会科学文献出版社
SOCIAL SCIENCES ACADEMIC PRESS (CHINA)

·中国社会科学院青年学者文库·
总　序

　　中国社会科学院拥有一支朝气蓬勃的青年研究队伍，他们多数是毕业于本院研究生院和全国许多著名大学的博士生、硕士生，有的曾出国求学。他们接受过严格的专业训练，基础知识扎实，目光敏锐，视野开阔。目前，在经济学、哲学、宗教学、社会学、法学、国际问题、文学、语言学、史学等主要学科领域，正有越来越多的青年研究人员承担起重要的研究工作。他们中间有的已经崭露头角，有的已经成为博士生导师、学术带头人，在学科建设和发展中起着重要的作用。

　　在社会转型时期，社会主义市场经济既为社会科学提供了机遇，同时，研究事业也面临着诸多困难和新问题。其中一个亟待解决的困难就是学术著作出版难的问题。社会科学研究主要是通过论著的形式作用于社会，出版问题得不到解决，研究成果就难以产生其应有的社会效应，研究人员的劳动价值也就得不到社会的承认。目前，学术著作出版难已经成了一个困扰研究人员的普遍的社会现象。名家的著作尚且难出版，青年人的就更难了，对青年科研人员来说，学术成果能否被社会所接受比物质生活待遇好坏似乎更为重要。因此，如何解决好这个问题，是关系到科研队伍的稳定和研究事业后继有人、兴旺发达的根本问题。值得庆幸的是，在这样的情况下，社会科学院仍然有相当一部分青年学者兢兢业业，埋头苦干，致力于学科建设和研究事业，在比较艰苦的科研环境和条件下不断做出成绩，这是令人钦佩和感人至深的。从他们身上，不仅能看到可贵的爱国情操和献身事业的精神，还能看到社会科学研究事业乃至社会主义中国的希望。

有这样的精神风貌，相信他们必将能够成为跨世纪的栋梁之才。

出版《中国社会科学院青年学者文库》既是基于学术研究事业的考虑，也是为了实实在在地帮助青年学者，解决他们学术成果出版难的问题。通过丛书的编辑出版，一方面让青年学者的辛勤所得能够得到社会的承认，另一方面让他们的成果接受社会和实践的检验和学界的评判，以利于提高他们的水平，促使他们尽快成才。繁荣学术，扶植青年，我想这是编辑《文库》的两个最重要的宗旨吧。

至于《文库》能不能起到这个作用，有没有好的社会效果，就取决于大家的努力和合作了。若干年后再来看这件事情，也许就清楚了。

胡　绳

一九九四年一月三十日

目　　录

表格目录

3

导　言

一　研究综述

有清一代的制度可用"参汉酌金"四字概括。"参汉"是沿袭中原王朝特别是明朝的中央官制，包括地方州县制，赋税、科举、礼乐等制度。"酌金"则是保存所谓满洲旧制，其中最显著者即八旗制度。八旗制度将满、蒙、汉军等族群分为旗、参领、佐领三级，任命都统、副都统、参领、佐领、骁骑校等管理，达到以旗统兵民的目的。而不同族群长期生活在八旗系统内，逐渐融合，为现代满族的形成创造了条件。

从 20 世纪初开始，中、日学者着手研究清史、满族史。他们首先关注的问题就是八旗制度的基层单位——佐领。学者就佐领出现的时间、性质、分类等问题展开研究，取得的成果为笔者的研究打下了基础并提供了很多启示。以下就与本书有关的四个问题分别介绍。

1. 佐领的性质

佐领 [①] 是兼具血缘、地缘因素的组织。早期的日本学者大多注意到佐领为女真人依据"族"（uksun）、"寨"（gašan）等单位结成的狩猎组织。[②]

[①] 清代汉文"佐领"一词兼指八旗的一级组织和该组织的长官，满文则以 niru（牛录）、nirui ejen（牛录额真）、nirui janggin（牛录章京）区分组织、官职和官员。相比满文，汉文的表达似易产生歧义，但为行文统一，本书遵从清代汉文文献习惯，只采用"佐领"一词。清代的佐领包括旗分佐领、内务府佐领、八旗蒙古所辖八旗察哈尔佐领等。本书的研究对象为旗分佐领中的世袭佐领，故公中佐领、内务府佐领以及驻防佐领不在考察之列。

[②] 旗田巍:《对满洲八旗成立过程的考察》,《东亚论丛》第二辑，东京文求堂，1940，第 75 页。

噶山、穆昆（mukūn）等"原生集团"的首领后来成为八旗长官（包括佐领、骁骑校），而他们对原有部众的管理权得到承认，这直接成为新的军事编制的基础。[1] 鸳渊一提出，清太祖利用征伐和怀柔的双重手段，将各独立的氏族、部落集团结合成一个新的集团。八旗制是组建中央集权国家的重要手段，它需要强有力的君主独裁以及成体系的官僚集团，因此八旗的各级长官必须对君主绝对服从，其所属的旗人服从各自长官，遂形成一个有机而简单的组织。[2] 旗田巍利用《李朝实录》宣祖朝的史料和申忠一《建州纪程图记》，提出万历二十三年前后，满洲的军事统帅为清太祖和舒尔哈齐兄弟，前者拥有最高权力，在国内实行专制统治。所属军团以五色旗来区分，基本单位由各部落民组成，直接指挥者为投降的各部酋长。因此佐领取代了乌克孙、噶山，消灭了这种基于血缘、地缘关系的独立的松散联合体，为后金的进一步发展提供了可能性。[3]

傅克东、陈佳华提出，清初的满洲佐领保留了氏族制末期的特色，大多数佐领基于血缘关系而设立，而以地缘为基础的佐领随着后金统治地区的扩大，显得越来越重要。此时的佐领具有军事、经济等多方面的功能，成为奴隶制国家统治的工具。[4]

至于为何清太祖要承认长官对佐领下人的领属权，姚念慈认为，作为职官的佐领的出现是清太祖与各投顺酋长实现双赢的结果，前者可以成为盟主，后者只要服从新的盟主，就可以保留对部众的管理权。但此时的佐领已是正式的官员，同时是族寨的代表。[5]

杉山清彦超越制度史的范畴，着眼于满洲的氏族，提出后金重要的八旗大臣以清太祖家族和五大臣、各部酋长和姻亲为主，这些人的门第和功绩是他们拥有权力的基础，有力家族对权力的占有成为这一时期政治的特点。[6]

---

[1] 旗田巍：《对满洲八旗成立过程的考察》，《东亚论丛》第二辑，第76页。

[2] 鸳渊一：《关于清初的八固山额真》，《山下先生还历纪念东洋史论文集》，六盟馆，1938，第197页。

[3] 旗田巍：《对满洲八旗成立过程的考察》，《东亚论丛》第二辑，第81、91页。

[4] 傅克东、陈佳华：《佐领述略》，中国社会科学院民族研究所编《满族史研究集》，中国社会科学出版社，1988。

[5] 姚念慈：《清初政治史探微》，辽宁民族出版社，2008，第18页。

[6] 杉山清彦：《清初八旗制下的满洲氏族》，细谷良夫主编《清朝史研究的新地平线》，山川出版社，2008，第22页。

2. 佐领的分类

佐领分类是一个复杂的问题，这是因为一方面入关前史料保存有限，另一方面清代文献分类标准混乱。较早涉及佐领分类研究的学者为安部健夫。他结合《满文老档》和《碑传集》等史料提出清初史料中的"世佐领"即专管佐领，"袭佐领"为此外的永管佐领，"公佐领"则是公中佐领。①

承志系统地阐述了从入关前到雍正朝的佐领分类法。入关前佐领分为属于汗与诸王的内牛录、属于部分宗室和异姓功臣的专管佐领。专管佐领即永管佐领，一部分成为后来的勋旧佐领。康熙朝开始根据"承袭条件"分为原管、世承、凑编佐领，雍正时期出现了勋旧、世管、公中三分法，以及后来的勋旧、世管、轮管、公中四分法。②

郭成康根据佐领属员的民族成分，提出可分为满洲、蒙古、汉人佐领，他们提出这种分类原则在历史上一直存在，但佐领由各民族人丁混编，所以实际情况相当复杂。此外，按佐领的领属关系可分为内牛录、外牛录。作者依据《满文老档》等史料证明前者为贝勒的包衣，包括管领、辛者库。外牛录属于国家。从世袭权的角度，又分为永管和公中两种。作者利用《历朝八旗杂档》，提出开国时期的永管佐领大多是率属来归和因功获得人口者，清太祖、太宗尊重前者对属下的管理权，令其世代承袭，但并不一定是父子相继，有时会在本家族近支中拣选适宜之人。后者虽然也能世袭，但属下为君主分配。他们注意到永管佐领中还有一部分享有免人丁特权的专管佐领。③

陈佳华、傅克东还关注到入关后佐领的分类，二人提出在组织佐领和解决佐领继承的实践过程中逐渐从原来的内牛录、外牛录中分出了勋旧、优异、世管、轮管、族袭五种佐领。他们根据《清通志》等文献，梳理了雍、乾两朝佐领分类的变化。在清世宗时期出现的袭佐领、世佐领和公佐领中，世佐领即入关前的专管佐领，袭佐领则是世管佐领，雍正五年之后开始出现勋旧、优异、世管、轮管、公中的名目。其中世管佐领由功臣和部分白身人管理。而公中佐领来自世管佐领，其形成受到佐领的既有法权

---

① 安部健夫：《八旗满洲牛录的研究》，《清代史研究》，创文社，1971。
② 承志：《关于八旗牛录的根原与牛录分类》，《东洋史研究》第65卷第1号，2006年。
③ 郭成康：《清初牛录的类别》，《史学集刊》1985年第4期。

限制。族袭佐领则是在处理佐领继承的问题时产生的，其前身为无根原公
中佐领。但作者认为专管佐领和原管佐领就是后来的勋旧佐领，族袭佐领
虽有族权限制，但仍然类似公中，所以是"小公中"。① 以上两种说法均不
准确，笔者将在正文部分阐述。

3. 对专门档案的研究

入关前的《满文原档》《内国史院档》以及入关后的佐领执照、佐领根
原册等是清朝形成的有关佐领的档案。因目前《历朝八旗杂档》不能利用，
故以上文献是研究佐领起源、承袭问题最重要的依据。

承志将相关档案分为佐领根原册、执照、家谱三种。其中一手材料为
有关佐领根原的奏折、家谱册、执照。他注意到三种材料的关系，提出奏
折为家谱册、执照制作的根据。家谱册、执照出现于乾隆朝，由八旗都统
衙门、兵部和佐领本人保管。此外，他还提到执照印轴的制作标准化。②

松村润介绍了东洋文库保存的四件新满洲佐领《世管佐领执照》，并结
合《八旗则例》等文献考察了此类佐领执照的形式、内容。③ 细谷良夫在
《关于盛京镶蓝旗新满洲世管佐领执照》（《江上波夫教授古稀纪念论集》，
1997）、《关于盛京镶蓝旗新满洲世管佐领执照——以世管佐领的承袭为中
心》（《文经论丛》第 12 卷第 4 号，1977 年）两篇文章中，介绍了佐领执照
的样式和内容，并讨论了新满洲世管佐领的承袭问题。

沈微、唐英凯介绍了辽宁省档案馆藏的世袭谱档。作者简介了杨善、
逊达礼、沙哈连等谱档及其反映的佐领变迁，并提出世袭谱档作为"满洲
某一家族传承与发展的历史记录，它的传承与发展是与八旗兴衰紧密相连
的，国史及八旗史难以巨细无遗，而佐领的传承史则能细致入微，大者可
从局部反映整个八旗制度的发展与变化，小者则因其有'资治、教化、存
史'的功能，而对家族有寻根溯源，激励人心，增强族中成员对家族、对
八旗、对民族的向心力与凝聚力的作用"。④ 此外，一些世袭谱档记载的佐

---

① 傅克东、陈佳华：《清代前期的佐领》，《社会科学战线》1982 年第 1 期。
② 承志：《关于八旗牛录的根原与牛录分类》，《东洋史研究》第 65 卷第 1 号，2006 年。
③ 松村润：《关于东洋文库所藏满文文书之二三——以世管佐领执照为中心》，神田信夫主编《清朝史论考》，山川出版社，2005。
④ 沈微、唐英凯：《辽宁省档案馆藏〈世管佐领及世职承袭谱档〉》，支运亭主编《八旗制度与满族文化》，辽宁民族出版社，2002，第 144 页。

领变化反映了"八旗制度中皇权与王权的斗争以及八旗制度的发展"。①

杉山清彦和绵贯哲郎分别介绍了《历朝八旗杂档》(《中国第一历史档案馆藏〈历朝八旗杂档〉简介》,《满族史研究通信》1999 年 8 月,满族史研究会)和《八旗世袭谱档》(《关于所谓〈八旗世袭谱档〉》,《满族史研究通信》2000 年 4 月,满族史研究会)的命名、主要内容、保存情况和史料价值。哈斯巴根介绍了东洋文库藏镶白旗蒙古都统衙门档案(以下简称《镶白旗蒙古档》)的类型、内容,注意到其中有大量关于佐领承袭的档案。② 张春阳对世袭佐领执照的来源、形式、内容等做了考察。③

4. 世袭规则

佐领的世袭经过从习惯法到成文法的变迁,其系统化完成于乾隆朝,其标志是《钦定拣放佐领则例》《缮折房六条例》的出台。此后直到民国初期,佐领的世袭制度没有太大变化,这说明该制度已经完善。

承志提出到天命时期开始颁发佐领敕书,天聪五年、八年两次确定佐领的世袭制度,特别是天聪五年制定了《功臣职世袭例》。此外,作者还分析了雍正五年八月清世宗在对世袭佐领的训谕中提到的承袭制度。④ 不过作者没有注意到《功臣职世袭例》中的"牛录章京"是爵位,即后来的骑都尉,而非佐领。

乾隆初期,清政府颁布第一部详细的佐领承袭规范《钦定拣放佐领则例》,这标志着佐领承袭制度进入新的阶段。然而有关这部则例的研究目前仅有赵令志、细谷良夫《〈钦定拣放佐领则例〉及其价值》一文(《清史研究》2013 年第 4 期)。作者考察了这部则例的形成、内容、体例,并与乾隆三十年《缮折房六条例》比较,提出前者后来虽因内容烦冗被精简为六条,但内容没有本质变化,其作为《缮折房六条例》的补充,仍然发挥效力。

石桥秀雄和绵贯哲郎对《缮折房六条例》进行过细致的研究。石桥秀雄注意到,《缮折房六条例》的出现源于世袭佐领的正、陪分额分配不均,

---

① 松村润:《关于东洋文库所藏满文文书之二三——以世管佐领执照为中心》,神田信夫主编《清朝史论考》,第 145 页。

② 哈斯巴根:《东洋文库藏镶白旗蒙古都统衙门档案述评》,《清史研究》2015 年第 4 期。

③ 张春阳:《清代八旗佐领印轴考论——兼谈印轴称谓问题和清代的"执照"》,《清史研究》2022 年第 3 期。

④ 承志:《关于八旗牛录的根原与牛录分类》,《东洋史研究》第 65 卷第 1 号,2006 年。

之前的条例内容烦冗，该条例颁布后即成为此后办理佐领承袭的依据。作者还比较了《清高宗实录》和光绪《钦定大清会典事例》收录的汉译本与满文条例的区别，提出汉译本对后者有很多精简、删节。① 绵贯哲郎逐条列举了《缮折房六条例》的内容，并考察了佐领三分法中勋旧、世管佐领和"六条例"的嫡派、优异、轮管、绝嗣、同编、族袭条以及嘉庆《大清会典》中佐领分类的关系。②

二 本书目标及章节设置

笔者认为，目前学术界对佐领制度的研究存在畸轻畸重的现象。一方面有关佐领出现时间的讨论非常多，以至于形成若干互相不能说服的假说，对佐领的性质、与女真传统社会的关系问题也已经讨论到没有太大前进余地的地步。另一方面，对佐领的承袭、分类（特别是针对某一类型佐领的专论）关注非常少，对重要家族的讨论大多仍然不超过清初时期，而对他们在清中后期的发展变化研究也非常不足。此外，对额亦都、尚氏、李氏（李永芳、李成梁家族）、耿氏、祖氏家族的研究非常深入，但八旗中的另外一些重要人物如孟乔芳、张朝璘、沈志祥、阿什达尔汉等被忽略，且世袭佐领是否与这些家族的兴衰有关，还没有被注意到。

在本书中，笔者试图将世袭佐领放置在清王朝的独特属性视角之下考察其形成及存在意义。杉山清彦在《大清王朝的形成与八旗制》一书中提出，清王朝存在旗、参领、佐领和君主、旗王、属下旗人两个系统。这一观点将八旗的建制和领属关系分开，因此作者可以在详细分析功臣家族、勋伦贵族在各旗的分布后得出结论：清王朝实际上是以君主为核心，由爱新觉罗家族和与其有各种联系的有力家族组成上层结构，再加上一般家族组成的下层结构，共同架构起的联合政权。③ 同时，世家（皇室、功臣、

---

① 石桥秀雄：《围绕六条例——清朝八旗制度研究的一环》，神田信夫先生古稀纪念论集编纂委员会编《清朝与东亚：神田信夫先生古稀纪念论集》，山川出版社，1992。

② 绵贯哲郎：《六条例的成立——乾隆朝八旗政策的一个断面》，《社会文化史学》第45号，2003年。

③ 杉山清彦：《大清王朝的形成与八旗制》，名古屋大学出版会，2015，第297页。

扈伦等部落的贵族）、血缘因素在授职方面具有决定作用。[①] 笔者认为，八旗制度具有鲜明的世袭特征，因此将世家作为研究八旗制度的切入点是非常正确的。但是从各种史料看，八旗世家通常拥有数量不等的世袭佐领，这些世袭佐领和世家的关系是什么？前者是否构成后者的基础？世袭佐领是不是八旗体系和具有领属关系的君主—旗王—旗人体系的连接点？此外，八旗制度是清王朝与传统中原王朝的重要区别，该制度塑造的世家也就理所当然地成为王朝的特色，那么世家在有清一代是静态的抑或动态的？从他们的发展变化中是否能够看到清王朝在某些方面的转化？这两组问题是笔者所要关注的。

本书分为三个部分。第一部分关注世袭佐领的形成，第一章追溯佐领制度的起源，其如何从女真人临时的狩猎组织演化成具有血缘、地缘特性的佐领组织，关注职官属性的出现，并与金代的猛安谋克制度进行比较。第二章关注承袭制度从最初的入关前习惯法到顺、康、雍三朝的演变，分类制度的确立及完善，特别详细考察两部承袭章程——《钦定拣放佐领则例》《缮折房六条例》的内容。

第二部分包括第三、第四、第五章，分别选取正白旗满洲、镶黄旗蒙古、镶红旗汉军，从满洲姓氏地望、蒙古部落、汉军佐领类型三个角度重点研究这三个旗世袭佐领的编设、承袭。

第六章为第三部分。首先以额亦都家族为例探讨入关前形成的拥有专管佐领的八旗世家，证明这一时期清王朝具有鲜明的贵族政治特色。接下来以甘文焜家族为个案，介绍该家族在有清一代的兴衰，揭示世家衰落从表面上看是世袭贵族的门第、血缘逐渐让位于个人能力，本质上则是王朝政治取向的转变。

在结语部分，笔者阐明世袭佐领对清王朝的意义，一是塑造了一个忠于王朝的既得利益集团，二是该制度体现了清王朝政治的特色，但随着清王朝从贵族政治蜕变到官僚政治，八旗世家逐渐衰退。

---

① 杉山清彦：《大清王朝的形成与八旗制》，第 94 页。

三 主要史料

本书采用的史料除传统上的《实录》《会典》《八旗通志初集》《钦定八旗通志》《八旗满洲氏族通谱》外，主要为满文文献，如《满文原档》《满文世袭谱档册》《八旗世职谱档》《正红旗满洲档》等。笔者拟对有关世袭佐领的档案做一简要介绍。

1. 入关前的档案

清太祖起兵不久，即令额尔德尼等记录国政。天聪五年，清太宗模仿明朝翰林院设立文馆，后析为内三院，其中内国史院负责记录事件：

> 记注皇上起居、诏令，收藏御制文字，凡皇上用兵行政事宜编纂史书，撰拟郊天告庙祝文及升殿宣读庆贺表文，纂修历代祖宗实录，撰拟矿〔矿〕志文，编纂一切机密文移及各官章奏，掌记官员升降文册，撰拟功臣母妻诰命、印文，追赠诸贝勒册文。凡六部所办事宜可入史册者选择记载，一应邻国远方往来书札俱编为史册。①

开国两代君主有意识地记录国史，因而形成了数量可观的档案，包括《满文原档》《天聪五年八旗值月档》《天聪八年档》《天聪九年档》《崇德三年档》《内国史院档》等。这些档案记载了很多佐领早期的情况，虽然有些内容见于实录、传记以及后来的佐领档案，但作为一手史料仍有很高的价值。

2. 入关后的中央档案

入关后，佐领的编设、承袭归八旗都统衙门承办，在特定情况下，还有户部、兵部、内阁参与，所以上述部门都保存有与世袭佐领有关的档案。此外兵部还向佐领和佐领下穆昆大颁发一种印轴形式的佐领执照。

入关后最重要的档案是都统衙门的拣放奏折和拣放佐领档册。佐领出

---

① 《清太宗实录》卷28，天聪十年三月辛亥，中华书局，1985，第355页。

缺后由都统奏请题补，呈报包括佐领根原[①]、承袭家谱[②]在内的材料，并由都统、副都统将拟正、拟陪人员带领引见。在这一过程中形成的奏折须誊写副本，带领引见人员名单以及拣放结果都要记录下来，由各旗都统衙门保存。为行文之便，笔者将此类档案命名为"拣放奏折"。收藏于东洋文库的《镶红旗档》《镶白旗蒙古档》和收藏于哈佛大学图书馆的《正红旗档》都有相当数量的拣放奏折。目前已有学者对《镶红旗档》和《镶白旗蒙古档》做了介绍，且前者的目录已出版，并有汉译本。[③]惟《正红旗档》虽已电子化并公布，但目前尚未见介绍，本书拟对《正红旗档》中有关佐领的档案做一简要说明。

《正红旗档》是正红旗满洲都统衙门抄录的奏折副本，共收录雍正十二年至光绪三十年拣放世职、世爵的录副奏折 78 份，其中有关佐领的有 46 份，涉及 13 个京旗、驻防八旗佐领。从历次拣放佐领时都统向皇帝呈递奏折的副本看，这类奏折有固定格式，皆首先说明何佐领出缺，次叙佐领根原，最后是都统基于佐领类型和承袭规则拟定的拟正、拟陪、列名人员名单。自雍正朝开始，拣放世袭佐领时要绘制家谱进呈御览，东洋文库的《镶红旗档》《镶白旗蒙古档》都附有家谱，但《正红旗档》缺，原因不详。

因拣放佐领时，经常要查阅过去的承袭奏折，如果只保存奏折副本，日后检索非常不便，所以各旗将所辖佐领的根原汇编成册，作为一种专门档案备考。后来的档案提到康熙时期有一种"拣放佐领档册"（nirui janggin sindaha dangse）。但此为朝廷指定的流程抑或各旗自发的行为，尚不得而知。以笔者所见，这类档案都是线装本。如中国国家图书馆藏无年月《镶蓝旗汉军世管佐领原由家谱清册》，因官印中的满文是楷书，故这份清册

---

① 佐领根原（nirui da sekiyen）系关于佐领编设原因、历次承袭情况、承袭权的授予和褫夺情况之统称。清代文献中写作"根原"。本书依从当时说法。

② 承袭家谱是拣放世管佐领时由佐领本家提交的家谱，这种家谱只开列有承袭分额的人员，并在名下标注任次。

③ 柳泽明、阿拉腾：《东洋文库藏雍乾两朝〈镶红旗档〉概述》，《满语研究》2012 年第 1 期。汉译本有两种，分别为《清雍正朝镶红旗档》（刘厚生译，东北师范大学出版社，1985）、《雍乾两朝镶红旗档》（关嘉录译，佟永功校，王钟翰审，辽宁民族出版社，1987）。按，关嘉录即关嘉禄。《镶白旗蒙古档》的情况见哈斯巴根《东洋文库藏镶白旗蒙古都统衙门档案述评》，《清史研究》2015 年 4 期。

必然作于乾隆十三年创制满文篆书之前。家谱清册收录十二个佐领的根原、佐领下人呈报的编入佐领原因以及家谱，内容大体与《八旗通志初集》和《钦定八旗通志》的《旗分志》一致，但记录了各佐领下人丁的来源，对研究佐领下人员的构成有帮助。[1]

世袭佐领数量庞大，继承时遇到的问题多种多样，早在康熙时期就有很多家族因佐领根原不明，围绕继承权对簿公堂，所以理顺佐领承袭规则和查清佐领根原就成为最重要的一环。承袭规则的制定经历了百余年，至乾隆四十三年才告完善。清查佐领根原的前提是搞清每一个佐领因何种原因编设，最初由何人管理，然后方能确定佐领类型，并按照类型分配承袭分额（ubu），即家族中各支派、房系的拟正、拟陪、列名资格。雍正十一年，鉴于世职、佐领家族为了争夺承袭权诉讼公堂，清廷要求各旗制作佐领清册，十年一修，一式两份分别交内阁和都统衙门保存，作为日后承袭时的参考依据：

> 凡承袭世职、补放佐领等事，造具清册一本，用都统印信，送内阁存贮；另造一本，用参领关防、佐领钤记外，令十岁以上有名之人悉行画押，送该旗公署收贮。至十年照例另行造册，用印存贮。[2]

乾隆二年，清高宗下令彻底清查京旗、驻防旗全部世袭佐领根原。流程是先由佐领本人呈报根原，次由佐领下各穆昆大呈报编入佐领的原由并声明有无继承权。都统将佐领根原核对入关前档案和实录，确认无误后令全佐领人员画押，拟定佐领类型并交办理佐领根原事务处（niru sekiyen i baita be icihiyara ba）审核。审核完成再交办理八旗官员佐领给分事务处（jakūn gūsai hafan niru ubu bahabure baita be icihiyara ba），根据承袭的情况（原立佐领人嫡派子孙承袭、原立佐领人与亲兄弟伯叔子孙承袭、原立佐领人绝嗣），以支派（gargan）、房（boo）为单位分配拟正、拟陪、列名分额。在以上过程中，任何部门发现疑问都会将申请驳回，饬令查清

---

① 《镶蓝旗汉军世管佐领原由家谱清册》（无年月），中国国家图书馆藏清抄本，编号17899。

② 《谕行旗务奏议》，学生书局，1976，第 717 页。

并修改佐领根原。如果佐领根原清楚，办理顺利，最终至少会形成三份奏折。都统衙门将每个佐领的根原、清查根原时形成的奏折、家谱抄录成册，有些还包括各穆昆大的呈文等。十年到期，重新誊录旧册，将新的人事变动补入。

按照雍正十一年的规定，档册一式两份分别交内阁和都统衙门存藏。保存在内阁的档案就是现在中国第一历史档案馆藏内阁全宗的《满文世袭谱档册》和《内阁八旗世职谱档》。前者现存 483 册，包含世爵世职册、家谱、佐领原由档、袭职家谱档、家谱照抄册；后者 446 册，以世职官承袭档案为主，包括谱册、大修、敕书册、画押册、诰命册、袭官册、战功原由册等，另有少部分汉军和驻防世袭佐领的档案。已知最早的一份是雍正十二年的《镶红旗汉军祝致英承袭佐领家谱册》，最晚的是光绪三十二年《正蓝旗蒙古头甲喇世袭佐领职员等原由家谱册》。这些档案的形式并不统一，或一佐领一册，或数个佐领一册，或整旗一册。以道光十三年《正白旗满洲世管佐领那拉春佐领根原敕书册》为例，这份档案由正文和家谱两部分组成。正文上万字，由多份奏折组成。第一份是乾隆二年正白旗满洲都统弘盛奏查办该佐领根原。首先引用佐领那汉泰、纳延泰、西尔哈呈报的佐领根原，其次是佐领下各穆昆大呈报的各族原籍、编入佐领原由。其后都统弘盛根据实录和无圈点档确定佐领根原无误，并定该佐领为世管佐领。最后是办理佐领根原事务王大臣庄亲王允禄、钦派查办八旗官员佐领给分事务王大臣的多份奏折，确定了承袭分额的分配方案。[1] 光绪十一年的《正白旗满洲世管佐领常续根原册》篇幅短，只保留三个佐领的编设原因和截至光绪时期的承袭情况，省略了前述档案中的奏折。[2]

以笔者所见，《满文世袭谱档册》虽然形式、篇幅各异，但大多包括佐领根原，清查佐领根原、分配承袭分额时形成的档案以及家谱图，有些还有佐领下各家族呈报的编入佐领原由，少部分附带领引见时的拟正、拟陪

---

① 《正白旗满洲世管佐领那拉春佐领根原敕书册》（道光十三年），中国第一历史档案馆藏《内阁全宗·清代谱牒档案·满文世袭谱档册》，编号 359。本书所引清代内阁档案，均出自中国第一历史档案馆所藏，下不另注。

② 《正白旗满洲世管佐领常续根原册》（光绪十一年），《内阁全宗·清代谱牒档案·满文世袭谱档册》，编号 347。

名单，以及有无分额人员名单。可以说《满文世袭谱档册》是研究佐领承袭问题的最主要档案。

都统衙门和内阁的档案没有分抄发给个人的可能，所以从乾隆初开始，由兵部将印轴形式的执照（temgetu bithe）颁发给佐领和佐领下的穆昆大，遇有人事变动，只要无破损，就可以在旧执照后添写。中国国家图书馆藏有一批执照，包含满洲、蒙古、汉军三旗，全部为满文。年代跨度最久的是《镶蓝旗汉军佐领朱国荣承袭世管佐领执照》，内容始于乾隆八年，终于宣统二年。① 此处以乾隆八年《正白旗满洲百福佐领下族长巴克唐阿印轴》残本为例。这份执照开头残缺，从现存文字可知，巴克唐阿是刚阿达佐领下人。执照首叙佐领根原，其次为一个无承袭资格的本家穆昆大和18个异姓穆昆大呈报的编入佐领原由。都统衙门核查拣放佐领档册，与佐领和各穆昆大呈报的信息一致，且双方没有争议，确认佐领承袭方案，以上内容与执照的所有者巴克唐阿家族没有关系。最后是截至乾隆八年巴克唐阿一族成年且无佐领承袭权的人员职名，按照穆昆大、官员、生员、兵丁、驻防、闲散的顺序排列。以笔者所见，这类执照虽然形式独特，但现存数量不多，主要内容都见于《满文世袭谱档册》《内阁八旗世职谱档》，且执照不附家谱，所以虽可补其他档案之缺，但史料价值并不比前者高。

3. 入关后的地方档案

清入关后为了巩固政权，在部分战略要冲设立八旗驻防。内地、西北驻防在设立之初被视作京旗的出差之所，官兵由京城抽调，且须定期回旗，当地的佐领都是临时设立的公中佐领。但东北情况特殊。清太祖起兵之初，为了获得貂参之利，特别注意招抚东海女真。顺治时期当地世居居民在穆昆大、噶山大的带领下向朝廷进贡方物，康熙时期被编为世袭佐领，这些人就成为初代佐领。清代东北驻防有将军、副都统、协领等，各级单位都设有管理档案簿册的档房。但因战乱，大多数驻防的档案没有保留下来。目前可利用的且与佐领有关的档案有《黑龙江将军衙门档》《宁古塔副都统衙门档》《三姓副都统衙门档》《珲春副都统衙门档》。其中三姓的部分档

---

① 哈斯巴根主编的《八旗档案文献汇编》（第一辑，社会科学文献出版社，2022）公布了部分执照的影印件。

案已经翻译整理出版，珲春的全部档案也已影印。① 现存的《珲春副都统衙门档》始于乾隆二年，止于宣统元年，从形式上可分为簿册和折件两类，有关佐领承袭的档案有佐领根原册、官员履历册、户口册和拣放佐领时形成的咨文等。珲春驻防的佐领根原册保存比较完整，可以反映佐领编设的原因、承袭、职掌等。

① 辽宁省档案馆、辽宁社会科学院历史研究所、沈阳故宫博物馆译编《三姓副都统衙门满文档案译编》，辽沈书社，1984；关嘉禄等编译《清代三姓副都统衙门满汉文档案选编》，辽宁古籍出版社，1996；吉林省档案馆、吉林师范学院古籍研究所编《珲春副都统衙门档案选编》，吉林文史出版社，1991；中国边疆史地研究中心、中国第一历史档案馆合编《珲春副都统衙门档》，广西师范大学出版社，2006。

第一章
佐领制度的起源

八旗是清王朝特有的融合军事、行政、司法、财政、宗族于一体的组织，其基础是佐领。佐领（niru）原本是女真人狩猎、行军时的临时组织，其长官在清太祖建国时期被赋予兼具传统血缘、地缘关系和新的国家政治隶属关系的双重身份，为日后八旗制度的发展、八旗世家的形成打下了基础。佐领的发展过程与金代的猛安、谋克非常相似。本章首先简要考察金代猛安、谋克从部落组织到国家组织的变化，展示猛安、谋克和佐领发展过程的相似点，再考察佐领被改造为兼具贵族和官僚双重身份的过程。

第一节　金代的猛安谋克制度

金代的谋克最初是女真人狩猎时结成的组织，在金太祖建国时期被改造成民政、军政合一的固定单位。其长官为功臣或投降的部落酋长，获得谋克组织的世袭权，但又受到国家的管理，因此该制度最突出的特色是谋克长官既是贵族又是官员。

一　猛安、谋克的性质

谋克，女真语意为百夫长。猛安，意为千夫长。女真旧俗，以孛堇统领部落，部民皆其私属：

> 金之初年，诸部之民无它徭役，壮者皆兵，平居则听以佃渔射猎习

为劳事，有警则下令部内，及遣使诣诸孛堇征兵，凡步骑之仗糗皆取备焉。其部长曰孛堇，行兵则称曰猛安、谋克，从其多寡以为号，猛安者千夫长也，谋克者百夫长也。①

这条记载说明金太祖建国前，女真人各以本部首领——孛堇管理，出征时以猛安、谋克作为行军组织。然而此时的猛安、谋克仅为临时的军事建制。

金太祖即位后，在宁江州大破辽军，随即开始编设正式的猛安、谋克组织，赋予其更多功能："始命以三百户为谋克，谋克十为猛安。继而诸部来降，率用猛安、谋克之名以授其首领而部伍其人。"② 由此可知，金建国后之猛安、谋克组织名称虽然未变，但其实质已发生转变。首先，谋克领三百户，猛安领三千户，规模可观，统领人数大体固定。其次，猛安、谋克的长官有了更宽泛且明确的职掌："猛安，从四品，掌修理军务、训练武艺、劝课农桑，余同防御。诸谋克，从五品，掌抚辑军户、训练武艺。惟不管常平仓，余同县令。"③

然而考察《金史》的记载可以发现，猛安、谋克不仅是一般意义上的官员，还是世袭贵族，来源包括女真社会豪强、功臣、外戚等。如金太祖将显州降民编为猛安、谋克时，即以当地豪强及能人统领：

> 迪古乃、娄室奏，攻显州新降附之民，可迁其富者于咸州路，其贫者徙内地。于是，诏使阇哥择其才可干事者授之谋克，其豪右诚心归附者拟为猛安，录其姓名以闻。饥贫之民，官赈给之，而使阇母为其副统云。④

三上次男将此时期编设猛安、谋克的过程总结为："（1）把投降的人民编入猛安、谋克制；（2）收国二年，在旧辽领东京道方面施行了猛安、谋

---

① 《金史》卷44《兵》，中华书局，1975，第992页。
② 《金史》卷44《兵》，第992页。
③ 《金史》卷57《百官三》，第1329页。
④ 《金史》卷71《斡鲁古传》，第1637页。

克制；（3）天辅七年，在旧辽领上京道、中京道方面实行了猛安、谋克制；（4）天会初年，在平州实行了猛安、谋克制。"① 换句话说，随着金国版图的扩大，猛安、谋克组织的数量也相应增加，它们成为金国君主控制新疆域、笼络地方豪右和酋长的重要手段。

此后，太宗、海陵王征宋，不断增设猛安、谋克。其中功劳卓著者获得世袭权，以为不易之荣宠。如迪姑迭父、祖为部长，本人自宁江州之战始从军，作战英勇，受封猛安：

> 迪姑迭，温迪罕部人。祖扎古乃，父阿胡迭，世为胡论水部长。迪姑迭年二十余代领父谋克，攻宁江州，败辽援兵，获甲马财物。攻破奚营，回至韩州，遇敌二千人，击走之。斡鲁古与辽人战于咸州，兵已却，迪姑迭以本部兵力战，诸军复振，遂大破之。护步答冈之役，乙里补字董陷敌中，迪姑迭援出之。攻黄龙府，身被数创，授猛安。②

仆散忠义，系宣献皇后侄、元妃之兄，其父背鲁于清初世袭谋克，其本人早年效力行伍，从完颜宗辅征宋，射死宋军大将，署理谋克，后跟随完颜宗弼征讨华北、华中，因功承袭谋克：

> 年十六，领本谋克兵，从宗辅定陕西，行间射中宋大将，宋兵遂溃，由是知名。帅府录其功，承制署为谋克。宗弼再取河南，表荐忠义为猛安。攻冀州先登，攻大名府以本部兵力战，破其军十余万，赏以奴婢、马牛、金银、重彩。从宗弼渡淮攻寿、庐等州，宗弼称之曰："此子勇略过人，将帅之器也。"赏马五匹、牛一百五十头、羊五百口，领亲军万户，超宁远大将军，承其父世袭谋克。③

大臣没于王事，本身无猛安、谋克者，可得追封。姬汝作，全州节度副使姬端修侄孙。天兴二年，塔察率蒙古兵攻汝州，任汝山招抚使的姬汝

---

① 三上次男：《金代女真研究》，金启孮译，黑龙江人民出版社，1984，第141页。
② 《金史》卷81《迪姑迭传》，第1816页。
③ 《金史》卷87《仆散忠义传》，第1935页。

作为乱民梁皋等戕杀，得追授世袭谋克："哀宗甚嗟惜之，遣近侍张天锡赠汝作昌武军节度使，子孙世袭谋克，仍诏岘山帅呼延实、登封帅范真并力讨皋。"[1]

本人有功，子嗣可以获得猛安、谋克。如乌古论三合辅佐世宗，屡克名城，受职枢密院。大定十八年，其子受封世袭猛安："世宗追录三合旧劳，授其子大兴河北西路爱也窟河世袭猛安阿里门河谋克，阶武功将军。"[2]

外戚凭借姻亲关系，得以世袭猛安、谋克者亦不少见。如纥石烈志宁家族，世代与完颜氏通婚，纥石烈志宁之父撒八封世袭谋克，后转猛安。[3]

因为形成于建国初期，猛安、谋克被赋予官僚的身份是理所应当的，而此时的女真社会刚刚脱离部落阶段，各部酋长、头人仍然对部民拥有领属权。因此。太祖削平诸部，既要收编人丁，又不能破坏首领与下人的传统关系，只能赏给投诚首领猛安、谋克之职，将其对属民的领有权制度化。所以说，这样的制度是君主与投顺的部落酋长妥协的结果：君主不破坏酋长功臣与属民的传统领属关系，以换取后者的忠诚；酋长功臣向君主效忠，但接受后者的统治。于是猛安、谋克就具有了官僚和贵族的双重属性。这样，金朝出现了仿效自传统汉人王朝的路府州县制度与女真传统的世袭贵族制度并存的复合政治体制。

二　猛安、谋克的承袭

女真传统社会的酋长家族如何继承权力已难详究，但从常理判断应有一套习惯法支撑。金代功臣家族获管猛安、谋克后，在尚未出现成文的继承法则之前，很有可能仍然沿袭旧俗。从现存史料看，习惯法中应有嫡长子承袭一条：

> 独吉义本名鹊鲁补，曷速馆人也。徙居辽阳之阿米吉山。祖回海，父秘剌。收国二年，曷速馆来附，秘剌领户三百，遂为谋克。秘剌长子照屋，次子忽史与义同母。秘剌死，忽史欲承谋克。义曰："长兄虽异

---

[1] 《金史》卷123《姬汝作传》，第2690页。
[2] 《金史》卷82《乌古论三合传》，第1847页。
[3] 《金史》卷87《纥石烈志宁传》，第1929页。

母，不可夺也。”忽史乃以谋克归照屋，人咸义之。[①]

金朝最早的猛安、谋克承袭条例于何时出台，因文献不足征，无从查考。《金史》载章宗泰和八年四月：“诏更定猛安、谋克承袭程试格。”[②] 因是“更定”，无疑此前已有成文的承袭法则。章宗朝出台两项有关世袭猛安、谋克停封的规定。承安五年正月，“定猛安、谋克军前怠慢罢世袭制”；[③] 是年五月，又定“猛安、谋克斗殴杀人遇赦免死罢世袭制”。[④] 三条有关猛安、谋克承袭制度的条例都在章宗朝出台，或因此时承袭混乱，而为官不法者众多，原有条例已不能满足管理之需。

因猛安、谋克长官为一级职官，权责不小，又有俸禄收入，故继承时会发生族中各支派争夺承袭分额的情况。《金史》中最早出现的案例为突合速诸子争夺猛安案。突合速为宗室，随完颜宗翰征宋有功，天德时期受封世袭猛安。死后，家中正、侧室诸子争夺承袭权，经金世宗裁定由嫡长子继承：

> 初，突合速以次室受封，次室子因得袭其猛安。及分财异居，次室子取奴婢千二百口，正室子得八百口。久之正室子争袭，连年不决，家资费且尽，正室子奴婢存者二百口，次室子奴婢存者才五六十口。世宗闻突合速诸子贫窘，以问近臣，具以争袭之故为对，世宗曰：“次室子岂当受封邪。”遂以嫡妻长子袭。[⑤]

突合速猛安由次室继承，人口在正、侧室之间分配不均导致争讼，金世宗将该猛安改由正室承袭，可见最晚至世宗朝，已有令嫡子承袭的习惯。

宇文懋昭《大金国志》记载金代世职官员承袭规则如下：

> 选举之外有奏补法，有世袭法，有封赠法……其世袭法，世袭千

---

① 《金史》卷86《独吉义传》，第1917页。
② 《金史》卷12《章宗本纪四》，第823页。
③ 《金史》卷11《章宗本纪三》，第252页。
④ 《金史》卷11《章宗本纪三》，第253页。
⑤ 《金史》卷80《突合速传》，第1803页。

户，金国深重其赏，非宗室勋臣之家不封，勋臣之家亦止本色人及契丹、奚家而已。所袭官职，亦非一等，上自明威将军，下至千户、三百户。若袭封之人亡，及因他故合去官者，许令长男继之。如长男已亡，或笃废疾者，长孙继之。长子与长孙俱亡，次子继之。本枝绝，兄弟继之。兄弟无，近亲继之。①

由此可知，世袭法与选举、奏补、封赠同为金代拣选官员之定制，且仅适用于女真、契丹、奚人。其继承顺序由亲疏决定，首推长子长孙，次及次子、兄弟、近亲。

具体承袭之例散见于《金史》，本书列举两例。父子承袭者："蛮睹，袭父麻颇猛安。蛮睹卒，子扫合袭。扫合卒，子撒合辇袭。撒合辇卒，子惟熔袭。"② 兄弟承袭者："蒲察琦本名阿怜，字仁卿，棣州阳信人。试补刑部掾。兄世袭谋克，兄死，琦承袭。"③

一谋克人多溢额，必致难以管束，因此将一谋克余丁分出，另立一个谋克，新编设者仍以管理原谋克之人的亲属统领。金朝中期此类现象理应层出不穷，但《金史》记载仅两条。其一，景祖后裔沙离质领有猛安，其余丁以弟阿离补："诏以兄猛安沙离质亲管谋克之余户，以阿离补为世袭谋克。"④ 其二，宗室唤端合扎谋克余户，以其叔偎喝管理："（偎喝）从太祖伐辽，取宁江州，战出河店。天眷二年，授骠骑上将军，除迭鲁苾撒纪详稳，迁忠顺军节度使、兴平军节度使。天德二年，入为大宗正丞。四年，出为昭德军节度使。以兄谋良虎孙唤端合扎谋克余户，授偎喝上京路扎里瓜猛安所属世袭谋克。"⑤

获罪官员如未被褫夺猛安、谋克，出于君主特恩，子孙仍可承袭：

钞兀与完颜思敬有隙，思敬为北京留守，奉诏至招讨司，钞兀不出

---

① 宇文懋昭撰，崔文印校正《大金国志校正》卷35，中华书局，1986，第507页。

② 《金史》卷65《蛮睹传》，第1545页。

③ 《金史》卷124《蒲察琦传》，第2703页。

④ 《金史》卷80《阿离补传》，第1811页。

⑤ 《金史》卷66《偎可传》，第1561页。按，原文为"谋良虎子"，《金史》校记改为"孙"。

饯。世宗闻之，遣使切责之曰："卿本大臬扎也，起身细微。受国厚恩，累历重任，乃以私憾，不饯诏使。当内省自讼，后勿复尔。朕不能再三曲恕汝也。"既而思敬为平章政事，东北路招讨使钞兀以私取诸部进马，事觉被逮，将赴京师。钞兀为人尚气，次海滨县，慨然曰："吾岂能为思敬辱哉。"遂缢而死。十九年，诏以钞兀旧功，授其子和尚世袭布辉猛安徒胡眼谋克。①

当然，承袭权的流转在一定程度上属于"家务"，如果有人不愿承袭，欲自谋生计，朝廷不为勉强。如："赤盏尉忻字大用，上京人。当袭其父谋克，不愿就，中明昌五年策论进士第。"②此外，继承之人或因兄弟友爱，主动推让，令本族其他人员承袭之事颇多。如被称为"收国以来所谓熊罴之士、不二心智臣"的斜卯阿里，曾将猛安推让其弟："阿里性忠直，多智略。兄弟相友爱，家故饶财，以己猛安及财物尽与弟爱拔里。爱拔里不肯受，逃避岁余，阿里终与之。"③此类行为时人目为义举，朝廷亦不作梗，有时让出承袭权之人可得额外赏赐："尚书省奏，河北东路胡剌温猛安所辖谋克字术鲁舍厮，以谋克让其兄子蒲速列，上贤而从之。仍令议加舍厮恩赏。"④

猛安、谋克长官的身份虽为世袭，但承袭之人当满足若干条件。首先为年龄，大定十七年十月丁丑，"制诸猛安，父任别职，子须年二十五以上方许承袭"。⑤显然此前对承袭人员的年龄没有特别限制。

其次，猛安、谋克长官治理女真人，通女真文者优先承袭。大定二十六年三月，金世宗"以亲军完颜乞奴言，制猛安、谋克皆先读女直字经史然后承袭。因曰：'但令稍通古今，则不肯为非。尔一亲军粗人，乃能言此，审其有益，何惮而不从。'"⑥世宗虽大力提倡女真旧俗，但立国日久，金汉杂处，女真人通汉字却不通女真字者甚多，以通女真经史苛责承袭者没有意义，故此制度实际操作中未必被严格遵循。如银术可、神果奴

① 《金史》卷86《尼厖古钞兀传》，第1923页。
② 《金史》卷115《赤盏尉忻传》，第1923页。
③ 《金史》卷80《斜卯阿里传》，第1801页。
④ 《金史》卷7《世宗中》，第165页。
⑤ 《金史》卷7《世宗中》，第168页。
⑥ 《金史》卷8《世宗下》，第192页。

未习女真字，仍得世袭：

> 宗尹乞令子银术可袭其猛安，会太尉守道亦乞令其子神果奴袭其谋克。凡承袭人不识女直字者，勒令习学。世宗曰："此二子，吾识其一习汉字，未习女直字。自今女直、契丹、汉字曾学其一者，即许承袭。"遂著于令。①

至章宗朝，猛安、谋克承袭者应否入学的问题又被提出：

> 尚书省奏猛安、谋克愿试进士者听之，上曰："其应袭猛安、谋克者学于太学可乎？"克宁曰："承平日久，今之猛安、谋克其材武已不及前辈，万一有警，使谁御之？习辞艺，忘武备，于国弗便。"上曰："太傅言是也。"章宗初即位，颇好辞章，而疆场方有事，故克宁言及之。②

似此后应袭之人不必入学。

因为史料有限，猛安、谋克的世袭制度已经很难说清，但据有限的记载可以知道：首先，该制度经过从习惯法到成文法的过渡；其次，制度化了的承袭规则遵从宗法习惯，以血缘亲疏作为承袭顺位的首要标准；再次，朝廷对谋克承袭的年龄、资历会有一定要求，获罪之人的谋克可能会被剥夺。以上三点说明猛安、谋克的世袭制度既是君主对贵族世代领有人丁权利的认可，也是对后者进行的某种控制，使其介于君主不能管理的真正意义上的贵族和不能世袭的官僚之间。因此承袭制度也反映了猛安、谋克兼具官僚和贵族双重性质的特点。

第二节　后金时期的佐领制度

与金代的猛安、谋克类似，佐领也经历了从临时组织到国家基层组织的变化过程。清太祖起兵之后，将人丁编为佐领，以酋长、功臣等统领，

---

① 《金史》卷73《阿离合懑传》，第1675页。
② 《金史》卷92《徒单克宁传》，第2052页。

将二者的领属关系合法化，同时把佐领改造成可供抽调兵丁、民力的组织，佐领因而成为有贵族特性的官员。

一 何谓佐领

"佐领"一词始见于《三国志·范据传》："范长子先卒，次子据嗣。据，字世议，以父任为郎，后范寝疾，拜副军校尉，佐领军事。"① 这里的"佐领"是"辅佐统领"之意。至明代，该词时见于公文。如工部复河道总督曹时聘条议大挑事宜时有"将府佐州县正官已有恩典者，于推升行取之日准俸一年；未有恩典者，特准给与其佐领等官，照例一体优叙"。② 细审文义，这里的"佐领"并非某种特定职官，而是佐杂吏员的泛称。

佐领成为正式官称始于清朝。其得名可追溯至明代狩猎征战时的临时组织——牛录。有关的最早记载见于《满洲实录》：

> 凡遇行师出猎，不论人之多寡，照依族寨而行。满洲人出猎开围之际，各出箭一枝，十人中立一总领，属九人而行，各照方向，不许错乱。此总领呼为牛录（汉语大箭）额真（额真，汉语主也）。于是以牛录额真为官名。③

> dain dailara aba abalara de, geren komso be bodorakū, uksun uksun i gašan gašan i yabumbihe, da de manju gurun i niyalma aba abalame, aba sarambihe de, niyalma tome niru jafafi juwan niyalma de emu ejen sindafi tere juwan niyalma be kadalame meni meni teisu be jurcerakū yabumbihe, tere sindaha niyalma be nirui ejen sembihe, tuttu ofi, kadalara hafan i gebu uthai nirui ejen toktoho.

汉语"猎"，原文为 aba。《御制清文鉴》解释为 geren be gaifi, gurgu gasha be gabtame niyamniyame, coohai erdemu be urebure be（笔者汉译：

---

① 《三国志》卷56《吴书一一·吕范》，中华书局，1959，第1312页。
② 《明神宗实录》卷416，万历三十三年十二月庚戌，"中研院"史语所校印，1962，第7825页。
③ 《满洲实录》卷3，辛丑年，第117页。

率众以马射、步射打猎鸟兽以讲武）。① 该书还收录四个与围猎有直接关系的词：fere（围底）、meiren（围肩）、gala（围翼）、uturi（围端）。所谓围底，是中军大纛树立之处，② 两侧为围肩，③ 围肩的延伸是围翼，④ 尖端即围端。⑤ 礼亲王昭梿对皇帝木兰围猎有一段描述可做参考：

> 中设黄纛为中军，左右两翼以红、白二纛分标识之。两翼末，国语谓之乌图里，各立蓝纛以标识之，皆听中军节制。⑥

按照《御制清文鉴》的定义，此处之中军即 fere，左右两翼为 meiren 及其延伸 gala，两翼之末即 uturi。昭梿又提到，围猎有行围和合围之分。前者"只以数百人分翼入山林，围而不合，谓之行围"。⑦ 后者则以两翼大军绕道数十里，于御幄会合，完成包围并发出信号，中军得信后开拔，大军随即缩小包围圈，抵达指定地点后射杀猎物。⑧

《啸亭杂录》描述的是皇帝围猎的场景，明代女真人日常狩猎当然不会如此复杂。根据近代人类学家的考察，同为通古斯民族的赫哲人有单人和集体狩猎两种模式：

> 赫哲人的行猎有二种：一人外出打猎，谓之流猎；多人合伙而行，谓之围猎。一伙猎户至少有二三人，多则三十余人。大伙出屯向山中行

---

① 《御制清文鉴》卷4《武功部二·田猎类一》，中央民族大学图书馆藏清刻本。

② aba i dulimbai tu i teisu be, fere sembi（笔者汉译：围中大纛竖立之处，谓之 fere）。《御制清文鉴》卷4《武功部二·田猎类一》。

③ ferei juwe ergi be, meiren sembi（笔者汉译：围底两侧，谓之 meiren）。《御制清文鉴》卷4《武功部二·田猎类一》。

④ juwe ergi meiren i sirame yaburengge be, gala sembi（笔者汉译：围肩之延伸，谓之 gala）。《御制清文鉴》卷4《武功部二·田猎类一》。

⑤ aba i dube be, uturi sembi（笔者汉译：围之尖端，谓之 uturi）。《御制清文鉴》卷4《武功部二·田猎类一》。

⑥ 昭梿：《啸亭杂录》卷7《木兰行围制度》，中华书局，1980，第219页。

⑦ 昭梿：《啸亭杂录》卷7《木兰行围制度》，第220页。

⑧ 南宋张棣记载海陵王完颜亮在中都郊区围猎情形与清代皇帝在热河围猎的情形相似："每猎，则以随驾之军密布四围，名曰围场。待狐、兔、猪、鹿散走于围中，虏主必射之，或以雕隼击之。次及亲王近臣。出围者，许人捕之。"（张棣：《金图经·田猎》，载傅朗云编注《金史辑佚》，吉林文史出版社，1990，第83页）

四五日，又分为若干小伙。如六人为一伙，则三人为炮手，二人养马，一人做饭。然其组织亦不一定，有时名炮手一人而从者五六人至十余人，分司养马、取水、做饭等事。①

多人行动时有大伙、小伙之分，人员也各司其职。此类多人狩猎活动看似简单，实则复杂危险：猎人不慎惊走野兽、野兽反扑伤人，甚至误伤伙伴，所以必须挑选一名有经验之人充当指挥。这名临时管理者就是《满洲实录》中的牛录额真。可以设想，围猎时，牛录额真在包围圈的一端指挥，其他人从两翼包抄，合围后牛录额真下令射杀猎物。在整个过程中，团队成员服从额真的指挥。当然，这种为狩猎而建立的组织必然是临时性的，"出师行猎"完毕即散伙，额真的权力亦随之解除。

《满洲实录》中的"箭"即"大箭"。② 女真语音"尼鲁"。满文转写为niru，口语读如nioru，③ 所以汉语音译成"牛录"。《御制清文鉴》解释为kacilan ci amba ningge be, niru sembi, gurgu gabtara de baitalambi（笔者汉译：较把箭大者，谓之niru。射兽用）。④《五体清文鉴》解为"披箭"。⑤

实际上，披箭是以杨木为杆、长二尺九寸至三尺箭的统称，根据箭头样式、用途，还可分为 doroi niru（大礼披箭）、tokjihiyan niru（尖披箭）、teksin niru（齐披箭）、uhūma niru（月牙披箭）、hente niru（叉披箭）、fasilan niru（燕尾披箭）、dolbi niru（小披箭）、tatame niru（抹角披箭）、ijifun niru（梳脊披箭）、sudu niru（无哨披箭）、jangga niru（哨子披箭）、hanggai niru（锈铁披箭），sisi niru（榛子哨披箭）、tasha gabtara niru（射虎披箭）、tasha gabtara selmin niru（射虎弩箭）、cu niru（火箭）。⑥ 这些箭威力可观，堪称狩猎利器。如大（礼）披箭"挽强中有力，以射虎熊及牡鹿"；齐披箭"射兽，其锋莫御，堕能卓地"；叉披箭"射麋兔黄羊，锐

---

① 凌纯生：《松花江下游的赫哲族》上册，民族出版社，2012，第97—98页。
② 《满洲实录》卷3，辛丑年，第117页。
③ 《清文启蒙》卷1，中央民族大学图书馆藏清刻本。
④ 《御制清文鉴》卷4《武功部·军器类二》。
⑤ 《五体清文鉴》卷9《武功部·军器类第三》，民族出版社，1998，第1050页。
⑥ 《五体清文鉴》卷9《武功部·军器类第三》，第1050—1054页。

能透骨"。① 光绪《钦定大清会典图》还收录入关后出现的遵化长披箭和索伦披箭，前者用于战场，后者"亦可射熊及野豕"。②

在组成牛录围猎之时，参与者"各出箭一枝，十人中立一总领"，满文写作 niyalma tome niru jafafi, juwan niyalma de emu ejen sindafi，直译应为"每人拿披箭，十个人设立一名额真"。可推测参与狩猎之人要以自己的箭作为信物，表示对额真的服从。

箭之所以能够成为个人信用的标志，是因为女真人习惯在箭杆上刻主人的姓名或记号，以便在狩猎结束后按照尸体上的箭决定猎物归属，或在战斗结束后方便确定战果。例如在崇德三年巴彦贝勒阿巴泰与新满洲额木图争虎一案中，虎尸上的箭有无血迹就是判断虎肉归属的依据：

> 多罗巴彦贝勒率兵步猎，镶黄旗翁阿岱牛录下新满洲额木图曾射中一虎。巴山亦射之，虎逸去后，往射处验视，见新满洲额木图箭镞上带有毛血。新满洲额木图曰："我射中之，因我箭镞上带有毛血。"巴山曰："恐是我箭。"取视之，乃不是。新满洲额木图箭上带有毛血是实。其后虎为多罗巴彦贝勒所杀。还营后，新满洲额木图告于巴彦贝勒曰："我射中之，巴山知道。"因此，巴彦贝勒遣其从人费扬古、加哈回来后报曰："去射虎处验看，见新满洲额木图射处无血，巴彦贝勒射处有血。"巴彦贝勒命费扬古、加哈送额木图至验伤官俄莫克图处对质。费扬古、加哈告俄莫克图曰："新满洲额木图射虎处无血，巴彦贝勒射虎处有血。"俄莫克图送到之日，第二日未验，第三日始行质验。验时，俄莫克图未将所告巴彦贝勒射处有血，而新满洲额木图射处无血之言告于同验各官。新满洲额木图去质验处告曰："我射虎事，巴山知道。同验各官不详问所称已知之巴山，轻率断为巴彦贝勒所杀，遂给与之。"至此，新满洲额木图讼于部。部臣议，讯问巴山，巴山回称："新满洲额木图射中是实。"议质验各官，尔等瞻徇巴彦贝勒情面，故将宜里布、萨必图、喇萨里、阿萨里、拜者察里、俄木琐科六人各坐以应得之罪。

---

① 《清会典图》卷97《武备七·弓箭四》，中华书局，1991，第941页。
② 《清会典图》卷97《武备七·弓箭四》，第942页。

议俄莫克图，尔为何不将费扬古、加哈所告巴彦贝勒射处有血、新满洲额木图射处无血之言告诉同验各官，故加倍坐以应得之罪。巴彦贝勒回称："若新满洲额木图所射中，彼时，虎曾咆哮否？"因而部臣曰："恐贝勒尔射中时，亦未必咆哮也。"巴彦贝勒回曰："我射中时，虎曾咆哮，管猎大臣俱知之。"遂问于管猎大臣，皆云虎未曾咆哮。因此，巴彦贝勒所言不算数。因新满洲额木图往巴彦贝勒处告曰："我射中虎时，巴山知之。"遂带巴山来问之。巴山告曰："新满洲额木图射中是实。"既然如此，为何不（将虎）给与新满洲额木图，反将额木图送往质验处，此乃其一。再，验视有无血迹时，不遣部人、中证人验视，而令其两个从人——两个不晓事新满洲前往。尔之从人言称新满洲射虎处无血迹，而新满洲额木图又言称其射虎处有血迹，未再派众人往视。此乃其二。因此二处，巴彦贝勒坐以应得之罪。虎肉仍偿还额木图。①

正因为额木图和阿巴泰各自的箭上都有自己的名字或记号，虎被谁射死方能水落石出。可见决定猎物归属的依据是箭，即便两造身份地位悬殊亦不能例外。遇到纠纷，只要有物证，法官也不会枉法裁判。此无疑为女真人狩猎传统的余绪。战阵所用之箭，也要具名。兵丁之箭记名，官员之箭官职在前姓名在后。不写名者受罚："一切军器，自马绊以上，俱书姓名……箭无姓名者，罚银二十两。"②

既然箭是个人的象征，那么酋长、首领的箭就成了代表政治权威的信物。辽金时期的女真首领即有刻箭为信物的习惯。宋人记生女真"与契丹言语不通，而无文字，赋敛调发，刻箭为号，事急者三刻之"。③ 朝鲜人申忠一在《建州纪程图记》中提到，清太祖"动兵时，则传箭于诸酋，酋各领其兵，军器、军粮使之自备"，④ 说明以箭为传令信物是女真人延续数百年的传统。

由以上情况看，箭凭借其象征意义，在女真传统渔猎社会中占有重要地位，即便到了农业初兴的后金时期依然如此。所以清太祖将新编设的基

① 季永海、刘景宪编《崇德三年满文档案译编》，辽沈书社，1988，第26—28页。
② 季永海、刘景宪编《崇德三年满文档案译编》，第200页。
③ 陈准：《北风扬沙录》，傅朗云编注《金史辑佚》，第2页。
④ 申忠一著，徐恒晋校注《建州纪程图记校注》，辽宁大学历史系，1979，第24页。

层组织称为牛录、将长官称为牛录额真就很容易理解了。

天命五年三月，清太祖"论功序爵"，仿照明朝官名，将后金武官的名称统一改为汉语。其中牛录额真变更为"备御"：

> 列总兵之品为三等，副、参、游，亦如之，其牛录额真俱为备御，每牛录下设千总四员。①
>
> geren ambasa be gung bodome coohai hafan ilibume, uju jergi, jai jergi, ilaci jergi ilan jergi dzungbingguwan, ilan jergi fujiyang, ilan jergi tsanjiyang, ilan jergi iogi, geren nirui ejete be bei ioi guwan obuha, niru tome duite ciyandzung sindaha.

明代军制，经制军军官自上而下为总兵官、副总兵、参将、游击将军、守备、把总，此外又有提督、提调、巡视、备御、领班、备倭等名目。后金虽仿明制，但总兵、副将、参将、游击各分三等，备御在千总之上，则为独创。此后牛录额真之名即被取消。虽然《满洲实录》记载的新官名是"备御"（bei ioi guwan 即备御官），但检索《满文原档》仅有"备官"即beiguwan。如天命五年三月，"授钟泰备官，托克托辉备官"，②明朝一方的备御在《满文原档》中亦作 beiguwan，如"辽东的吴副将、抚西的王备官来，宣誓不越过汗的边界"中"王备官"一词用的就是 beiguwan。③由此可知，将 bei ioi guwan 简称为 beiguwan 是当时女真人的口语。

天聪八年，清太宗颁布上谕，重新厘定武官之名，将备御改为牛录章京（nirui janggin）：

> 朕闻国家承天创业，各有制度，不相沿袭，未有弃其国语，反习他国之语者。事不忘初，是以能垂之久远，永世弗替也……今我国官名，俱因汉文，从其旧号……朕缵承基业，岂可改我国之制，而听从他国。嗣后我国官名及城邑名，俱当易以满语，勿仍袭总兵、副将、参将、游

---

① 《满洲实录》卷6，天命五年三月，第295页。
② 《满文原档》第2册，天命五年三月，台北故宫博物院，2006，第2页。
③ 《满文原档》第1册，万历三十六年三月，第10页。

击、备御等旧名。五备御之总兵官为一等公，一等总兵官为一等昂邦章京，二等总兵官为二等昂邦章京，三等总兵官为三等昂邦章京，一等副将为一等梅勒章京，二等副将为二等梅勒章京，三等副将为三等梅勒章京，一等参将为一等甲喇章京，二等参将为二等甲喇章京，游击为三等甲喇章京，备御为牛录章京，代子为骁骑校，章京为小拨什库……凡管理不论官职，管一旗者即为固山额真；管梅勒者，即为梅勒章京；管甲喇者，即为甲喇章京；管牛录者，即为牛录章京；管护军纛额真，即为护军统领；管护军甲喇额真，即为护军参领。①

清太宗视改汉文官名为满洲官名之举为关乎社稷兴亡的大事，谕令"若不遵新定之名，仍称汉字旧名者，是不奉国法、恣行悖乱者也。察出，决不轻恕"。② 需要注意的是，此处提到两种"牛录章京"。按照天命五年的规定，牛录额真统改备御，但到天聪八年，已经有"管牛录的备御"和"不管牛录的备御"两种。为何会出现这种情况，史无明文，或因此时立功受奖、被任命为备御之人多，但牛录的数量取决于人口，虽然后金建立后前来投顺者日众，但牛录不可能无限制增加，所以有些人只得备御之名，但无管理权，这些有名无实的"备御"就成为爵位，实际管牛录的备御成为官职。不过清太宗并没有将二者从名称上区分开，只不过把汉语的备御统一改成牛录章京而已。

"章京"之名，借自汉语的"将军"。该职名在万历四十三年初编牛录时已经出现：

> 牛录额真之下设代子两名、章京四名、屯拨什库四名，将三百男丁均分给四名章京。③

由这段记载看，牛录之下的章京有直接管理人丁之责。至天聪八年，管理牛录的备御成为牛录章京，原来佐领下的章京改为小拨什库，即日后

---

① 《清太宗实录》卷18，天聪八年四月辛酉，第236页。
② 《清太宗实录》卷18，天聪八年四月辛酉，第236页。
③ 《满文原档》第1册，万历四十三年十二月，第60页。

的领催（bošokū）。

值得一提的是，nirui janggin 一词在太祖朝的《满文原档》里出现过两次。第一次在天命四年七月：

> 汗所设的众大臣、众人之主以下，牛录的章京以上，你们都要谨慎恭敬地履行职责。①

另一处见于天命六年四月：

> 每佐领派遣两人，每五牛录派遣章京一名，为汗修理房屋，各给赏赐。章京赏毛青布二匹，服徭役之人布二匹，缺人的牛录下的章京不给赏赐。②

中国学者翻译的《满文老档》将以上两段的 nirui janggin 翻译成"牛录章京"，③ 日本学者翻译成 niru の janggin。④ 但此时还没有作为职官的 nirui janggin，所以翻译成"牛录下的章京"，即后来的小拨什库更准确。

太宗、世祖时期，八旗兵征战无宁晷。为了鼓励军人效力疆场，顺治元年规定，凡甘冒矢石、攻城先登之勇士可获得梅勒章京、牛录章京、半个前程的封号。详见表1-1。

表1-1　顺治元年所定攻城先登勇士封号

等级	第一	第二	第三	第四	第五	第六
头等城池	一等参领	二等参领	三等参领	佐领加半个前程	佐领	半个前程
二等城池	三等参领	佐领加半个前程	佐领	半个前程		

① 《满文原档》第1册，天命四年七月，第262页。
② 《满文原档》第2册，天命六年四月，第85页。
③ 中国第一历史档案馆、中国社会科学院历史研究所译注《满文老档》上册，中华书局，1990，第100、197页。
④ 《满文老档》研究会译注《满文老档》第1册，东洋文库，1955，第161、317页。

等级	第一	第二	第三	第四	第五	第六
三等城池	佐领加半个前程	佐领	半个前程			
四等城池	佐领	半个前程				
五等城池	半个前程					

资料来源：康熙《大清会典》卷13《吏部十·验封清吏司·军功授官》，凤凰出版社，2016，第131页。

指挥登城作战的都统，领梯、指路、射箭官员亦封赏有差。因康熙《大清会典》成书于后，所以出现了顺治元年不存在的"参领""佐领"，实际应为梅勒章京、牛录章京。此外，以上的梅勒章京、牛录章京都是世职爵位。官爵混淆，在实际行政中难免产生滞碍。所以顺治四年，礼部议准修改爵位名称，作为"世职"的牛录章京改为拜他喇布勒哈番，作为"官"的牛录章京一仍其旧：

> 礼部遵谕议定，固山额真、昂邦章京、护军统领、梅勒章京、甲喇章京、牛录章京、前锋统领、前锋参领，皆系管兵职衔，不论世职大小有无，授此官者，即照此衔称之。凡箭号等项，亦书此衔于上。其世职昂邦章京改为精奇尼哈番，梅勒章京改为阿思哈尼哈番，甲喇章京改为阿达哈哈番，牛录章京改为拜他喇布勒哈番，半个前程改为拖沙喇哈番。其在部院官员及各直省驻防章京官衔，俱仍旧。①

乾隆元年，精奇尼哈番（jingkini hafan）改为子，阿思哈尼哈番（ashan i hafan）为男，阿达哈哈番（adaha hafan）改为轻车都尉，拜他喇布勒哈番（baitalabure hafan）改为骑都尉，拖沙喇哈番（tuwašara hafan）改为云骑尉。满文名称不变。

作为爵位的牛录章京改为拜他喇布勒哈番后，管牛录之官的满文名称不变，汉文的"牛录章京"沿用至顺治十五年。是年七月，清世祖下令修

---

① 《清世祖实录》卷35，顺治四年十二月甲申，第287页。

订八旗职官的汉译名：

> 谕兵部，以后固山额真，满字仍称固山额真，汉字称为都统；梅勒章京，满字仍称梅勒章京，汉字称为副都统；甲喇章京，满字仍称甲喇章京，汉字称为参领；牛录章京，满字仍称牛录章京，汉字称为佐领。①

至此，佐领之名正式确立，并一直沿用至民国时期。

二　作为血缘、地缘组织的佐领

上引《满洲实录》对早期牛录组织的描述还提到"族""寨"，两字分别对应满文的 uksun 和 gašan。它们实际上是明代女真人的血缘和地缘基层组织。有关问题前代学者已经深入探讨，本书仅做简单阐述。

女真人的血缘组织按照从大到小排序为哈拉（hala）、穆昆（mukūn）、乌克孙（uksun）。哈拉，沈启亮《大清全书》解释为"姓"。② 穆昆，康熙朝《御制清文鉴》解释为 emu halai ahūn deo be mukūn sembi。③ 可理解为"同哈拉之兄弟谓之穆昆"。该词同时有"氏"的含义。也就是说穆昆为哈拉之下的一级。

实际上哈拉是血缘组织，穆昆是从哈拉分化出来、兼具血缘和地缘双重意义的组织。《钦定八旗通志》的《氏族志》开列各姓及派，后者就是以地域划分的。例如瓜尔佳氏分为 102 个以地域划分的"派"，包括建州的苏完、讷殷、长白山，扈伦的叶赫、哈达，东海的黑龙江、绥芬。④《八旗满洲氏族通谱》记载："瓜尔佳，本系地名，因以为姓。其氏族甚繁，散处于苏完、叶赫、讷殷、哈达、乌拉、安褚拉库、斐悠城、瓦尔喀、嘉木湖、尼马察、辉发、长白山及各地方。"⑤ 此处对应的满文为 gūwalgiya

---

① 《清世祖实录》卷119，顺治十五年七月戊午，第924页。
② 沈启亮：《大清全书》卷5，中央民族大学图书馆藏清刻本。
③ 《御制清文鉴》卷5。
④ 《钦定八旗通志》卷55《氏族志二》，吉林文史出版社，2002，第1029页。
⑤ 《八旗满洲氏族通谱》卷1，辽沈书社，2002，第31页。

serengge, daci ba i gebu,ba be dahame hala obuha, ere emu hala i urse umesi labdu, suwan, yehe , neyen, hada, ula, anculakū, fio hoton, warka, giyamuhū, nimacan, hoifa, golmin šanggiyan alin jai geren bade son son i tehebi。① 汉文的"因以为姓"，对应的满文是 ba be dahame hala obuha，最贴切的翻译应为"以地为姓"，这说明作为 hala 的瓜尔佳分裂，散处各地，形成以穆昆为单位的、各自独立的血缘团体。

有关苏完瓜尔佳哈拉，同书又记载：

> 苏完地方瓜尔佳氏。瓜尔佳为满洲著姓，而居苏完者尤著。其先有同胞兄弟三人，长曰佛尔和，次曰尼雅哈齐，三曰珠察，后离居。佛尔和仍居苏完，尼雅哈齐迁席北，珠察由瓦尔喀再迁西尔希昂阿济哈渡口……索尔果为苏完部长，有子十人，其族最盛。②

满文为：

> suwan i ba i gūwalgiya hala，gūwalgiya hala，manju i dorgi iletulehe mukūn, suwan i bade tehengge ele iletulehebi, daci banjiha ahūn deo ilan niyalma bihe, ahūngga folho, jacingge niyahaci, ilacingge juca, amala fakcafi tehe, folho suwan i bade tutaha, niyahaci sibe i bade gurifi tehe, juca warka i baci geli silhi anggai jiha dogon de gurifi tehe...solgo suwan i ba i aiman i da bihe, banjiha jui juwan niyalma, erei mukūn i urse umesi labdu。③

这一段的开头"苏完地方瓜尔佳氏"对应 suwan i ba i gūwalgiya hala，似乎 hala 也可理解为氏。因为在汉文中"姓""氏"二字含义基本相同，所以 hala 在此仍然作为"姓"理解无疑。但是结尾部分讲到索尔和后裔时的"其族最盛"对应 erei mukūn i urse umesi labdu。索尔和的穆昆是由三位同

① 《八旗满洲氏族通谱》（满文版）卷1，中央民族大学图书馆藏清刻本。
② 《八旗满洲氏族通谱》卷1，第31页。
③ 《八旗满洲氏族通谱》（满文版）卷1。

哈拉的兄弟分化而成，说明穆昆是哈拉之下的一个血缘组织，由其分化而来，穆昆之间的区别在于地域不同。

　　比较满汉文的《八旗满洲氏族通谱》还能找到证据。例如凡例中的一段话"八旗满洲内有同姓而不同宗者，有本属同姓同宗而其支族别为一姓者，应于本姓内详晰注明，以严族姓之辨"。[①] 满文为 jakūn gūsai manjusai dorgi, emu hala gojime mukūn waka, jai daci emu hala emu mukūn bime, terei gargan fisen encu emu hala ohongge be da hala de getukeleme tucibume arafi, mukūn hala be ilgabuha。[②] 两者比较，可知"姓""宗""支族"分别对应满文 hala、mukūn、gargan，其关系为哈拉分化出穆昆，穆昆分化出噶尔干。此外，满洲社会中还有名为乌克孙的血缘组织。《大清全书》解释为"宗族"。[③]《御制清文鉴》则定义为 emu gargan ci fuseke juse omosi，汉译应为"由一支派繁衍之子孙"。[④]《御制增订清文鉴》的汉文为"一支"。

　　另外需要注意的是地缘组织噶山（gašan）。根据《满文世袭谱档册》等史料可知，很多佐领最初是率领属于同一噶山的穆昆投顺而被编授的。在这一过程中基本看不到噶尔干、乌克孙的存在。例如正红旗满洲的罗屯"于太祖高皇帝时率子弟、噶山之人一同投顺"。[⑤] 同旗的硕占也是"于太祖高皇帝时率兄弟、噶山之人一同投顺"。[⑥] 这里的噶山之人即满文的 gašan i urse。同时，很多佐领本人是噶山的首领噶山大（gašan i da）出身，例如正红旗满洲的崇伊喀，"原系噶山大，齐讷林地方人，姓舒穆鲁氏，率穆昆、法尔噶兄弟诸子同乡六十五丁贡貂，投靠圣主，前往三姓地方居住。康熙五十三年初编佐领，崇伊喀由噶山大管理佐领"。[⑦] 这里出现的 falga（法尔噶）与穆昆是同义词，《御制清文鉴》的解释为 uthai mukūn sere gisun, mukūn falga seme holbofi gisurembi，汉译应为"falga 即穆昆，mukūn falga 连说"。又如乾隆朝查办驻防地方世袭佐领根原时，珲春

① 《八旗满洲氏族通谱》卷1，第31页。
② 《八旗满洲氏族通谱》（满文版）卷1。
③ 沈启亮:《大清全书》卷3。
④ 《御制清文鉴》卷5。
⑤ 东洋文库藏《正红旗满洲世管佐领家谱》，编号 47–46。
⑥ 东洋文库藏《正红旗满洲世管佐领家谱》，编号 47–46。
⑦ 东洋文库藏《正红旗满洲世管佐领家谱》，编号 47–46。

佐领巴克西纳呈报佐领根原称："职原系噶山大，系珲春地方人，姓纽祜特（niohute），率族党兄弟子弟二十六户七十丁贡海獭皮。康熙五十三年初编佐领，由乡长拣放佐领。"[1] 以上四例说明，佐领编设时（包括入关前和康熙朝），佐领所带来的人丁往往属同一个噶山的一个或多个穆昆。

具体研究每一个佐领，可以发现它们皆由若干个穆昆构成，其区别在于能否世袭佐领而已。例如正白旗满洲微准世管佐领下有十个穆昆，除微准穆昆外，其余九个在乾隆二年清查根原时明确说明无佐领继承权，例如穆昆大护军丹色等呈称："本穆昆原系福克西库地方人，姓伊尔根觉罗氏，高祖讷楞额随微准于太祖高皇帝时投顺，初编佐领以微准管理。"[2] 佐领之下设有穆昆大（mukūn i da），即族长，这一群体虽然不是正式的朝廷命官，但他们在日常生活中有表率族人、教育子弟的义务，族人买卖房产、交易奴隶、继嗣、呈报各种信息时，也需要穆昆大作为中人监看画押。在雍正、乾隆朝查办根原时，各世袭佐领下的穆昆大需要代表族人上报本穆昆来源。由此可见穆昆大在旗人日常生活中具有相当重要的意义。

以上论述证明，从明末开始，女真人的哈拉组织已经被兼具血缘、地缘性质的穆昆取代，若干穆昆组成一个地域单位——噶山——进行日常的生产生活，各穆昆中可能会有一个势力稍大者，在清太祖起兵后，或投顺或被俘，加入后金政权，被编设为佐领。

三　佐领职官属性的出现

随着明中后期女真社会的变迁，原有的族寨开始动摇，建立取代传统氏族部落的新组织就显得非常必要。[3] 特别是清太祖起兵之后，将部民组织起来，以适应新国家征战、管理的需要，就成为摆在统治者面前的重要工作。这是佐领制度形成的直接原因。清太祖改造了传统的佐领，将这一组织由临时变为常设，长官由公推变为任命，而其中的普通人则成为其

---

[1] 《珲春记名协领赫保为查报珲春佐领及世职官员源流事致宁古塔副都统衙门呈文》（乾隆十三年四月十七日），《珲春副都统衙门档》第 1 册，第 262 页。

[2] 《正白旗满洲紫带子荣和佐领下世管佐领承袭敕书册》（同治二年），《内阁全宗·清代谱牒档案·满文世袭谱档册》，编号 340。

[3] 刘小萌：《论牛录固山制度的形成》，《满族的社会与生活》，北京图书馆出版社，1998，第 105 页。

属民。这一步骤实际上是在一定程度上打破旧有的族寨，代以新的官僚体系。

佐领成为官僚的具体时间尚有争议。据《满洲实录》，甲申年，清太祖攻克翁克洛城后授予鄂尔果尼、洛科佐领头衔。满文为 orgoni, loko be wesimbufi ilata tanggū haha be kadalabura nirui ejen hafan obuha。① 对应的汉文为："赐以牛录之爵（属三百人）厚养之。"此处的 nirui ejen hafan obuha，对应的汉语为"赐以牛录之爵"。不过同书卷 3 又提到设立佐领之事。满文记为 taidzu sure beile ini isabuha gurun be dasame ilan tanggū haha be emu niru obufi, niru tome ejen sindaha...tutu ofi kadalara hafan i gebu uthai nirui ejen toktoho，汉文本为："太祖将所聚之众，每三百人内立一牛录额真管属……于是以牛录额真为官名。"②

学者针对鄂尔果尼和洛科是否成为真正意义上的佐领、辛丑年记载的设立佐领的真实性产生了很大争论。因无论佐领制度出现于何时，都不影响本书关注的佐领世袭制度问题，且没有直接的史料可用，故笔者只能简单阐述看法。

清太祖起兵之时，据记载仅有遗甲十三副，虽然其兵员数目无考，但人数应当不多。不过，即便兵力有限，在冲突中也需要有专门的领导、指挥人员。如果说最初清太祖一人指挥数十人是有可能的话，那么很快冲突扩大，部队规模增加，一人指挥势有不能，必然分成若干小队。这样，各小队无疑会有首领，名目很可能就是牛录额真。

有学者因鄂尔果尼、洛科没有出现在《八旗通志初集》和《八旗满洲氏族通谱》中而提出二人没有担任佐领，此说稍显武断。《八旗通志初集》的《旗分志》反映的其实是雍正朝之后的情况，《满文原档》《内国史院档》中的一些佐领也没有被收入。而且《八旗通志初集》的《旗分志》在编纂中问题不少，即便档案记载的编设原由，很多也是后人追述的，时人也发现很多佐领的历史有不同说法，故不得不在正文之后附加按语以存异说。所以入关后出现的文献都属于后出资料，不能完全相信。至于《八旗满洲

---

① 《满洲实录》卷 1，甲申年二月，第 56 页。
② 《满洲实录》卷 3，辛丑年正月，第 118 页。

氏族通谱》，该书并不是包括所有满洲氏族的"家谱大全"，其凡例讲得很清楚：

> 凡初来归依有名位可考者，通行载入外，其有自始归依之人以及后世子孙俱无名位者，伊等自有家谱可考，概不登录。惟稀姓，虽无名位，亦载一二人，以存其姓……八旗满洲族姓有本人忘其姓氏、祖居及归顺情由，又无凭可查者，概不载入。①

由此可知，有些满洲家族、人物没有被收入是必然的。因为雍正、乾隆朝形成的文献未必可靠，所以讨论入关前佐领的一些情况应首先参考《满文原档》。例如额亦都的佐领，编设即在万历二十九年（辛丑）之前。《满文原档》记载如下：

> 巴图鲁姑夫独自攻取巴尔达城……（汗）将所获敕书、户口、诸申，悉赐予之。汗复将逃往哈达复来归附之人口、诸申，尽赐予之，以补下人缺额……克尼玛兰城时，汗亦前往。令臣巴图鲁姑夫进克之。赏人、马、牛甚多……克章佳城时，令臣巴图鲁姑夫夺门，并令扬舒姑夫、滕夸副之。该二人未夺门，臣独入，夺其门，城乃下。汗赐以诸子之姑母。又赐七人，敕书三道……兄噶哈善哈斯胡被杀，乃随汗往攻索尔和喀山。巴图鲁姑夫先攻。汗令臣歼灭男女妇孺。此役受伤两处，汗将兄之家产、奴仆、诸申、敕书，悉赐予臣……嘉木湖之贝衮巴彦、沙济之王吉努马法之人谋弑汗、叛逃哈达，并向哈达索取马一匹及敕书。时胡什巴潜告之。汗谕臣巴图鲁姑夫曰：贝衮巴彦为尔兄，尔杀之。言毕即遣去。尽杀其一父四子，以家产、奴仆、诸申、敕书，悉赐予之。②

由此可知，万历二十九年之前佐领已经成为正式的官员，他们的部众或来自清太祖赏赐，或为自己原有属民。

---

① 《八旗满洲氏族通谱·凡例》，第4页。
② 《满文原档》第8册，天聪六年正月二十日，第360页。

随着后金疆域不断扩大，建州女真内部的小规模低水平冲突已经终结，清太祖面对的是更强大的扈伦部和擅长渔猎的东海女真，军制、战术亦相应变化。这些情况见于朝鲜史料。朝鲜宣祖时期，逃亡朝鲜的女真人董坪等人报告后金的情况时称：

> 左卫酋长老乙可赤兄弟，以建州卫酋长李以难主为麾下属，老乙可赤则自中称王，其弟则称船将，多造弓矢等物，分其军四运，一曰环刀军，二曰铁锥军，三曰串赤军，四曰能射军，间间练习，胁制群胡，从令者馈酒，违令者斩头。①

所谓四军在满洲人的史料中找不到直接对应的记载。不过《满文原档》中万历四十三年清太祖颁布行军军令时提到四个兵种："披长厚甲者、执枪者长柄大刀列前而战，披轻网甲者持弓箭自后射之，骁骑乘马立他处观看，见不能胜，相机助阵。"

宣祖二十八年，河世国向朝鲜国王禀告后金情况时提到了军队规模："老乙可赤麾下万余名，小乙可赤麾下五千余名，长在城中而常时习阵千余名，各持战马着甲。城外十里许练兵，而老乙可赤战马则七百余匹，小乙可赤战马四百余匹，并为点考矣。"② 如果河世国所言正确，那么此时后金的军队已经超过一万五千人，规模相当可观。

《宣祖实录》的另一条记载显示了后金酋长和各将领之间的关系：

> 奴酋除辽东近处，其余北、东、南三四日程内各部落酋长聚居于城中，动兵时则传箭于诸酋，各领其兵。军器军粮，使之自备。兵之多寡，则奴酋定数云。奴酋诸将一百五十余名，小酋诸将四十余名，皆以各部酋长为之，而率居于城中。③

---

① 《李朝实录·宣祖实录》卷 23，宣祖二十二年七月丁巳，学习院东洋文化研究所，1961，第 293 页。

② 《李朝实录·宣祖实录》卷 69，宣祖二十八年十一月甲申，第 403 页。

③ 《李朝实录·宣祖实录》卷 71，宣祖二十九年正月丁酉，第 449 页。

从各酋长与清太祖同城居住、听其调遣可知，清太祖和舒尔哈齐已经实际控制着投降的各酋长，特别是掌握了军权。但是，诸将仍然"各领其兵"，自己负责部队给养，显然具有某种独立性。这种既服从君权又与君权保持一定独立性的特点实际上成为有清一代该制度的一个特征。

同时，清太祖也专注于将佐领改造成具有多种职能的国家官僚。截至万历四十三年，清太祖经过多年征战，已经将建州女真、扈伦人、瓦尔喀人、虎尔哈人等生活地区纳入管辖。实力的空前强大促使其进一步改革佐领制度，此次的改革主要是确定佐领下人数，以及各级官员。《满文原档》记载"淑勒昆都伦汗将收聚之众多国人均齐，三百丁编一牛录，设牛录额真一名，佐领下设代子两名、章京四名、噶山拨什库四名。三百丁以四章京分管，编为塔坦"。① 部落时代的佐领是从属于族党屯寨的组织，至此反而成为若干族、寨的结合体。这一点有助于打破族、寨间的此界彼疆，促进地缘关系的发展。

佐领数量随着人口的变化而增多。天命元年七月初九日，"命每牛录各派三名刳舟人，共六百人，往兀尔简河源密林中，造刳舟二百"。② 每个佐领抽三人，共六百人，说明此时后金有 200 个佐领。

佐领被赋予的新职能首先体现在军事方面。例如万历四十三年规定："甲胄、弓箭、腰刀、枪、大刀、鞍辔等物损坏，将该牛录额真革退。"③ 抽调士兵以佐领为单位。例如天命三年四月颁布军令，要求"每牛录五十披甲，十名守城，四十名出战。出战之四十人，二十人制云梯二架，以备攻城"。④ 抽丁实战的记录如天命六年七月二十七日，皇太极、阿敏率兵镇压镇江堡叛乱："四贝勒、阿敏贝勒率都堂、总兵官、众副将、参将等并每牛录披甲二十名，共三千名前往镇江堡地方招抚叛民。"⑤ 佐领也是征发劳役的基础，后金筑城、造船、收割等活动皆以此为单位。例如"念国人苦于粮赋，特令一牛录出男丁十人、牛四头，以充公役，垦荒屯田"。⑥ 由此可

① 《满文原档》第 1 册，万历四十三年十二月，第 55 页。
② 《满文原档》第 1 册，天命元年六月至八月，第 174 页。
③ 《满文原档》第 1 册，万历四十三年十一月，第 55 页。
④ 《满文原档》第 1 册，天命三年四月，第 85 页。
⑤ 《满文原档》第 2 册，天命六年七月二十七日，第 158 页。
⑥ 《满文原档》第 1 册，万历四十三年十二月，第 55 页。

见，此时的佐领已经具备国家机构的属性，成为后金重要的一级行政、军事单位，其长官也自然成了国家的官僚。

此外，对佐领的管理也逐渐制度化。例如下人犯罪，佐领本人会有连带责任。如"初五日，审案。贝德牛录下一人因弃甲败逃，没入旗主贝勒家为奴。牛录额真贝德，隐匿不报临阵败逃之人，罚银十五两，以其备御名下之赏赉扣充。据人首告，贝德牛录之鄂里肯，以三匹马为死人殉葬，乃革去其千总之职，免罚银九两之罪"。① 此类佐领与佐领下人同时被处分的案例在入关前很常见，可见此时国家可以对其实行非常有效的管理。

佐领国家属性的强化从其长官名称的变化中亦可以看出。在汉文中，"佐领"一词既指八旗的一级组织，又指该组织的长官。而满文则区分得很明确，指组织时称 niru，长官为 niru i ejen。成书最早的满文字书《大清全书》将 ejen 解释为"主子"。② 考入关前女真社会中，家庭中的主人、部落中的诸班、国家中的贝勒和汗都称 ejen，与家内的仆人、部民、国民结成主奴关系。因此 niru i ejen 一词实际上是指佐领的主人，与之类似的还有 jalan i ejen、gūsai ejen，分别是甲喇之主、固山之主。佐领的长官之所以被称为额真，是因为此时很多佐领长官本来就是建州酋长、扈伦贝勒，佐领下人是其家族世代统领的部落民。即便平民出身的功臣，佐领下人也是君主所赐，与部落民的性质一样。所以长官被称作额真是理所当然的。

至天聪八年，牛录额真改为"牛录章京"（niru i janggin）。③ 梅勒、甲喇长官也改为章京，只有固山之主仍然称为额真。④ 额真改章京，看似一词之变，实际上是对佐领性质的重新定义。长官称额真，是强调其与下属的领属关系；称章京，是凸显其作为国家职官的身份。换句话说，从额真

---

① 《满文原档》第 2 册，天命六年闰二月初五日，第 32 页。

② 沈启亮：《大清全书》卷 2。

③ 中国第一历史档案馆编《清初内国史院满文档案译编》，天聪八年四月初九日，光明日报出版社，1989，第 74 页。

④ 入关后，额真一词逐渐被皇帝垄断。康熙朝颁布的《御制清文鉴》将额真一词解释为 abkai hese be alifi tumen gurun be uheri kadalahangge be ejen seme tukiyembi（《御制清文鉴》卷 2《君部·君类》），笔者汉译为"秉承天命，一统万邦者，尊为 ejen"。很明显，这里的"主"实际上是专指皇帝而言的。至雍正四年，着力整饬八旗、强化皇帝与旗人直接领属关系的清世宗以额真一词事关君臣身份，下令以固山诸班（gūsai amban）取代固山额真。从此，清王朝的职官名称中再也没有额真一词了。

到章京，说明清太宗有将国家权力向下渗透、通过逐渐强化佐领军政方面的职能使其成为国家组织的目的。这样一来，佐领的长官既是拥有对属民的世代管理权的世袭贵族，又是需要接受国家调配、监督管理的官员。佐领下人既是长官的属民，也是国家的臣民。经过清太祖、太宗两代君主的改造，佐领逐渐具有了贵族和官员两种身份，成为世家形成以及清王朝出台规章制度以完善其承袭制度的基础。

第二章
佐领承袭制度的演变

以记载八旗佐领流变为目的的《八旗通志初集》和《钦定八旗通志》的《旗分志》将佐领分为勋旧、优异世管、世管、兼管、轮管、番子、公中、兄弟合编公中佐领等。以上的划分混杂了佐领类型、构成佐领的族群两个标准。在光绪朝的《钦定大清会典事例》中，佐领类型变成了勋旧、优异世管、轮管、族中承袭、公中佐领。此情况显示官书的编纂者对佐领类型以及佐领承袭规则的认识经历了从模糊到清晰、从混乱发展到规整的过程。本章首先考察佐领承袭条例不断充实的历程，其次关注佐领分类承袭制的演进以及承袭分额分配方案的完善。

第一节　佐领承袭制度的初创

至天命元年前后，后金已经有了大约 200 个佐领。随着两代君主统一女真、经略蒙古、收编辽东明朝官兵，佐领数量激增。但佐领承袭的问题也凸显出来。什么样的佐领可以世袭，什么样的不可以世袭？是否所有的佐领都可以按照统一的方法承袭？佐领去世后留有若干后代，以何人承袭？如果绝嗣如何处理？随着时间的推移，此类问题越积越多。因此在入关前，统治者已经开始探索如何完善承袭规则。经过约 150 年的摸索，佐领的承袭规则以及建基于此的佐领分类，方正式成型。

41

一 入关前的探索

据光绪《钦定大清会典事例》，清入关前编设了600个佐领，① 大多数佐领应当由第一代长官管理，有长官阵亡、获罪革职、病故情况的佐领，出现了第一次管理权交接。然而当时佐领如何承袭，无文献可考，后代官书和档案不记载入关前拣放佐领的时间，所以无法确定每个世袭佐领首次承袭究竟发生在何时。不过入关前文献对作为爵位的牛录额真承袭有不少记载，虽然一是爵位一是官职，但同为世袭，应当适用同样的原则，故笔者认为梳理这一时期牛录额真爵位的承袭可从侧面反映早期佐领的承袭规则。

早在太祖时期，已经出现牛录额真爵位承袭的个案，从《满文原档》的一条记载推测，此时父死子继已经成为一项原则。天命六年十二月十八日，清太祖宣布："诸臣尽忠效力，或阵亡，或病故，着将父职赏其子。尔等官员为国尽忠，亦授尔等子孙官职。镇江佟游击之子，汤山、松山、镇江守堡之子皆得父职，此事尔等皆知。" ② 由此可知天命六年之前已经有功臣之子袭职的现象。

天聪五年六月二十三日，清太宗颁布《功臣袭职条例》，根据立功情况、本人是否为别部酋长区别承袭次数，这可以视作有清一代对世职承袭的第一次规范：

> 凡他部诸贝勒举部来归，有当本部太平时愿来归者，或阵亡或病故，其功均子孙世袭罔替；有身罹祸患，不得已而来归者，阵亡准袭五次，病故准袭三次；临阵率先进战奏功，及一二次率先攻克城池功大者，或阵亡或病故，各照原官世袭罔替，仍察其中无罪过者准袭；有告发叛逆并乱国大罪者，量授官职，准袭六次；凡自他部子身来归，当本部太平时者，阵亡准袭四次，病故准袭二次；有在本部身罹祸患，不得已而子身来归者，阵亡准袭二次，病故准袭一次。至于无职善人，有值我危急时，或当先战死，或首先登城死者，准袭职二次；有擒获奸细，

① 光绪《钦定大清会典事例》卷1111《八旗都统》，《续修四库全书》第813册，上海古籍出版社，2002，第382—387页。

② 《满文原档》第2册，天命六年十二月十八日，第450页。

有职者阵亡，准袭一次，病故不准袭。①

　　这里对"功"的界定很清楚，包括投顺、军功、告发奸细，具体还要区分是否主动投顺、有无战死。承袭次数的多寡取决于功勋大小：原本为酋长者主动来归、立特殊军功者皆世袭罔替，其他人员则可以有限制次数地继承。

　　天聪八年五月，清太宗在《功臣袭职条例》的基础上发布上谕，赏赐所有官员敕书，并详细记载各官员功绩：

　　　始叙各官功次，赐之敕书。额驸杨〔扬〕古利为左翼超品一等公，仍带六章京职。三等公额驸和硕图子和尔本、吴讷格，一等昂邦章京楞额礼子穆成格，三等昂邦章京札尔固齐费英东子察喀尼，巴图鲁额亦都子遏必隆，六人准世袭不替。其余一等昂邦章京、二等昂邦章京、三等昂邦章京、一等梅勒章京、二等梅勒章京、三等梅勒章京、一等甲喇章京、二等甲喇章京、三等甲喇章京暨牛录章京，一切众官，不论官职，以功之大小，俱赐敕书。仍谕吏部，将国家开创以来诸功臣，其祖父以部落来归，及身历行间、率先攻战著有勋绩者，一一分别详载，撰给世袭敕书。其无功绩而因才授职及因管牛录事授职者，撰给不世袭敕书。旧例敕书开载大臣及各官以勤修政事、约束兵马授某职，微员以不负任使、著有成效授某职，俱准世袭不替。其分别撰给两等敕书。自此始。②

　　敕书是颁给个人、记载功勋的凭证，可以将此视作国家对功臣的一次统一认定。名单上的扬古利为太祖时期的名臣；吴讷格是较早归附的蒙古贵族；察喀尼、和尔本、遏必隆是开国五大臣中费英东、何和理、额亦都之子；穆成格为扬古利侄，曾出任总兵官，乃十六大臣之一。以上被清太宗点名的六人或为功臣，或为功臣子弟，获得世袭爵位，无疑是功臣阶层的核心成员。

---

① 关孝廉编译《天聪五年八旗值月档》（二），《历史档案》2001 年第 1 期，第 13—14 页。
② 《清太宗实录》卷 18，天聪八年五月壬寅，第 242 页。

从《满文原档》《清太宗实录》等中可以找到入关前牛录额真爵位承袭的史料，符合天聪五年的《功臣袭职条例》，笔者列举数例如下。

首先，阵亡之人爵位可世袭。如崇德二年议叙征朝鲜功臣，阵亡之杜敏爵位以其子承袭："叙平定朝鲜阵亡牛录章京杜敏功，以其子苏赫袭职。增杜敏敕辞曰：平定朝鲜时尔往略，中枪阵亡，因命尔子苏赫仍袭牛录章京，准再袭一次。"①

战场意外身亡者，如图詹率炮兵轰击中后所时，火炮自爆，意外身死，因此崇德三年十二月其子得以承袭。②

而病故出缺，无人承袭，爵位被取消者亦见于史料。如崇德元年正黄旗佐领陶济病故，爵位被撤。③ 但是，有特殊功劳之人不在此列。如达海因改造无圈点满文，受封巴克什。达海病笃，清太宗曾许诺照顾其子："朕曾谓达海患寻常疾病，今闻病笃，惜未施恩宠，日后必恤其子。"④《满文原档》仅记清太宗赏赐达海诸子食物、缎匹，但《清太宗实录》记太宗破例允许其子雅亲承袭："上念巴克什达海博览群籍，学问淹通。官止游击，未及宠任而卒。特准其子雅亲降一等袭职，授备御。达海原管牛录仍令管理。文臣例无承袭，盖异数也。"⑤ 雅亲承袭的除乃父的爵位外，还有"原管佐领"，是爵位、官职同时继承之例。另如崇德元年，通病故，照例不准袭，但因其生前制造明矾，特准其子白英科承袭爵位。⑥

据此，可总结后金时期牛录额真爵位承袭的部分规则：第一，出缺之人有功；第二，应有适当之人承袭；第三，阵亡出缺者可承袭；第四，有特殊功勋者得承袭；第五，病故出缺，不得承袭。

《清太宗实录》的凡例内有"封异姓王公，授昂邦章京以下、半个牛录章京以上世职及承袭皆书"，⑦ 故可以认为，该书即便未将太宗朝所有牛录章京爵位承袭事件一一开列，亦保留了相当数量的案例。笔者统计《清太

---

① 《清太宗实录》卷38，崇德二年八月丙申，第495页。
② 《清太宗实录》卷44，崇德三年十二月戊申，第588页。
③ 《满文原档》第10册，崇德元年六月初一日，第239页。
④ 《满文原档》第8册，天聪六年七月十四日，第223页。
⑤ 《清太宗实录》卷13，天聪七年二月壬申，第181页。
⑥ 《满文原档》第10册，崇德元年十月初四日，第476页。
⑦ 《清太宗实录·凡例》，第2页。

宗实录》内所有牛录章京爵位承袭记录，制作表2-1，以便考察此时世职承袭情况。

表2-1 《清太宗实录》内牛录章京爵位承袭记录

承袭时间	原立职人	出缺原因	承袭人	承袭人与出缺人关系
天聪七年二月壬申	达海	病故	雅亲	父子
天聪八年四月辛酉	布颜图	病故	多礼喀	父子
天聪八年十一月乙丑	李廷国	病故	大虎	父子
天聪八年十一月乙丑	杨春华	病故	煦	父子
天聪八年十二月壬寅	翁格尼	革职	傅喀蟾	父子
天聪九年三月庚申	卦尔察益讷克	病故	坤	父子
天聪九年三月庚午	朱齐克墨尔根	病故	旌柱	父子
天聪九年五月壬子	苏尔麻	病故	阿尔纠	兄弟
天聪九年九月癸巳	罗洛	获罪	席特库	兄弟
天聪九年十二月辛丑	吴沙兰	病故	吴齐尔海	父子
崇德元年八月乙亥	白希	病故	锡翰	父子
崇德二年六月庚申	席翰	获罪	绥哈	兄弟
崇德二年六月庚申	穆成格	病故	韩楚汉	兄弟
崇德二年六月庚申	托克屯珠	病故	纳布海	父子
崇德二年七月癸未	赫叶讷	获罪	塞勒布	兄弟
崇德二年八月丙申	杜敏	阵亡	苏赫	父子
崇德二年八月丙申	郭齐	病故	阿龙阿	叔侄
崇德二年八月丙申	周大茂	患病	周维屏	父子
崇德二年八月丙申	伊喇垓	年老	多梅	父子
崇德二年十月己丑	萨木哈图	病故	扎海	父子
崇德三年正月丙子	博唐果	病故	达尔海	父子
崇德三年正月甲申	佛琐里	革职	虎沙	兄弟
崇德三年正月癸巳	张大国	病故	张元勋	父子
崇德三年八月己未	佟噶图	病故	硕尔格	兄弟
崇德三年八月己未	硕哈	病故	白尔格	兄弟

续表

承袭时间	原立职人	出缺原因	承袭人	承袭人与出缺人关系
崇德三年八月己未	布雅里	病故	傅成格	父子
崇德三年八月己未	塞赫	获罪	胡什巴	叔侄
崇德三年八月己未	佛索里	获罪	萨玛哈	叔侄
崇德三年八月己未	达什	获罪	马式	兄弟
崇德三年十二月戊申	图瞻	阵亡	惠福	父子
崇德四年六月壬辰	古穆	病故	塞特尔	父子
崇德四年六月壬辰	胡敏	病故	胡棱格	父子
崇德四年六月壬辰	球	病故	斜禅	兄弟
崇德四年六月壬辰	拜音察理	病故	席特库	父子
崇德四年七月甲申	满敦	病故	敦多克	父子
崇德四年八月甲寅	甘济泰	病故	马尼	父子
崇德五年正月戊午	吴尔寨图	病故	札雅汉	父子
崇德五年正月戊寅	图纳	获罪	萨木赛	兄弟
崇德五年正月辛巳	明贵	病故	札木苏	父子
崇德五年二月丙辰	叟根	病故	穆都堪	祖孙
崇德五年三月壬午	高体明	病故	高朝勋	父子
崇德五年四月壬戌	吴弩古德	病故	祁他特	父子
崇德五年四月丁丑	多尔津	病故	董泰	父子
崇德五年七月庚辰	公衮	病故	喇都浑	兄弟
崇德五年七月庚辰	噶布喇	病故	达木图	祖孙[a]
崇德五年七月庚辰	吴先达礼	病故	宜鲁尔	父子
崇德五年十二月辛亥	索必达	病故	罗必达	叔侄
崇德五年十二月辛亥	拜户赖	病故	外达	叔侄
崇德六年四月壬戌	代松阿	病故	阿纳海	父子
崇德六年五月戊戌	喇都浑	阵亡	俄尔毕	父子
崇德六年八月丙午	球詹	病故	约詹	兄弟
崇德六年十一月甲戌	罗科	病故	寨达	祖孙
崇德七年九月戊辰	马尔户纳	病故	满柱	父子

承袭时间	原立职人	出缺原因	承袭人	承袭人与出缺人关系
崇德七年九月戊辰	扎干	病故	恩克	父子
崇德七年闰十一月己未	塞尔图	病故	塞冷	兄弟
崇德七年闰十一月己未	张翼轸	病故	张学周	父子
崇德八年二月庚午	萨璧翰	病故	科尔坤	父子
崇德八年二月庚午	扎海	病故	莽吉图	祖孙 b
崇德八年二月庚午	硕尔坤	阵亡	叶尔布	兄弟
崇德八年三月己酉	塞特尔	病故	沙赖	叔侄
崇德八年五月丙申	刚吉纳	病故	硕塞	父子
崇德八年五月丙申	门世科	病故	门可旌	叔侄
崇德八年六月壬申	扎福尼	病故	舒礼浑	父子
崇德八年六月壬申	巴特马	病故	哈尔哈齐	父子
崇德八年八月戊辰	萨穆什喀	病故	罗实	父子
崇德八年八月戊辰	巴布赖	病故	巴尔布	父子
崇德八年八月戊辰	孟果尔代	病故	昂爱	父子

　　a. 达木图系噶布喇侄孙，可视同祖孙辈承袭。

　　b. 扎海为莽吉图叔祖，可视同祖孙辈承袭。

　　以上 67 条记录中，因原任病故得以承袭者共计 52 个，占 77.6%；因罪革除者 7 个，占 10.4%，因不能管理下属革职者 2 个，占 3%；阵亡者 4 个，占 6%；因老、病出缺者 2 个，占 3%。可见，这一时期，牛录章京爵位承袭的主要因素是病故，其次是因罪革职，因阵亡、老病出缺相对较少。从承袭人与被承袭人关系看，父子承袭共计 41 个，占 61.2%；兄弟承袭，共计 15 个，占 22.4%；叔侄承袭，共计 7 个，10.4%；祖孙辈较少，共计 4 个，占 6%。其中，父子承袭最多，兄弟承袭次之，叔侄再次之，而隔代的叔祖孙、祖孙承袭最少。因为笔者没有看到入关前承袭分额如何分配的规定，故由《清太宗实录》的统计大致可以认为此时的牛录章京爵位以出缺人为中心，按照血缘的亲疏，从子、兄弟、侄到伯叔顺次承袭。那么不妨推测，此时佐领的承袭也大体遵从此法。

二 顺康雍三朝的补充和调整

顺治、康熙两朝，随着大军南下，大批立功的满洲官兵、投顺的察哈尔蒙古和投降的明朝军人被编为佐领，东北地区的新满洲被编入八旗，因人丁滋生大量设立滋生佐领，八旗佐领的规模扩大。然而在承袭规则方面，仅有若干微调。清世宗登基后开始整顿旗务，试图扫除此前八旗行政的积弊。在佐领承袭方面的行动包括清查佐领根原、确定勋旧世管佐领以及在实践中不断明确相关规则，为乾隆时期出台《钦定拣放佐领则例》和《缮折房六条例》打下了基础。

顺治朝出台了佐领承袭时的拟正、拟陪方案："八旗满洲、蒙古、汉军世袭佐领员缺，其子孙不论有官无官及年岁未满，均得与拟正陪，具题补授。"① 但目前笔者见到的史料，还没有记载佐领承袭的具体条文，《清世祖实录》和顺治朝《内国史院档》记载佐领承袭的内容和形式与太宗朝没有区别。这一时期，只要出缺人绝嗣，即以其兄弟子侄补授，如没有兄弟子侄，则以"才品优长、出征勤劳效力年久者，满洲、蒙古五品以上，汉军除由奴仆升授骁骑校外，其余骁骑校及五品以上，每旗各选十人，分定次序咨部"，如果佐领绝嗣，这些人作为替补，以其补放。②

此时拣放佐领由八旗大臣在出缺人的亲族中挑选拟正、拟陪人员，交皇帝钦点。如康熙二十四年二月初九日，镶红旗佐领恩特黑出缺，其子鄂什腾、阿什屯分别拟正、拟陪。清圣祖提出此二人为都统博尔济虾之后，是否还有其他堪用之人。学士席尔达报告该家族中其他堪用之人皆非"亲枝"。清圣祖称"此系世族，其中有才能应用者，尔等识之"。③ 从这段记载看，世袭佐领拣放时优先考虑的是亲属关系，其次才是继承者的能力。另外，皇帝有时对候选者本人及其家族成员的情况一无所知，唯一的信息来源是八旗大臣，后者很有可能在挑选承袭人时偏袒一方。故此时的承袭

① 嘉庆《钦定大清会典事例》卷851《八旗都统·世袭佐领》，文海出版社，1992，第5173页。
② 《清世祖实录》卷142，顺治十七年十一月辛巳，第1097页。
③ 中国第一历史档案馆整理《康熙朝起居注》，康熙二十四年二月初九日，中华书局，1984，第1285页。

制度仍然很不完善。

此外，鉴于拣放时都统、八旗大臣办事拖沓，清圣祖要求兵部制定相应的处分规章："都统、副都统以下咨送事件，迟延三年以上者应罚俸三年，迟延二年以上者应罚俸二年，迟延一年以上者应罚俸一年。"①

康熙朝《大清会典》显示，康熙初期出台了一系列与佐领承袭有关的政策。包括以下四条。

第一，康熙十八年规定，佐领缺出，在内若无应补之人，将在外都司、佥书、守备等官，令该旗咨部，调来引见补授。②

第二，康熙二十二年定，新满洲佐领员缺，即将子弟拟正、陪题补。若子弟庸懦，将亲族人拟正、陪题补。③

第三，康熙二十三年定，凡佐领员缺，由公、侯、伯、都统、大学士、尚书以下，护军校、骁骑校以上官员拟正、陪题补。若系祖父原管之佐领，其子弟无官职，或年岁未满者，亦拟正、陪题补。其满洲、蒙古，如有新编佐领者，补授佐领时，即将旧佐领之兄弟及本旗内贤能应管之人，拟正、陪题补。如有原管佐领官员亡故，因子孙幼小，另补他人，后子孙长成具告者，准将佐领给还。其代管佐领之人照佐领品级候补。④

第四，康熙二十三年定，佐领因军务革职，虽系世承佐领，亦不令子孙管理，仍令兄弟及兄弟之子孙管理。如无其人，方令子孙管理。又令，若系世承佐领内因增丁分编之佐领，即于佐领兄弟内，不拘职官甲兵补授。如兄弟内无堪管之人，乃于本旗内别选人员补授。其旧管、世承之佐领有不称职者，听该都统不时纠参黜革。至凑编佐领，仍于本旗内选择贤能官员补授。⑤

由此可知，康熙朝已经出现明确的佐领性质区分，分为旧管（原管）、世承、凑编佐领三种。其中旧管、世承两种可以世袭。在拣放时，要分别拟正、拟陪，范围包括出缺人子弟和亲族，但前者优先。原管佐领的候补

---

①　《清圣祖实录》卷281，康熙五十七年闰八月辛酉，第745页。
②　康熙《大清会典》卷81《兵部·八旗官员除授》，第1069页。
③　康熙《大清会典》卷81《兵部·八旗官员除授》，第1069页。
④　康熙《大清会典》卷81《兵部·八旗官员除授》，第1068页。
⑤　康熙《大清会典》卷81《兵部·八旗官员除授》，第1069页。

者不考虑官职、年龄，皆以其与出缺人血缘关系为基准。凑编佐领以多个佐领人丁编成，不属于某一个家族，故由旗员拣放，这种佐领就是不能世袭的公中佐领。

雍正朝有关世袭佐领的承袭规定更明确。雍正四年定"原管佐领、世管佐领内，如有年老衰庸不能办事者，引见休致，于本人子弟及近族人内，遴选奏补"。如果本族无人可用，"其佐领系祖父宣力所得、不便革除者，改由该旗内拣选他人引见兼管"。① 次年，又定出缺人之子年幼或绝嗣，由族人管佐领时，易致本家寡妇贫乏不能聊生，因此袭职之人必须将俸禄的三分之一分给寡妇以为赡养。② 雍正七年，由于某些原管佐领有时长期由异姓管理，失去原管佐领的意义，所以清世宗降旨，"遇员缺仍应于原立佐领人之子孙内遴选补授。如本族一时不得人，再于该旗应升人内选补。俟原管佐领人之子孙长成，仍行归还"。③ 雍正十二年覆准拟正、拟陪标准，即拟正时优先选择子孙，次及亲兄弟，近族拟陪："八旗拟补世袭佐领，将出缺人之子孙拣选拟正。若无子孙，于亲兄弟内拣选拟正，近族内拣选一人拟陪，仍于有分宗支内每支拣选一人，通行引见简补。"④

清世宗特别注意到原管佐领、世管佐领出缺人子弟年幼或族中暂时没有堪用之人，不得不以异姓管理的情况时有发生，个别佐领甚至因此由异姓管理四五代。如果不明确佐领归属，会造成日后的麻烦，因此雍正元年，清世宗上谕："原管佐领之子年幼，暂令他人管理一世则可。其后再放佐领时，应令原管佐领之子管理，如何令他人管理四五世乎？着将此等佐领原系如何管理，或系赏给，或系有故令他人管理之处，一一查明原委。八旗画一办理。"⑤

此外，清世宗对佐领管理下人的能力颇为看重，在他看来这是解决八旗生计、杜绝旗人自甘堕落、维持满洲地位的保证。⑥ 然而，世袭佐领最大的问题在于继承者选择范围太小，仅家族内特定数人，而且对年龄、资历

---

① 嘉庆《钦定大清会典事例》卷851《八旗都统·世袭佐领》，第5174页。
② 《清世宗实录》卷18，雍正二年四月乙巳，第296页。
③ 嘉庆《钦定大清会典事例》卷851《八旗都统·世袭佐领》，第5174页。
④ 嘉庆《钦定大清会典事例》卷851《八旗都统·世袭佐领》，第5175页。
⑤ 《清世宗实录》卷11，雍正元年九月壬寅，第212页。
⑥ 《钦定八旗通志》卷首之9《敕谕三》，第172、174页。

没有限制。以年轻闲散、披甲出任佐领者不少，这些人未必有能力操办一个佐领中的人事、财政等工作。相反，以八旗三品至五品官员拣放的公中佐领就没有这种问题。因此未成年佐领被拣选后，必须以异姓成年人署理。如果佐领继承人成年后仍然不具备办事能力，则由他人管理，本人仅发给俸禄，这样仍然算是对世家的照顾："原管佐领、世管佐领，或系年尚幼稚，或质甚愚昧，或衰老不能办事，应行查明。如系伊祖父原管及因宣力所得之佐领，只给伊佐领之俸，勿令管理事务，另于该旗大臣官员内择其能管理者，令其兼管。"① 清世宗之所以采取这种方法，是因为佐领的继承权不能被任意剥夺，即便本家没有可用之人，也必须保证其对佐领的所有权。雍正六年，清世宗又命东北地区驻防佐领遇到类似情况参照京城佐领办理："嗣后白都纳、船厂、黑龙江等处补授世袭佐领，遇有应袭之人年幼、不能办理事务者，亦照京城例着人署理。其应袭之人与应署理之人，一并送来引见。"②

雍正十一年，副都统代林布有鉴于世职、佐领家族为了争夺承袭分额而诉讼公堂的现象并没有因清查、厘定勋旧佐领、世管佐领而消失，请造具佐领世职档案、佐领家谱，十年一修，一式两份分别交内阁和都统衙门保存，此事为佐领承袭制度的一次重大演进：

> 每见袭官之家狃于得职，互相争执，有以为非系亲裔系为养子者，又或以为私改家谱以近族为远、远族为近者，纷纷控告，至于佐领，又非承袭世职者可比。现今将八旗原管佐领、世管佐领缘由清查确定，请交与八旗都统等将各该旗承袭世职补放佐领等之家谱交参领、佐领等逐一查对，明晰呈堂。有应详查拟议者，即会同八旗大臣集议。议定之后造册一本，钤用都统印信恭呈御览，送内阁收贮。又造册一本，用参领关防、佐领钤记外，其家谱内有名之人，凡十岁以上者，悉令画押于接缝处，钤用印信，收贮各旗公署，俟至十年，将家谱修改一次。

① 《清世宗实录》卷 41，雍正四年二月辛卯，第 614 页。
② 《清世宗实录》卷 67，雍正六年三月乙亥，第 1028 页。

八旗都统等议准：

> 凡承袭世职、补放佐领等事，造具清册一本，用都统印信，送内阁存贮；另造一本，用参领关防、佐领钤记外，令十岁以上有名之人悉行画押，送该旗公署收贮，至十年照例另行造册，用印存贮。[①]

在确定了哪些佐领是勋旧，哪些是世管，以及有了基本的承袭准则，加上各家族自行呈上的家谱后，佐领在理论上有望实现有序承袭。此外，世袭佐领还有了专门的文本化的世袭凭据，便于在拣放佐领时查阅。

由以上的考察可以看到，从清太宗到清世宗，佐领承袭制度逐渐明确，主体是保证投顺酋长、有功人员家族的利益，在承袭中尽量以父子、亲兄弟继承为主，并根据血缘关系的远近，区别拟正、拟陪，相关的家谱、档案制度也日趋完备。这一趋势体现了自清太祖时期已经确立的国家管理世袭佐领和世家的方针没有变化。从王朝的层面讲，这种行为有助于国家对旗人的管理，特别是清世宗通过不断打击王公，整饬旗务，以君主取代王公对八旗世家、普通旗人的控制权，使王公凭借八旗内部存在的封建领属关系从而利用世家与皇权对抗的可能性降低。从世家角度讲，通过国家管理，厘清世袭规则可以有效防止家族内部因承袭权产生的纷争。因此出台进一步明确的承袭规则对双方来说都是非常重要的。

第二节　佐领分类承袭制度的完善

清代君主将佐领划分为若干类型，依据类型确定不同的承袭方法，这就是佐领分类承袭制度。当然，这一制度出现的前提是对佐领类型的划分。

一　佐领分类的细化

1. 二分法
二分法依据佐领属于旗分还是王公，将其分为外牛录和内牛录。虽然

---

① 《谕行旗务奏议》，第717页。

此种分类与佐领承袭无关，但因其来源于当时人们对佐领的一种认识，本书亦简单介绍之。

佐领出现后，有一部分由清太祖直接管理，后发展成内佐领。此外，分给王公者成为王府所属佐领，而归旗分管理者则被称为外牛录。从某些细节看，后两者在入关前待遇不同。如天聪三年，清太宗为通过鼓励检举揭发强化对王公的监督，公布离主条例，要求"八贝勒等包衣牛录下、食口粮之人及奴仆之首告离主者，准给诸贝勒家。至于外牛录下人及奴仆之首告离主者，不准给诸贝勒之家。有愿从本旗内某牛录者，听其自便"。① 这条史料反映了两个问题。第一，虽然没有明确提到"内牛录"，但有八贝勒包衣佐领下食口粮之人和奴仆的说法，并与外牛录对应，故指内牛录无疑。由此可知内牛录即入八分贝勒的包衣佐领。第二，内牛录人员离主，只能更换贝勒，不能进入外牛录；而外牛录之人不能直接给贝勒，只能更换旗分。这说明此时内外牛录基于不同的归属——一为私有一为国有——有非常明确的界限。

当然两者不是绝对不能互换的，外牛录之人也会因某种原因被编入内牛录。例如天聪十年三月，克什讷下二佐领、昂阿喇下一佐领，"此三牛录原系专管牛录，至是废止，并入内牛录"。② 克什讷、昂阿喇是第一批获得专管佐领者，因特殊原因被剥夺佐领，说明外牛录变内牛录的现象是存在的。

虽然内外牛录有重要区别，但考虑到入关前的权力架构，君主对佐领下人有统辖权，而王公与佐领下人有更直接的关系。天聪九年清太宗要求官员家女子寡妇结婚时必须得到该管贝勒批准，并特别强调"其专管牛录与在内牛录皆同此例"，③ 这说明对无论是内牛录还是外牛录，此时的王公都有很大的权力。从政治权力的角度讲，这种君主和王公共同领有佐领的制度随着清太宗强化皇权，入关后君主特别是清世宗打击王公势力、整饬八旗的举措得到修正，皇帝对佐领的控制力越来越强。

2. 三分法

雍正五年八月二十七日，清世宗在要求佐领认真教导佐领下人、不得懈怠的上谕中提到一种包括勋旧、世管、公中佐领的三分法。不过这道上

---

① 《清太宗实录》卷5，天聪三年八月庚午，第73页。
② 《满文原档》第10册，天聪十年三月初八日，第78页。
③ 《清太宗实录》卷23，天聪九年三月庚申，第299页。

谕原文为满文，不同文献对佐领类型的汉译不同，容易造成混乱。

在上谕中，清世宗提到 nirui janggin sai dolo, fujuri niru bi, jalan halame bošoro niru bi, siden i niru bi，[1]《上谕八旗》的汉文本为"佐领内原有原管佐领，有世管佐领，有公中佐领"。[2]《清世宗实录》的译法与此一致。而《雍正朝起居注册》则写作"佐领内有世佐领，有袭佐领，有公佐领"。[3]也就是说，满文的 fujuri niru 对应汉语的"原管佐领"和"世佐领"，jalan halame bošoro niru 对应"世管佐领"和"袭佐领"，siden i niru 对应"公中佐领"和"公佐领"。

再看清世宗为以上三种佐领下的定义。其中 fujuri niru 为：

> taidzu taidzung ni forgon de, suweni mafari meni meni ba i niyalma be gaifi dahame jihe turgunde, niru banjibufi bošobuhangge inu bi, cooha dain de faššaha gung de niyalma šangnafi, niru banjibufi bošobuhangge inu bi, udu suweni bošoho fujuri niru bicibe, niru de bisire niyalma gemu gese gese manju, suweni mafari sabe dahame gurun booi jalin de faššame, hafan halai ilibuha niyalmai juse omosi inu bi。

雍正《上谕八旗》汉译为：

> 原管佐领乃太祖、太宗时，尔等之祖或率所部来归，编为佐领，令其管理者有之；或战阵有功赏赐人口，编为佐领，令其管理者亦有之。是虽尔等原管之佐领，然佐领下人同是满洲，其中亦有从尔等之祖宣力国家，得授世职之人之子孙。

这一定义强调 fujuri niru 与功臣的关系，如果仅看汉文的"率所部来归"的"部"，容易狭隘地理解成满文的 gurun、aiman 或 golo，如此则投

---

① 《上谕八旗》（满文本），雍正五年八月二十七日，中央民族大学图书馆藏清刻本。
② 《世宗宪皇帝上谕八旗》，台北学生书局，1976，第632页。
③ 中国第一历史档案馆编《雍正朝起居注册》，雍正五年八月二十七日，中华书局，1993，第1438页。

顺者就只能是各部落酋长、贝勒。但实际上满文的说法是 meni meni ba i niyalma，即"其各自地方之人"，范围比一般意义上的"部"更广。

jalan halame bošoho niru 的定义为：

> jalan halame bošoho niru, inu suweni mafari sai gurun booi jalin de faššame yabuha, haha sain, kadalame mutere turgunde niru bošobuha, juse omosi siran siran i bošofi suwende isinjiha。

雍正《上谕八旗》汉译为：

> 世管佐领亦因尔等之祖曾宣力国家，或人材可用，善于管辖，故令其管理佐领，遂世世相传，以至于尔等之身。

两者比较没有出入。

siden i niru 的定义为：

> siden i niru bošoro niyalma cohome nirui baita be icihiyame mutembi, nirui niyalma be hūwašabume mutembi seme sonjome sindafi kadalabuha。

雍正《上谕八旗》汉译为：

> 管公中佐领之人特以其能事，教佐领下人，是以拣选，令其管理。

这种佐领强调的是长官具备管理佐领下人的能力，而不是其是否为功臣后裔。从严格意义上讲，清世宗并没有说公中佐领不能由佐领下某家族承袭。在拣放佐领的实践中，公中佐领也会偶尔出现父子、兄弟相传的情况，但前提是此人必须被认为具有相应的能力，且世袭仅为权宜之计。

三分法区分了特殊功臣（率部来归者、战阵有功者）、一般功臣（宣力国家、人才可用者）、非功臣（能事者），使其分别对应勋旧、世管、公中三种佐领。如果从功勋的角度讲，这种划分不是并列的，而是有明确的等差：勋旧最贵，世管次之，公中更次。因为从入关前和入关初的史料可知内外牛录都有世袭者，所以三分法并非对二分法的细化，而是打破此前以佐领属于君主/王公还是旗分的二分法，将世袭权作为分类的标准，这无疑成为后来更细致划分方法的基础。

3.四分法

雍正七年五月汉文《正黄旗汉军四十二个佐领原由册》开列正黄旗汉军42个佐领的性质、编设时间和承袭情况。[①] 这份汉文档案出现了8种佐领译名，但其满文本只有4种，因此笔者将其作为四分法的考察对象。满汉文佐领对译见表2-2。

表2-2 《正黄旗汉军四十二个佐领原由册》满汉文佐领对译

汉文佐领册佐领分类	满文佐领册佐领分类	标准汉译
福住礼佐领	fujuri niru	勋旧佐领
世代承袭之佐领	jalan halame bošoho niru	世管佐领
互相管理佐领	teodenjehe niru	轮管佐领
三姓之佐领		
头登者合佐领		
流水佐领	siden i niru	公中佐领
公缺佐领		
公众佐领		

比较满汉文，可知汉文译名是混乱的。首先，福住礼佐领没有被译为勋旧，或三分法的世佐领。其次，后来的轮管佐领有三种译法，其中的"互相管理"一名与后代一致。"三姓之佐领"由张、陈、闫三个家族轮流承袭，无疑也是轮管佐领。至于"头登者合"则为满文 teodenjehe 的汉语音译。公中佐领则有流水、公缺和公中三个名称。其中流水意为长官经常变化，如同流水，而不固定由某一家族专属。公众、公缺强调员缺与家族

---

① 《正黄旗汉军四十二个佐领原由册》（雍正七年），台北"中研院"历史语言研究所藏内阁大库档案，登录号：185058。

无关。因此根据满文本，此处是将佐领分为勋旧、世管、轮管、公中四种。

相比三分法，四分法仍然以承袭作为分类依据。但上文已经提出，勋旧、世管、公中是清帝根据原立佐领人的功勋、地位决定的，而轮管似乎与功劳大小没有直接关系，与其他三者并列似乎有些突兀。从笔者将在本章后面介绍的世管、轮管佐领案例可知，二者仅仅在拥有佐领的家族数量方面有区别，从功勋方面很难看出本质的不同。但在编设佐领时，重要的功臣都由本家管理佐领，即便出现异姓代管，也只是因补缺一时不得人而采取的临时措施，绝对不会出现与其他家族共享佐领领属权的情况。如果人数不足，还会得到额外赏赐的人丁，不会攒凑多个家族一起管理佐领。所以轮管佐领应该是略低于世管、高于公中的一种新型佐领。

4. 五分法

《清朝通典》记载佐领分为五种："佐领之制，有世袭，有公中。世袭佐领有四等。国初各部落长率属来归，授之佐领，以统其众，爰及苗裔者，曰勋旧佐领；其率众归诚，功在旗常，得赐户口者，曰优异世管佐领；其仅同弟兄族里来归，因授之以职，奕叶者，曰世管佐领；其户少丁稀，合编佐领，两姓三姓迭为是官者，曰互管佐领。皆以应袭者引见除授。公中佐领则以八旗户口蕃衍，于康熙十三年，以各佐领拨出余丁，增编佐领，使旗员统之。有缺则以本旗不兼部务之大臣、世爵及五品以上文武官内简选除授焉。"①

这种分类实际上是将二分法的世袭佐领细分为勋旧、优异世管、世管、轮（互）管四种，加上不能世袭的公中，合为五种。不过，这里对公中佐领的来源解释错误。公中佐领入关前已经出现，早于康熙十三年。至于此处讲到的因人丁繁衍而编设的滋生佐领，其实通常与原佐领性质一致，因此这类佐领既有公中，也有勋旧、世管。

除了前面介绍的五分法，光绪《大清会典事例》开列的八旗旗分佐领还采用了另一种五分法：勋旧、世管、轮管、公中、族中袭替佐领（mukūn i dorgi sirara niru，又译为族中承袭佐领，以下简称族袭佐领）。最后一种佐领编设于乾隆四十三年，因《清通志》等文献成书早于此，故未涵盖之。

---

① 《清朝通典》卷31《职官九·八旗都统》，浙江古籍出版社，2000，第2195页。

以下分别对勋旧、优异世管、世管、轮管、族袭佐领的形成做一简单介绍。

勋旧佐领是最为入关前和清中前期君主器重的大臣，包括以开国五大臣为代表的功臣、少数宗室和外戚，其来源之一是天聪时期获得专管佐领（enculebuhe niru）和挖参权的家族。天聪八年十二月，清太宗授予部分宗室、皇亲、功臣专管佐领，可世袭罔替。次年正月，又免功臣徭役并命专管佐领。授予的对象包括拜尹图、扬古利、卫齐、何和理之妻董鄂公主、何洛会、超哈尔、遏必隆等。两次专管佐领授予对象见表2–3。

表2–3　天聪八年、九年两次专管佐领授予对象

天聪八年授予对象	佐领数	天聪九年授予对象	佐领数
宗室拜尹图	三个半佐领	宗室拜尹图	三个半佐领
额驸扬古利	二佐领	额驸扬古利	二佐领
南褚	二佐领	南褚	二佐领
宗室巴布海	一佐领	宗室巴布海	一佐领
		察喀尼	一佐领
卫齐	半佐领	卫齐	一佐领
公衮	半佐领	公衮	半佐领
		巴世泰	一佐领
和尔本	二佐领	和尔本	二佐领
董鄂公主	二佐领	董鄂公主	二佐领
格巴库	二佐领	格巴库	二佐领
额驸达尔哈	一个半佐领	额驸达尔哈	一个半佐领
		伊孙	一佐领
		察木布	一佐领
		星鼐	一佐领
布尔海	一佐领	布尔海	一佐领
阿山	一佐领	阿山	一佐领
布尔堪	一佐领	布尔堪	一佐领
马喇希	一佐领	马喇希	一佐领
董世禄	一佐领	董世禄	一佐领

天聪八年授予对象	佐领数	天聪九年授予对象	佐领数
巴哈纳	半佐领	巴哈纳	半佐领
何洛会	半佐领	何洛会	半佐领
穆尔察	半佐领	穆尔察	半佐领
		兰泰	半佐领
		傅喀蟾	半佐领
叶臣	不详	叶臣	不详
		劳萨	不详
额驸顾三台	二佐领	额驸顾三台	一佐领
诺木浑	二佐领	诺木浑	一佐领
		艾音塔木	不详
克什讷	二佐领	克什讷	二佐领
		喇玛	一佐领
宗室色勒	半佐领	宗室色勒	一佐领
昂阿喇	半佐领	昂阿喇	一佐领
奥塔	半佐领	奥塔	一佐领
额尔克	半佐领	额尔克	一佐领
		遏必隆	一佐领
超哈尔	半佐领	超哈尔	一佐领
敖对		敖对	一佐领
额驸苏纳		额驸苏纳	一佐领
巴颜		巴颜	一佐领
懋墨尔根		懋墨尔根	一佐领
达尔泰		达尔泰	一佐领
		扈什布	半佐领
吴赖	半佐领	吴赖	半佐领
		英俄尔岱	不详
		阿什达尔汉	一佐领
		准塔	一佐领
		阿喇密	一佐领

续表

天聪八年授予对象	佐领数	天聪九年授予对象	佐领数
阿山		阿山	一佐领
卓罗		卓罗	一佐领
阿拜		阿拜	一个半佐领
		巴特马	一佐领
姚塔		姚塔	一佐领
韩岱		韩岱	一佐领
宗室吴达海		宗室吴达海	半佐领
鄂硕		鄂硕	半佐领
		吴讷格	一佐领
索海	半佐领		
伊县	一佐领		
范察	半佐领		
翁格尼	不详		
萨璧翰	半佐领		
图尔格	半佐领		
花善	半佐领		

资料来源：《清太宗实录》卷21，天聪八年十二月丙申，第281页；卷22，天聪九年正月癸酉，第288页。

崇德八年，清太宗又授予部分功臣采参权（orhoda be hūwaitabumbi），对象包括何和理、额亦都家族子弟，还有图赖、英俄尔岱、鳌拜，人数很少。对于后金而言，人参是重要的贸易物品，已逐渐被君主垄断。授予此特权毫无疑问是一种特殊的奖励：

凡戮〔勤〕力行间、勤敏素著者，准令其部下人自行采参；如有怠于戎事、素无勤劳，以不准采参心怀嫉妒者，即系奸险之辈，必治以法。于是以鳌拜巴图鲁下五十九人、伊尔登下三十七人、承政车尔格下五十九人、格格里侍卫下三十四人、索浑下二十七人、达隆阿之子岳贝下三十二人、教特下四十三人、厄参下二十三人、班什之子董世库下

60

六十一人、达都护侍卫下四十三人、乌尔式侍卫下三十二人、护军统领图赖下二十七人、谭布下十四人、多罗额驸固山额真英俄尔岱下一百人、宗室赖慕布下五十人、诺穆洪下二十八人、马克图下三十六人、固伦董鄂公主下一牛录、哲尔本公下一牛录俱准自行采参。①

雍正九年，内阁奉旨清查勋旧、世管佐领，将同时获得佐领专管权和采参权者定为勋旧。专管佐领被定为勋旧者，如何和理家族佐领。道光三十年五月初二日，睿亲王仁寿奏何和理佐领根原：

> 查该佐领根原，景祥始祖董鄂部长克臣巴彦之孙何和理辅佐开基，带来甲三十副。自哈达回来，将全路带来，令尚公主，擢为头等大臣，管带来人丁，编为四个佐领。太宗文皇帝时令功臣专管佐领，公主奶奶、孙公和尔本各专管两个。令挖参，以佐领下人管理……雍正九年内阁查办勋旧、世管佐领时奏：《实录》内既有何和理率所属来归，董鄂公主、和尔本、哲尔本专管佐领、挖参之处，请作为勋旧佐领。②

当然，勋旧佐领的来源不限于此。很多功臣、与皇室联姻的家族虽然不满足以上条件，但也拥有勋旧佐领。如正白旗汉军石廷柱因为拥有恩赏人丁而获管勋旧佐领。据佐领尼尔吉巴图呈报：

> 始祖石廷柱祖籍原系苏万人氏，于天命七年恭遇太祖高皇帝兵至广宁，率众出迎，授职。征讨囊努格，征插汉，围锦州，攻松山、塔山、杏山等处，授为子爵。后招抚山东、山西等省府州县，历授世职，升至伯爵。因家人众多，蒙恩赏给佐领两个以养赡家口，于崇德七年编设佐

---

① 《清太宗实录》卷65，崇德八年七月戊午，第904页。
② 《正红旗满洲都统仁寿奏为拣放佐领事折》（道光三十年五月初二日），《正红旗档》，见 https://hollis.harvard.edu/primo-explore/fulldisplay?docid=01HVD_ALMA212090878 450003941&context=L&vid=HVD2&lang=en_US&search_scope=everything& adaptor=Local%20Search%20Engine&tab=everything&query=any,contains,%22Harvard- Yenching%20Library%20Manchu%20rare%20books%20digitization%20project%22&of- fset=20。本书所引《正红旗档》标题为笔者所拟。

领时，将职始祖石廷柱之子绅尔门、和诺授为两个佐领，合佐领下所属俱系家人。自管以来皆系职等伯叔子弟以及家人接管至今。①

石氏为生活在辽东的女真人，曾祖布哈，在明成化时期任建州左卫指挥，祖阿尔松阿、父石翰迁居辽东。石廷柱自广宁投顺后得到重用。崇德二年编设汉军两旗时，石廷柱即与马光远各管一旗，成为汉大臣首领。其后裔于康熙朝奏请抬入满洲旗，但被清圣祖驳回。该家族能够获得勋旧佐领是因为功勋以及"家人众多"。

只专管而无采参权者也有被定为勋旧者。如正蓝旗汉军第一参领的第一至第六佐领为李永芳家族所属勋旧佐领。作为最早投降后金国并带来大量人丁、与皇室联姻的汉官，李永芳的佐领被定为勋旧。

李永芳是"辽东铁岭人。明万历四十一年，官游击，守抚顺所"。天命四年三月，清太祖进攻抚顺，李永芳"知大兵至，冠带立城南门上，令军士备守具，不移时，大兵树云梯登城，守陴者惊溃。永芳遂乘骑出降"。李永芳投降，后金国第一次获得明朝辽东重要城市，于是"上命毁抚顺城，编降民千户，迁之兴京，仍如明制，设大小官属，授永芳副总兵，辖降众，以第七子贝勒阿巴泰女妻之"。② 因为尚清太祖孙女，李永芳成为额驸，又称抚西额驸。

李永芳投降后，于太宗朝先后获得六个佐领。乾隆二年，佐领灵保等呈报佐领根原时称：

> 曾祖抚顺额驸李永芳属下人、公主陪送之人及家下人于天聪、崇德年间陆续编为六个佐领。初编时，李永芳之子巴颜管理一个，其余五个佐领与佐领下人管理。《实录》内开巴颜之佐领为另行主管之佐领。③

灵保的说法有三点需要注意。首先，这六个佐领一直属于李氏家族，

---

① 《正白旗汉军原管佐领四员册》（无年月），《内阁全宗·清代谱牒档案·八旗世职谱档》，编号42。

② 《清史列传》卷78《贰臣传甲·李永芳》，中华书局，1987，第6428页。

③ 《正蓝旗汉军世管佐领袭职谱档册》（嘉庆八年），《内阁全宗·清代谱牒档案·八旗世职谱档》，编号112。

但大多曾由异姓管理，最突出者为巴颜佐领之外的五个佐领，第一任都是异姓。其次，在这份满汉文对照的档案中出现了"另行主管之佐领"的说法，其对应的满文是 bayan i niru enculebuhe niru，即"巴颜佐领系专管佐领"。由此可知，六个佐领中，仅一个是专管，其余五个在雍正九年之前并没有被确定性质。最后，其人丁有三个主要来源：李永芳属下人（fusi efu lii yong fang ni harangga niyalma）、公主陪送之人（gungju de etuhu dahabuha niyalma）、家下人（booi niyalma）。乾隆四年，庄亲王允禄行文正蓝旗汉军，要求查清李氏家族佐领下人丁来源。李永芳的后人呈报如下：

> 从前所报一百九十二户内，陈禧泰、沈保银、姚锦、刘养元、徐湛恩等二十六族俱系另户，如何入在职等佐领下，历年久远，不能记忆。另户孔之璜一族系大凌河人。另户董瑁一族系亲戚，抚顺人。伊等初编佐领时即编入佐领下。另户白世勋等八族俱系随李永芳进京之人。保哥一族系内务府拨出。张七、高亮、陆文英三族系民炮手，入于旗下。张昌琪一族系安郡王包衣佐领下拨出。再，开户周汉云等一百四十八族俱系职等高祖李永芳带来之人。马国用、唐尧锦、杨君正等三族系陪嫁公主之人。①

从这一段记载可知，六个佐领下共一百九十二个穆昆，除去无考者，绝大多数是李永芳从辽东带来之人，仅有三户是公主陪嫁人丁，其余来自辽东、王公门下的人丁更少。由此可知，李永芳家族佐领主要由原立佐领人带来的人丁编成。

外戚的勋旧佐领如额驸策凌家族在镶黄旗蒙古拥有一个勋旧佐领。该佐领编设于雍正二年，此时当然没有专管佐领、挖参的问题。策凌获得勋旧佐领的原因在于他的军功和额驸身份。

优异世管佐领的来源是太宗时期的专管佐领（enculebuhe niru）。雍正九年，内阁将仅有专管权而无采参权，或专管权后来被剥夺者确定为世管

---

① 《正蓝旗汉军世管佐领袭职谱档册》（嘉庆八年），《内阁全宗·清代谱牒档案·八旗世职谱档》，编号 112。

佐领。但因为拥有这些佐领的家族在太宗朝被认定为有特殊地位者，故被命名为优异世管佐领，以显示与普通世管佐领的区别。此词的满文为 jalan halame bošoro enculebuhe niru，即"世代承袭的专管佐领"。事实上，专管佐领本来就是世袭的，满文的这种造词反而让人不明所以。相反，汉文"优异世管佐领"的说法更突出其地位高于普通世管佐领。

专管佐领被定为优异世管佐领者，如布尔杭古名下佐领。乾隆五十三年十一月初一日，都统福长安奏请补放佐领员缺时奏佐领根原：

> 查该佐领根原，太祖高皇帝辛未年攻破叶赫，恩养布尔杭古，授为三等阿思哈尼哈番，以敬谨亲王姊妻之，叶赫人丁编两个佐领，令其管理……太宗皇帝八年初定各官功次，布尔杭古之子格巴库虽无功，但系别国贝子，与功臣同列，免人丁、专管两个佐领。雍正九年，议各大臣所属佐领，格巴库两个佐领虽系专管，但《实录》、无圈点档并无带人丁挖参等处，乃作为世管佐领。①

从档案记载的优异世管佐领承袭案例看，这种佐领承袭方法与世管佐领类似，甚至绝大多数档案都简称其为世管佐领，极少出现优异世管佐领的说法。但雍正九年以专管、挖参两项特权划分勋旧、世管佐领的行为体现了清帝对世家的区别对待，这一点非常值得注意。拥有专管佐领的家族无疑是入关前的核心家族，但从是否得到采参权的角度仍然可以看到微妙的区别：五大臣家族可以二者兼得，而来自扈伦贵族的布尔杭古等则只有专管佐领。笔者认为，这是入关前一次真正的依据军功对功臣的赏赐，所以仅凭借出身高贵、与皇室联姻的叶赫、乌拉贵族不能得到这种特权。简而言之，清太宗两次授予功臣家族专管佐领权，实际上是当时对功臣的一次甄别，雍正九年据此分出勋旧、世管佐领是其后续。这种将地位或功勋

---

① 《正红旗满洲都统福长安奏为拣放佐领事折》（乾隆五十三年十一月初一日），《正红旗档》，见 https://hollis.harvard.edu/primo-explore/fulldisplay?docid=01HVD_ALMA2121 33055170003941&context=L&vid=HVD2&lang=en_US&search_scope=everything& adaptor=Local%20Search%20Engine&tab=everything&query=any,contains,%22Harvard-Yenching%20Library%20Manchu%20rare%20books%20digitization%20project%22&of-fset=10。

稍低但拥有专管佐领的家族从勋旧佐领中剔除出去的行为，目的在于进一步细化功臣家族的等差，突出勋旧佐领家族崇高的地位。

世管佐领是八旗中最多见的一种佐领。作为世袭佐领的主体，世管佐领由功臣、投顺人员、姻亲管理。笔者以正红旗满洲为例，说明世管佐领的编设、承袭等问题。依据光绪二十九年满文《正红旗满洲世管佐领家谱》，制作该旗世管佐领情况，见表2-4。

表2-4　正红旗满洲世管佐领情况

参领、佐领	首任佐领	地望	编设时间	编设原因
5参领1佐领	硕占	讷殷	太祖朝	率兄弟乡党投顺
1参领15佐领	阿什坦		康熙二十三年	滋生
5参领9佐领	吴巴海	叶赫		
5参领12佐领	诺莫珲	叶赫	太祖朝	
5参领11佐领	傅腊塔			滋生
5参领2佐领	查拉克图		康熙二十三年	滋生
5参领3佐领	郭四海	叶赫	康熙十三年	
5参领4佐领	法喀		康熙二十三年	滋生
5参领7佐领	卜单	叶赫	入关前	太宗时投顺
5参领13佐领	安崇阿	安楚拉库	入关前	其父罗屯率兄弟乡党投顺太祖
1参领12佐领	马福塔	朝鲜	太宗朝	率一百三十三丁投顺清太宗
1参领13佐领	尚路		康熙二十三年	滋生
1参领14佐领	韩运	朝鲜	太宗朝	兄弟二人投顺
1参领1佐领	觉罗多弼		太祖朝	
1参领2佐领	勒尔慎		康熙二十四年	滋生
1参领3佐领	西林		康熙八年	滋生
3参领14佐领	拜音达礼		入关前	投顺清太祖
3参领15佐领	索布代		康熙二十三年	
3参领12佐领	色钮			投顺清太祖授备御，征讨虎尔哈、巴雅喇带来人丁
3参领13佐领	阿尔泰		康熙二十三年	滋生

续表

参佐领	首任佐领	地望	编设时间	编设原因
3 参领 8 佐领	茂巴里		入关前	投顺太祖
3 参领 9 佐领	格德珲		康熙十三年	滋生
3 参领 10 佐领	巴喀		康熙二十三年	滋生
3 参领 5 佐领	叶克书		入关前	投顺太祖
3 参领 6 佐领	图立		康熙八年	滋生
3 参领 4 佐领	胡巴		康熙二十三年	滋生
3 参领 7 佐领	书鲁		康熙二十三年	滋生
3 参领 3 佐领	瑚什布		康熙八年	滋生
3 参领 1 佐领	敦多礼		康熙二十三年	合编

资料来源：东洋文库藏《正红旗满洲世管佐领家谱》，编号 47–46。

以上二十九个世管佐领中，原佐领十五个，滋生佐领十四个。原佐领皆为入关前投顺之人所有，如第五参领第十二佐领为叶赫贵族布尔杭古所属：

太祖高皇帝辛未年破叶赫，恩养布尔杭古，授三等阿思哈尼哈番。尚敬王之姊。编叶赫人丁为两个佐领，以佐领下诺穆珲、吴巴海各管一个。太宗皇帝八年，初次分定功臣，以布尔杭古之子格巴库虽无功勋，但系别国贝子，为国尽心，与功臣同等，免人丁，专管两个佐领。于雍正九年，议定各大臣佐领时，以格巴库虽专管两个佐领，但《实录》、无圈点档并未记挖参、带来人丁之处，应作为世管佐领。①

需要注意的是，布尔杭古没有带来人丁（gajiha jušen），仅是随其他叶赫贵族一同投降而已。明确带人丁投降者如罗屯"同子弟乡党一并于太祖高皇帝时来降，初编为两个佐领，以罗屯之子尼唐阿管理，另一个佐领因顾及骨肉，以罗屯族子安崇阿管理"。②

① 东洋文库藏《正红旗满洲世管佐领家谱》，编号 47–46。
② 东洋文库藏《正红旗满洲世管佐领家谱》，编号 47–46。

第一参领有两个来自朝鲜的佐领。第十二佐领属韩润家族，此人"世居易州地方，国初同弟韩尼来归，授二等轻车都尉，编佐领使统焉"。[①]韩尼授三等轻车都尉。[②]二人之父韩明琏为朝鲜军官，因被降职，与李适反叛，占领王京。但韩明琏、李适随后被勤王军杀死，韩润兄弟拼死突围，投降清太祖。太宗朝"编设佐领时，将韩润、韩尼同来之五十七丁编为半个佐领，以伊高祖韩润管理"。[③]初管第十二佐领的马福塔为女真人，姓他塔喇氏，"世居瓦尔喀地方，后为朝鲜所属。底定朝鲜时，马福塔率百三十三丁叛来，投顺太宗皇帝。初编佐领时，以巴图鲁马福塔管理"。[④]

此外，正红旗满洲还有若干驻防地方的新满洲世管佐领，皆编设于康熙五十三年，如吉林乌拉崇基喀，此人"原系噶山大，齐讷林地方人，姓舒穆鲁氏，率族党兄弟诸子六十五丁贡貂。来投圣主，因迁徙三姓地方。康熙五十三年初编佐领，以崇基喀管理"。[⑤]东北地区新满洲佐领有主动投顺者，也有先贡貂等土产，后于清圣祖朝被编成佐领者。新满洲的噶山大则直接成为佐领，管理属人。这类佐领与入关前编设的满洲旗分佐领的不同之处在于他们不是主动投顺者，亦没有军功，更不可能与宗室王公联姻。

旗分佐领内还有以姻亲身份编设的世管佐领。有资格获得世袭佐领者多为太后、皇后、皇贵妃之父族。其待遇除了抬旗（如孝哲毅皇后之父崇绮由正蓝旗蒙古抬入镶黄旗满洲），拥有世管佐领者如镶黄旗满洲第一参领第十八佐领，为清仁宗生母令懿皇贵妃家族所管佐领。令懿皇贵妃乃魏佳氏，其父承恩公清泰曾任内管领。魏氏最初以贵人身份事清高宗，后晋嫔、贵妃，乾隆二十五年生清仁宗。[⑥]受封皇贵妃时，其家族由内务府抬入镶黄旗满洲，特编一个世管佐领，以其弟德馨管理。据档案可知该佐领编设的情况：

今令懿皇贵妃丹阐仅二十三丁，虽不及整个佐领之数，但将伊等归

①《八旗满洲氏族通谱》卷72，第792页。
②《八旗满洲氏族通谱》卷72，第792页。
③ 东洋文库藏《正红旗满洲世管佐领家谱》，编号47-46。
④ 东洋文库藏《正红旗满洲世管佐领家谱》，编号47-46。
⑤ 东洋文库藏《正红旗满洲世管佐领家谱》，编号47-46。
⑥《清史稿》卷214《列传一·后妃》，中华书局，1977，第8914页。

入公中佐领亦属不便。臣等酌情拟议编为半个佐领，减少兵额（以下原文不清——引者注，下同）。懿皇贵妃亲弟德馨既系包衣佐领，该佐领即以德馨管理，作为世管佐领。包衣佐领（以下原文不清）嗣后该佐领仅以德馨亲兄弟子孙给分，伊等族人不给分。[①]

轮管佐领在八旗内是数量最少的一种。这种佐领的出现时间无考，根据上文提到的《正黄旗汉军四十二个佐领原由册》，应不晚于雍正七年。雍正十年，正红旗汉军都统弘春以刘显的佐领由本家和内务府壮丁组成，提出出缺后应改为公中佐领：

> 刘显原管佐领前因壮丁甚少，改为半分佐领，后于均匀佐领时将内务府拨出壮丁补足作为一分整佐领。今刘显缘事革职，无可承袭之人，请将此佐领暂作为公中佐领。

清世宗认为，该佐领之所以同时存在原立佐领带来人丁和内务府壮丁，是因为八旗大臣均匀汉军佐领人数时错办：

> 朕从前因八旗汉军佐领下壮丁多寡不均，特降谕旨，着令均匀。当日办理此事之大臣等应将世袭佐领之壮丁仍添入壮丁不足之世袭佐领内，不应将公中佐领之壮丁添入世袭佐领之内。正红旗从前均匀壮丁时，乃将内务府拨出之人添入刘显原管佐领内，甚属错谬。

这类佐领本来属于世袭佐领，但加入大量公中人丁，造成错乱，因此清世宗要求清查八旗汉军中其他类似佐领，直接改为轮管佐领，令原管佐领家族和来自公中佐领之人轮流管理：

> 其壮丁不足之世袭佐领，仍将世袭佐领之壮丁拨补，量其壮丁之多寡，或将两姓合为一分佐领，或将三姓合为一分佐领，令其轮流管理。

---

① 《镶黄旗满洲家谱册》（乾隆五十八年），《内阁全宗·清代谱牒档案·满文世袭谱档册》，编号121。

将来补授佐领亦易得人。

八旗汉军都统等认为，勋旧佐领下人丁为属民，世管、公中为另户，"若将世管、公中佐领之壮丁拨入原管佐领内，则是另户壮丁与属下户下之人无别，而属下户下之人竟为另户壮丁矣。揆诸情理实有未妥"。因此将原本为勋旧佐领的佟世楹等二十一个佐领内由内务府拨入之壮丁二百八十三名撤出，分给该旗之世管、公中佐领。①

从根原上看，这类佐领大多由多个家族合编，但没有哪个家族拥有独占权。例如正黄旗汉军第一参领第二佐领：

顺治三年十八员官并户下壮丁编设之佐领。此内在淮上随都统准塔迎降官十员柏永馥、段守义、叶世茂、柏天魁、王珍、刘光福、张顺、万象新、聂耀武、徐吉，内随左梦庚官五员于自成、谢进表、马应瑞、张进忠、庞守连，在南京随豫王一员朱国弼，福建随镶蓝旗都统一员陈秀，瓜州随豫王一员张天禄，共官十八员，并户下壮丁编成一个佐领。②

由此可知该佐领为清军南下时各地投降的明朝官兵，因为由众多不同来源的南明官兵凑编而成，所以未被定为世袭佐领。佐领册和《钦定八旗通志》都没有提到该佐领由哪些家族轮管。截至第九任，柏姓管理六次，于氏二次。因为佐领没有被定为世袭或公中，所以在拣放时以佐领内某些家族管理，同时拣放旗员，造成混乱。清帝遇到这种情况往往随时纠正，根据情况将其定为轮管。以正红旗汉军第二参领第三佐领为例。该佐领最初三任长官皆姓王，但分属王义平、王世宣、王佑保三个不同的家族。雍正七年，因为三人"虽系同姓，俱非一族。此佐领亦非伊等带来之人，拟改为公中佐领"。但是乾隆十三年，王周出缺，都统赵洪恩将王世宣子孙拟

---

① 《正黄旗汉军四十二个佐领原由册》（雍正七年），台北"中研院"历史语言研究所藏内阁大库档案，登录号：185058。

② 《正黄旗汉军四十二个佐领原由册》（雍正七年），台北"中研院"历史语言研究所藏内阁大库档案，登录号：185058。

选。但是清高宗认为"王义平、王世宣、王佑保虽三人同姓不宗，俱可承袭"，定为两族轮管："此佐领应作为王义平、王世宣两家轮管，至王佑保止于三次承管一次，可不必列入。"①

族袭佐领出现最晚。乾隆四十三年，大学士阿桂奏准将禁旅和驻防八旗内五十七个长期由一个家族管理的无根原公中佐领（sekiyen akū siden i niru）改为族中袭替佐领，并授予其世袭权。

族袭佐领的前身为"照朱林佐领例拣放之佐领"。朱林佐领为正蓝旗蒙古右参领第四佐领，编设于天聪八年，由叶赫、查哈喇、翁牛特、科尔沁、克什克腾、阿巴垓人户组成。因为佐领下族姓众多，最初没有固定由某一家族承袭。四任佐领查哈喇、富拉他、吴逊太、讷尔德来自不同姓氏。从第五任开始，讷尔德家族一直管佐领。②

乾隆元年二月初七日，八旗王大臣奏拣选镶黄旗蒙古朱林佐领员缺时提到：

> 如照从前奏，作为世袭佐领，初编佐领时已经别姓管过三次，如作为公中佐领则自讷尔德至朱林管过五次，并未列别姓之名。查八旗似此等佐领俱未作为世袭，请将朱林作为公中佐领。若竟不将讷尔德子孙列名，情殊可悯。请嗣后此佐领缺出，将讷尔德诸孙内酌量拣选一二人，与应放佐领旗员一并带领引见。③

清高宗降旨："此佐领仍作为公中佐领，缺出时，应将伊等子孙拣选，并旗员内应放之人一并带领引见。"因八旗内由一家多次管理公中佐领的情况不少，所以此后拣放类似佐领时，皆参照朱林佐领，将本家和旗员一体拣放。这一时期尚无专名，因此文献中有"照朱林佐领例拣放之佐领"这一累赘的说法。

乾隆二十六年十一月，军机大臣、八旗王大臣遵旨议奏：

① 《清高宗实录》卷314，乾隆十三年五月乙酉，第146页。
② 《钦定八旗通志》卷21《旗分志二十一》，第370页。
③ 《镶红旗汉军佐领册》（光绪二十九年），《内阁全宗·清代谱牒档案·八旗世职谱档》，编号105。

似朱林之五十一个佐领究无根原，但由一家管过多次。若径作为公中佐领，不给分额，既属不便，请悉数作为公中佐领，出缺后，不计出缺人诸子、族人，惟将人去得，或官职高者拣选一二名，与应升旗员一体带领引见，具奏拣放。

这份议奏以新的名词——"无根原"之"公中佐领"——取代照朱林佐领例承袭佐领，并且明确了这类佐领章京的选拔规则，即在管理佐领家族内的候选者时不分支派，这一点与勋旧、世管等世袭佐领不同。

乾隆四十六年，大学士阿桂清查无根原公中佐领。这是因为佐领编设、承袭情况混乱：

于从龙之时有旗下袭管之公中佐领，亦有外姓接管佐领者，或因本族之人及本家佐领下人丁不敷、将旗下壮丁合编佐领袭管者，亦有由外姓本旗所管内滋生管理者。至于伊等之家所管次数核对家谱，自三次以上至十一次不等，内有本家接连管理，亦有外姓之人间次管理，其编放佐领原由不一，所管佐领次数多寡亦异，但从前办理佐领时，全行作为无根原公中佐领，然蒙皇上施恩，皆赏给得分。缺出，拣选人员之际，遵照圣旨，一家已袭过五次以上，既无复行补放外姓之理，每次仍将旗下官员一并带领引见。[1]

阿桂的这段描述显示，无根原公中佐领存在的最主要问题是承袭混乱，而清高宗于乾隆二十六年制定的无根原公中佐领拣放规则没有从根本上解决问题。因此阿桂认为：

一家既经袭过五次以上，又无复行补放外姓之理，每次仍将旗下官员一并带领引见，甚觉烦冗，故奏请将一部分改为世袭佐领。此项佐领内，有管过五辈以上者，缺出时，无庸拣选旗员，即作为伊等家内袭替佐领。若未管过五辈，缺出时，则伊家如有六品官职，始将旗员一并拣

---

[1] 《镶红旗汉军佐领册》（光绪二十九年），《内阁全宗·清代谱牒档案·八旗世职谱档》，编号105。

选之佐领，即作为公中佐领，无庸进呈家谱，着照公中佐领例办理。

即将本家管理达到五次或五次以上者作为族中袭替佐领，从本家族中拣选人员补放员缺。未达到五次且本家没有六品官者，则作为公中，以期彻底解决这类佐领的承袭问题。

阿桂清查驻京八旗四十五个无根原公中佐领后，将其中三十五个定为族袭。此外，镶白旗满洲景福、镶红旗蒙古色僧额、镶蓝旗满洲明善三个佐领于乾隆二十六年查办佐领原由时，"因管过三辈、四辈，缺出时在伊族中如有六品以上官员，方准入选"。至乾隆四十三年，该三个佐领已经满足五次之限定，应允许世袭。正黄旗蒙古喀喇沁第十二佐领，"原系康熙二十四年乌密太之祖阿南达奏请，令伊弟老章等出包衣佐领族中合编半个佐领。阿南达承袭后，因茂明阿获罪，兼管蒙古人等作为一个整佐领，阿南达至乌密太之佐领管过三辈，一连共管过九十四年"。这一佐领虽然管理人次不达标准，但管理时间长，故阿桂认为应考虑令其世袭。

阿桂在奏折中提到花沙布、玉保两个佐领，虽然都由一个家族管理超过五次，但此前皆有较多人因罪革退，因此能否世袭就成为一个问题。花沙布佐领为镶红旗蒙古第一参领第十佐领，"原系盛京初编蒙古牛录时编立之佐领，初以巴颜代管理。巴颜代年老辞退，以骁骑校喀拉尔岱管理"。此后，该佐领由喀拉尔岱后裔管理。第八任佐领章京石德获罪革退，以花沙布管理。[1] 该佐领"因自喀拉尔岱承袭以来，至伊之子孙连袭九次"被确定为世管佐领，然而"伊家补授佐领之人犯罪革退者甚多，此次施恩仍喀拉尔岱之孙花沙布承袭。袭此一世，果奋勉，便着作为世管佐领。若仍复蹈罪戾，致干革退者，即着作为公中佐领"。[2]

同样有多人获罪革职的镶蓝旗满洲第三参领第十四佐领却成为族袭佐领。阿桂在奏折中提到，"伊家管过八次。看得家谱，所管佐领虽属年久，但原管佐领之人七次皆系获罪革退，与花沙布之佐领相同"。[3] 据《钦定八

---

① 《钦定八旗通志》卷20《旗分志二十》，第363页。

② 《钦定八旗通志》卷20《旗分志二十》，第363页。

③ 《镶红旗汉军佐领册》（光绪二十九年），《内阁全宗·清代谱牒档案·八旗世职谱档》，编号105。

旗通志》，该佐领"系国初编立，始以二等甲喇章京后改称阿达哈哈番莫海管理"。① 从莫海到玉保，除满禄一人外，该佐领由莫海家族成员管理八次，与世袭无异。如果按照无根原佐领在一家族内管理五次即可世袭的规定，该佐领毫无疑问有资格享有这一待遇。但该佐领有七人次缘事革退，是否可以世袭，阿桂不敢擅自定夺。或清高宗认为该佐领虽与花沙布佐领有共同之处，但毕竟没有错办，故定为族中袭替佐领。

乾隆四十三年，清高宗批准，将阿桂提到的以上全部公中佐领作为族中袭替佐领。不过，清高宗还在上谕中提醒，这些佐领既然不是世管佐领，一旦出现承袭方面的纠纷就会被改回公中佐领：

> 但此等从前查办已作为无根原公中佐领，今令其作为族中袭替佐领、族中递管袭替佐领，乃念伊等之初管过数辈，特施隆恩，究非原管、世管佐领可比，况原管、世管佐领尚不可争论。嗣后，此等佐领如有无知之徒互相争告等事，即行撤出，作为公中佐领。②

至此，禁旅八旗四十五个无根原公中佐领，三十九个成为族中袭替佐领，三个成为轮管佐领，三个成为公中。族中袭替佐领的确定，标志着八旗佐领类型创新的结束，从此再也没有新的佐领类型出现，八旗佐领进入稳定阶段。

二　承袭分额分配规则的完善——从《钦定拣放佐领则例》到《缮折房六条例》

以上二分、三分、四分、五分法的出现显示清代佐领分类从粗糙到细致的变化，其背后是分类承袭法则的逐步确立。因为文献缺载，该法则的出现时间尚难以说清，可能是随着佐领承袭时不断出现问题、不断解决问题而慢慢形成的。但乾隆六年颁布的《钦定拣放佐领则例》规定了佐领分类承袭时继承分额的分配方法，这说明分类承袭在乾隆六年之前已经形成。

---

① 《钦定八旗通志》卷 16《旗分志十六》，第 289 页。
② 《镶红旗汉军佐领册》（光绪二十九年），《内阁全宗·清代谱牒档案·八旗世职谱档》，编号 105。

勋旧、世管、轮管、族袭四种佐领分类承袭法如下。

勋旧佐领：立佐领人子孙悉有分。

世管佐领：管过佐领人子孙有分，未管过佐领之亲兄弟子孙无分。

优异世管佐领：原立佐领人子孙优先。

轮管佐领：两姓轮管一佐领者同两支各管一佐领者，以出缺人之子孙拟正，彼一支拟陪，两支之族人列名。两姓各管一佐领者同三姓、四姓轮管一佐领者，出缺人之子孙拟陪，各姓通行遴选拟正及列名。

族中袭替佐领：照世管佐领例拣选。

以上五种分类法皆提到"分"这一概念。此处"分"的满文为 ubu。《御制增订清文鉴》解释为 faksalame neigen goibuha ton be ubu sembi，笔者汉译为"分开均给之数谓之 ubu"。① 清代王公爵位有不入八分镇国公（jakūn ubu de dosimbuhakū gurun be dalire gung）、不入八分辅国公（jakūn ubu de dosimbuhakū gurun be aisilara gung）。ubu 即对应"分"。清代拣放官员时，根据候选人的个人条件给予分额：第一顺位的拟正，第二顺位的拟陪，第三顺位的列名。皇帝或上级官员挑选时会优先考虑最符合条件的拟正人员，但拟陪、列名人员被选中也属正常。

综合考察以上五条，勋旧佐领的承袭范围仅限立佐领之人的直系子孙。优异世管佐领可由兄弟伯叔后人管理，但原立佐领人子孙优先。世管佐领和族中袭替佐领的承袭范围稍广，包括所有管过佐领之人子孙。从相关档案可知，世管佐领可以由原立佐领人、亲兄弟、伯叔子孙承袭，但未管过佐领之人子孙不得承袭。也就是说，世管佐领已有的管辖权得到朝廷认可，这一点与勋旧佐领不同。轮管佐领要保证不同姓氏之间的平衡。

佐领承袭时的分额含义有二。一是哪个支派有权承袭，二是有权承袭的支派如何拟正、拟陪。前者自然取决于该佐领的类型，后者则要综合考虑各支派的血缘亲疏以及补缺之人的年龄、资历等问题。具体的办理方法可参考拣放佐领时的档案。

此处以乾隆四十五年十一月初四日正红旗满洲拣放第四参领第六佐领员缺为例。该佐领是第四参领第五佐领的滋生佐领。第五佐领清初以叶赫

---

① 《御制增订清文鉴》卷 12《人部三·分给类》，中央民族大学图书馆藏清刻本。

人丁编设，原立佐领人傅岱（fudai）"投顺太祖高皇帝，初编半个佐领，以傅岱管理，出缺后以其子卜尔孙管理"。卜尔孙（bursun）出缺，以其子穆成格（mucengge）管理。康熙八年，"穆成格佐领人丁满百，分出一个佐领，以穆成格亲弟副都统穆书初次管理"。穆书（mušu）阵亡，以亲弟侍郎伊图（itu）二次管理。伊图外任出缺，以卜尔孙之孙莫尔格申（mergešen）三次管理。莫尔格申升任盛京协领出缺，由穆书之子骑都尉穆善（mušan）四次管理。穆善缘事革退，由伊图之子五格（uge）五次管理。五格身故，其子定柱（dingju）六次管理。定柱缘事革退，以穆成格之孙千佛保（ciyanfoboo）七次管理。此后其子宝琳（boolin）八次管理。[1] 此次要拣放的即宝琳员缺。经都统衙门确认，宝琳是穆成格一房的二世孙，其子林盛阿（linšengga）拟正，伊图之孙定福（dingfu）拟陪，穆书三世孙福书（fušu）列名。该份档案附三人年龄、职名、弓马成绩如下：

> 披甲林盛阿，拟正，原任佐领宝琳之子，二十五岁，步射平，马射平；
>
> 披甲定福，拟陪，原任佐领宝琳亲叔曾祖伊图之孙，四十八岁，步射平，马射平；
>
> 山西副将兼骑都尉福书，原任佐领宝琳亲伯穆琳之孙，三十九岁，现在任。

最终林盛阿被钦定为下一任佐领。[2]

需要说明的是，该佐领为滋生佐领，虽然立佐领时由穆书管理，但其父卜尔孙管过原佐领，所以诸子后裔皆可承袭。乾隆四十五年补放时，林盛阿作为出缺人宝林之子，自然获得拟正权。定福来自伊图房，福书来自

---

① 《正红旗满洲都统奏为拣放佐领事折》（乾隆四十五年十一月初四日），《正红旗档》，见 https://hollis.harvard.edu/primo-explore/fulldisplay?docid=01HVD_ALMA212133055170003941&context=L&vid=HVD2&lang=en_US&search_scope=everything&adaptor=Local%20Search%20Engine&tab=everything&query=any,contains,%22Harvard-Yenching%20Library%20Manchu%20rare%20books%20digitization%20project%22&offset=10。

② 《钦定八旗通志》卷9《旗分志九》，第149页。

穆书房，皆有拟陪资格，但此前穆善缘事革退，所以其曾孙只能列名。由此可以看出，该佐领拣放时的分额分配是以出缺人之子为中心的，血缘稍远者拟陪、列名。需要注意的是，引见单中还开列林盛阿和定福的年龄和弓马成绩。二人弓马成绩一样，但从年龄上看，显然定福偏老。而福书年龄适中，且身任绿营武官，无论是年龄还是资历都更适合佐领之任，但此人在山西任上，故最终拣放林盛阿。由此可知，在拣放佐领分配分额时，首要的依据是血缘，例如林盛阿拟正就是因为他是出缺人之子，其他二人拟陪、列名是因为血缘关系稍远。

佐领的分类承袭原则一经确立，拣放时可以做到根据佐领类型挑选候选人。但在实际操作中仍然会面临不少问题。以勋旧佐领为例，一句"立佐领人子孙悉有分"显然过于简单，如果原立佐领人是亲兄弟，二人后裔是否都有继承权？如果管佐领人绝嗣但未立后，那么能否以该家族其他支派承袭？如果有养子是否应该按照亲子办理？拥有佐领之人可不可以让其他亲属也参与世袭？一个家族有多个佐领，如何在各支派中分配分额？只有更详尽的承袭规则方能彻底解决问题。

乾隆三年十一月初十日，多罗慎郡王允禧等奏佐领承袭时的混乱状况时称：

> 从前八旗承袭世职官员、佐领时并无家谱，皆由管旗大臣拣选奏放。嗣恐管旗大臣办理偏私，虽添家谱，而或有将不应与挑之人挑选，将应挑之人反为裁减，且于佐领原由亦多不明晰。八旗佐领根原，若不详查酌定，日后必至争讼不息。因屡降谕旨，交王大臣等详细查办。今览八旗议定进呈家谱，其勋旧佐领系功臣等带来奴仆，或因奋勉赏予奴仆作为佐领，故惟将始立佐领人员之子孙挑选，无论曾否管过佐领，概予有分。其始立佐领人员之亲兄弟，虽曾管过佐领，而其子孙亦作为无分。其世管佐领，或因其将所属一处之人带来作为佐领令其管理，或初立佐领时即管佐领，后因接管数世，遂作为世管佐领。又有优异佐领者。今惟将初管佐领人员之子孙作为应得正分，续管佐领人员之子孙视其佐领根原，分其支派之远近，量其管理次数之多寡，有定为正分应得者，有定为拟陪拟备者。又有始管佐领人员之子孙，念其祖先，虽无分别支之

人均系一祖之后裔，亦准列入承袭有分之内。或因本支原有佐领，其他佐领让与别房无佐领之人。又有准其所请，将有数个佐领者每支各分占一佐领，以均承袭之分。再，补放佐领、世职官员，将出缺人之子孙拟正，将原立佐领人员长房子孙分别拟陪。如出缺人无嗣，有将原立世职、佐领之长房子孙拟正带领引见者，亦将次房辈长之人，因与原立世职人员支派较近拟正，长房之子孙拟陪带领引见者。再，所绘家谱，只将有分人员绘入，无分人员裁减。或不论有分无分，概行绘入家谱，将其事故注写于旁。所办均未详细。再，阅八旗所进家谱，有由原立佐领内分出一二佐领者，亦有分出数佐领者，其奏放所分出佐领时，有于原佐领上贴黄签者，亦有于分出佐领上贴黄签者。八旗所办并不画一。[①]

简而言之，世代推移，人口增加，一个家族中有资格承袭佐领之人越来越多，很多佐领出现了原立佐领人出缺时子孙年幼，以兄弟、伯叔管理的情况；或佐领继承人能力不足，缘事革退，以本家其他成员承袭；甚至因管佐领人绝嗣，不得不以本家或异姓养子继承。家族内部因争夺承袭权对簿公堂之事时有发生。且拣放时，以何人拟正、何人拟陪尚无明确规定，八旗都统容易上下其手。其核心问题是此时承袭分额规定得还不够清楚，某些特殊情况未被顾及。因此，有必要出台新的规则，将拟正、拟陪、列名分额划分清楚，以期彻底解决佐领承袭的问题。一如清高宗所谓："垂念昔日效力疆场，著有功绩人员之子孙，或有不肖之徒，借端图谋世职佐领之分，因而争讼，恐致伤和睦，以致管理旗务大臣恐有办理偏私之至意。"

乾隆六年，八旗大臣将此前奏准的有关世袭佐领承袭办法的奏折汇总，定名为《钦定拣放佐领则例》（hesei toktobuha jakūn gūsai niru sindara jalin ubu bahabuha kooli hacin，以下简称《佐领则例》），作为此后补放世袭佐领的依据。该则例是一部奏折汇编，包括八旗大臣的原奏、佐领家谱，内容相当冗长。这种编纂方法与目前看到的《钦定理藩院则例》《钦定户部则例》等条款形式的文献迥异。乾隆三十年，因《佐领则例》不便利用，且奏折汇编的形式不符合则例的编纂体例，清高宗又下令将其压缩成六条，

---

① 《钦定拣放佐领则例》，中国国家图书馆藏清抄本。

是为《缮折房六条例》（ninggun hacin kooli，以下简称《六条例》）。从此，佐领承袭俱依照此条例办理。以下对两部文献做一考察。

1.《钦定拣放佐领则例》

《佐领则例》，满文手抄本，现保存在中国国家图书馆，其他收藏机构未见著录。无抄录年月，内页钤满汉文镶白旗汉军都统印，满文印文为楷书，可知抄录时间在乾隆十三年之前。上册为勋旧佐领承袭规则六条，下册为优异世管佐领承袭规则五条。

上册由乾隆四年多罗慎郡王允禧等奏勋旧佐领承袭六条折、正蓝旗汉军佟氏勋旧佐领承袭折、乾隆四年因根原不明复交八旗王大臣定拟折、乾隆八年奏准轮管佐领承袭条例折组成。后三份奏折可视作六条规则的补充，或系《佐领则例》形成后补充进来的。六个标题如下：

（1）原给分之勋旧佐领得分例；

（2）以兄弟共同带来之人所编勋旧佐领得分例；

（3）原立佐领人子孙情愿让分之勋旧佐领得分例；

（4）原立佐领人绝嗣，以亲兄弟、伯叔子孙管理之勋旧佐领得分例；

（5）遵旨给予异姓养子分额之勋旧佐领得分例；

（6）两姓轮管之勋旧佐领得分例。

第（1）条解决以原立佐领人嫡派子孙承袭的勋旧佐领的分额分配问题。八旗大臣制定的规则是出缺支派优先，兼顾公平。如果长房出缺，出缺人子孙拟正，别房拟陪、列名。出缺人绝嗣或者被革职，则以长房其他人员拟正。别房出缺，出缺人拟正，长房拟陪。出缺人绝嗣或被革职，就以长房拟正。如果此时长房有佐领，就以无佐领支派拟正，出缺支派、其余支派拟陪、列名。一支管理多个佐领，则以无佐领支派子弟拟正，其余支派和出缺支派分别拟陪、列名。

《佐领则例》举扈拉祜章京（hūlahū janggin）家族佐领为例。根据家谱，扈拉祜生达尔汉（dargan）、瑚什他（hūsita）、萨木什哈（samsika）、达汉布禄（dahambulu）、雅什坦（yasitan）、雅赖（yarai）、达尔泰

（dartai）、扬古泰（yanggūtai）、昂古泰（anggūtai）、达拜（dabai）十子。扈拉祜自雅尔虎噶山（yarhū gašan）率领人丁投顺，编设三个原佐领，分别是正白旗满洲第三参领第三、第五、第七佐领，加上此后分编的四个滋生佐领，该家族共拥有七个勋旧佐领。原佐领中，第三佐领由达尔汉、瑚什他、萨木什哈、达尔泰、雅赖、扬古泰六支管理。第五佐领由达尔汉之子珲塔（hūnta）、阿拉密（alami）、达赖（dalai）三支继承。第七佐领由珲塔、准塔（junta）、丹布（dambu）三支管理。滋生佐领中，第二佐领由达尔汉之子阿尔塞（arsai）、扬古泰之子温达（unda）支派管理。第四佐领由达尔汉之子丹布后人管理。第六佐领由阿拉密后人管理。第八佐领由达尔泰、扬古泰后人管理。至乾隆初期，七名佐领中，除一人是扬古泰二世孙外，其余六人都是达尔汉子孙。该家族各支派承袭佐领情况见表2-5。

表 2-5　扈拉祜家族各支派承袭佐领情况

姓名		2佐领	3佐领	4佐领	5佐领	6佐领	7佐领	8佐领
扈拉祜	达尔汉	√	√	√	√	√	√	
	瑚什他		√					
	萨木什哈		√					
	达汉布禄							
	雅什坦							
	雅赖		√					
	达尔泰		√					√
	扬古泰	√	√					√
	昂古泰							
	达拜							

注：√表示由该支承袭。下同。

该家族佐领的特点是所有佐领都由原立佐领人嫡派子孙承袭，没有兄弟伯叔参与。但乾隆初期长房达尔汉一支管理多个佐领，此前为了平衡各支派分额，达尔汉之子中没有立过功的阿尔塞、布尔塞（bursai）的分额被分给瑚什他一方。八旗大臣建议，除了按照嫡派子孙管理的勋旧佐领承袭规则分配分额外，应当减少长房的佐领数量，嗣后如果瑚什他等支派出缺，应以出缺人子孙拟正，无佐领人员子孙拣选拟陪，其余列名。若两三个佐领皆由瑚什他等支派后人中某一支管理，出缺后，于无佐领支派子孙拟正，其余支派及出缺支派子孙拟陪、列名。

第（2）条解决兄弟多人共同承袭的勋旧佐领给分问题。相比第（1）条，此种佐领承袭范围更大，多个兄弟支派子孙都有平等的继承权，所以"其率众归降之人子孙，既俱有分额，其管佐领一支出缺后，以出缺人子孙拟正，另一支拣选拟陪，其余一体拣选列名"，即在兄弟支派中保持公平。

此处举布当（budang）等五兄弟佐领为例。根据家谱，该家族始祖索哈（sooha）生莽阿岱（manggadai）和布达（buda）两子。莽阿岱之子为布当、希尔虎纳克（sirhūnak）、阿津（ajin）、塞楞（sereng），布达生恩伊勒（enggilei）。五人共同带领乌鲁特蒙古人丁投顺，获得一个原佐领，即正蓝旗满洲第二参领第十四佐领。最初两任佐领为属下诸申，从第三任开始由佐领家族承袭。五兄弟中，希尔虎纳克和阿津绝嗣，塞楞被过继至恩伊勒支派，所以实际上该家族只有布当和恩伊勒两支派管理佐领。康熙二十年，分出第十三佐领，亦由这两支管理。但乾隆初期，两佐领由布当三世孙阿玉玺（ayusi）、党爱（danggai）管理。该家族各支派承袭佐领情况见表2-6。

表2-6　布当家族各支派承袭佐领情况

姓名	14佐领	13佐领
布当	√	√
希尔虎纳克		
阿津		
塞楞		
恩伊勒	√	√

因为是由兄弟共同带来人丁编设的佐领，各支派承袭分额均等，所以应将出缺支派拟正。但现在该家族的两个佐领由一支管理，所以任何一个佐领出缺，都要于无佐领支派子孙内择优拟正，出缺人员之子孙拣选拟陪，

其余人员列名。日后一支派管一个佐领，再按照承袭规则，以出缺人子孙拟正，另一支拟陪，其余人员列名。

第（3）条解决家族中有承袭分额之人要求扩大承袭范围的问题。虽然勋旧佐领只能以原立佐领人子孙承袭，亲兄弟伯叔子孙即便曾经管佐领也无分额，但在现实中不乏嫡系子孙因其他支派人员曾经多次管理佐领，而申请扩大佐领承袭范围的案例。虽与设立勋旧佐领本义不协，但君主通常会批准，不过按照八旗大臣制定的方案，没有管过佐领的支派，虽经原立佐领人子孙申请，也不能得到分额。

《佐领则例》举扬古利（yangguri）家族佐领为例。根据家谱，扬古利祖父安巴费扬古（amba fiyanggū）生朗柱（langju）、登瑚善（denghūšan）。朗柱生扬古利、楞格里（lenggeri）、纳穆岱（namdai）；登瑚善生谭泰（tantai）、谭布（tambu）。扬古利是入关前名将，屡立战功，受封超品公（jergi ci lakcaha gung）并专管三个佐领。赏给扬古利的佐领是正黄旗满洲第二参领第五佐领，最初两任佐领是属人，从第三任开始由扬古利之子阿哈达（ahada）、塔占（tajan）子孙承袭。第二参领第七佐领也是原佐领，由楞格里两子穆成格（mucengge）和音达瑚齐（indahūci）两房与扬古利之子阿哈达、塔占两房管理。原佐领中有一个半分佐领，即第五参领第一佐领，一直由纳穆岱支派管理。第二参领第四佐领，由扬古利两子子孙继承。第二参领第六佐领，编设于康熙二十一年，由扬古利后人、塔占之孙禄住（luju）子孙继承。第二参领第八佐领，编设于康熙三十四年，由登瑚善之子谭泰后人承袭。第五参领第二佐领，编设于康熙二十三年，由纳穆岱一支承袭。

该家族佐领数量多，承袭情况复杂。据《佐领则例》，原佐领系"俄勒登额等始祖扬古利因屡次打仗奋勇，令专管人丁、挖参，并将满洲壮丁编为两个整佐领、一个半分佐领，令伊管理"，但实际上，至乾隆初只有一个原佐领和两个滋生佐领一直由扬古利嫡系子孙承袭，楞格里、纳穆岱、谭泰支派管理四个佐领，谭布后人则始终与佐领无缘。因为扬古利子孙数量少，佐领员缺多，加之楞格里、纳穆岱本身也是有功之臣，所以扬古利名下佐领被亲兄弟、堂兄弟管理。该家族各支派承袭佐领情况见表2–7。

表 2-7　扬古利家族各支派承袭佐领情况

姓名	2 参领 4 佐领	2 参领 5 佐领	2 参领 6 佐领	2 参领 7 佐领	2 参领 8 佐领	5 参领 1 佐领	5 参领 2 佐领
扬古利	√	√	√	√			
楞格里				√			
纳穆岱						√	√
谭泰					√		
谭布							

八旗大臣根据承袭情况提出如下方案。由扬古利四世孙俄勒登额（eldengge）、三世孙善宁（šanning）、四世孙海冲阿（haicungga）管理的三个佐领既然始终以扬古利两子阿哈达、塔占两支子孙管理，那么只有扬古利子孙有承袭资格。出缺后，以出缺人子孙拟正，另一支拟陪，其余人员列名。另外四个佐领此时由扬古利亲叔登瑚善，亲弟楞格里、纳穆岱等子孙布占（bujan）、色克图（sektu）、鼎鼐（dingnai）、舒泰（šutai）等管理，虽然他们不应继承，但扬古利子孙情愿推让分额，所以出缺后，即以出缺人员子孙拟正，扬古利二子后裔拟陪，管过该佐领之人子孙及扬古利子孙列名。如果这四个佐领日后改由扬古利子孙管理，应仍以出缺人子孙拟正，管理过该佐领者子孙拟陪，扬古利子孙及其他管过该佐领人子孙列名，而未管过佐领人员子孙无分。

绝嗣是很多世袭佐领面临的问题。有些家族以养子承袭，有些以绝嗣人的兄弟伯叔继承。那么养子能否和其他族人一起承袭，没有养子的家族各支派如何分配分额，这些问题需要专门的解决方案。

第（4）条即针对以养子继承的佐领。八旗大臣提出"养子虽非嫡子，但绝嗣之人将伊等自幼抚养，年月既久，现在伊等又继承香火，即与嫡子同，理应一体给分，给予养父之分额。若系抱养异姓，则不给分"。

此处举的例子是必拉喜（barsi）家族佐领。家谱显示，始祖布颜（buyan）生噶尔玛色楞（garmasereng）和必拉喜。必拉喜独子多尔济（dorji）绝嗣。噶尔玛色楞生阿尔巴禅（arbacan），阿尔巴禅生毕礼克（bilik），毕礼克生阿木耳（amur）、男地（nandi）、鄂齐礼（ocir）三子。

必拉喜早年率领喀喇沁属民投顺，获得佐领，即镶红旗蒙古第一参领第六佐领，最初六任都是属民，从第七任开始由必拉喜家族管理。因必拉喜绝嗣，只能由毕礼克及其后人承袭。顺治七年，分出第八佐领，至第五任由男地之子武尔图纳思图（urtunasutu）管理。同年又从第六佐领分出半个佐领即第九佐领，经异姓管理三次后，由毕礼克之子阿木耳、男地两支管理。康熙二十三年，又从第六佐领分出第七佐领，先由异姓管理一次，随后转入鄂齐礼一支。该家族虽然拥有四个佐领，但人口稀少，必拉喜和阿木耳绝嗣，实际上至乾隆初期只剩男地和鄂齐礼两支。该家族各支派承袭佐领情况见表2-8。

表2-8　必拉喜家族各支派承袭佐领情况

姓名	6佐领	7佐领	8佐领	9佐领
阿木耳				√
男地			√	√
鄂齐礼	√	√		

八旗大臣鉴于管过四个佐领之人都是必拉喜亲兄噶尔玛色楞的子孙，提出不论是否管过佐领，一体给分。如果长房出缺，由出缺人拟正，别房拟陪，其余人员列名。别房出缺，出缺人子孙拟正，长房拟陪，其余列名。因为人少佐领多，一旦日后出现一支管多个佐领的情况，就要以无佐领支派拟正，出缺人拟陪。此外，鄂齐礼是毕礼克抱养的异姓养子，照理不应有继承权。但康熙三十年，清圣祖以"既经抱养，即为亲子"为由将鄂齐礼拟正并拣放佐领，所以此人子孙有资格与男地子孙一同承袭佐领。可见异姓养子要经过皇帝认可，才能承袭佐领。

第（5）条针对原立佐领人绝嗣、兄弟伯叔承袭的佐领。八旗大臣拟定的方案是绝嗣人的亲兄弟子孙，不论已未管过佐领，一体给分。如无亲兄弟，亲伯叔子孙同样不分已未管过佐领，一体给分。亲伯叔祖子孙管过佐领，但血缘关系疏远，不得承袭。如果亲兄弟伯叔子孙仅有一支，出缺后，照嫡派子孙例办理。若有两支或以上，以出缺人子孙拟正，另一支子孙拣选拟陪，其余支派一体列名。

《佐领则例》以觉罗诺木环（nomhon）佐领为例。根据家谱，该家族始祖塔彦（tayan）生胡尔哈奇（hūrhaci）、达尔库鼐（darkūnai）。胡尔哈奇生阿什布（asibu），达尔库鼐生诺木环。阿什布生彦吉（yamji）、穆成额（mucengge）、莽燕（manggiyan）三子。入关前，诺木环获得一个专管佐领，即正蓝旗满洲第三参领第五佐领。诺木环绝嗣后，佐领转入堂兄阿什布支派。康熙八年，由第五佐领分出第十七佐领，先后由彦吉、穆成额、莽燕三支承袭。该家族各支派承袭佐领情况见表2-9。

表2-9　诺木环家族各支派承袭佐领情况

姓名	5佐领	17佐领
彦吉	√	√
穆成额		√
莽燕	√	√

该佐领属于典型的以兄弟承袭的佐领。因为管过佐领之人都是原立佐领人兄弟子孙，所有支派不论是否管过佐领都有承袭分额。八旗大臣奏准，如果日后只有一支派继承，如系长房，以出缺人拟正，别房拟陪、列名。绝嗣、革退出缺，以长房其他人拟正，别房拟陪、列名。如果是别房管理佐领，以出缺人拟正，长房拟陪，别房列名。绝嗣或革退，以长房拟正，如果此时长房有佐领，即以无佐领支派拟正，出缺、其余支派拟陪、列名。如果一支管理两个佐领，以无佐领支派拟正，出缺和其余支派拟陪、列名。一个佐领由两支派管理，以出缺支派拟正，另一支派拟陪。

第（6）条针对由不同家族轮流承袭的勋旧佐领。此类佐领情况颇为混乱，有两姓或两姓以上轮管一个佐领者，也有两姓各管一个佐领者。原本两姓轮管但现由一姓管理者，如果按照之前出缺一姓子孙拟正，另外一姓子孙拟陪，这种轮管勋旧佐领的承袭分额容易被一姓把持，失之公平。

八旗大臣拟定的办理原则是根据这些佐领当时的情况区别对待。两姓共管一个佐领，将旧例颠倒，由另外一姓拟正，出缺拟陪，这样可以保证两姓均匀获得佐领管理权。两姓以上者，以出缺之人以外家族可胜任佐领职务者拟正，出缺人子孙拟陪。两姓佐领如果由一姓管理，由无佐领家族拟正，出缺家族拟陪。两姓各占有一个佐领者，由出缺家族拟正，另一家族拟陪。总的原则是要让佐领在不同姓氏之间顺利流转。

此处举郑克塽、刘国轩两姓轮管的正红旗汉军第五参领第一佐领为例。二人最初由台湾投诚，人丁各编一个佐领。其中郑氏佐领隶正黄旗，由其弟郑克坚管理。刘氏佐领隶镶黄旗，由刘国轩之子刘德任管理。此后两家各以子弟承袭。郑克塽来京后，"因家道贫寒，一个佐领不足养赡，又恳恩添设一个佐领，令伊亲弟郑克壸管理"。郑姓两个佐领人丁不足，雍正二年被合并为一个佐领。后又于雍正六年改为半个佐领。刘国轩的佐领也因人少改为半个佐领。刘国轩之孙刘显缘事革职后，刘氏无应袭之人，故于雍正十年与郑安康的半个佐领合并为郑刘二姓互管的勋旧佐领。

八旗大臣提出，此类佐领出缺后，应以出缺人子孙拟正，另一姓子孙拟陪，两姓其余人员列名。具体到郑、刘佐领，郑克塽弟郑克坚、郑克壸本人和后人都管过佐领，但该佐领既是勋旧，只有立佐领的郑克塽子孙有资格承袭。不过，郑克塽之子郑安康提出，两位叔父和子孙都管过佐领，也应给与承袭分额。八旗大臣裁可，批准郑安康的请求，以郑克塽、郑克坚、郑克壸三支派承袭佐领，郑克塽之弟郑克均、郑克垣、郑克垌、郑克折四支派无人管过佐领，故不得分。

《佐领则例》开篇提到勋旧佐领承袭条例有六条，但后面还附三份奏折。一份是乾隆八年拣放镶红旗满洲福昌（fucang）轮管佐领的奏折，可视作对上条的补充，确立的原则如下：

> 嗣后两姓互管一个佐领者，出缺后，由出缺一边拟陪，另一边拟正，两边普遍列名。三四姓轮管一佐领者，以出缺一边拟陪外，于其余异姓人员内择优拟正，其余列名。再遇出缺，仍照此办理。再，两姓互管之两佐领俱由一姓管理者，一个佐领出缺，由无佐领一边拟正，出缺一边拟陪。两姓各管一个佐领出缺者，仍以出缺一边拟正，另一边拟陪，两边普遍拣选列名。另一佐领出缺，亦一体办理。

第二份奏折是乾隆四年奏准的以远族承袭佐领例。奏折提到，正蓝旗汉军第二参领第六佐领佟钫（tung fang）出缺，拣放佐领时，原立佐领人佟养性（tung yang sing）二世孙佟镕（tung žung）等起诉称，其祖先佟养性有壮丁一千零二十八名，初编七个勋旧佐领，但早年因人口稀少，不得不以族人即佟钫父祖管理。此次出缺，佟钫子孙号称该佐领是伯曾祖图占（tujan）佐领，所以应该继续由佟钫支派承袭。佟镕等认为，图占虽系佟养性养子，但早已绝嗣，佐领理应归还原立佐领人嫡派后裔。而且佟钫是图占亲弟佟义林（tung ii lin）子孙，不应承袭图占佐领。八旗大臣调阅该佐领根原档案，发现图占初管佐领，阵亡后由属人管理一次。此后由图占之子惠福（huifu）、佟国彦（tung guwe yan）管理。佟国彦绝嗣，令图占族弟佟祥年（tung siyang niyan）管理一次。此后图占亲弟佟义林后人佟国仪（tung guwe i）、佟世炳（tung ši bing）、佟钫祖孙三代管理。然而该佐领是勋旧佐领，原立佐领人子孙有分，其余管过佐领之人子孙无分，既然佟义林不是佟养性、图占嫡派子孙，当然没有承袭资格，之后该佐领出缺，还由佟养性子孙拣放。清高宗准奏，但要求拣放佐领时从佟义林子孙内选一二人，一并引见。

第三份是乾隆四年调查镶白旗满洲喀尔喀玛、镶黄旗汉军温宪公主佐领的奏折。两家佐领都因无法确定原立佐领人而无法分配承袭分额。因奏折没有给出调查结果，故此处从略。

《佐领则例》下册是乾隆六年和亲王弘昼等奏准的优异世管佐领承袭规则五条。五个标题如下：

（1）原立佐领人子孙，亲兄弟、伯叔子孙承袭优异世管佐领给分例；

（2）原立佐领人子孙、兄弟之子孙承袭恩赐世管佐领给分例；

（3）嫡派子孙管理之优异世管佐领给分例；

（4）原立佐领人绝嗣，以亲兄弟子孙管理优异世管佐领给分例；

（5）原立佐领人绝嗣，以亲兄弟、伯叔子孙管理优异世管佐领给分例。

第（1）条针对原立佐领人嫡派子孙和兄弟、伯叔子孙共同承袭的佐领。按照世管佐领的承袭规则，管过佐领之人都应有分，但优异世管佐领是赏给特定功臣的，不能像世管佐领一样让兄弟、伯叔子孙和嫡派子孙享有同等分额，所以八旗大臣确定的原则是保证原立佐领人子孙的拟正资格：

> 原立佐领人亲兄弟、伯叔之子孙管理之佐领出缺，将原立佐领人子孙拟正，出缺人子孙拟陪，其余原立佐领人子孙及管过该佐领兄弟、伯叔子孙普遍拣选列名。原立佐领人之子孙管理佐领出缺，以出缺人子孙拟正，管过该佐领之兄弟、伯叔子孙普遍拣选拟陪，其余原立佐领人子孙及管过佐领之兄弟、伯叔子孙普遍拣选列名。

此处举的例子是阿三（asan）家族佐领。根据家谱，阿三之父阿尔他锡（altasi）生阿三、阿达海（adahai）、扎尔海（jarhai）、噶赖（garai）四子。该家族自穆溪（musi）投顺，天命元年编为佐领，由固山额真阿三管理，即正蓝旗满洲第五参领第四佐领。该佐领先后由阿三、阿达海、噶赖三房承袭。康熙八年，由第四佐领分出第六佐领，由阿三之子色黑（sehei）和岳尔多（yoldo）两房管理。康熙三十四年，由第六佐领分出第七佐领，由岳尔多、扎尔海之子颜柱（yanju）管理。该家族各支派承袭佐领情况如表2-10。

表 2-10　阿三家族各支派承袭佐领情况

姓名	4佐领	6佐领	7佐领
阿三	√	√	√
阿达海	√		
扎尔海			√
噶赖	√		

原佐领是阿三的专管佐领，但阿三之弟噶赖、阿达海两房也多次承袭。八旗大臣鉴于优异世管佐领承袭规则以专管佐领之人优先，凡管过佐领之人子孙有分，故综合考虑该佐领应由阿三子孙拟正，其余管过佐领人员子孙拟陪、列名。第六佐领一直由阿三子孙管理，应按照原立佐领人嫡派子孙给分例即优异世管佐领承袭规则第（3）条办理。第七佐领阿三和扎尔海

两支管过，所以阿三子孙拟正，出缺人子孙拟陪，原立佐领人子孙和管过
该佐领人子孙拣选列名。

第（2）条针对恩赐佐领。虽然这些佐领是君主专门赏赐给某大臣的，
但在现实中因种种原因，兄弟伯叔支派也参与过继承。实际上恩赐佐领是
世管佐领，和源自入关前专管佐领的优异世管佐领不同，但承袭时也要保
证原立佐领人子孙享有优先权，其承袭规则同第（1）条。

此处举例是满都里（manduri）家族佐领。家谱显示，满都里祖父博
尔坤（bolkon）生忒伊顺（teišun）和忒伊克（teike）。忒伊顺生噶都珲
（gaduhūn）、拉都珲（laduhūn）。忒伊克生桑古（sanggū）和满都里。该
家族的原佐领是入关前以东海女真编设的。最初由波吉礼（bojiri）、纳尔
忒（nertei）、莽色（mangse）、讷辛（nesin）、潭都（tandu）管理。顺治
七年，该佐领被作为无主佐领即公中佐领赏赐给奶公（memema）满都里。
康熙十一年，因人丁滋生另编第十四佐领。康熙三十四年又编第十五佐领。
原佐领由满都里，满都里兄桑古之子囊武（nanggū）、南西（nansi）和三泰
（santai）四房管过。第十四佐领由噶都珲、拉都珲、满都里、桑古四支各
管一次，但自桑古之子和硕色（hešose）获罪革退后改由异姓管理，成为公
中佐领。第十五佐领由满都里之子喀都里（kaduri）管理。该家族各支派承
袭佐领情况如表 2-11。

表 2-11　满都里家族各支派承袭佐领情况

姓名	13 佐领	14 佐领	15 佐领
噶都珲		√	
拉都珲		√	
桑古	√	√	
满都里	√	√	√

原佐领由兄弟两房管过，虽然此时由桑古二世孙三泰管理，但既系赏
赐给满都里的，所以出缺后应以满都里子孙拟正，桑古之子囊武、南西、
三泰子孙拟陪。若佐领日后由满都里子孙管理，出缺后亦照此办理。十五
佐领仅由满都里后人管过，所以按照优异世管佐领第（3）条承袭规则办

理。至于忒伊顺两子管过的第十四佐领，已经被改为公中佐领，无可承袭，二人子孙因此也无权继承满都里佐领。

第（3）条针对由原立佐领人嫡派子孙管理的佐领。此种佐领拣放时和嫡派子孙承袭的勋旧佐领一样，都要考虑长房和其他各房的平衡，避免一房占据多个佐领。

《佐领则例》举的例子是长住（cangju）家族佐领。根据家谱，长住生查木布（cambu）、章泰（jangtai）两子。查木布生沙纳海（šanahai）、沙木海（šamhai）、纳木海（namhai）三子。章泰生查尔海（carhai）、查富塔（cafuta）、拉富塔（lafuta）、拉杜珲（laduhūn）四子。长住自乌喇带领人丁投顺清太祖，获得原佐领，是为镶白旗满洲第二参领第八佐领。至乾隆初，原佐领由查木布三个儿子和章泰之子查尔海四房继承。康熙二十三年，分出第九佐领，由沙木海、查尔海、拉杜珲三房先后管理。虽然查木布和章泰都管过原佐领、滋生佐领，但查木布管原佐领次数多，管滋生佐领次数少。该家族各支派承袭佐领情况见表2-12。

表2-12　长住家族各支派承袭佐领情况

姓名			8佐领	9佐领
长住	查木布	沙纳海	√	
		沙木海	√	√
		纳木海	√	
	章泰	查尔海	√	√
		查富塔		
		拉富塔		
		拉杜珲		√

八旗大臣针对这类佐领制定的承袭规则是首先区分长房、别房。如果长房之人管理佐领，无论正常出缺还是绝嗣、获罪革退出缺，仍以长房拟正，别房拟陪、列名。如果别房出缺，以出缺人员子孙拟正，长房拟陪，别房列名。但如果别房绝嗣或获罪革退，则无论别房是否还有其他人选，都要以长房拟正。如果此时长房有佐领，或者出现一个支派管理多个佐领

的情况，那么就要从没有管过佐领支派子孙内拣选拟正，出缺支派等拟陪列名。

第（4）、第（5）两条针对原立佐领人绝嗣的佐领。第（4）条适用于由亲兄弟子孙继承。这种佐领拣放时，绝嗣人之亲兄弟子孙无论已未管过佐领，都有承袭资格。一支派管理佐领出缺，照嫡派子孙例办理。若二、三支派管理佐领出缺，将出缺人之子孙拟正，其余支派普遍拣选拟陪、列名。

《佐领则例》举的例子是硕翁科洛巴图鲁劳萨（loosa）家族佐领。根据家谱，阿球巴图鲁（akio baturu）生塔奇纳（takina）、劳萨、罗璧（lobi）。罗璧生顺保（šumboo）。顺保生祁通额（kitungge）、硕泰（šotai）、倭赫（wehe）、岳岱（yodai）四子。劳萨因战场立功，获得一个专管佐领，即镶红旗满洲第三参领第十六佐领。劳萨绝嗣，罗璧、顺保父子管佐领，此后原佐领一直由祁通额、倭赫两支继承。康熙十一年以滋生余丁增设第十七佐领，由阿球巴图鲁堂兄唐古哈勒巴（tanggū halba）二世孙顾巴查（gūbca）管理。顾巴查绝嗣，由顺保之子硕泰和岳岱两房承袭。该家族各支派承袭佐领情况如表2-13。

表2-13　劳萨家族各支派承袭佐领情况

姓名			16佐领	17佐领
塔奇纳	塔图瑚	安图瑚		
劳萨			√	
罗璧	顺保	祁通额	√	
		硕泰		√
		倭赫	√	
		岳岱		√

原立佐领劳萨绝嗣，罗璧一支承袭佐领，塔奇纳一支没有管过。劳萨佐领虽系专管，但已经绝嗣，按照承袭规则，亲兄塔奇纳、亲弟罗璧子孙不论已未管过佐领应一体给分。顾巴查管过滋生佐领，也已绝嗣。钦拜、岳成额分属两支，出缺后以塔奇纳子孙拣选拟正，出缺人子孙拟陪，塔奇

纳、罗璧二支内普遍拣选列名。若两佐领由两支管理出缺，以出缺人子孙拟正，另一支子孙拣选拟陪，其余两支子孙普遍拣选列名。

第（5）条适用于原立佐领人绝嗣，兄弟、伯叔参与承袭的佐领。八旗大臣拟定的规则与第（4）条一致，都是"若仅以一支管理之佐领出缺，照以嫡派子孙管理佐领例办理。若以二、三支管理之佐领出缺，将出缺人子孙拟正，其余支派普遍拣选拟陪、列名"。不过，血缘关系比较远的亲伯叔祖、伯叔曾祖子孙只有拟陪资格。至于高祖以上之人，只能列名，不许拟正、拟陪。

此处的例子是龚衮（gunggun）家族佐领。根据家谱，黑东格（hedungge）、尼马禅（nimacan）为亲兄弟。黑东格生雅希禅（yahican），雅希禅生龚衮、讷尔特（nertei）、拉都珲（laduhūn）三子。尼马禅生温都礼（unduri）、谭都（tandu）、韩都（handu）三子。龚衮获得半个专管佐领，即镶黄旗满洲第二参领第三佐领，绝嗣后，佐领由黑东格亲弟尼马禅，尼马禅之子温都礼、谭都、韩都三支以及龚衮之弟讷尔特一支管理。康熙七年，由原佐领分出第五佐领，由讷尔特、温都礼两支管理。康熙二十三年，由原佐领分出第四佐领，温都礼之子常官保、雅希禅之子拉都珲两支承袭。乾隆初期，三个佐领分别由讷尔特之孙释迦保（šigiyaboo）、温都里之孙哈岱（hadai）和清海（cinghai）管理。该家族各支派承袭佐领情况如表2-14。

表2-14　龚衮家族各支派承袭佐领情况

姓名			3佐领	4佐领	5佐领
黑东格	雅希禅	龚衮	√		
		讷尔特	√		√
		拉都珲		√	
尼马禅	温都礼	济博珲	√		√
		常官保		√	
	谭都	鄂克锦	√		
	韩都	达赖	√		

八旗大臣针对该家族佐领拟定的规则如下，原立佐领人龚衮既然已经绝嗣，所有管过佐领的亲兄弟伯叔支派都有分额。原佐领出缺，以释迦保子孙拟正，尼马禅子孙及管过该佐领的温都礼、谭都、达赖子孙拟陪，其余原立佐领人亲弟子孙、管过佐领人子孙拣选列名。哈岱、清海的两个滋生佐领，由龚衮亲弟讷尔特、拉都珲后人中无佐领支派子孙拟正，尼马禅之孙常官保曾经管过滋生佐领，其子孙拟陪，其余原立佐领人亲弟子孙、管过该佐领人子孙列名。

综合勋旧、优异世管佐领的承袭规则，可以发现二者有同有异。原立佐领人嫡派子孙承袭佐领时，适用的规则一致，都是要保证以原立佐领人后裔继承。至于是长房还是别房，并无本质区别，所以哪房出缺，哪房拟正。出现绝嗣或者获罪革退情况，无论哪一房管佐领，都要以长房拟正，如果长房有佐领，才能以别房拟正。因为多数家族都拥有不止一个佐领，如果一支派管理多个佐领，以无佐领支派拟正，就可以防止出现佐领集中于某支的情况。

如果是以兄弟共同带来人丁编设的勋旧佐领，或由原立佐领人、亲兄弟伯叔子孙共同承袭的优异世管佐领，合法继承支派多，原则上佐领可由该范围内任何人继承。勋旧佐领以出缺人子孙拟正；优异世管佐领则无论何人管理佐领，都要保证原立佐领人子孙的优先拟正权。这是因为优异世管佐领承袭范围小，必然更重视原立佐领人子孙的权益。

如果出现绝嗣的情况，两种佐领都要以绝嗣人为中心，先及亲兄弟，再及伯叔支派，一体给予承袭分额。如果能继承的支派只有一个，就按照嫡派子孙例继承。两个或两个以上，照兄弟共同带来人丁佐领继承。但两种佐领的承袭范围不同，勋旧不得以亲伯叔祖子孙拣放，优异世管佐领甚至可以允许高祖以上远祖子弟获得分额，只不过拟正权仅限于兄弟、亲伯叔而已。

上述规则分别规定了原立佐领人嫡派子孙管理的佐领、多支派共同管理的佐领、原立佐领人绝嗣的佐领的承袭规则。绝大多数佐领的承袭不会出此范围，打破上述规则的因素有二。一是承袭者主动推让承袭分额；二是君主意志介入，如以异姓养子、远族继承佐领都不符合规定，但经皇帝同意，可以作为例外。

2. 世管佐领的承袭范例

《佐领则例》规定了勋旧佐领和优异世管佐领的承袭方法，但占世袭佐领数量比例最大的世管佐领没有专门的承袭文本。虽然有管过佐领人员子孙有分，其他未管过佐领之亲兄弟无分这一原则，但没有实施细则，在拣放中仍然会遇到很多问题。在佐领拣放档案中，可以看到乾隆初期，八旗大臣在办理世管佐领根原时会规定某佐领参照特定佐领承袭。最常出现的特定佐领是镶黄旗满洲托伦岱、莫伦岱佐领，同旗鄂欣、图撒图佐领，镶红旗满洲特克慎、富昌佐领三组，他们分别作为原立佐领人以嫡派子孙承袭的世管佐领、原立佐领人与兄弟伯叔共同承袭的佐领、原立佐领人绝嗣以兄弟伯叔承袭的佐领的参照标准。以下对三组佐领做一简要介绍。

托伦岱（tolundai）、莫伦岱（molundai）的世管佐领，是镶黄旗满洲第四参领第八、第九两个佐领。该家族始祖唐阿里（tanggari）自卦尔察率众投顺清太祖，获得一个佐领。从征瓦尔喀凯旋途中被熊咬死，佐领由其子喀喀木（kakamu）管理。此后喀喀木长子福尔诺（furno）、次子卫色（weise）先后继承佐领。康熙二十三年，分出一个佐领，由喀喀木三子拉扬阿（layangga）管理。此后拉扬阿获罪革退，两个佐领归福尔诺一支承袭。乾隆初，原佐领由福尔诺之孙、德保（deboo）之子托伦岱、莫伦岱管理。[①] 该家族各支派承袭佐领情况如表2–15。

表 2–15　唐阿里家族各支派承袭佐领情况

姓名			8 佐领	9 佐领
唐阿里	喀喀木	福尔诺	√	√
		卫色	√	
		拉扬阿		√

唐阿里家族的佐领是典型的以原立佐领人嫡派子孙承袭的佐领，在后来的继承中出现了一房缘事革退的情况，因仅由唐阿里子孙管过，所以只有此人嫡派后人有承袭资格。如果长房出缺，即以长房拟正，次房拟陪、

[①] 《钦定八旗通志》卷3《旗分志三》，第44页。

列名。如果出缺人绝嗣、缘事革退,仍然在长房内拣选拟正。次房出缺,以出缺人子孙拟正,长房拟陪,其余房子孙列名。如果出缺人绝嗣,或缘事革退,则以长房拟正。长房有佐领,以未管过佐领子孙拟正,出缺支派和其余支派拟陪、列名。一支管多个佐领,由无佐领支派拟正,其余支派拟陪、列名。如果与《佐领则例》比较,可发现以原立佐领人嫡派子孙承袭的世管佐领与勋旧佐领适用相同的规则。

第二个是镶黄旗满洲鄂欣(ohin)、图撒图(tusatu)的世管佐领,即第五参领第十、第十一佐领。该家族始祖为丹岱(dandai)。崇德五年,尼堪(nikan)获罪革退,其名下的半个佐领由丹岱(dandai)接管。丹岱阵亡后,其弟秦达笏(cindahū)接任,此后原佐领在两兄弟后人中流转,且以秦达笏支派承袭次数较多。康熙二十一年,分出一个滋生佐领,由丹岱一房承袭。[①] 至乾隆初,原佐领和滋生佐领分别由丹岱二世孙图撒图、秦达笏之孙鄂欣管理。该家族各支派承袭佐领情况如表2-16。

表2-16　丹岱家族各支派承袭佐领情况

姓名	10 佐领	11 佐领
丹岱	√	√
秦达笏	√	

因为图撒图的滋生佐领仅由丹岱子孙管过,秦达笏子孙没有管过,所以只有丹岱子孙可以承袭滋生佐领。原佐领由丹岱、秦达笏两支管过,而丹岱是原立佐领人,所以出缺后,以出缺的子孙拟正,丹岱子孙拟陪,两支其余人员列名。如果出缺人绝嗣或缘事革退,因为该佐领本属于丹岱,故应以丹岱子孙拟正,秦达笏子孙拟陪。如果佐领转入丹岱一支后,出缺时仍以出缺人子孙拟正,管过佐领支派拟陪,其余人员列名,出缺人绝嗣或缘事革退,仍然要以丹岱后人拟正。如果丹岱一支管理原佐领和滋生佐领,在丹岱后人内拣选拟正,秦达笏子孙拟陪。如果秦达笏子孙管理两个佐领,出缺后以丹岱子孙拟正,秦达笏子孙拟陪。

---

① 《钦定八旗通志》卷3《旗分志三》,第48页。

第三个是镶红旗满洲特克慎（teksin）、富昌（fucang）的世管佐领，即第三参领第十、第十一佐领。该家族始祖通卫（tunggoi）是王吉砮之孙，此人"原系灰法地方之贝子，抛弃父母，同兄弟收同乡之人，于太祖皇帝时来降"，获得一个佐领。通卫绝嗣，原佐领由其弟巴丹泰（badantai）和叔父康喀尔（kangkal）两房管理。康熙八年，分编第十二佐领，以巴丹泰后裔承袭。康熙二十三年，分编第十一佐领，由通卫之叔古禄逊之子康喀尔后人管理，但此后佐领被转入其他家族。① 至乾隆初，原佐领由康喀尔二世孙特克慎管理，滋生佐领由巴丹泰三世孙富昌管理。原佐领该家族各支派承袭佐领情况如表2-17。

表2-17　原佐领通卫家族各支派承袭佐领情况

姓名		10佐领	12佐领
不详	通卫	√	
	巴丹泰	√	√
	古立善		
古禄逊	康喀尔	√	

查办佐领根原时，时任佐领的特克慎和富昌提出，两个佐领只有巴丹泰、康喀尔两支中管过佐领之人的子孙有继承权，巴丹泰之弟古立善一支没管过佐领，不应给分。但八旗大臣制定的方案是巴丹泰、古立善、康喀尔子孙应一体有分。特克慎管理的原佐领，以出缺人拟正，巴丹泰、古立善子孙中无佐领支派人员拟陪，管过该佐领的康喀尔和巴丹泰、古立善子孙列名。富昌管理的滋生佐领出缺后，以出缺人子孙拟正，古立善子孙拟陪，两支其余人员列名。

有关三个家族佐领在拣放实践中的应用情况，将于下文详述。

3.《缮折房六条例》

乾隆三十年，八旗王大臣、军机大臣在《佐领则例》的基础上制定了一套便于利用的承袭规则文本，共计六条。文本有满汉两版。满文版现藏东洋文库，名为《缮折房六条例》，抄本，无年月，亦无官印，不知是何

---

① 《钦定八旗通志》卷12《旗分志十二》，第214页。

部门抄存备检的。抄写者为了日后使用方便，在每条开头粘贴彩色纸条，并用汉文注明"嫡派条""优异条""轮管条""绝嗣条""同编条""族袭条"。汉文版见于《清高宗实录》，名为《承袭佐领各条例》（以下简称《各条例》）。① 颁布后，该条例一直是世袭佐领拣放的依据，有些世袭档案甚至大篇幅照抄原文。② 乾隆、嘉庆、光绪三朝会典和光绪《钦定大清会典事例》（以下简称《事例》）收录汉文版全文，并对部分语句做了修改。为便于研究起见，笔者将《六条例》译汉，并与《各条例》《事例》逐条分析比较。

《六条例》开篇抬头如下：

乾隆三十年十一月三十日，八旗王大臣、军机大臣议准八旗世职佐领条例。

《各条例》：

乾隆三十年十一月三十日，正红旗满洲都统和硕简亲王丰讷亨奏准承袭佐领各条例。

《六条例》原文有 hafan niru，说明世职爵位承袭亦适用该条例，《各条例》没有说明这一点，且"承袭佐领各条例"的名称也让人误以为只与世袭佐领有关。《事例》则没有收录抬头。

以下为正文部分，共六条。

（1）嫡派条

所谓嫡派条，满文原文为 niru hafan ilibuha niyalmai banjiha juse omosi de bošobure sirabure kooli，即"原立佐领、世职人员嫡派子孙承袭例"，顾名思义，该条针对仅有原立佐领人子孙承袭的佐领。

---

① 《清高宗实录》卷 749，乾隆三十年十一月庚子，第 248 页。
② 如《镶蓝旗汉军世职原由家谱档册》（道光十三年），《内阁全宗·清代谱牒档案·满文世袭谱档册》，编号 215。

《六条例》：

　　原立佐领人子孙内，长房管佐领，出缺后，以出缺人子孙拣选拟正，别支子孙如曾经管过佐领，普遍拣选拟陪，其余支派子孙、未管过佐领支派，每支拣选一名列名。仅长房管过佐领，别支子孙若皆未管过，长房业经给予正分，应将其余支派子孙普遍拣选拟陪、列名。别房管佐领出缺，将出缺人子孙拣选拟正，长房支派子孙如管过佐领，于该支派内不计已未管过，普遍拣选拟陪，其余已未管过支派之子孙每支拣选一人列名。如长房未经管过，即将管过子孙拟陪，长房及未管过支派子孙各拣选一人列名。其别支子孙若俱未管过，应仍将长房拟陪。管佐领之长房出缺，或绝嗣，或缘事革退子孙不应拣放，仍将出缺之长房拣选拟正。别房出缺，或绝嗣，或缘事革退子孙不应拣放，如长房管过佐领，应拣选拟正，未经管过、现有佐领者，俱不与选，应将别支管过佐领之子孙拟正。若俱未管过，仍将出缺支派拣选拟正。现有佐领者，亦无庸与选，即将无佐领支派之长房子孙拟正，其余支派、出缺支派普遍拣选、列名。承袭世职亦照此办理。此内立职之人嫡派子孙袭职后，又以劳绩得世职，与原世职一并承袭者，应仅令拟陪。

《各条例》：

　　原立佐领长支子孙承袭缺出，应拣选出缺人子孙拟正，别支子孙曾经承袭者拟陪，其余各支，毋论曾经承袭与否，每支拣选一人列名。若别支承袭缺出，应令出缺人子孙拟正，长支子孙有曾经承袭者拣选拟陪，其余毋论曾经承袭与否，一同拣选列名。如长支未经承袭，即选曾承袭之子孙拟陪，长支及未承袭之别支子孙一同拣选列名。别支子孙，若俱未承袭，应选长支子孙拟陪，其余列名。若长支子孙承袭缺出，或绝嗣，或缘事革退其子孙不应承袭者，仍于长支子孙内拣选拟正，别支出缺人或绝嗣，或缘事革退其子孙不应承袭者，应由长支内曾经承袭者拣选拟正。若未经承袭，或现有承袭佐领者俱不与选，令别支曾经承袭之子孙拟正。若俱未承袭，仍选出缺本支子孙拟正，现有承袭佐领者，亦无庸与选，即选无佐领支内子孙拟正，出缺支内拣选拟陪列名。其余承袭世职均应照此办理。至原官子孙袭职后，复以劳绩得官，承袭原官应止令拟陪。

《事例》：

原立佐领之子孙长房管理佐领员缺，以出缺之子孙拟正，别房管过之子孙拟陪，其余无论曾否管过，通行遴选列名。出缺之人或无嗣，或获罪子孙例不应补，仍于长房别支内拟正。别房管理佐领员缺，以出缺之子孙拟正，长房之子孙无论曾否管过，俱准拟陪，其余通行遴选列名。出缺之人或无嗣，或获罪子孙例不应补，以管过之长房拟正。若未经管过与现管佐领，以管过之别房拟正，其未经管过者，仍以出缺之别支拟正。其现管佐领者，以无佐领之长房拟正，别房、出缺之房通行遴选拟陪、列名。袭官亦照此例。

该条规定，长房出缺，长房拟正，管过佐领之房拟陪，其余列名。如果其他房没有管过佐领，仍然是长房拟正，其余房子孙不加限定，一体拟陪、列名。这一条不见于《各条例》和《事例》。别房出缺，别房拟正，长房一体拟陪，若没有管过就只能列名。如果都没有管过，则以长房拟正。长房出缺人绝嗣、获罪革退，仍然以长房其他人拟正，如系别房，则不分长房、别房，只有管过佐领房可以拟正。如果其他房都未管过佐领，则只能以出缺拟正。别房如果还有佐领，就以无佐领支派长房拟正，出缺拟陪。

《六条例》和《各条例》除了上述一点，没有差异。《事例》则调整了顺序，分成长房出缺、别房出缺两类，再区分各自出现的特殊情况，行文更有条理。但《事例》压缩文字，损失原义。如，遇到别房出缺、拣选拟陪时，《六条例》规定要考虑长房是否管过佐领，而《事例》则仅抄录长房管过佐领一种情况。此外，本条适用于嫡派子孙继承的世职，《事例》只有"袭官亦照此例"一句，《六条例》《各条例》中嫡派子孙有两个世职时如何承袭的内容被删去。

（2）优异条

该条为优异世管佐领承袭规则。满文标题为 enculebuha jalan halame bošobuho niru bošobure kooli，即"优异世管佐领管理例"。

《六条例》：

> 原立佐领人子孙、原立佐领人亲兄弟子孙轮流管理之优异世管佐领，因原立佐领人立功方得专管，与寻常世管佐领不同。此内若仅以原立佐领人嫡派子孙管理，亲兄弟子孙未经管过，照嫡派条办理外，原立佐领人亲兄弟佐领出缺，以原立佐领人子孙拟正，出缺人子孙拣选拟陪，原立佐领人子孙、管过佐领人子孙拣选列名。再，原立佐领人并未专管佐领，亲兄弟管理时方令专管，其正白旗满洲那翰太、那林、明书三个佐领，从前该旗给分不均，嗣后以出缺之人子孙拟正，其余拟陪、列名仍照旧例办理。但此等佐领若陆续承袭，皆系原立佐领亲兄弟子孙，出缺后仍以出缺人子孙拟正，则原立佐领、专管佐领人员子孙反无佐领，应仍将原立佐领人子孙拟正，出缺之人子孙拟陪。

《各条例》：

> 优异世管佐领系著有劳绩，与寻常世管佐领有间，除止经原立佐领子孙承袭者仍照旧例办理外，其原佐领兄弟承袭缺出，应令原立佐领之子孙拟正，出缺人子孙拟陪，其余列名。再，如正白旗满洲那翰太、那林、明书三佐领，初立佐领时原非优异，至伊弟承袭后始定为优异佐领。此等缺出，若止令出缺人子孙拟正，则原立佐领子孙转不得袭，应仍令原立佐领子孙拟正，出缺人子孙拟陪。

《事例》：

> 立佐领之子孙与亲兄弟之子孙互管优异世管佐领，因立佐领之人著有劳绩始为优异，除立佐领之子孙管过得分办理外，立佐领之亲兄弟管理之佐领员缺，以立佐领之子孙拟正，出缺之子孙拟陪，其余立佐领与

管过之子孙列名。若立佐领后，经亲兄弟管过始为优异，嗣皆兄弟之子
孙承管者，其员缺，立佐领之子孙拟正，出缺之子孙拟陪。

此条规定以原立佐领人子孙承袭的优异世管佐领按照嫡派条承袭；原
立佐领人未绝嗣而由兄弟伯叔支派管理，要以原立佐领人子孙拟正，出缺
子孙拟陪。如果立佐领在先，确认专管在后，这种佐领虽然仍然是优异世
管佐领，但要以原立佐领人支派拟正。兄弟支派佐领出缺时，以原立佐领
人子孙、管过子孙列名。《事例》同，《各条例》压缩成"其余列名"，失
之含混。《六条例》《各条例》在规定追认的优异世管佐领如何继承时提
到正白旗满洲那翰太家族佐领，《事例》则直接叙述规则，没有提到具体
佐领。

（3）轮管条

这里的轮管并非作为一种佐领类型的轮管佐领（teodenjehe niru）。轮管
佐领是由若干不同姓轮流承袭的佐领，而"轮管条"的满文标题为 banjiha
juse omosi banjiha ahūn deo amji eshen juse omosi ishunde hiyaganjame
bošobuha jergi niru bošobure kooli，即"嫡派子孙、兄弟、伯叔子孙轮换管
理等佐领例"，可知这是在一个家族内部不同支派中轮换的佐领。

《六条例》：

原立佐领人有嫡派子孙，仍以亲兄弟、伯叔子孙，伯叔祖、伯叔曾
祖子孙，并不能列入家谱之远族轮流承袭之世管佐领。夫世管佐领与勋
旧佐领不同。世管佐领拣放例，管过佐领人子孙有分，未管过佐领人子
孙无分。管过之人子孙既俱有分，计辈分远近，若仅有原立佐领人子孙
承袭，其兄弟伯叔子孙、族人未承袭过，照嫡派条办理外，若原立佐领
人亲兄弟子孙管理，出缺后，以出缺人子孙拟正，原立佐领人子孙内拣
选拟陪，其余原立佐领人子孙、管过该佐领之人子孙内拣选列名。出缺
人或绝嗣，或革退子孙不应拣放佐领，该佐领既非伊等祖先所立，虽有
其余子孙亦仅拟陪，应将立佐领人子孙拟正。若原立佐领人子孙管理，
以出缺人子孙拟正，管过该佐领之亲兄弟伯叔子孙拣选拟陪，原立佐领
人子孙、管过该佐领之人子孙拣选列名。若出缺之人绝嗣，缘事革退子

孙不应拣放，现既有原立佐领人其余子孙，仍将原立佐领人子孙普遍拣选拟正。若二、三个佐领俱以原立佐领人亲子孙管理，出缺后，以出缺人子孙拣选拟正。出缺支派如现管佐领，应将无佐领支派子孙拣选拟正，管过该佐领之亲兄弟、伯叔子孙拣选拟陪，其余原立佐领人子孙、管过该佐领之人子孙拣选列名。若二、三佐领皆以原立佐领人亲兄弟、伯叔子孙管理，出缺后，伊等祖先并非原立佐领之人，且现管佐领，不便将出缺人子孙拟正，应将立佐领人子孙拟正，管过该佐领之亲兄弟、伯叔子孙拟陪，其余原立佐领人子孙、管过该佐领之人子孙拣选列名。立佐领人有嫡派子孙，而以不应列入家谱之远族子孙承袭，出缺后，既照例给予列名分额，虽管过佐领亦永不拟正，仍将立佐领人子孙、管过该佐领之亲兄弟子孙拣选拟正，原立佐领人亲伯叔祖、伯叔曾祖子孙内如管过该佐领，相应拣选拟陪，原立佐领人子孙、管过该佐领之人子孙、出缺人子孙内拣选列名。此等佐领若仅余一支，照嫡派条办理。

《各条例》：

原立佐领有子孙，而其缺为伊兄弟、伯叔祖之子孙及远族承袭者，与勋旧、世管等佐领有间，其缺出，应令出缺人子孙拟正，选原立佐领子孙拟陪，其余列名。若出缺人或绝嗣，或缘事革退其子孙不应承袭者，佐领既非伊祖父所立，即别有子孙，应止令拟陪，选原立佐领子孙拟正。若原立佐领子孙承袭缺出，令伊子孙拟正，袭佐领之胞兄弟、伯叔子孙拟陪，其余列名。若有二、三佐领俱系原立佐领子孙承袭，即令出缺人子孙拟正。若现有承袭佐领，即选无佐领支内子孙拟正，曾经承袭之胞兄弟、伯叔子孙拟陪，其余列名。若有二、三佐领俱系原立佐领胞兄弟、伯叔之子孙承袭，缺出应令原立佐领子孙拟正，出缺人子孙拟陪，其余列名。原立佐领有子孙，而缺为远族子孙承袭者，应拣选原立佐领子孙及曾经承袭之胞兄弟、伯叔子孙拟正、拟陪，其余列名。此等佐领，若止存一支，仍照本人子孙承袭例办理。

《事例》：

> 立佐领之人有亲子孙而让与亲兄弟、伯叔、伯叔祖、曾伯叔祖之子孙及远族人互管者，若亲兄弟之子孙管过员缺，以出缺之子孙拟正，立佐领之子孙拟陪，其余立佐领与管过之子孙列名。出缺之人或无嗣，或罪废，子孙例不应补，本房即有别支，止得拟陪，以立佐领之子孙拟正。若立佐领之子孙管过员缺，以出缺之子孙拟正，管过此佐领之亲兄弟伯叔之子孙拟陪，其余立佐领与管过之子孙列名。出缺之人或无嗣，或罪废子孙例不应补，仍以本房之别支拟正。若二、三个佐领，系立佐领之亲子孙管过员缺，以出缺之子孙拟正，出缺房分现有承管佐领者，由无佐领房分拟正，管过此佐领之亲兄弟、伯叔之子孙拟陪，其余立佐领与管过之子孙列名。若二、三个佐领俱系立佐领之亲兄弟、伯叔之子孙管过员缺，以立佐领之子孙拟正，出缺之子孙拟陪，其余立佐领与管过之子孙列名。若立佐领之人现有亲子孙，而被远族子孙管理者，其员缺仍由立佐领之子孙与管过此佐领之亲兄弟之子孙内拟正，立佐领之亲伯叔祖、曾伯叔祖之子孙内有管过者拟陪，其余立佐领与管过此佐领及现出缺之子孙列名，此等佐领若仅存一支者，照亲子孙管过佐领之例办理。

本条针对原立佐领人嫡派、兄弟、伯叔、伯叔祖、伯叔曾祖以及远族支派共同承袭的世管佐领。原立佐领人有后裔，且有优先承袭的权利，故在此基础上又分为两种情况，一是兄弟等支派出缺，按照世管佐领授予管过之人承袭权的原则，要以出缺人子孙拟正，嫡派子孙拟陪。但因为这些支派子孙不是原立佐领人后裔，所以一旦出现绝嗣、革退、管理多个佐领的情况，就必须以嫡派子孙拟正。第二种情况是嫡派子孙出缺，此时要以出缺之人子孙拟正，管过支派拟陪，出现绝嗣、革退、管理多个佐领的情况，仍然以嫡派子孙拟正，只有在出缺支派还有佐领时，才将无佐领支派拟正，兄弟伯叔中管过佐领支派拟陪。此外，远族支派出缺，只能列名，由嫡派、兄弟伯叔子孙拟正。

与《六条例》相比，《各条例》有较多删节。如只有嫡派子孙管理的情况，适用前面的嫡派条，此处不再重复。《六条例》重申了世管佐领由管过佐领之人承袭的原则,《各条例》从略。《六条例》的"原立佐领人子孙、管过该佐领之人子孙拣选列名"又被压缩成"其余列名"。特别是远族承袭一款,《各条例》将拟正、拟陪条件合并,列名条件也含糊不清:"原立佐领有子孙,而缺为远族子孙承袭者,应拣选原立佐领子孙及曾经承袭之胞兄弟、伯叔子孙拟正、拟陪,其余列名"。《六条例》的"管过该佐领之亲兄弟、伯叔子孙拣选拟陪",被改成"曾经承袭之胞兄弟、伯叔子孙拟陪",虽然只是少了一个"该"字(ere),但承袭佐领人员的范围不同。另有一处差异很大。兄弟等支派管理多个佐领时,《六条例》记以管过该佐领支派拟陪,《各条例》《事例》变成出缺人子孙拟陪。此处应为《各条例》有误。《事例》虽然文字简洁,但内容与《六条例》基本一致。《事例》开头提到此类佐领是嫡派子孙"让与"其他支派的,此词不见于《六条例》和《各条例》。

(4)绝嗣条

满文标题为 enen lakcaha niru hafan bošobure sirara kooli,即"绝嗣佐领、世职承袭例"。

《六条例》:

> 原立佐领人绝嗣,有亲兄弟子孙,不论已未管过佐领一体给分。无亲兄弟,亲伯叔子孙不论已未管过佐领,亦一体给分。现管佐领绝嗣之人亲兄弟、伯叔子孙内,如仅有一支,照嫡派条办理。如有二、三支,应将出缺人子孙拟正,管过该佐领之人子孙拟陪,其余普遍拣选列名。原立佐领人亲伯叔有子孙,如以亲伯叔高祖子孙管理佐领,出缺后,仍将原立佐领人亲兄弟、伯叔子孙拟正,管过佐领之人子孙拟陪、列名。若原立佐领人亲兄弟子孙未曾管过佐领,向以远族子孙管理,伊等(亲兄弟子孙)虽未管过,但俱系原立佐领人亲兄弟子孙,若不给分额于理不合,应令列名。原立佐领人绝嗣,亲兄弟、伯叔亦绝嗣,仅以亲伯叔祖子孙管理之佐领,仍将出缺人子孙拟正,无佐领支派子孙拟陪,其余人员列名。若二、三佐领皆以一支管理,出缺后,若仍将出缺人子孙拟正,则分额不均,应将无佐领支派子孙拟正、拟陪,出缺支派并其余支派、不能列入佐领承袭家谱支派子孙列名。立官、立佐领人员绝嗣,由别支陆续继承后,现仅余一支,应令承袭人员为原立官、立佐领人承嗣不替,勿令香火断绝。

《各条例》：

原立佐领绝嗣，应令伊胞兄弟子孙拟正。如无胞兄弟子孙，亲伯叔子孙拟正。如胞兄弟、伯叔子孙止有一支，照本人子孙承袭例办理。或有二、三支，应将出缺人子孙拟正，曾经承袭之子孙拟陪，其余列名。原立佐领之兄弟、伯叔有子孙，而缺系伯叔祖子孙承袭者，出缺时仍选原立佐领兄弟、伯叔子孙拟正，曾袭佐领之子孙拟陪列名。若原立佐领兄弟伯叔之子孙未经承袭，仍令列名。若原立佐领绝嗣，其兄弟、伯叔之子孙亦绝嗣，向系伯叔祖子孙承袭者，应令出缺人子孙拟正，由无佐领支派内拣选拟陪，其余列名。若二、三佐领俱系一支承袭，缺出，选无佐领支子孙拟正、拟陪，出缺本支及别支、远支子孙列名。若原立佐领绝嗣，别支承袭惟存一支者，应令承袭之人为原立佐领承祀，永久勿替。

《事例》：

立佐领之人绝嗣，由亲兄弟以及亲伯叔之子孙，无论曾否管过一体得分，亲兄弟、伯叔之子孙内仅存一房者，照亲子孙管过佐领之例办理。若系二、三房，以出缺之子孙拟正，管过之子孙拟陪，其余列名。立佐领之亲兄弟、伯叔有子孙而被亲伯叔祖之子孙管理者，其员缺仍以亲兄弟、伯叔之子孙拟正，管过之子孙拟陪、列名。若立佐领之亲兄弟子孙未经管过、向系远族承管者，管过之子孙亦得列名。如立佐领之人及亲兄弟、伯叔之子孙俱无嗣，系亲伯叔祖之子孙管过者，亦将出缺之子孙拟正，无佐领之房分拟陪，余者列名。若二、三个佐领俱系一房管理，其员缺由无佐领之房分选拟正、陪，出缺之房与别房及管过此佐领远族子孙列名。立官立佐领之人绝嗣，被别房承袭后，仅存一房，令其世袭罔替。

原立佐领人绝嗣，自亲兄弟至伯叔支派有权承袭。仅有一支，视同嫡派。有多支，以出缺支派拟正，管过支派拟陪。远房出缺，根据近支是否管过佐领分别拟正、列名。一支管多个佐领，以无佐领支派拟正。《六条例》的"绝嗣条"与《各条例》《事例》无异。

（5）同编条

满文标题为 ahūn deo sasa gaifi jihe niyalma be niru banjibufi bošobure kooli，汉译为"兄弟共同带来人丁编设佐领管理条例"。

《六条例》：

> 兄弟一同率属来归之人，子孙俱有分。勋旧、世管佐领原由不一，但管理佐领原由一致，照以兄弟一同带来人丁所编勋旧佐领拣放例办理。有二、三支者，将出缺人子孙拣选拟正，其余率属来归支派、无佐领支派子孙拣选拟陪，现有佐领支派子孙拣选列名。若佐领俱系一人子孙管理，出缺时，若仍给拟正分额，则分额不均，应于无佐领支派子孙内普遍拣选，以一支拟正，一支拟陪，现管佐领支派子孙拣选列名。若二、三、四支仅有一佐领，出缺人子孙给予正分，其余支派子孙普遍拣选拟陪、列名。现在出缺之人绝嗣，仍于该支派内普遍拣选拟正。若缘事革退，子孙不应拣放，与绝嗣之人不同，本支虽有人亦不得拟正，应予拟陪，其余无佐领率属来归支派内拣选拟正。再，率属来归人之亲伯叔祖子孙内，如管过该佐领拟陪，佐领承袭家谱不能写入之远族子孙列名。又有将各自半分佐领合编成整个佐领，现滋生为两个佐领者，与率属来归之人所编佐领一致。管理原半分佐领之人俱应给分，应照此例办理外，管原半分佐领之人绝嗣，亲兄弟子孙内不计已未管过俱有分，应照率属来归人员佐领例分别给分办理。

《各条例》：

> 兄弟一同率属来归编设佐领，子孙俱有承袭之分。若有二、三支者，应将出缺人子孙拟正，无佐领支子孙拟陪，有佐领支子孙列名。若佐领俱系一人子孙承袭，缺出时应选无佐领支子孙拟正、拟陪，现袭佐领之支列名。若二、三、四支仅一佐领，应令出缺人子孙拟正，余支子孙拟陪、列名。若出缺人无嗣，仍于本支内拣选拟正。若缘事革退其子孙不应承袭者，本支虽有子孙，止令拟陪，由无佐领别支内拣选拟

正，原立佐领胞兄弟、伯叔子孙，曾有承袭者拟陪，其余列名。又有原系二半佐领归并一佐领，因人丁生息分为二佐领者，亦应照率属来归佐领例办理。原袭半佐领如无嗣，胞兄弟子孙无论曾经承袭与否，均应照此例。

《事例》：

　　兄弟同带来之人编为世管佐领，若仅二、三房，以出缺之子孙拟正，无佐领之房拟陪，现有佐领之房列名。若系一人之子孙管过员缺，由无佐领同带来人之子孙内一房拟正，一房拟陪，出缺之子孙列名。若三、四房仅系一佐领，以出缺之子孙拟正，其余拟陪列名。出缺之人若无嗣，仍以本房之别支拟正。若因罪革退，子孙例不应补，本房虽有别支，不准拟正，止准拟陪，其无佐领、同带来人之亲伯叔祖之子孙内有管过者亦得拟陪，远族管过之子孙列名。又有各将半分佐领合为整佐领、现滋生为二者，原管过半分佐领之子孙均应得分。若无嗣，于亲兄弟之子孙内，无论曾否管过一体得分，俱照兄弟同带来之人编为佐领之例办理。

　　与"轮管条"不同，这种佐领在各支派内的承袭权是平等的，不需要考虑原立佐领人支派的优先权。如果有多个支派，出缺支派拟正，其他支派拟陪。如果一支管理多个佐领，以别支拟正、拟陪。相反，多支管理一个佐领，出缺拟正，其余支派拟陪。管过佐领的亲伯叔祖、远族支派有拟陪、列名资格。此外，由半分佐领合并的佐领，如果再分出滋生佐领，视同兄弟率属来归，适用本条。《六条例》的"同编条"与《各条例》《事例》无异。

（6）族袭条
《六条例》：

　　一族之人所编之世管佐领，原附远族人佐领内，后佐领滋生时，满洲壮丁满百编设之佐领，伊等族人既应一体给分，此等佐领出缺，以出缺人子孙拣选拟正，族中有分人员酌情普遍拣选拟陪、列名。

《各条例》：

> 一族之人，原附远族人佐领下，后因本支人及百数编设佐领。缺出
> 时，应令出缺人子孙拟正，同族子孙拟陪、列名。

《事例》：

> 族人编成之世管佐领员缺，以出缺之子孙拟正，族中俱应得分，通
> 行遴选列名。

这里的"族袭"不是族袭佐领（mukūn i dorgi sirara niru），其满文标题 mukūn i teile urse be banjibuha jalan halame bošoho niru bošobure kooli，汉译应为"仅以一族之人所编之世管佐领"。《六条例》所称 mukūn i teile urse be banjibuha jalan halame bošoro niru serengge, daci goro mukūn i ursei nirude kamcibuha amala, niru fusere de mukūn i manjusa tanggū haha jalukiyafi banjibuha，即《各条例》的"一族之人，原附远族人佐领下，后因本支人及百数编设佐领"，可知这种佐领实为滋生佐领。而《事例》"族人编成之世管佐领"语义不明。因原佐领和滋生佐领属于同一个家族，分编后的佐领之间存在亲属关系，所以要以出缺人拟正，其他支派拟陪。

《六条例》到此为止，《各条例》还有一句：

> 至盛京、吉林、黑龙江、察哈尔等世职佐领，并请照新例办理。

盖因东北地区和察哈尔驻防有世袭佐领，所以此处特别强调，这些佐领承袭时也要和京旗一体办理。至于内地驻防都是公中佐领，无所谓承袭，所以不适用本条例。

比较三个版本，《六条例》篇幅长，对拣放时的各种问题、参与拣放人员的资格解释详尽。虽不能摆脱满语冗长之弊，内容亦有重复，但仍不失

为比较完善的条例文本。《各条例》虽系译本，但并非逐字逐句硬译，对重复、啰唆之处做了修改，文字更体现汉语凝练准确的特点。但为了追求简洁，很多字句被删减，反不如《六条例》明确。而《事例》的文字虽然更精简，但把《各条例》中略去的部分内容重新补上。之所以有这样的区别，是因为《六条例》是正式的条例，是拣放佐领时参考的依据，《事例》是规章条文的汇编，实际作用与《六条例》一样，因此二者必须详细、明确。而《各条例》出自《清高宗实录》，仅是历史事件的记录，拣放佐领并不以此为准绳，略有删削并无大碍。三者存在的意义不同，文字上自会有差异。

《六条例》的出台标志着佐领以及世职承袭制度的完善。作为有清一代最后一部佐领世袭条例，其与《佐领则例》的关系是需要考察的问题。从形式上看，二者最明显的区别是《六条例》以条款取代奏折汇编、案例，更符合规范且便于检索利用。

内容方面，《佐领则例》将佐领分为勋旧、优异世管两大类，再按照拣放时要解决的问题区分条目。《六条例》打破了这种框架，按照嫡派子孙承袭、多支派共同承袭、绝嗣三种情况，对前者的条目做了归并，删繁就简。

具体而言，《六条例》的"嫡派条"对应《佐领则例》中的"原给分之勋旧佐领得分例"和"嫡派子孙管理之优异世管佐领给分例"。因内容一致，《六条例》将两条合并，但在拣选范围方面做了新规定，多数情况下要求拟正、拟陪人员应出自管过佐领支派。《佐领则例》中，别房绝嗣或革退，以长房拟正，此内的特殊情况是长房还有别的佐领，《六条例》增加长房没有管过佐领一个条件，但以别房拟正的规则不变。

"优异条"处理优异世管佐领的承袭问题。《佐领则例》有关优异世管佐领有五条，其中"嫡派子孙管理之优异世管佐领给分例"并入"嫡派条"，"原立佐领人绝嗣，以亲兄弟子孙管理优异世管佐领给分例"和"原立佐领人绝嗣，以亲兄弟伯叔子孙管理优异世管佐领给分例"并入"绝嗣条"，所以"优异条"对应"原立佐领人子孙，亲兄弟、伯叔子孙承袭优异世管佐领给分例"。二者都要求无论何人出缺，都以原立佐领人支派拟正。

"轮管条"对应《佐领则例》的"原立佐领人子孙、兄弟之子孙承袭恩赐世管佐领给分例"。根据上文的考察，这种佐领并非优异世管佐领而是普通的世管佐领，但要参照前者的规则继承，所以《六条例》单列一条，并增加了针对原立佐领支派、兄弟等支派管理多个佐领的处理方案。

"绝嗣条"对应《佐领则例》中"原立佐领人绝嗣，以亲兄弟、伯叔子孙管理之勋旧佐领得分例""原立佐领人绝嗣，以亲兄弟子孙管理优异世管佐领给分例"和"原立佐领人绝嗣，以亲兄弟、伯叔子孙管理优异世管佐领给分例"三条。《佐领则例》规定，勋旧佐领不得以伯叔祖子孙继承，优异世管佐领可以由亲兄弟伯叔、伯叔祖、伯叔曾祖子孙管理，只不过分额不同。《六条例》基本沿袭了《佐领则例》，但增加一支管理多个佐领时要以无佐领支派拟正、拟陪一条。

"同编条"对应《佐领则例》的"以兄弟共同带来之人所编勋旧佐领得分例"和"乾隆四年奏准以远族子孙管理之勋旧佐领之得分例"。因为这两条规定非常笼统，仅提到出缺子孙拟正，另一支拟陪，远族子孙管过佐领可以列名，而未顾及其他情况。所以《六条例》补充了一支管多个佐领和多支管一个佐领时的对策。"同编条"还特别提到半分佐领合并的佐领适用此条，对应的是"两姓轮管之勋旧佐领得分例"。

"族袭条"不见于《佐领则例》，是《六条例》为了解决滋生佐领的承袭问题新增的条款。

综合来看，《六条例》虽然对《佐领则例》的条目做了归并，对某些问题做了细化，但二者背后的基本逻辑是一致的：嫡派子孙管理的佐领需要解决长房和别房的权益。多支派管佐领比较复杂，对嫡派和其他支派有平等分额者（"同编条"）首先考虑公平，嫡派优先于其他支派（"轮管条"），由皇帝指定或本家主动推让分额扩大继承范围者要保证特定支派的权益。绝嗣则要在区分承袭支派与原立佐领人血缘远近的前提下，保证公平。在每种情况之下，再考虑绝嗣和获罪革退，以及一支派管理多个佐领和多支派分享一个佐领的问题。

第三章
八旗满洲的世袭佐领
——以正白旗为例

第一节　正白旗满洲概述

14世纪末，明朝在东北设立辽东都司，以卫所为单位管理女真部落，授予当地长官酋长都督、指挥等职，并以封贡为羁縻之策。明成祖将控制范围向北推进，并在黑龙江入海口的特林设立奴儿干都指挥使司，此后陆续设立了三百多个卫所。不过卫所只是表象，明代的女真社会仍然以部落、家族为基础。随着女真社会的发展，特别是通婚、迁徙带来的部落整合以及明朝对东北地区控制力的衰弱，女真逐渐形成了建州、扈伦和东海三大集团。

万历十一年，清太祖起兵，开始征讨女真各部，首先统一本部，次及扈伦四部，天命四年灭亡叶赫，标志着建州、扈伦已被纳入麾下。因为东海女真分布广，征服不易，所以直到太宗时期，黑龙江以南各路、寨、屯方大体归顺，而将所有东海人丁编入佐领则要等到康熙时期。

在绥服女真的过程中，清太祖、太宗采用的是"顺者以德服，逆者以兵临"的策略，[①] 对于就抚（dahame jihe）、主动投顺（baime jihe）之人往往赏给封号、官职，甚至重以婚姻，至于被征服（dailame dahabuha）之人也不妄加诛戮，而对投顺之人也有"毋视为编氓，望待之如骨肉手足"

---

① 《满洲实录》卷1，第21页。

（jušen ume obure, ahūn deo i gese gosime uji）的期待。① 所以这种恩威并施的手段相比同时期林丹汗的暴虐政策无疑更能收揽人心。

明末女真三部发展不均衡。生活在靠近明朝、蒙古的建州和扈伦已经开始向国家迈进，而黑龙江、松花江流域的东海女真仍然处于部落阶段。不过，此时氏族制度仍然广泛存在，就其本质而言，拥有卫所都督、指挥等头衔的女真首领还是传统部落酋长。这些贝勒（beile）、谙班（amban）、城主（hoton i ejen）、噶山大（gašan i da）、穆昆大（mukūn i da）、富人（bayan）投顺时往往带领自己的亲眷以及大量属民，包括奴仆（aha）、部民（jušen 或 halangga）、古出（gucu）等。如何安置这些属人自然就成为清太祖要面临的问题。现存的大量史料显示，清太祖的做法是保留酋长等统治阶层对属民的控制，不使他们沦为"编氓"，另外将汗权向下渗透，对领属权进行改造。这就是满洲佐领出现的背景。随着归附者日众，满洲佐领数量越来越多。截至顺治元年，八旗满洲共有整佐领 309 个，半分佐领 18 个。入关后，满洲旗分佐领仍然不断增加，截至清末达到 681 个。入关后新编佐领可分三类，一是以新归附人丁编设者，如康熙时期将来京当差的新满洲壮丁编为四十个佐领。二是为奖励功臣、殉难大臣，皇亲特别编设少量佐领。三是以原有佐领的滋生人丁编设滋生佐领。入关后新设佐领的数量占总数之半，且集中于康熙时期。从雍正朝开始，佐领数量变化很小，只有少数新增和裁撤，至乾隆时期稳定下来。笔者依据光绪《钦定大清会典事例》整理八旗满洲佐领数量如表3–1。

表3–1　八旗满洲佐领数量统计

单位：个

旗分	入关前	顺治	康熙	雍正	乾隆	光绪
镶黄	36	37	84	86	86	86
正黄	45	46	89	90	93	93
正白	49	49	84	85	86	86
正红	30	31	74	74	74	74

① 《满洲实录》卷1，第31页。

旗分	入关前	顺治	康熙	雍正	乾隆	光绪
镶白	50	52	85	85	84	84
镶红	33	35	87	87	86	86
正蓝	46	47	84	84	84	84
镶蓝	38	38	89	89	88	88

入关后佐领类型的统计基于《钦定八旗通志》和光绪《钦定大清会典事例》两部文献。两种文献分别反映了乾隆末、嘉庆初和光绪末佐领的情况。《钦定八旗通志》记录了满洲佐领 680 个，其中勋旧佐领 66 个（9.7%）、世管佐领 478 个（70.3%）、互管佐领 5 个（0.7%）、族袭佐领 19 个（2.8%）、公中佐领 112 个（16.5%）。至光绪后期，满洲佐领 681 个，其中勋旧佐领 66 个（9.7%）、世管佐领 480 个（70.5%）、互管佐领 5 个（0.7%）、族袭佐领 21 个（3.1%）、公中佐领 109 个（16%）。需要说明的是，两种文献将优异世管佐领计入世管佐领。笔者依据两种文献制作八旗满洲佐领类型如表 3-2。

表 3-2 八旗满洲佐领类型统计

单位：个

	《钦定八旗通志》					光绪《钦定大清会典事例》				
	勋旧	世管	互管	族袭	公中	勋旧	世管	互管	族袭	公中
镶黄满		69			17		69			17
正黄满	15	56			22	15	56			22
正白满	12	55	3	1	15	12	57	3	2	12
正红满	8	52		1	13	8	52		1	13
镶白满	9	61		5	9	9	61		5	9
镶红满	2	68	1	4	10	2	68	1	5	10
正蓝满	18	50	1	6	9	18	50	1	6	9
镶蓝满	2	67		2	17		67		2	17
总计	66	478	5	19	112	66	480	5	21	109

为了考察八旗满洲世袭佐领的编设、承袭，笔者选择正白旗满洲作为考察对象。笔者根据《钦定八旗通志》和世袭佐领档案制作正白旗满洲佐领情况如表3-3。

表3-3 《钦定八旗通志》和世袭佐领档案所记正白旗满洲佐领情况

参领、佐领	编设时间	初管	地望	备注
1 参领 1 佐领	入关前	达音布	建州	
1 参领 2 佐领	康熙二十三年	阿密达	建州	滋生
1 参领 3 佐领	康熙九年	阿密达	建州	滋生
1 参领 4 佐领	入关前	託波	建州	
1 参领 5 佐领	康熙二十三年	古尔哈	建州	滋生
1 参领 6 佐领	入关前	石尔泰	建州	
1 参领 7 佐领	康熙二十三年	鄂尔铎	建州	滋生
1 参领 8 佐领	入关前	吴理堪	建州	
1 参领 9 佐领	康熙六年	昂阿巴	建州	滋生
1 参领 10 佐领	康熙二十三年	随赫图	建州	滋生
1 参领 11 佐领	康熙二十三年	佛伦	不详	
1 参领 12 佐领	康熙元年	布吉尔岱	新满洲	
1 参领 13 佐领	入关前	喀克笃礼	东海	
1 参领 14 佐领	康熙三十四年	迈色	东海	滋生
1 参领 15 佐领	入关前	康古礼	东海	
1 参领 16 佐领	入关前	朱克舒	东海	
1 参领 17 佐领	康熙十三年	桑格	不详	本旗余丁凑编
1 参领 18 佐领	乾隆六年	来保	抬入	
2 参领 1 佐领	康熙二年	硕代	扈伦	滋生
2 参领 2 佐领	入关前	苏纳	扈伦	
2 参领 3 佐领	康熙五年	查克丹	扈伦	滋生
2 参领 4 佐领	天聪九年	阿什达尔汉	扈伦	
2 参领 5 佐领	康熙二十二年	多奇纳	扈伦	滋生
2 参领 6 佐领	康熙二十三年	白尔肯	扈伦	滋生
2 参领 7 佐领	入关前	刚阿达	扈伦	
2 参领 8 佐领	康熙十一年	舒书	扈伦	滋生

参佐领	编设时间	初管	地望	备注
2参领9佐领	康熙二十三年	迈图	不详	滋生
2参领10佐领	入关前	尤德赫	东海	
2参领11佐领	入关前	西翰	东海	
2参领12佐领	康熙七年	马赍	东海	滋生
2参领13佐领	康熙二十三年	马克图	东海	滋生
2参领14佐领	康熙十一年	萨克查	建州	滋生
2参领15佐领	入关前	满都护	建州	
2参领16佐领	入关前	穆尔泰	建州	
2参领17佐领	入关前	微准	建州	
3参领1佐领	康熙三十四年	安布禄	不详	本旗余丁滋生
3参领2佐领	康熙二十三年	温达	建州	滋生
3参领3佐领	入关前	瑚什他	建州	
3参领4佐领	康熙九年	万布	建州	滋生
3参领5佐领	入关前	珲塔	建州	
3参领6佐领	康熙二十三年	希佛	建州	滋生
3参领7佐领	入关前	准塔	建州	
3参领8佐领	康熙九年	几图喀	建州	滋生
3参领9佐领	入关前	色勒	建州	
3参领10佐领	康熙十一年	计哈利	建州	滋生
3参领11佐领	不详	鄂尔多	不详	本旗余丁合编
3参领12佐领	入关前	沙璧图	建州	
3参领13佐领	入关前	喀襄阿	建州	
3参领14佐领	康熙二十二年	五十	建州	滋生
3参领15佐领	入关前	噶布喇	东海	
3参领16佐领	康熙二十三年	松长	东海	滋生
3参领17佐领	康熙二十三年	勒都珲	建州	滋生
4参领1佐领	入关前	塔穆拜	建州	
4参领2佐领	不详	托塞	扈伦	滋生
4参领3佐领	入关前	孟安图	建州	
4参领4佐领	康熙七年	达尔汉	建州	滋生

续表

参佐领	编设时间	初管	地望	备注
4 参领 5 佐领	康熙二十三年	舒敏	建州	滋生
4 参领 6 佐领	入关前	巴笃礼	建州	
4 参领 7 佐领	康熙二十三年	雅图	建州	滋生
4 参领 8 佐领	入关前	雅什塔	建州	
4 参领 9 佐领	康熙十一年	雅思哈	建州	滋生
4 参领 10 佐领	入关前	伊尔登	扈伦	
4 参领 11 佐领	康熙二十三年	穆舒	建州	滋生
4 参领 12 佐领	康熙二十三年	瑚什他	新满洲	滋生
4 参领 13 佐领	入关前	图勒慎	东海	
4 参领 14 佐领	康熙二十一年	图兰	东海	滋生
4 参领 15 佐领	康熙十三年	奇木纳	新满洲	
4 参领 16 佐领	康熙二十二年	图巴	抬入	
4 参领 17 佐领	不详	随占	不详	
5 参领 1 佐领	入关前	伊构	东海	
5 参领 2 佐领	康熙二十三年	得寿	东海	滋生
5 参领 3 佐领	入关前	真柱恳	东海	
5 参领 4 佐领	入关前	布赖	建州	
5 参领 5 佐领	入关前	懋墨尔根	扈伦	
5 参领 6 佐领	康熙八年	禅穆浦	扈伦	滋生
5 参领 7 佐领	入关前	阿特泰	不详	
5 参领 8 佐领	入关前	喀木他尼	东海	
5 参领 9 佐领	天聪八年	傅兰	扈伦	
5 参领 10 佐领	康熙二十一年	巴当阿	新满洲	
5 参领 11 佐领	康熙三十八年	深特赫	新满洲	
5 参领 12 佐领	入关前	克彻尼	东海	
5 参领 13 佐领	入关前	策木特赫	东海	
5 参领 14 佐领	入关前	阿拉木	扈伦	
5 参领 15 佐领	入关前	达海	蒙古	
5 参领 16 佐领	雍正二年	布兰泰	抬入	
5 参领 17 佐领	不详	纪兼	不详	

以上五个参领八十六个佐领中，有39个编设于入关前，不到半数。在此之外，除第五参领第十六佐领和第一参领第十八佐领分别于雍正、乾隆时期抬入该旗，其余皆为康熙朝编设的滋生佐领。

从原立佐领人的来源看，有建州女真佐领（宗室、觉罗、扎昆莫、董鄂、苏完、雅尔虎）、扈伦佐领（乌喇、叶赫）、东海女真佐领（那木都鲁、绥芬、雅兰、穆棱、卦尔察）、康熙时期的新满洲佐领，以及从内务府抬入者。其中有吴理堪、康古礼、喀克笃礼、巴笃礼等名臣，以及乌喇、叶赫部贵族。《钦定八旗通志》记载该旗有蒙古佐领，分别是第五参领第三、第十五佐领。后者是"国初以乌鲁特地方来归人丁编为半个牛录，以其人达海管理"，[①] 此后由乌鲁特贝子伊林齐家族管理。但正白旗满洲的世袭佐领档案中没有这一佐领，很可能该佐领后来因绝嗣等改为公中佐领。第三佐领其实是由东海女真卦尔察人丁编设的，并非真正意义上的蒙古佐领，后文将有论证。

为了进一步考察正白旗满洲世袭佐领，本章以各佐领的原立佐领人所属部落为纲，以地望、姓氏为目，按照建州、扈伦、东海、新满洲、抬入的顺序考察该旗原佐领的编设与承袭。至于滋生佐领，因数量大，承袭规则与原佐领一样，故不另做考察。

第二节　建州女真的世袭佐领

一　宗室佐领

宗室，满语 uksun，是清显祖塔克世之子，即清太祖、穆尔哈齐、舒尔哈齐、雅尔哈齐和巴雅喇的后人。塔克世的其余兄弟、伯叔后人为觉罗。清代共有十五个宗室佐领和二十八个觉罗佐领。[②] 这两种佐领的承袭规则并无特殊之处，但带领引见事宜由宗人府负责。正白旗满洲有两个宗室佐领、四个觉罗佐领。

正白旗满洲第二参领第十四、第十五佐领是由宗室承袭的勋旧佐领。

---

① 《钦定八旗通志》卷7《旗分志七》，第124页。
② 光绪《钦定大清会典事例》卷1111《八旗都统·佐领·满洲佐领》，《续修四库全书》第813册，第384—385页。

第十五佐领为入关前编设的原佐领，隶属清太祖第六子塔拜阿哥（tabai age），但以佐领下人满都护（manduhū）初管。第十四佐领是康熙十一年的滋生佐领。嘉庆八年《勋旧佐领宗室庆庄承袭佐领根原册》记载该佐领编设情况如下：

> 曾祖系太祖高皇帝第四子汤古岱阿哥、第六子塔拜阿哥分家时专管佐领，带领人丁挖参，后将诸申内满洲壮丁编为一个整佐领、一个半佐领，整佐领属塔拜阿哥专管，以佐领下人满都护管理。半个佐领属汤古岱阿哥，因佐领下人胡密色之子穆尔泰在黑龙江打仗奋勇，管半个佐领。①

塔拜之母为清太祖庶妃钮祜禄氏，相比其他皇子，塔拜并没有立下值得一提的功勋。天命十年，此人参与征讨虎尔哈有功。② 天聪四年，与部分宗室、皇亲获得免徭役特权。③ 佐领根原所谓"带领人丁挖参"即指此事。天聪八年，清太宗"念皇考太祖诸子，宜加优擢"，塔拜由游击升备御，后升三等辅国将军。④ 显然塔拜获得佐领、爵位凭借的是皇子身份。天聪八年十二月、九年正月确定的专管佐领人员名单中有汤古岱之子穆尔察，但无塔拜之名。佐领档案援引雍正九年内阁议定勋旧佐领奏折，因《实录》记载免塔拜徭役，无圈点档有"给塔拜阿哥之兄汤古岱阿哥一个佐领诸申"情节，所以该佐领被认定为勋旧佐领。也就是说，虽然清太宗没有明确授予塔拜专管佐领之权，但汤古岱佐领为专管，所以塔拜佐领也被视同专管。值得注意的是，汤古岱、塔拜两个佐领一直有特殊关联。首先，两佐领应该是同时编设的。其次，塔拜之子额克亲（ekcin）管佐领时，将滋生人丁拨给汤古岱佐领。再次，两房子孙呈报佐领根原时都提到对方佐领。最后，塔拜佐领因汤古岱缘故得以专管。

---

① 《正白旗满洲共佐领三十员名册》（嘉庆八年），《内阁全宗·清代谱牒档案·满文世袭谱档册》，编号435。
② 《清太祖实录》卷9，天命十年十月丙子，第130页。
③ 《清太宗实录》卷7，天聪四年七月戊子，第105页。
④ 《清太宗实录》卷18，天聪八年四月辛酉，第236页。

塔拜对佐领有领属权（salibuha），但实际管理佐领的是属人满都护。满都护拣放协领，以异姓都达海（dudahai）二次管理。都达海出缺，以异姓和弥达（homida）三次管理。和弥达升任盛京侍郎，以满都护之子倭赫（wehe）四次管理。至此，该佐领由佐领下异姓连续管理四次。倭赫缘事革退，清圣祖特命该佐领改由宗室承袭，由塔拜之孙巴尔岱（bardai）五次管理。出缺后，以其弟色图（setu）之子楚宗（cudzung）六次管理。楚宗获罪革职，以巴特马费扬古（batma fiyanggū）之孙增升（dzengšeng）七次管理。增升出缺后，以塔拜第四子班布尔善（banburšan）二世孙凤池（fungc'y）八次管理。

康熙十一年，由倭赫佐领分出一个滋生佐领，以异姓一等轻车都尉萨克查巴图鲁（sakca baturu）初次管理。萨克查巴图鲁年迈开缺，以异姓郎中能特（nengtei）管理。能特拣放辽阳城守尉出缺，清圣祖谕以宗室引见，并拣放宗室巴尔巴（balba），从此该佐领由塔拜后人承袭。

乾隆二年，佐领凤池呈报佐领根原。正白旗满洲都统弘盛奏准按照勋旧佐领承袭规则，原立佐领人子孙一体有分，故原佐领和滋生佐领都以塔拜后人承袭。根据家谱，该佐领一直由塔拜嫡派子孙管理，应按照《佐领则例》的"原给分之勋旧佐领得分例"承袭。乾隆三十年颁布《六条例》，该佐领适用"嫡派条"。

此后凤池告退，以其子凝龄（ningling）九次管理。凝龄出缺后，以其子庆庄（kingjuwang）十次管理。

二 觉罗佐领

正白旗满洲第二参领第十七佐领是宁古塔六贝勒索长阿后裔觉罗微准（weijun）家族管理的世管佐领。乾隆二年紫带子佐领永安（yonggan）呈报的佐领根原非常简单，仅有"太祖高皇帝时初编十个佐领，以微准管理一个"一句。[①]《钦定八旗通志》称该佐领"系国初编立觉罗十佐领之一，始隶镶白旗，以觉罗微准管理"。[②] 所谓"十佐领"指清初编设的十个觉罗

[①] 《正白旗满洲紫带子荣和佐领下世管佐领承袭敕书册》（同治二年），《内阁全宗·清代谱牒档案·满文世袭谱档册》，编号340。

[②] 《钦定八旗通志》卷6《旗分志六》，第107页。

佐领。① 该佐领下有十个穆昆，除了微准本家，还有讷音地方富察氏、三个马佳地方马佳氏、李佳地方李佳氏、福克西库地方伊尔根觉罗氏、奉佳地方吴色七个穆昆。上述穆昆原籍不一，却跟随微准投顺，似有问题。因为微准投顺的详情无考，不能排除这些人丁原本与微准没有关系，只不过在设佐领时恰好凑到了一起。此外还有一个觉罗穆昆，该穆昆原在正红旗，后给微准佐领下富察氏为养子，康熙五十二年查出，恢复觉罗身份。一个原籍伯都讷的锡伯穆昆，姓富察氏，康熙三十七年编入该佐领。②

微准事迹不详。他阵亡后，其子昂阿拉（anggara）二次管理佐领。昂阿拉在太祖朝已经获得官爵，③ 天命十一年，清太宗设十六大臣，"出兵驻防，以时调遣，所属词讼，仍令审理"，目的在于分割三大贝勒权力，昂阿拉与色勒出任正蓝旗大臣。④ 天聪八年十二月，昂阿拉专管半个佐领。⑤ 次年正月又被改为专管整佐领。⑥ 不过，当年十一月，莽古尔泰、德格类怨望诅咒案发，昂阿拉坐知情不举被处决。⑦ 天聪十年三月初八日，昂阿拉的专管权被取消，佐领归入内牛录。⑧ 佐领根原称此人"受蓝旗贝勒牵连，佐领撤出，以异姓富喀（fuka）管理"即指此事。富喀病故，以异姓积山（gisan）四次管理。因昂阿拉之子穆成额（mucengge）战场效力，佐领给还，以穆成额五次管理。穆成额外任孝陵翼长，其子五十（uši）六次管理。五十病故后，以其子塞奇（seki）七次管理。塞奇出缺后，以其叔五十之子海兰（hailan）八次管理。海兰出缺后，以其子永安（yunggan）九次管理。

雍正二年，清世宗下令将隶下五旗由王公控制的觉罗佐领抬入上三旗，号称"均编"。给出的理由是宗室觉罗佐领本应由皇帝役使，"若在王等门下

① 十个觉罗佐领是正黄旗第二参领第十二佐领、第四参领第七佐领，正白旗第二参领第十七佐领、第三参领第九佐领、第五参领第七佐领，正红旗第一参领第一佐领，镶白旗第二参领第一佐领，镶红旗第一参领第十七佐领、第五参领第十五佐领，正蓝旗第三参领第一佐领。

② 《正白旗满洲紫带子荣和佐领下世管佐领承袭敕书册》（同治二年），《内阁全宗·清代谱牒档案·满文世袭谱档册》，编号340。

③ 《满文原档》第5册，无年月，第331页。

④ 《清太宗实录》卷1，天命十一年八月丁丑，第27页。

⑤ 《清太宗实录》卷21，天聪八年十二月丙申，第281—282页。

⑥ 《清太宗实录》卷22，天聪九年正月癸酉，第288—289页。

⑦ 《清太宗实录》卷26，天聪九年十一月辛巳，第334—336页。

⑧ 《满文原档》第10册，天聪十年三月初八日，第78页。

以供使令，王等既难自安，且多掣肘之处"。长辈宗室欺凌幼辈，王公往往不便管理，不如将宗室、觉罗佐领从王公门下撤出，"置之公中"。① 需要注意的是，所谓"置之公中"并非将宗室、觉罗佐领改为公中佐领，而是指从王公私属改为朝廷所有。雍正七年，清世宗计划将从王公名下撤出的觉罗佐领"均派八旗"，宗人府王公等奏准当时有觉罗佐领三十二个，隶属正白旗之外七个旗，嗣后调整为每旗四个。② 次年，微准家族的佐领由镶白旗抬入正白旗。

雍正九年，内阁查办勋旧、世管佐领，以《实录》、无圈点档内虽有昂阿拉专管一个佐领，并无带领诸申哈朗阿挖参"，奏准作为世管佐领。

乾隆二年，佐领永安呈报佐领根原。都统弘盛审查无误，鉴于此前没有其他支派承袭佐领，遂奏请将其作为微准子孙世袭的优异世管佐领，并得到办理佐领根原事务王大臣认可。但正白旗佐领根原被移交办理佐领给分事务王大臣后，后者发现虽然雍正九年已经确定昂阿拉专管佐领，档案中没有他带领人丁挖参情节，所以作为世管佐领，但镶白旗满洲色尔特（serte）和图汗（tuhan）的佐领根原记载"雍正九年，额善（ošan）等查得《实录》内昂阿拉专管一个半佐领，作为勋旧佐领"。给分大臣认为，内阁因吏、户部档册中昂阿拉专管的字样被圈掉，且《实录》、无圈点档内并无赏给诸申挖参情节，所以将昂阿拉佐领作为世管佐领是没有问题的，但为了不给后人留疑问，仍然饬正白旗满洲都统将此事查清。

经过调查，都统衙门回复称，雍正九年大学士尹泰等议奏，昂阿拉虽然专管一个佐领，但部档将有关文字圈掉，且《实录》、无圈点档没有带领人丁挖参的记载，所以理应作为世管佐领。此时永安具呈认错，自认很有可能此前他参与清查佐领根原抄录内阁奏折时有遗漏，因此呈请将部档内昂阿拉专管佐领被圈掉一事补入佐领根原，并自请交部议处。乾隆七年三月十三日，都统允禧等奏准将该佐领根原内"专管"字样删去。至于处分永安一事，清高宗降旨宽免。

佐领根原确定后，给分大臣重新检查该佐领根原，又发现昂阿拉并非

---

① 《清世宗实录》卷20，雍正二年五月己巳，第336页。
② 《清世宗实录》卷84，雍正七年闰七月癸未，第121页。

微准独子，他还有粘罕（niyanhan）和阿兰丹珠（arandanju）两兄，虽然他们的后人已经画押确认自己没有继承权，但因雍正九年该佐领被认定为昂阿拉所属，那么粘罕和阿兰丹珠也应参与继承，所以获得备分。这样该佐领就由微准三子共同承袭，但是昂阿拉一支优先。这种承袭方案实际上是在镶黄旗满洲托伦岱、莫伦岱佐领例基础上稍加修改而成。乾隆三十年颁布《六条例》，该佐领适用"嫡派条"。

至于永安佐领在正白旗，两个滋生佐领在镶白旗，如果允许跨旗继承，那么每次拣放佐领就涉及两个旗一同带领引见，流程过于烦琐，所以三个佐领出缺后各自分别继承。

此后永安出缺，其子书清阿（šukingga）十次管理。书清阿出缺后，以其子盛福（šengfu）拟正，穆成额二世孙讷尔特（nertei）拟陪。乾隆五十五年五月初一日带领引见，以盛福（šengfu）十一次管理。盛福出缺，其子淳德（cunde）拟正，成盛（cengšeng）拟陪，道光十一年五月初十日带领引见，以淳德十二次管理。①

该佐领曾被定为专管，但昂阿拉不谨于事，专管不到一年即被撤销，此后该佐领只能作为世管佐领。自穆成额开始，微准后人重新管理佐领，但是该家族绝嗣之人较多，其中昂阿拉之子永贵（yonggui）、五十之子贵奇（guici）、塞奇之子清额（cingge）三房绝嗣，所以只有穆成额之子哈达（hada）、孙海兰两支派有人承袭，但海兰子孙享有出缺拟正之权，所以哈达子孙只能拟陪，管佐领的概率自然低于前者。此外，虽然乾隆时期授予昂阿拉两兄子孙备分，但备分处于承袭佐领顺位之末，没有带领引见资格，且只有在拟正、拟陪、列名人员不足的情况下才有承袭机会，所以截至道光十一年，这两房后裔没有管过佐领。②

三 扎昆莫地方他塔喇氏佐领

他塔喇氏（tatara）是"满洲著姓"，该姓分布于女真三部，《钦定八旗

---

① 《正白旗满洲紫带子荣和佐领下世管佐领承袭敕书册》（同治二年），《内阁全宗·清代谱牒档案·满文世袭谱档册》，编号340。

② 《正白旗满洲紫带子荣和佐领下世管佐领承袭敕书册》（同治二年），《内阁全宗·清代谱牒档案·满文世袭谱档册》，编号340。

通志》记载共有十六派,首列扎昆莫(jakūn moo)。① 正白旗满洲的达音布、託波、沙壁图皆为出自扎昆莫的他塔喇氏。

1. 达音布支派的世管佐领

正白旗满洲第一参领第一、第二、第三佐领是由达音布(daimbu)支派管理的世管佐领。其中第一佐领编设于入关前,第三佐领是康熙九年由原佐领分出的滋生佐领,第二佐领于康熙二十三年由原佐领和初次滋生佐领的余丁编成。据《八旗满洲氏族通谱》载,达音布是岱图库哈理(daitukū hari)亲侄。② 佐领根原称:"达音布系扎昆莫地方人,姓他塔喇氏,于太祖高皇帝时带领兄弟族人同乡投顺,初编佐领,以达音布管理。"③《钦定八旗通志》本传记载此人于天命三年投顺,"随太祖高皇帝征伐,辄为前锋,多所斩获",因功受封骑都尉。④ 实际上此时的名号还是"牛录额真"。天命八年二月之前已经出任总兵官,七月被革职。⑤ 同年,受命征讨扎鲁特贝勒昂安,在激战中阵亡。⑥

《满文原档》无年月档收录部分大臣宣誓效忠清太祖的誓词,其中即有达音布的誓词:"汗父视臣如养子,虽曾背恩逃走,仍蒙恩养。养育之恩不敢忘,臣必摒弃虚伪奸猾,诚心而生。"⑦ 此条记载透露两点,一同盟誓的大臣皆称清太祖为汗,只有此人称汗父(han ama),并说"汗父"视其如养子,因系誓词,必无人胆敢胡乱攀附,可知达音布是非常受清太祖宠信的。另外,逃走一事不见于传记和档案,始末无考,《满文原档》记载天命八年达音布被革职,当与此事有关。

达音布阵亡后,其子轻车都尉阿哈尼堪(ahanikan)二次管理。阿哈尼堪病故出缺,以亲弟议政大臣都统三等伯阿济格尼堪(ajigenikan)三次管理。阿济格尼堪病故后,以长子伊里布(ilibu)四次管理。伊里布阵亡,

---

① 《八旗满洲氏族通谱》卷11,第167页。
② 《八旗满洲氏族通谱》卷11,第168页。
③ 《正白旗满洲共佐领三十员名册》(嘉庆八年),《内阁全宗·清代谱牒档案·满文世袭谱档册》,编号435。
④ 《钦定八旗通志》卷156《人物志三十六·达音布》,第2655页。
⑤ 《满文原档》第3册,天命八年二月十九日,第234页;第4册,天命八年七月初四日,第71页。
⑥ 《钦定八旗通志》卷156《人物志三十六·达音布》,第2655页。
⑦ 《满文原档》第5册,无年月档,第338页。

以亲弟阿密达（amida）之子散秩大臣一等伯阿锡坦（asitan）五次管理。阿锡坦病故后，以次子马尔逊（marsun）六次管理。马尔逊缘事革退，以亲兄亲军校阿勒金布（algimbu）七次管理。

乾隆二年清查佐领根原，根据阿勒金布呈报的家谱，始祖岱明阿鲁克苏（daimingga luksu）生达音布和阿尔泰（altai）两子。达音布生阿哈尼堪、阿济格尼堪，两人都管过佐领，阿哈尼堪绝嗣后，佐领一直由阿济格尼堪后人管理。阿尔泰一支没有管过佐领。该佐领符合世管佐领认定标准，且仅达音布子孙有承袭分额，阿尔泰后人无分。正白旗都统弘盛审查后认定无误，交办理佐领根原事务王大臣复核。因该佐领一直由达音布嫡派子孙管理，参照镶黄旗满洲托伦岱、莫伦岱佐领例，达音布所有子孙一体有分。乾隆三十年颁布《六条例》，该佐领适用"嫡派条"。

此后阿勒金布出缺，以亲叔马尔逊之子玛灵阿（malingga）八次管理。玛灵阿因病出缺，以伯祖伊里布之二世孙德保（deboo）九次管理。德保病故出缺，以亲弟德福（defu）十次管理。德福出缺，以其子扎拉分（jalafun）十一次管理。①

2. 托波支派的勋旧佐领

正白旗满洲第一参领第四、第五佐领是由岱图库哈里嫡派子孙管理的勋旧佐领。第四佐领为原佐领，第五佐领为康熙二十三年的滋生佐领。根据《钦定八旗通志》，原佐领最初由岱图库哈里长子托波（tobo）管理，出缺后以其侄英俄尔岱（inggūldai）二次管理。②但《正白旗满洲勋旧佐领贤龄承袭佐领根原》记载第一任佐领为英俄尔岱：

> 高祖岱图库哈里带领扎昆莫地方壮丁五十名，投顺太祖高皇帝，初编佐领时编为半个佐领，以职等曾祖多罗额驸、都统、尚书、公英俄尔岱管理。③

---

① 《正白旗满洲共佐领三十员名册》（嘉庆八年），《内阁全宗·清代谱牒档案·满文世袭谱档册》，编号435。
② 《钦定八旗通志》卷6《旗分志六》，第97页。
③ 《正白旗满洲共佐领三十员名册》（嘉庆八年），《内阁全宗·清代谱牒档案·满文世袭谱档册》，编号435。

《八旗满洲氏族通谱》记载与佐领根原一致：

> 岱图库哈理，正白旗人，世居扎库木地方，国初率子孙族人及本地方五十户来归，编佐领，使其次子多罗额驸诺斋谟多之子英俄尔岱统之。①

《八旗满洲氏族通谱》会记载各家族内管过佐领之人，但岱图库哈里条目没有提到管过佐领，加之清查佐领根原时要核对多种档案，并得到全体族人的认可，如果託波初管佐领，按理应该不会遗漏，所以笔者认为英俄尔岱为第一任佐领的可能性最大。

英俄尔岱早年参与辽沈之战，立有军功，但与同旗其他重要大臣长年征战不同，从天聪五年设立六部、出任户部承政开始，英俄尔岱的职责就以办理民政为主。其入关后继续担任户部尚书。顺治四年晋二等公。因在任内表现出色，深得清太宗、摄政王多尔衮信任，史载此人"奉职精勤，任事敏断，人咸称之。履贵不骄，诚实和易，部事无大小悉委任焉"。② 此外，英俄尔岱娶饶余郡王阿巴泰之女，因而受封多罗额驸。顺治五年，英俄尔岱病殁，两年后多尔衮去世，后者遭鳌拜等清算，英俄尔岱系苏纳海族人，且从前因"授地不平、附睿亲王"被夺官，公爵被降为三等子。③

据佐领档案记载，岱图库哈里带领五十名壮丁投顺，《八旗满洲氏族通谱》记为五十户。无论何种记载更准确，该佐领一开始必然是半个佐领。因为英俄尔岱"勤于职事，著有成劳"，天聪九年正月免功臣徭役、确定专管佐领时，增给壮丁五十名，以英俄尔岱专管。④ 随后英俄尔岱又与额亦都等家族获得了挖参特权。⑤

英俄尔岱出缺，佐领由其兄和图礼（hoturi）之子商纪图（šanggitu）二次管理。出缺后，以英俄尔岱之子硕塔（šota）三次管理。硕塔故，以

---

① 《八旗满洲氏族通谱》卷11，第167页。
② 《清世祖实录》卷36，顺治五年正月丁卯，第293页。
③ 《清高宗实录》卷1120，乾隆四十五年十二月庚戌，第955—957页。
④ 《清太宗实录》卷22，天聪九年正月癸酉，第288—289页。
⑤ 《清太宗实录》卷22，天聪九年正月癸酉，第288—289页。

其伯父和图礼（hoturi）之孙毕雅奇（biyaci）四次管理。毕雅奇故，以亲弟常在（cangdzai）五次管理。常在缘事革退，以其叔父苏纳海（sunahai）之子张格（jangge）六次管理。张格缘事革退，以其伯父之孙牛钮（nionio）七次管理。牛钮缘事革退，以其族弟、英俄尔岱曾孙阿林岱（alindai）八次管理。阿林岱故，以穆和蔺（muheliyen）九次管理。穆和蔺故，以其孙松龄（sungling）十次管理。松龄故，以其弟十一次管理。佐领档案记载该人名贤龄（siyanling），《钦定八旗通志》记载为延龄。[①]

从家谱图可知，岱图库哈里是原立佐领人，家谱名下写有 niru ilibuha，虽然英俄尔岱初管佐领，但是其余兄弟支派都有承袭权。所以该佐领是由原立佐领人嫡派子孙承袭的佐领，应按照《佐领则例》"原给分之勋旧佐领得分例"给分，凡岱图库哈里之子托波、诺伊穆图（noimutu）、诺卓（nojo）后人都有继承权。乾隆三十年后，该佐领适用《六条例》的"嫡派条"。

岱图库哈里之下三支中，诺伊穆图生和图礼、英俄尔岱、松俄尔岱（sungguldai）三子。英俄尔岱一房管理原佐领三次、滋生佐领六次。和图礼生商纪图、松熹（sungsi）、苏纳海、孙塔（sunta）四子。除孙塔外，其余三房都承袭过原佐领，尤其是商纪图一支管理次数最多，而初管佐领英俄尔岱一房反而管理次数少。康熙二十三年，由毕雅齐佐领分出一个滋生佐领，由商纪图之孙古尔哈管理，出缺后，由英俄尔岱曾孙英敏（ingmin）二次管理。此后滋生佐领一直由英俄尔岱嫡派子孙承袭。由此可见，勋旧佐领在承袭时，初管原佐领之人子孙不一定有优先权，编设滋生佐领后，拣放佐领时有可能向该支派倾斜。

3. 沙璧图支派的世管佐领

正白旗第三参领第十二佐领由岱图库哈里同族沙璧图（sabitu）支派管理。据佐领根原：

> 沙璧图系扎昆莫地方人，姓他塔喇氏，于太祖朝带领人丁投顺。庚午年征讨抚西，编设佐领，将跟随沙璧图投诚人员编设佐领，以沙

---

① 《钦定八旗通志》卷6《旗分志六》，第98页。

璧图管理。①

佐领承袭档案以及《满文原档》对沙璧图事迹记载不详。据《八旗满洲氏族通谱》，此人因投诚之功获得佐领，此后征讨黑龙江，参与松锦之战、入关战争，屡立军功：

> 国初时率所属来归，编佐领，使统之。以任事有能，授为骑都尉。因征黑龙江有功，加一云骑尉。后征锦州、杏山、松山等处，屡著军功，授为三等轻车都尉。定鼎燕京时，加为二等轻车都尉。又从征陕西，击流贼有功，授为一等轻车都尉。三遇恩诏，加至二等男。任副都统。卒。②

从以上两种文献看，初管佐领之人为沙璧图，但《钦定八旗通志》本传显示他的佐领继承自其父：

> 父沙津，当太祖高皇帝时，率众来归，授佐领。萨弼图（即沙璧图——引者注）其长子也。沙津卒，代管佐领。太宗文皇帝天聪八年，以克副任使，予骑都尉世职。寻兼任参领。③

沙津情况不详，是否初管佐领暂不能考。但是档案以第一任佐领沙璧图为根原，并能得到办理佐领根原事务王大臣认可，说明这种说法是有敕书及部档支持的，故笔者以此人为佐领根原。

沙璧图出缺，其子广寿（guwangšeo）二次管理。广寿病故出缺，以其子傅尔纳（furna）三次管理。傅尔纳出缺后，以其子有德（iode）四次管理，因骑射劣，革退出缺。《钦定八旗通志》只是笼统地说"缘事革退"。④

---

① 《正白旗满洲佐领共二十二员承袭原由》（嘉庆八年），《内阁全宗·清代谱牒档案·满文世袭谱档册》，编号407。
② 《八旗满洲氏族通谱》卷11，第169页。
③ 《钦定八旗通志》卷157《人物志三十七·萨弼图》，第2679页。
④ 《钦定八旗通志》卷6《旗分志六》，第111页。

有德出缺后，以其伯祖郭礼（g'oli）之子冯忠（fungjung）五次管理。冯忠病故出缺，以傅尔纳长子拉代（ladai）六次管理。

根据家谱，始祖沙津生沙璧图、谟尔浑、米岳什浑、钵尔辉四子。截至乾隆初期，四个支派中只有原立佐领人一支管过佐领，参照镶黄旗满洲托伦岱、莫伦岱佐领例给分，沙璧图之子噶布拉（gabula）、郭礼、广寿子孙有继承权。谟尔浑等三支没有管过佐领，无承袭分额。

此后拉代病故出缺，以其子赫陈（hecen）七次管理。赫陈病故出缺，以其子鹤文（hoowen）八次管理。鹤文出缺，其子吴永阿（uyungga）九次管理。

四　瓜尔佳氏的世袭佐领

瓜尔佳氏（gūwalgiya）是满洲著姓，有清一代名臣显宦、皇亲国戚很多出自该姓。《钦定八旗通志》记瓜尔佳氏有一百二十个支派，为满洲各氏族之最。其中以直毅公费英东所属的苏完瓜尔佳氏最为显赫。正白旗满洲的费德里、讷殷、苏完瓜尔佳氏拥有世袭佐领。

1.费德里地方瓜尔佳氏佐领

正白旗第一参领第八、第九、第十佐领是吴理堪（urikan）家族的世管佐领。其中第八佐领是入关前编设的原佐领，第九、第十佐领是康熙六年、二十三年编设的滋生佐领。原立佐领人吴理堪籍贯费德里（feideri）。《钦定八旗通志》记载瓜尔佳氏一百二十派，费德里是其中之一。[①] 但检索《八旗满洲氏族通谱》，似乎此地的瓜尔佳氏只有吴理堪一家。[②] 据《钦定八旗通志》，该家族"世居义屯。父伊兰柱，徙居哈达之费德里"。[③] 由此可知该家族并非费德里地方世居居民，自然人数不多。乾隆二年呈报根原时描述吴理堪归顺过程非常详细：

> 吴理堪原系哈达费德里路人，姓瓜尔佳氏，于癸巳年投顺太祖高皇帝，放为卡伦大，驻卡效力勤奋。尼堪外兰向抚顺明官进谗，明官责

---

① 《钦定八旗通志》卷54《氏族志一》，第1029页。
② 《八旗满洲氏族通谱》卷4，第86页。
③ 《钦定八旗通志》卷156《人物志三十六·武理堪》，第2650页。

打诺米纳之兄舒法喇。太祖高皇帝闻知，即遣吴理堪离间（以下原文不清），噶哈善哈斯虎、杨舒、常舒、诺米纳，伊等悉数投顺。癸巳年，叶赫布斋贝勒、哈达孟格布禄贝勒、乌喇布占泰贝勒、辉发拜音达理贝勒、科尔沁明安贝勒、锡伯部、卦尔察部、朱舍里路长岳隆、讷殷部长（以下原文不清）来犯。太祖高皇帝饬卡伦大吴理堪往探消息。吴理堪于山侧隐蔽，看清敌兵首尾而还，奏报出兵，大破九姓之兵。杀布斋贝勒，擒布占泰贝勒，科尔沁明安贝勒乘光马而遁，仅以身免。自投顺太祖高皇帝后，战萨尔浒城主诺米纳、（以下原文不清）、灭王佳岱都墨尔根，皆当先效力。奉旨赏管一个佐领。太祖高皇帝四年，大明总兵官李如柏、副将贺世贤率兵出扎虎关，吴理堪于虎拦地方卡伦接战，领卡伦兵败之。太祖高皇帝甚为嘉许，赏给副将敕书。[1]

因吴理堪去世较早，有关其生平的史料很少，佐领根原中离间诺米纳兄弟、萨尔浒之战中的记录，可以补充文献的不足。

吴理堪去世后，长子内大臣吴拜（ubai）二次管理。顺治八年正月，吴拜同内大臣罗什等检举英亲王干政，正好给清世祖整肃多尔衮兄弟势力的机会，因此晋三等侯。然而同年，罗什、博尔惠谄媚王公，制造矛盾，吴拜附和被株连革职。议罪时，诸王大臣提出"吴拜、苏拜应令为民，其家产照披甲人例拨给，余俱入官"。[2] 待遇从三等侯一路降至披甲，处罚之重可见一斑。此处没有提到吴拜家族佐领是否被撤，佐领根原也没有提到没收佐领以异姓管理，所以可以确定虽然受到处分，吴拜依然管理佐领。

吴拜出缺后，以亲弟领侍卫内大臣苏拜（subai）三次管理。苏拜出京看守孝陵，以吴拜长子领侍卫内大臣郎坦（langtan）四次管理。郎坦病故，以苏拜第四子李沙（liša）五次管理。李沙外任盛京郎中，亲弟治仪正费查（feica）六次管理。费查残废革退，以吴拜之孙散秩大臣拉欣（lahin）七次管理。拉欣年迈革退，以亲兄喀喇（kara）之子郎中栋舒（dungšu）八次管理。

---

[1] 《正白旗满洲佐领共二十二员承袭原由》（嘉庆八年），《内阁全宗·清代谱牒档案·满文世袭谱档册》，编号407。

[2] 《清世祖实录》卷53，顺治八年二月癸未，第417页。

乾隆二年，栋舒呈报佐领根原和家谱，提出该佐领一直由原立佐领人吴理堪两子吴拜、苏拜支派承袭，所以是吴理堪子孙承袭的世管佐领，其他支派无分。正白旗都统弘盛核查佐领根原无误。办理佐领根原事务王大臣奏准按照镶黄旗满洲托伦岱、莫伦岱佐领例，吴拜、苏拜子孙一体承袭。乾隆三十年后，适用《六条例》的"嫡派条"。

此后栋舒出缺，以叔祖之孙尚德（šangde）九次管理。尚德升任副将出缺，以伯父之孙文庆（wenking）十次管理。文庆升任城守尉，以尚德之子保庆十一次管理。[①]

2. 讷殷地方瓜尔佳氏佐领

正白旗满洲第四参领第十、第十一佐领是讷殷地方瓜尔佳氏家族的世管佐领。其中第十佐领是入关前编设的原佐领，以明阿弩（mingganu）初管。第十一佐领编设于康熙二十三年，系滋生佐领。

明阿弩事迹不详，据《正白旗满洲共佐领三十员名册》，此人带领满洲壮丁四十七名投顺清太祖，因人丁不足故作为半个佐领。这些人丁中有五个家族在投顺清太祖途中路过讷殷，遇明阿弩，遂一同投顺，而非明阿弩属民。[②] 此后，明阿弩因养马不肥壮被革职，佐领由异姓邦钮（bangnio）管理。后明阿弩之子胡世纳（hūsina）先登有功，又善于管束人丁，清太宗谕将半个佐领给还，以胡世纳管理。后异姓佐领阿卜泰缘事革退佐领，所管半个佐领的壮丁归于胡世纳名下，并扩充为整个佐领。胡世纳因病开缺，以亲弟胡世屯（hūsitun）之子瑚尔班（hūrban）管理。康熙二十三年，瑚尔班管理佐领时跟随明阿弩投顺的家族人丁滋生，另编为一个佐领，以胡世纳之子穆舒（mušu）管理。因为两个佐领由明阿弩和阿卜泰两方人丁组成，所以此次分编佐领，由穆舒管理祖先明阿弩人丁，阿卜泰人丁归瑚尔班管理。此后穆舒出缺，以其子苏完柱（suwanju）管理。开缺后，以苏完柱亲弟穆图（mutu）之子石德（šide）管理。石德被派往泰陵驻防，以苏完柱之子德通（detung）管理。

瑚尔班的佐领此后由胡世纳之孙穆图（mutu）管理。穆图死后，阿卜

---

① 《钦定八旗通志》卷6《旗分志六》，第99页。

② 《正白旗满洲共佐领三十员名册》（嘉庆八年），《内阁全宗·清代谱牒档案·满文世袭谱档册》，编号435。

泰之孙巴哈塔（bahata）以该佐领是阿卜泰人丁为由，恳请给还。清圣祖批准，并令巴哈塔管理。此后该佐领以阿卜泰后人管理。

乾隆二年，佐领德通呈报佐领根原、家谱，因明阿弩是原立佐领人，佐领短暂由异姓管理一次后给还本家，所以仍归明阿弩所有。据《八旗满洲氏族通谱》，明阿弩还有阿都、噶尔珠两弟，[①] 但佐领一直由明阿弩之子承袭，所以经办理佐领根原事务大臣认定，佐领是明阿弩的世管佐领。因该佐领一直由原立佐领人子孙管理，办理八旗官员佐领给分事务大臣确认该佐领参照镶黄旗满洲托伦岱、莫伦岱佐领例，明阿弩之子胡世屯、胡世纳后人一体有分。乾隆三十年颁布《六条例》后，该佐领遵照"嫡派条"承袭。

3. 苏完地方瓜尔佳氏佐领

（1）布赖家族的世管佐领

正白旗满洲第五参领第四佐领由费英东扎尔固齐同族布赖支派管理，费英东本人在镶黄旗满洲，子孙、同族分布在镶黄、正黄、正白、镶白旗。该佐领根原如下：

> 罗东额（lodonggo）系苏完地方人，瓜尔佳氏，其孙三坛（santan）带领（以下原文不清）阿故赍河（agūrai bira）四地方满洲三百户投顺太祖高皇帝，初编佐领，以三坛长子布赖（burai）管理。[②]

罗东额事迹无考。《八旗满洲氏族通谱》记载率人丁投顺的是三坛，其子获得一个佐领。[③] 究竟哪种说法正确暂不能考。

布赖出缺后，其子颜达尔汉（yandargan）二次管理。颜达尔汉病故出缺，以其叔父尹德（yendei）之子萨海（sahai）三次管理。萨海病故出缺，以布赖之子多尔进（dorjin）四次管理。多尔进出缺后，以其三弟东郭洛（donggoro）五次管理。东郭洛老迈革退，以其叔父都赖（durai）之

---

① 《八旗满洲氏族通谱》卷 3，第 81 页。

② 《正白旗满洲共佐领三十员名册》（嘉庆八年），《内阁全宗·清代谱牒档案·满文世袭谱档册》，编号 435。

③ 《八旗满洲氏族通谱》卷 1，第 36 页。

子察汉（cagan）六次管理。察汉因病奏请革退，以布赖曾孙多尔进之孙色金（segiyen）七次管理。色金缘事革退，以布赖之孙、东郭洛之子阿密达（amida）八次管理。阿密达缘事革退，以杜赖之孙、察尔布（carbu）之子额尔色（ersei）九次管理。额尔色出缺后，以其子额勒登（elden）十次管理。额勒登病故，以其弟吴勒登额（ulengge）十一次管理。吴勒登额病故出缺，以其兄额勒登之子瑚图理（hūturi）十二次管理。

乾隆二年瑚图理呈报佐领根原，呈请定为世管佐领。根据家谱，始祖三坛生布赖、尼喀达（nikada）、尹德、杜赖（durai）四子，其中布赖初管佐领，尼喀达一支没有管过佐领，所以无继承权，尹德、杜赖两房分别管过一次、四次，按照世管佐领承袭原则，管过佐领之人后代有继承权，那么布赖、尹德、杜赖三房都可以承袭佐领。因尹德之子萨海绝嗣，所以佐领应参照镶黄旗满洲鄂欣、图撒图佐领例给分，原立佐领人布赖之子颜达尔汉、多尔进、东郭洛，布赖弟杜赖之子察尔布子孙承袭佐领。乾隆三十年颁布《六条例》，该佐领适用"轮管条"。

此后瑚图理出缺，其子刚图（g'angtu）十三次管理，《钦定八旗通志》记为"光图"。[1] 出缺后，以布赖五世孙雅图（yatu）十四次管理。雅图出缺后，以其子定柱（dingju）十四次管理。[2]

（2）喀囊阿家族的族袭佐领

正白旗满洲第三参领第十三、第十四佐领是喀囊阿（kanangga）家族的族袭佐领。其中第十三佐领是入关前编设的原佐领，原立佐领人为喀囊阿；第十四佐领是康熙二十二年编设的滋生佐领。佐领根原称：

> 喀囊阿自苏完地方单人投顺太祖高皇帝，因办事有能，不违指令，授骑都尉。后管本旗公中佐领。[3]

---

① 《钦定八旗通志》卷7《旗分志七》，第121页。
② 《正白旗满洲共佐领三十员名册》（嘉庆八年），《内阁全宗·清代谱牒档案·满文世袭谱档册》，编号435。
③ 《正白旗满洲佐领共二十二员承袭原由》（嘉庆八年），《内阁全宗·清代谱牒档案·满文世袭谱档册》，编号407。

喀囊阿投顺情况不见于其他文献，按照佐领根原的说法，他是单身投顺的，与其他带领人丁者有别，显然他在苏完地区并不是酋长。佐领根原中喀囊阿被授予骑都尉一句，除了将"备御"按照后来习惯改为骑都尉，与《满文原档》没有区别。①《八旗满洲氏族通谱》记载他"从征辽东广宁等处，以克城有功，授骑都尉，任佐领"。② 喀囊阿没有带人投顺之功，却能与本旗其他功臣一样成为备御，无疑与他的个人能力有关。

喀囊阿年老革退，以异姓骁骑校努三（nusan）二次管理。努三外放盛京侍郎，以喀囊阿之子颜布禄（yambulu）三次管理。颜布禄出缺，以亲弟哈里（hari）之子车尔布赫（cerbuhe）四次管理。车尔布赫升任山海关佐领出缺，以亲伯颜布禄之孙外三（waisan）五次管理。外三病故出缺，以其子六十一（liošii）六次管理。六十一出缺后，以异姓廷柱（tingju）七次管理。《钦定八旗通志》没有说明廷柱为异姓。③ 廷柱缘事革退，以喀囊阿二世孙关柱（guwanju）八次管理。《钦定八旗通志》漏记关柱一任。④ 乾隆二十七年，八旗王大臣因该佐领虽系公中佐领，但已经由喀囊阿家族管理六次、异姓管理两次，符合无根原公中佐领的认定标准，奏准嗣后拣放佐领，将喀囊阿子孙与旗员一并带领引见。

关柱出缺后，以亲伯瓦尔达（walda）之孙尚安（šanggan）九次管理。乾隆四十三年闰六月，大学士阿桂奏请将由一个家族管理达到五次的无根原公中佐领定为族袭佐领，不达次数者作为公中佐领。此时该佐领由喀囊阿本人及其两子颜布禄、哈里子孙管理七次，达到认定标准，遂被确定为族袭佐领。

此后尚安出缺，以其子成明（cengming）十次管理。成明出缺后，其子关亮（guwanliyang）十一次管理。关亮出缺后，以其子存柱（tsunju）十二次管理。⑤ 另据光绪二十一年《佐领万禄袭职原由册》，存柱出缺，以其子万禄十三次管理。⑥

① 《满文原档》第 3 册，无年月，第 1010 页。
② 《八旗满洲氏族通谱》卷 1，第 41 页。
③ 《钦定八旗通志》卷 6《旗分志六》，第 111 页。
④ 《钦定八旗通志》卷 6《旗分志六》，第 110 页。
⑤ 《正白旗满洲佐领共二十二员承袭原由册》（嘉庆八年），《内阁全宗·清代谱牒档案·满文世袭谱档册》，编号 407。
⑥ 《佐领万禄袭职原由册》（光绪二十一年），《内阁全宗·清代谱牒档案·满文世袭谱档册》，编号 371。

五　马察地方佟佳氏佐领

《八旗满洲氏族通谱》载："佟佳，本系地名，因以为姓。其氏族甚繁，散处于马察、雅尔湖、加哈、佟佳及各地方。"[1] 该姓有三十一个穆昆，地域分布以建州为主，其中出自佟佳地方的佟佳氏在有清一代最为显赫。正白旗满洲的佟佳氏有两个穆昆，一是出自马察地方的巴笃礼、孟安图、雅西塔家族，一是出自雅尔虎地方的瑚什他、准塔、珲塔家族。两者都属于本旗旺族，以下分别考察。

1. 巴笃礼家族的勋旧佐领

马察地方佟佳氏的始祖为巴虎特克慎。此人生七子，其中第六子额赫礼图墨图为巴笃礼等人始祖。巴笃礼兄弟率众投顺，该家族成为"满洲著姓"。[2] 除亲兄弟外，被编入正白旗的巴笃礼同族还有雅什塔、哲克西巴班、萨穆哈图、顾胡图、约达尼、缪施浑、拜、卓拜、绥哈、库察、岱哈、武赛、雅尔巴，不过这些人与巴笃礼等人的世袭佐领无关。

巴笃礼家族所管佐领为第四参领第五、第六佐领，第六佐领是入关前编设的原佐领，第五佐领是康熙二十三年的滋生佐领。原佐领根原如下：

> 原任扎尔固齐兼都统礼部承政巴笃礼系马察地方人，佟佳氏。投顺太祖高皇帝，初编佐领，令巴笃礼管理，赏给一个佐领之诸申。攻取大同、张家庄时统兵进攻阵殁，是以免人丁，令其子卓罗专管佐领。[3]

佐领根原没有记载巴笃礼带领多少人投顺。根据《八旗满洲氏族通谱》，巴笃礼带来人丁多达五百户，与其弟孟安图分别管理。[4] 巴笃礼兄弟能够一次性带领五百户投诚，可知巴笃礼家族在马察有相当大的影响，很可能是当地的酋长。另据穆昆大呈报的编入佐领原由，巴笃礼佐领内共有

① 《八旗满洲氏族通谱》卷19，第247页。
② 《八旗满洲氏族通谱》卷19，第247页。
③ 《正白旗满洲佐领共二十二员承袭原由》（嘉庆八年），《内阁全宗·清代谱牒档案·满文世袭谱档册》，编号407。
④ 《八旗满洲氏族通谱》卷19，第247页。

25个穆昆，除了一个马察地方的佟佳氏是巴笃礼后人，因族人争夺户口被发遣黑龙江，子孙开除族籍；一个来自茂阿林（moo alin）的富察氏是康熙三十八年编入的锡伯人；一个因原文不清无法判断姓氏外，有佟佳氏四个穆昆、瓜尔佳氏三个穆昆、王佳氏两个穆昆、星佳氏两个穆昆、赵佳氏两个穆昆，以及完颜氏、额苏礼氏、李佳氏、温都氏、他塔喇氏、崔穆礼氏、富济玛氏、赫舍里氏、杜礼氏各一个穆昆。除了锡伯穆昆和无承袭权的本家，各穆昆大多承认祖先是巴笃礼的属人。

有关编授佐领，《钦定八旗通志》称："天命初与弟蒙阿图等率众来归，太祖高皇帝命编所属户为二佐领，使巴笃理与蒙阿图分领其众，隶满洲正白旗。"① 据以上几种史料，似乎巴笃礼归顺后立即被授予佐领。但实情并非如此。《满文原档》天命五年三月初十日条记大妃乌喇那拉氏与大贝勒代善私通事件时提到"大福晋曾送总兵官巴笃礼之二妻青倭缎一匹以造朝服"，② 次年六月巴笃礼获得佐领——"二十二日，赏汤古岱阿哥、巴笃礼、扬古利各赐一佐领之诸申"，③ 可知巴笃礼任总兵官在先，获得佐领在后。虽然巴笃礼来归之年无考，但他是在投顺一段时间之后获得佐领的，当无疑问。

天命七年六月十一日，因布三之案，巴笃礼被革去总兵官、没收佐领：

> 诸贝勒复审布三征讨辽东时之罪。总兵官巴笃礼及众大臣皆请从重，将自开原以来所得诸物没收。巴笃礼因公正而举荐为臣，然不进忠言，颠倒是非，故将前以其公正所赐之皮袄、皮张及一牛录人丁夺回，革总兵官，降为参将，免其一次赎罪，没辽东所得赏赐之半。④

不过巴笃礼旋复职。虽然《满文原档》没有记载其诸申的下落，但巴笃礼死后佐领由其子管理，说明其原来管理的佐领、人丁一并给还。

天聪五年，设立六部，巴笃礼任礼部承政。天聪八年，清太宗指挥大

---

① 《钦定八旗通志》卷156《人物志三十六·巴笃理》，第2665页。
② 《满文原档》第1册，天命五年三月初十日，第221页。
③ 《满文原档》第2册，天命六年六月二十二日，第134页。
④ 《满文原档》第3册，天命七年六月十一日，第134页。

军毁边南下，在进攻应州时，巴笃礼随贝勒阿巴泰进攻灵丘县阵亡。清太宗上谕称："此朕旧臣，效力多年，致命疆场，深可惜也。"[1]

巴笃礼出缺后，其子卓罗（jolo）二次管理。天聪八年、九年，卓罗因其父功勋获得专管佐领之权。卓罗病故，其子舒呼德（šuhude）三次管理。舒呼德病故出缺，以卓罗亲兄之子马哈达（mahada）四次管理。马哈达升任将军，以其子马奇（maki）五次管理。马奇年老辞退，卓罗之孙领侍卫内大臣都统伊勒慎（irešen）六次管理。

雍正九年，内阁确认八旗勋旧、世管佐领时，因《实录》记载巴笃礼管佐领、阵亡后其子专管佐领，无圈点档记载赏给巴笃礼一个佐领诸申，遂将该佐领确定为勋旧佐领。

乾隆二年，佐领伊勒慎呈报根原。根据家谱和承袭的情况，巴笃礼是勋旧佐领的原立佐领人，根据规则其子孙都有承袭资格，兄弟伯叔无资格。其子瑚麻礼、卓罗后人一直继承佐领，符合"原给分之勋旧佐领得分例"。乾隆三十年颁布《六条例》，该佐领适用"嫡派条"。

此后伊勒慎升任将军，以巴笃礼四世孙他什哈（tasiha）七次管理。病故出缺，以其子扎拉芬（jalafun）八次管理。病故出缺，以堂兄扎兰保（jalamboo）九次管理。

2. 孟安图支派的世管佐领

第四参领第三、第四佐领由孟安图支派管理。第三佐领编设于入关前，第四佐领编设于康熙七年。原立佐领人孟安图（menggatu）为扣肯费扬古（keoken fiyanggū）之子、巴笃礼亲弟。乾隆二年佐领三宝（samboo）呈报佐领根原："十六大臣工部承政孟安图管理初编佐领。"[2]《满文原档》显示，孟安图一直负责人口、农业生产等事务。天命六年，他参与计丁授田：

　　天命六年七月初六日汗谕：前往各处安插汉人之粮，不可以牛驮运，恐牛劳累，着将各家存粮称量后上交孟安图，至安插之处，再以仓

---

[1] 《钦定八旗通志》卷156《人物志三十六·巴笃理》，第2666页。
[2] 《正白旗满洲继勋承袭世管佐领原由册》（咸丰三年），《内阁全宗·清代谱牒档案·满文世袭谱档册》，编号344。

库存粮补给可也。开仓发粮时，着孟安图晓谕地方官。①

此外还有解送屯田汉人、丈量土地修建房屋（usin fehume boo icihiyame）、赴各村屯清点汉人人口。② 孟安图还参与安插新占领地区汉人的工作。③ 天命七年六月，清太祖设立十六大臣，以孟安图管理与农耕、人口、牲畜等有关的事务：

> 副将孟安图……八人掌记录库粮数目、收发、编审新来人口、授予田房、迁徙。筑城、搭桥、圈禁俘虏、给擒获之人佩戴手铐脚镣，皆该部所辖。稽查桥上贸易、收税、牛只繁殖、杀猪，一切养育牲畜、迎来送往、给新来人员房屋、锅、斧、衣装，收拢无主牲畜、为无旗之人寻访发给女人一切事务，交孟安图等人办理。④

由以上史料可知，孟安图总管后金的人口、农业、商业，和其他以征战为主要任务的大臣不同。

因为孟安图跟随其兄巴笃礼投顺，所以其后人呈报佐领根原时没有提到编设佐领的情况。据该佐领下各穆昆呈报的编入佐领原由可知，佐领下人员以马察属民为主体。其中八个穆昆原籍马察（兴佳氏两个穆昆，赵佳氏两个穆昆，巴雅喇氏、富察氏、佟佳氏、赫舍里氏各一个穆昆），十三个由各地迁居马察（哈达地方瓜尔佳氏六个穆昆、唐古氏、白山地方赵佳氏、伊尔根觉罗、布尔哈图城福叶穆氏，辽阳邱佳氏，讷图王佳氏，黑龙江巴禄氏），康熙三十八年编入锡伯穆昆（杨佳氏）一个。

孟安图阵亡出缺，其子护军参领翁克（ongki）二次管理。翁克阵亡出缺，以族人护军校绥哈（suiha）三次管理。《钦定八旗通志》记载此人为翁克伯父。⑤ 绥哈出缺后，以翁克之子三等侍卫倭布敦（obdon）四次管理。

① 《满文原档》第 2 册，天命六年六月初七日，第 139 页。
② 《满文原档》第 2 册，天命六年七月十七日，第 158 页；第 3 册，天命六年十一月十二日，第 82 页；第 2 册，天命六年十二月初八日，第 294 页。
③ 《满文原档》第 2 册，天命七年二月初十日，第 433 页。
④ 《满文原档》第 2 册，天命七年六月初七日，第 607 页。
⑤ 《钦定八旗通志》卷 7《旗分志七》，第 115 页。

倭布敦出缺后，以巴笃礼之子护军参领呢喀达（nikada）五次管理。呢喀达出缺后，其弟护军参领塞根（segen）六次管理。塞根出缺后，巴笃礼之孙都统马哈达（mahada）七次管理。马哈达获罪，贬为黑龙江骁骑校，塞根之子员外郎阿禄（alu）八次管理。阿禄调转盛京员外郎，以孟安图之孙参领穆舒（mušu）九次管理。穆舒年老革退，以亲弟前锋校多赛（dosai）十次管理。《钦定八旗通志》记此人为副都统，此应系多赛管佐领后升任之职。[①] 出缺后，以其子三宝（samboo）管理佐领。

　　拣放苏尔泰员缺时，都统平郡王福彭等发现，从前拣放巴笃礼、孟安图两佐领时参考的佐领根原不一致。巴笃礼后人此前呈称"扣肯费扬古之子巴笃礼、孟安图带领两位亲弟科岳、布孙及五百户自马察地方投顺，太祖皇帝将人丁分编两个佐领，以巴笃礼、孟安图各管一个"，而孟安图佐领根原中没有提到科岳、布孙。因为巴笃礼佐领是勋旧，孟安图等人没有继承资格，但如果孟安图佐领被证明是兄弟同编佐领，另外三房原则上也有继承权。为了查清此事，福彭派遣参领查阅档案。后者在内阁保存的无圈点档中查到巴笃礼管佐领的记载一条、孟安图两条。一条显示天命七年孟安图已经管理佐领，一条为额尔德尼巴克什被处决后佐领归孟安图管理。由此可知兄弟二人确实各管一个佐领。福彭等又在都统衙门档案中找到康熙四十三年九月三十日拣放巴笃礼三世孙伊类员缺记录，当时清圣祖降旨"该佐领不可出该家"，所以后来拣放巴笃礼原佐领、滋生佐领时，都以此为依据，这样孟安图等三房就没有资格承袭巴笃礼佐领。至于孟安图佐领，虽然无圈点档提到额尔德尼巴克什的佐领由孟安图管理，但又有"攻克辽东城时，孟安图佐领下之人诈称阿敦阿哥旗先登城，巴笃礼鞭打造言之人"的记载，仍然存在矛盾。此外，所谓巴笃礼、孟安图兄弟带领五百户投顺一节，事在百年之前，无从查考，所以从佐领根原删去，仍以孟安图初编佐领作为根原。鉴于巴笃礼一房管两个佐领，如果孟安图佐领出缺，仍然以巴笃礼子孙长房拟正，对于孟安图后人而言有失公平，所以孟安图佐领以孟安图后人长房拟正，巴笃礼、科岳、布孙三房子孙原来曾经带领引见，故逢拣放之时也可与选。从此，巴笃礼、孟安图两兄弟各自承袭原佐领与

---

　　① 《钦定八旗通志》卷7《旗分志七》，第115页。

滋生佐领。

乾隆二年，佐领三宝呈报佐领根原，都统弘盛提出世管佐领以管过人子孙有分，该佐领应当只以孟安图后人承袭，但此前已经奏准承袭方案，所以巴笃礼三房也可带领引见。办理佐领根原事务王大臣审查正白旗满洲呈报的佐领根原，发现第二任佐领翁克出缺后由族人绥哈管理，按照规定，他的后人也应当有继承权。弘盛回复称，绥哈并非孟安图子孙，既然已经确定以孟安图子孙作为长房，巴笃礼等三房有分，那么根据习惯，"此类以远族管过一二次，俱照例给予备分"，出缺后绥哈后人可以备选。

乾隆六年十二月二十日，办理佐领给分事务大臣重新确定了之前的承袭方案，并增加一条：孟安图一个支派有原、滋生两个佐领，如果原佐领出缺，应将巴笃礼、科岳、布孙子孙内适宜之人拟正，一支拟陪，出缺支派列名。绥哈子孙也可列名，但不得拟正、拟陪。滋生佐领以出缺人子孙拟正，另外三支派中无佐领支派拟陪，其余列名，绥哈没有管过滋生佐领，子孙不得分额。如果出现两支派分管两个佐领的情况，出缺人子孙拟正，无佐领支派拟陪。如果孟安图子孙绝嗣、缘事革退，以此人其他子孙拟正。若孟安图兄弟子孙绝嗣或缘事革退，则以出缺支派拟陪，孟安图子孙拟正。

根据《正白旗满洲继勋承袭世管佐领原由册》，此后三宝出缺，以长子凉州游击多礼（dori）十一次管理。多礼出缺后，以前锋舒楞额（šulengge）十二次管理。舒楞额出缺后，以苏苏尔通阿（susultungga）十三次管理。苏苏尔通阿出缺后，以久昌十四次管理。久昌出缺，以兴昌（hingcang）十五次管理。兴昌出缺，以披甲哈丰阿十六次管理。哈丰阿出缺后，以继勋（gihiyūn）十七次管理。[①]

3. 雅什塔支派的世管佐领

第四参领第八、第九佐领是雅什塔（yasita）支派的世管佐领。第八佐领是天聪朝编设的原佐领，第九佐领是康熙十一年的滋生佐领。原立佐领人雅什塔是巴笃礼同族，其父为巴哈巴彦（baha bayan）。佐领根原记载雅什塔投顺情况如下：

---

① 《正白旗满洲继勋承袭世管佐领原由册》（咸丰三年），《内阁全宗·清代谱牒档案·满文世袭谱档册》，编号 344。

原护军参领雅什塔系马察地方人，佟佳氏，庚午年自马察带领佐领下满洲壮丁二百零四名、尼堪壮丁二百三十三名投顺太祖皇帝。初编佐领，以雅什塔管理。①

庚午为天聪四年，查办佐领根原时，都统衙门在户部档册内查到这一年的无圈点档有"雅什塔自白山马察地方带领诸申二百零四名、汉人壮丁二百三十三名，编设佐领，以雅什塔管理"的记载，由此可知虽然其兄巴笃礼在天命初期已经出任总兵官，但雅什塔带领人丁归顺较晚，因而得以单独编佐领。

雅什塔佐领下的穆昆多达三十九个，包括马察佟佳氏穆昆十二个、王佳氏穆昆六个、富察氏穆昆四个、赵佳氏穆昆四个、萨克达氏穆昆二个，伊尔根觉罗氏、万济忒氏、赫特礼氏、额苏礼氏穆昆各一个，舍利噶山的颜札氏穆昆，从苏完迁居马察的瓜尔佳氏穆昆二个，此外还有康熙三十一年来京的游牧索伦巴雅喇氏，三十八年编入佐领的锡伯杨佳氏、富察氏、彦塞礼氏。需要注意的是，天聪四年跟随雅什塔投顺的汉人壮丁多于女真人，这些人可能是被劫掠充当劳动力或因各种原因到关外谋生的汉人。但是乾隆二年各穆昆大呈报的编入佐领原由显示，当时佐领下只有满洲、锡伯、索伦人，没有汉人，那么原来的汉人很有可能在编设八旗汉军时被拨入汉军佐领了。

雅什塔出缺后，以其子领侍卫内大臣穆福（mufu）二次管理。穆福致仕出缺，以其子三等侍卫苏尔班（surban）三次管理。苏尔班因病革退，以其亲弟员外郎苏尔迈（surmai）四次管理。苏尔迈因眼疾辞退，以其子寿玉（šeoioi）五次管理。寿玉病故出缺，以其子苏成额（sucengge）六次管理。苏成额因怠惰革退，以亲叔祖孙舒（sunšeo）之子泰分（taifin）七次管理。

雍正九年确定勋旧、世管佐领时，内阁因户部档案记载雅什塔带领满汉壮丁四百余人投顺，但在《实录》以及无圈点档中找不到任何记载，而且雅什塔没有获得挖参权，因此将该佐领确定为世管佐领。乾隆二年清查

---

① 《佐领常升袭职原由册》（光绪二十一年），《内阁全宗·清代谱牒档案·满文世袭谱档册》，编号367。

佐领根原，佐领泰分根据该佐领一直由原立佐领人雅什塔之子穆福后人管理，主张按照世管佐领例承袭，且雅什塔子孙有分，其余支派无分。但此时护军同文（tungwen）等宣称他们的高祖哲科西巴班（jeksi baban）与亲兄弟巴哈巴彦一同投顺，编佐领时由巴哈巴彦之子雅什塔管理。骑都尉班柱（banju）则称带领人丁投诚的是其高祖萨穆哈图（samhatu）。都统弘盛调阅户部档案，在天聪四年的无圈点档册中找到将雅什塔人丁编为佐领、令其管理的记载，又在康熙朝拣放佐领奏折中找到清圣祖的上谕，明确指出该佐领只有雅什塔子孙有承袭权，因此驳回同文等人的主张。乾隆五年，办理佐领给分事务王大臣根据该佐领一直由雅什塔嫡派子孙管理，奏准按照镶黄旗满洲托伦岱、莫伦岱佐领例给分，雅什塔之孙雅图、苏尔班、苏尔迈、孙舒子孙一体承袭。乾隆三十年后，该佐领按照《六条例》的"嫡派条"承袭。

此后泰分出缺，以其兄苏来之孙苍来（tsanglai）八次管理。苍来出缺，以其子景和（ginghe）九次管理。景和出缺，以其子祥安（siyanggan）十次管理。祥安出缺，以其长子成善（cengšan）十一次管理。成善出缺后，以祥安养子长生（cangšeng）十二次管理。

六　浑河地方伊尔根觉罗氏世袭佐领

正白旗满洲第二参领第十六佐领是原属汤古岱阿哥（tanggūdai age）、后改由异姓穆尔泰（murtai）管理的世管佐领。

汤古岱为清太祖第四子，其母为庶妃钮祜禄氏。相比清太祖的嫡子，此人与其他几位庶妃之子并没有建立值得称道的功业。汤古岱曾经从军，天聪四年六月，坐永平失利之罪："出城时，不于所期约之地相待，乃弃两旗兵前进，以致军行失道，陷敌者众，罪应死。免死，革职，夺所属人口，籍其家。"[1] 此后清太宗以汤古岱身为阿哥，理应优待，升三等梅勒章京、三等镇国将军。[2] 天聪九年，因举报礼亲王代善祖护私属，他不但重新获得被抄没的佐领、奴仆、财物，还根据离主条例，与其弟塔拜阿哥由代善

---

[1]《清太宗实录》卷7，天聪四年六月乙卯，第104页。
[2]《清太宗实录》卷18，天聪八年四月辛酉，第236页。

的正红旗改隶多尔衮的镶白旗。清太宗驾崩后，多尔衮与多铎换旗，前者的镶白旗改为正白旗，因此汤古岱、塔拜的佐领又改隶正白旗。①

汤古岱虽然拥有佐领，但实际上没有真正管过。据《正白旗满洲世管佐领原由册》记载的佐领根原：

> 曾祖胡密色系浑河地方人，姓伊尔根觉罗氏，太祖高皇帝第四子汤古岱阿哥、第六子塔拜阿哥分家时专管佐领，带领人丁挖参，后将所属诸申内满洲壮丁编为一个整佐领、一个半佐领，整佐领属塔拜阿哥专管，以佐领下人满都护管理。半个佐领属汤古岱阿哥，因佐领下人胡密色之子穆尔泰在黑龙江打仗奋勇，管半个佐领。②

按照佐领根原以及佐领下各穆昆大呈报的编入原由，包括胡密色（hūmise）一族在内的全部人丁都是清太祖赏赐给汤古岱、塔拜兄弟，后来一度被没收的属民。二人分家时属民被编为一个半佐领，此事时间不详，但天聪八年、九年分定专管佐领时，汤古岱之子穆尔察和塔拜分别专管佐领，说明编佐领在此之前。③

该佐领虽然属于汤古岱、穆尔察父子，但《钦定八旗通志》也记载该佐领"始以穆尔泰管理"。④ 穆尔泰出身浑河地方伊尔根觉罗氏（irgen gioro）。《钦定八旗通志》记载该姓共 13 个支派，分布于建州、扈伦四部。穆尔泰与满文的创始人噶盖扎尔固齐是同乡同族。穆尔泰之父胡密色早年曾经救清太祖免于暗杀。据《八旗满洲氏族通谱》记载，"扎海、胡塞遣古穆布禄持毒进太祖高皇帝。瑚密色知之，遂驰马以告。太祖嘉之，授骑都尉，令其子穆尔泰承袭"。⑤ 此事不见于其他文献，真实性无从判断。所谓骑都尉是后来的说法，清太祖时期是牛录章京或备御。佐领档案记穆尔泰

---

① 《清太宗实录》卷 25，天聪九年十月丙午，第 332 页。
② 《正白旗满洲世管佐领原由册》（嘉庆十八年），《内阁全宗·清代谱牒档案·满文世袭谱档册》，编号 408。
③ 《清太宗实录》卷 21，天聪八年十二月丙申，第 281—282 页；卷 22，天聪九年正月癸酉，第 288—289 页。
④ 《钦定八旗通志》卷 7《旗分志七》，第 107 页。
⑤ 《八旗满洲氏族通谱》卷 13，第 159 页。

在黑龙江打仗立功，获得佐领管理权。

崇德六年，宗室额克亲（ekcin）的半个佐领与穆尔泰佐领合并，仍以穆尔泰管理。穆尔泰年迈开缺，以亲弟布库（buku）二次管理。此时汤古岱之子宁色（niyengse）绝嗣，塔拜之子额克亲（ekcin）佐领余丁被编入布库佐领，后者成为整个佐领。布库出缺后，以其子杭爱（hanggai）三次管理。杭爱升任盛京侍郎，以其弟查哈达（cahada）四次管理。查哈达获罪革退，以异姓穆世哈（musiha）五次管理。穆世哈出缺，以宗室普松（pusung）六次管理。普松出缺后，佐领给还穆尔泰家族，由杭爱之子富清（fucing）七次管理。富清革退，以其兄达尔玛（darma）八次管理。达尔玛出缺后，以查哈达养子僧保（sengboo）九次管理。僧保出缺后，以富清九次管理。富清缘事革退，以富清之兄富赉（fulai）十次管理。雍正时期，该佐领被确定为富赉家族的世袭佐领，汤古岱后人不得管理。富赉出缺，以安泰（antai）十一次管理。

乾隆二年，安泰呈报佐领根原，提出该佐领先后以胡密色之子穆尔泰、布库管理，所以根据世管佐领承袭规则，两支子孙都有继承权。此外，安泰主动提出扩大承袭范围，将穆尔泰亲弟孟佳（menggiya）一支纳入。管佐领人员主动提出推让分额，官方不会驳回，所以正白旗满洲都统弘盛确定该佐领以三支子孙承袭。该佐领由兄弟支派管理，应按照正黄旗满洲鄂欣、图撒图佐领例给分，由穆尔泰、孟佳、布库子孙承袭。乾隆三十年颁布《六条例》，该佐领适用"轮管条"。

此后安泰出缺，以克兴额（kesingge）十二次管理。克兴额出缺后，以伊灵阿（ilingga）十三次管理。伊灵阿出缺后，以忠福（jungfu）十四次管理。忠福出缺后，以额勒金太（elgintai）十五次管理。

七　雅尔虎地方佟佳氏的世袭佐领

正白旗满洲内还有出身雅尔虎（yarhū）地方的佟佳氏，系马察地方佟佳氏即巴笃礼家族、镶黄旗汉军佟佳地方佟氏同族。[1] 该家族拥有七个勋旧佐领，其中第三参领第三、第五、第七三个佐领是入关前编设的原佐领，

---

① 《八旗满洲氏族通谱》卷19，第255页。

第二、第四、第六、第八四个佐领为康熙年间增设的滋生佐领。

始祖扈喇琥（hūlahū），世居雅尔虎地方。据《满洲实录》，此人"杀兄弟族众，率军民来归"，^① 嘉庆八年《正白旗满洲原勋旧佐领扎拉芬、塔清阿，滋生勋旧佐清德、宝兴四个勋旧佐领承袭根原》记载扈喇琥"杀兄弟族人，带领诸申、伊尔根投顺太祖高皇帝"，^②《清史稿》的说法是扈喇琥"与族人相仇，率所部来归"。^③ 明末女真各部内部矛盾重重，为了争权夺利不惜手足相残，如辉发部拜音达理在争夺贝勒的斗争中杀死七位叔父，此类冲突导致部落衰落或分裂。雅尔虎佟佳氏内讧的结果就是一部分人投靠清太祖。值得注意的是与此前独身来归的额亦都不同，与扈喇琥同时期归顺者还有苏完部索尔果、董鄂部何和理，上述三人投顺时随带了大量壮丁，因此清太祖在他们还没有建立军功之时，便大加封赏。索尔果之子费英东、何和理，扈喇琥之子扈尔汉（hūrhan）受封大臣，后跻身开国五大臣之列。何和理尚太祖长女嫩哲。^④ 清太祖将扈尔汉收为养子，并赐姓觉罗。

扈喇琥生扈尔汉、瑚什他、达汉布禄、雅锡塔、杨武泰、昂古泰、达拜等十子。^⑤ 长子扈尔汉"感太祖抚育恩，誓以戎行效死，每出战辄为前锋"，获得达尔汉虾（darhan hiya）封号，^⑥ 屡次参与招抚东海女真。天命四年在阿布达理岗击破明总兵刘綎部，次年在沈阳之战中克贺世贤部。因战功卓著，累加世职至三等总兵官。^⑦

扈尔汉本人没有管过佐领。扈喇琥带来的人丁最初被编为三个佐领，以其次子瑚什他（hūsita），扈尔汉之子珲塔（hūnta）、准塔（junta）各管理一个。

瑚什他所管佐领为第三参领第三佐领。有关此人的记载不多，根据《满文原档》，他除了管佐领，还在天聪时期担任驻兴京大臣（yenden hoton

---

① 《满洲实录》卷 2，第 72 页。
② 《正白旗满洲共佐领三十员名册》（嘉庆八年），《内阁全宗·清代谱牒档案·满文世袭谱档册》，编号 435。
③ 《清史稿》卷 225《列传十二·扈尔汉》，第 6045 页。
④ 《满洲实录》卷 2，戊子年四月，第 72 页。
⑤ 《八旗满洲氏族通谱》卷 19，第 251 页。
⑥ 《清史列传》卷 4《大臣画一传档正编一·扈尔汉》，第 176 页。
⑦ 《清史列传》卷 4《大臣画一传档正编一·扈尔汉》，第 176 页。

de tehe amban），有组织巡哨、维持地方之责。[1] 瑚什他出缺后，以扈喇琥第三子萨木什哈（samsiha）二次管理。萨木什哈出缺后，以亲弟达尔泰（dartai）三次管理。达尔泰出缺后，以萨木什哈之子罗什（losi）四次管理。罗什缘事革退，以亲叔雅赖（yarai）五次管理。雅赖出缺后，以亲弟杨武泰（yanggūtai）之子傅赫绅（fuhešen）六次管理。傅赫绅年迈开缺，以雅赖之子花色（hūwase）七次管理。花色拣放山海关城守尉，以其子安图（antu）八次管理。安图因办事怠惰革退，以扈尔汉二世孙孔陀（kongto）九次管理。孔陀出缺后，以其子那钦（nacin）十次管理。那钦革退后，以傅赫绅亲兄花克善（hūakšan）之孙查尔布（carbu）十一次管理。查尔布缘事革退，以傅赫绅亲孙佟柱（tungju）十二次管理。佟柱拣放宣化府游击，以花色孙九格（jioge）十三次管理。九格升任浙江副将，以萨木什哈三世孙罗尔博多（lorbodo）十四次管理。罗尔博多拣放甘肃营游击，以亲伯高祖瑚什他三世孙佟斌（tungbin）十五次管理。佟斌拣放贵州游击，以亲叔高祖达尔泰四世孙哈丰阿（hafungga）十六次管理。哈丰阿出缺后，以其子福珠隆阿（fujurungga）十七次管理。

扈尔汉之子珲塔原管佐领为第三参领第五佐领。文献对珲塔的记载不多，《满文原档》显示他承袭副将，因在打猎时违抗君命，降为备御。[2] 珲塔出缺，其弟阿拉密（alami）二次管理。阿拉密年迈告退，以其子殷达（yenda）三次管理。殷达缘事革退，以亲叔之子禅布（cambu）四次管理。禅布年迈告退，复以殷达五次管理。殷达出缺后，以关保（guwamboo）六次管理。佐领档案记载关保为殷达亲弟，但《钦定八旗通志》以其为殷达之子。[3] 关保拣放盛京户部侍郎，以伯祖之孙亨泰（hengtai）七次管理。亨泰出缺后，以叔祖之孙柏熊（baihiong）八次管理。柏熊出缺后，以其子玉柱（ioiju）九次管理。玉柱革职后，以亲叔西灵阿（silingga）十次管理。西灵阿出缺后，以其子安福（anfu）十一次管理。安福出缺后，以其子塔清阿（tacingga）十二次管理佐领。

扈尔汉之子准塔所管佐领为第三参领第七佐领。准塔是扈喇琥诸孙中

---

① 《满文原档》第10册，崇德元年十二月初二日，第699页。
② 《满文原档》第4册，天命十年七月初七日，第297页。
③ 《钦定八旗通志》卷6《旗分志六》，第109页。

功绩最显著者。此人早年在锦州之战中崭露头角。崇德二年与鳌拜冒矢石，乘舟冲锋，攻克皮岛，获巴图鲁称号。次年出任蒙古都统。入关后，先后参与对大顺、南明、大西的战争，击斩明新昌王。[1] 准塔绝嗣，佐领由其亲弟丹布（dambu）二次管理。丹布出缺后，以珲塔之子色勒（sele）三次管理。色勒出缺后，以其子巴尔布（barbu）四次管理。巴尔布升任西安副都统，以其子巴泰（batai）五次管理。巴泰出缺后，以其子达冲阿（dacungga）六次管理。达冲阿革退出缺，以亲叔福善（fušan）七次管理。福善出缺后，以亲孙六十三（liošisan）八次管理。六十三出缺后，以亲叔扎拉芬（jalafun）九次管理。

根据勋旧佐领的承袭规则，原立佐领人子孙皆有分额，而管过佐领之其余支派无分。以上三个勋旧佐领的原立佐领人为扈尔汉，所以其子孙原则上都可以继承佐领，但实际上勋旧佐领承袭范围各异。截至嘉庆八年，瑚什他佐领由扈尔汉之子阿尔赛及其亲弟萨木什哈、达尔泰、雅赖、杨武泰几房承袭，珲塔、准塔两房从未管过。珲塔佐领由珲塔和阿拉密两房管理。准塔佐领因为原立佐领人绝嗣，遂由亲弟丹布、珲塔两房管理。综合来看，瑚什他佐领的承袭范围最大，但排除了同时拥有佐领的珲塔、准塔两房，显然有维持公平的考虑。珲塔、准塔佐领的承袭范围窄，而不及于承袭瑚什他佐领的支派。有关该家族佐领承袭规则制定的情况见上文。

第三节　扈伦女真世袭佐领

一　乌喇那拉氏世袭佐领

那拉氏为满洲著姓。《钦定八旗通志》列出该姓共三十九派，主要来自叶赫、哈达、乌喇、辉发、尼马察、萨尔浒、科尔沁、苏完等地。[2] 乌喇地方那拉氏的始祖为纳奇布禄，其部落在万汗、布彦统治时期逐渐强大。布彦之孙满太成为贝勒，与清太祖构兵，此后布占泰借清太祖的帮助成为乌喇贝勒，但他在叶赫、后金之间首鼠两端，且与清太祖争夺对东海女真的控制权，终于万历四十一年被灭。布占泰出逃，客死叶赫。乌喇是扈伦

---

[1] 《钦定八旗通志》卷157《人物志三十七·准塔》，第2676—2677页。
[2] 《钦定八旗通志》卷55《氏族志二》，第1034页。

145

大国，人口众多，亡国后人丁皆归清太祖所有，《满洲实录》记载"所属城邑皆归附……乌喇兵败后有觅妻子投来者，尽还其眷属约万家，其余人畜散与众军"，① 因此八旗满洲内部有很多以乌喇人丁组成的佐领。最显赫的乌喇贵族满泰、布占泰两支派都被编入正白旗。其中满泰之子阿卜泰，布占泰之子懋墨尔根、阿拉木三人各管一个世管佐领。

1. 阿卜泰支派的世管佐领

阿卜泰为乌喇贝勒满泰第三子。满泰数次与清太祖构兵，后奸淫属民妇女被杀。其弟布占泰上位，阿卜泰逃亡。《满文原档》记载其投顺经过："阿卜泰系乌喇国满泰汗之子。满泰汗淫乱，国人弒之。其弟布占泰继位，阿卜泰逃去叶赫。（太祖）破叶赫，将阿卜泰掳来，任为大臣恩养之。"② 阿卜泰尚公主，被尊称为舅舅（nakcu），先后被封为副将 ③、三等总兵官 ④。满泰之女阿巴亥嫁清太祖为妃，此女后被尊称为乌喇妈妈（ula i mama）。孝慈高皇后叶赫那拉氏去世后，阿巴亥成为大妃，生阿济格、多尔衮、多铎三兄弟。清太祖驾崩，大妃被迫殉葬。或许因大妃之故，清太宗对阿卜泰心存不满，不但不加重用，甚至"恶舅舅阿卜泰，禁诸王与其联姻"。⑤ 所以相比其他扈伦贵族子弟，阿卜泰的仕途并不顺利，名下的佐领也未能列入专管。

阿卜泰投顺后获得一个佐领，即正白旗满洲第四参领第十佐领。乾隆二年佐领永德呈报根原如下：

> 癸丑年破乌喇，初编乌喇佐领，太祖高皇帝册封职高祖乌喇贝勒满泰之女为福晋，所编佐领以佐领下人伊尔登管理。己未年破叶赫，曾祖阿卜泰自叶赫来投，令其管佐领。太宗文皇帝时，阿卜泰获罪革职，撤出佐领，令睿亲王尚膳（budai da）胡世纳管理。⑥

---

① 《满洲实录》卷3，辛亥年十二月，第262页。
② 《满文原档》第3册，天命八年正月初三日，第168页。
③ 《满文原档》第2册，天命七年二月初四日，第414页。
④ 《满文原档》第3册，天命八年正月二十七日，第191页。
⑤ 《满文原档》第6册，天聪二年六月初一日，第260页。
⑥ 《正白旗满洲佐领共二十二员承袭原由册》（嘉庆八年），《内阁全宗·清代谱牒档案·满文世袭谱档册》，编号407。

由此可知原佐领最初赏给满泰之女阿巴亥，因女性无法管理佐领，乃以佐领下人伊尔登管理。阿卜泰从叶赫投诚后接管佐领。有关撤出佐领一事，《实录》记载："初，国舅额驸阿布泰原在内大臣列，令出入大内。及值国家有丧，不入内廷，私从和硕豫亲王多铎游。诸王、贝勒、贝子、固山额真、议政大臣等，以阿布泰负主恩、无人臣礼，议夺牛录，除国舅额驸名为民，其优免壮丁百名仍充公役。"① 虽然此事发生在崇德八年八月，但当时清太宗已经驾崩，做出处罚决定的无疑是当时准备与多尔衮兄弟争夺权力的两黄旗大臣。

阿卜泰的佐领被没收，由多尔衮属官胡世纳（hūsina）二次管理。胡世纳出缺后，其兄之子瑚尔班（hūrban）三次管理。瑚尔班革退后，以胡世纳孙穆图（mutu）四次管理。康熙四十年，阿卜泰之孙巴哈塔（bahata）叩请清圣祖将佐领给还，此时距多尔衮去世已经五十年，所请得到恩准。此后巴哈塔拣放南海子六馆总领，因差事紧要，奏准将佐领交其子那明住（namingju）六次管理。那明住缘事革退，其弟那钦宝（nacimboo）之子永福（yongfu）七次管理。永福出缺后，以永德（yongde）八次管理。

乾隆二年查办佐领根原时，永德提出"佐领给高祖乌喇酋长满泰之女管理，拣放时，乌喇酋长满泰子孙有分，其余族人无份"，该佐领是世管佐领。都统弘盛核对档案后奏准该佐领只以满泰子孙承袭。② 办理佐领给分事务王大臣鉴于该佐领虽经异姓管过，但实系阿卜泰名下的世管佐领，且未经兄弟伯叔支派管理，应按照镶黄旗满洲托伦岱、莫伦岱佐领例分配分额，阿卜泰后人一体有分。乾隆三十年后，遵照《六条例》的"嫡派条"承袭。

永德出缺后，其子兴泰（hingtai）九次管理。兴泰病故出缺，以族孙、伯高祖六世孙恩特和穆（entehemu）十次管理。恩特和穆升任副将，以叔高祖老迈（loomai）之孙兴保（hingboo）十一次管理。兴保出缺后，以亲伯祖噶尔干（gargan）四世孙博清（becing）十二次管理。因其父获罪，博清革职发遣乌鲁木齐，以阿卜泰五世孙林泰（lintai）十三次管理。林泰残

① 《清世祖实录》卷1，崇德八年八月乙亥，第29—30页。
② 《正白旗满洲佐领共二十二员承袭原由册》（嘉庆八年），《内阁全宗·清代谱牒档案·满文世袭谱档册》，编号407。

废出缺，以其子布占（bujan）十四次管理。①

2. 懋墨尔根支派的世管佐领

第五参领第五、第六佐领是懋墨尔根支派的世管佐领。第五佐领为原佐领，第六佐领为康熙八年的滋生佐领。原立佐领人懋墨尔根是布占泰与太祖庶妃嘉穆瑚觉罗之女所生第六子。佐领根原记载编佐领始末：

> 职高祖懋墨尔根系乌喇贝勒布占泰之子，乌喇地方人，姓那拉氏，公主所生。公主之子懋墨尔根来投，编为半个佐领，以其年幼，以亲兄布彦图代理，长成后给还。又妻以多罗格格。后懋墨尔根效力，将虎尔哈人丁增入，编为整个佐领。②

《满文原档》记载天聪六年正月，懋墨尔根与其兄布颜图、苏纳额驸、鳌拜、何济格尔等八人因在大凌河城之战中表现突出，"原系无官职白身，今授予备御"。③ 此外，布颜图"前因懋墨尔根年幼，令人代任备御。懋墨尔根成年，牛录给还，以懋墨尔根为备御。布颜图军前卓异，另为备御"。④ 这段记载与佐领根原吻合，且展示了此时备御和牛录额真的异同。懋墨尔根佐领增入虎尔哈人丁一事不见于史料。据佐领根原，该佐领内共十三个穆昆，除杨佳氏因档案污损原籍无考，洪佳氏、哲尔德氏、索其拉氏、扎库塔氏出自乌喇，应系懋墨尔根家族旧有属民。苏完瓜尔佳三个穆昆、讷殷地方富察氏、叶赫的伊尔根觉罗氏、瓦尔喀的乌苏氏都是入关前陆续编入的。康熙三十八年又增加了来自吉林的吴占齐氏、温察喇氏两个锡伯穆昆。此外，佐领根原没有提到天聪八年、九年，懋墨尔根获得专管佐领。

顺治八年正月，议阿济格大逆罪，懋墨尔根因"每遇出兵辄称疾不行，今豫王乱谋，率兵前往"，被处决抄家。⑤ 虽然懋墨尔根获罪，但佐领仍

---

① 《正白旗满洲双贵佐领下佐领双贵承袭家谱》（嘉庆八年），《内阁全宗·清代谱牒档案·满文世袭谱档册》，编号405。
② 《正白旗满洲共佐领三十员名册》（嘉庆八年），《内阁全宗·清代谱牒档案·满文世袭谱档册》，编号435。
③ 《满文原档》第8册，天聪六年正月十七日，第69页。
④ 《满文原档》第8册，天聪六年正月十七日，第72页。
⑤ 《清世祖实录》卷52，顺治八年正月甲寅，第406页。

由其弟、布占泰第八子噶都珲（gaduhūn）二次管理。噶都珲病故出缺，其子拉都珲（laduhūn）三次管理。拉都珲外任协领，以其子拉祜他（lahūta）四次管理。拉祜他革退后，以懋墨尔根之孙爱仲（aijung）五次管理。爱仲残废出缺，以其孙喜禄（hilu）六次管理。

雍正九年，内阁核查佐领根原时就懋墨尔根名下佐领性质奏准："《实录》内虽有懋墨尔根专管一个佐领字样，户部档册载革去懋墨尔根专管，改为内牛录，且《实录》、无圈点档并无带人丁挖参字样，作为世管佐领可也。"① 从此，该佐领按照世管佐领规则承袭。

乾隆二年查办佐领根原时，佐领喜禄呈报的佐领根原以懋墨尔根为第一任佐领。但佐领下笔帖式麒麟保（cilimboo）提出异议，称其始祖札奈（janai）于清太祖时投顺，初管佐领，出缺后以布彦图代理，之后方以懋墨尔根管理。佐领喜禄提出相反意见："职高祖懋墨尔根初次管理者为半个佐领，后效力编为整个佐领。伊等（麒麟保）所呈札奈初管佐领，后以布彦图代理，再由懋墨尔根管理之处，与懋墨尔根管理半个佐领之根原不符。懋墨尔根并未接续札奈管佐领，且雍正九年内阁查取佐领根原时，两造递交呈文，核查部档，行文内阁方作为世管佐领。"② 因为涉及佐领根原问题，都统弘盛等核查档案。因为没有找到支持麒麟保主张的依据，故仍以懋墨尔根初管佐领作为根原。

这样该佐领由懋墨尔根和亲弟噶达珲管过，参照镶黄旗满洲鄂欣、图撒图佐领，以两人子孙共同继承。至于布占泰的其余子孙，因未管过佐领，所以不得继承。乾隆三十年颁布《六条例》，该佐领适用"轮管条"。

此后，喜禄缘事革退，以亲叔参领和尔辉（horhoi）七次管理。《钦定八旗通志》记载喜禄升任，和尔辉为其伯。③ 和尔辉病故出缺，以亲孙乌尔衮泰八次管理。《钦定八旗通志》记此人名乌尔公阿。④

---

① 《正白旗满洲共佐领三十员名册》（嘉庆八年），《内阁全宗·清代谱牒档案·满文世袭谱档册》，编号435。
② 《正白旗满洲共佐领三十员名册》（嘉庆八年），《内阁全宗·清代谱牒档案·满文世袭谱档册》，编号435。
③ 《钦定八旗通志》卷7《旗分志七》，第121页。
④ 《钦定八旗通志》卷7《旗分志七》，第121页。

3. 阿拉木支派的世管佐领

阿拉木为布占泰第六子，因系公主所生，颇受清太祖眷顾："太祖念系乌喇国后裔，授巴颜副将职，编佐领，令其专管。以郡主妻茂墨尔根，编佐领，令其专管。授布颜图骑都尉，兼一云骑尉。"① 阿拉木所管佐领为第五参领第十四佐领。佐领根原记载：

> 布占泰子阿拉木，那拉氏，投顺太祖高皇帝。太祖以乌喇地方尚有满洲人丁，谕职祖阿拉木前往招抚。因带来满洲七十余名，编为半个佐领，令阿拉木管理。阿拉木攻打锦州、松山时，伤核桃骨，第三日殁。②

有关阿拉木的记载不多。据《满文原档》，天命十年六月，阿拉木与阿拜阿哥、巴布泰阿哥等率兵千名，东征瓦尔喀。数月后回兵，虏获一千余人。③

阿拉木去世后，佐领由其亲兄、布占泰长子达尔汉（darhan）二次管理。达尔汉因病革退，以其子白尔特恩（berten）三次管理。白尔特恩病故出缺，以亲弟郭立（g'uli）四次管理。郭立病故出缺，以达拉穆之孙、图尔塞（tursai）之子骑都尉佛保五次管理。康熙二十三年，该佐领人丁滋生，扩编为整个佐领。佛保升任吉林乌喇协领，以其子福泰（futai）六次管理。《钦定八旗通志》、道光十三年《正白旗满洲札勒甘布佐领下世管佐领承袭敕书册》以福泰为佛保之子，但谱档后面附的家谱显示福泰为达尔汉之孙哈拉萨之子，《八旗满洲氏族通谱》记福泰是达尔汉曾孙，与家谱比较接近，故笔者将此人作为达尔汉后人。④ 福泰病故，亲弟永柱（yongju）七次管理。永柱病故，亲弟寿信（šeosiyen）八次管理。寿信驻防景陵，以堂弟、阿拉木二世孙常春（cangcun）九次管理。《钦定八旗通志》记常春为阿拉

---

① 《八旗满洲氏族通谱》卷23，第295页。
② 《正白旗满洲共佐领三十员名册》（嘉庆八年），《内阁全宗·清代谱牒档案·满文世袭谱档册》，编号435。
③ 《满文原档》第4册，天命十年六月初六日，第290页。
④ 《钦定八旗通志》卷7《旗分志七》，第124页；《正白旗满洲札勒甘布佐领下世管佐领承袭敕书册》（道光十三年），《内阁全宗·清代谱牒档案·满文世袭谱档册》，编号393；《八旗满洲氏族通谱》卷23，第295页。

木四世孙。①

　　常春任佐领时呈报佐领根原，根据佐领承袭家谱，布占泰生达尔汉、达拉穆、阿拉木三子。阿拉木是原立佐领人，但此后佐领一直由达尔汉、达拉穆两支派管理，至第九任常春，按照世管佐领承袭规则，原立佐领人和管过佐领之人子孙都有分额。根据《八旗满洲氏族通谱》，阿拉木后代有桑阿布（sanggabu）、沙珲（šahūn）、穆楚（mucu）、博尔屯（bertun），但这些人子孙没有管过佐领，自然无承袭资格。②该佐领应参照鄂欣、图撒图佐领分配承袭分额，由多支派承袭。乾隆三十年《六条例》出台后，该佐领适用"轮管条"。

　　常春出缺，以达尔汉之孙哈拉萨（harsa）十次管理。哈拉萨出缺后，以堂侄白尔特恩之孙百里（beri）十一次管理。百里出缺后，其子奇车布（kicebu）十二次管理。奇车布病故出缺，以阿拉木四世孙盛保（šengboo）十三次管理。此后三任佐领景文（gingwen）、色拉布（selabu）、札勒甘布（jalgambu）皆出自盛保一房。

二　叶赫那拉氏的世袭佐领

　　叶赫部始祖星根达尔汉为土默特蒙古，"灭呼伦国内纳喇姓部，后移居叶赫河，故名叶赫"。③后裔清佳努、扬吉努征服诸部，自称贝勒，势力渐冠扈伦四部之首。天命四年，清太祖灭叶赫，将其部民编入佐领，仍以叶赫部酋长家族统领。正白旗满洲拥有世袭佐领的阿什达尔汉、苏纳、刚阿达为叶赫末代首领金台什亲族。

1. 阿什达尔汉家族的优异世管佐领

　　正白旗满洲第二参领第一、第四、第五三个佐领是阿什达尔汉家族的优异世管佐领。其中第四佐领是天聪九年编设的原佐领，以阿什达尔汉初管，第一佐领是康熙二年编设的初次滋生佐领，第五佐领是康熙二十二年由第一、第四两个佐领分编的二次滋生佐领。

---

① 《钦定八旗通志》卷7《旗分志七》，第124页。
② 《正白旗满洲札勒甘布佐领下世管佐领承袭敕书册》（道光十三年），《内阁全宗·清代谱牒档案·满文世袭谱档册》，编号393。
③ 《满洲实录》卷1，第24页。

原立佐领人阿什达尔汉系金台什从弟，因清太宗生母孝慈高皇后是叶赫贝勒金台什之妹，所以从太宗朝开始，阿什达尔汉被尊称为"舅舅阿什达尔汉"（nakcu asidargan）。天命五年，叶赫灭亡，阿什达尔汉投降后金。六年，后金军进攻奉集堡，阿什达尔汉表现英勇，"诸将无出其先者"。攻克辽阳，复有先登之功。八年，任都堂。太宗时期，除了参与征战，阿什达尔汉还出使朝鲜，多次前往蒙古各部颁布法令、编设佐领、划定牧地、审理案件。崇德元年六月，任都察院承政。①

乾隆二年佐领纳汉泰呈报根原如下：

> 舅舅阿什达尔汉，原系叶赫地方人，那拉氏。太祖高皇帝时投顺，初编一个佐领令其管理。免功臣人丁、分别专管佐领时，舅舅阿什达尔汉专管一个佐领。②

此处没有提到编佐领的时间。据《钦定八旗通志》，"天聪九年以叶赫地方人丁编立。始以承政兼三等阿思哈尼哈番舅舅阿锡达尔汉管理"。③ 但根据《清太宗实录》，天聪八年十二月，阿什达尔汉获得专管佐领权，所以天聪九年编佐领之说肯定是错的。至于阿什达尔汉佐领编于何年，《八旗满洲氏族通谱》谓："国初率同里来归，编佐领，使统之。攻辽东城，先登有功，复以任事有能，不违指使，授一等轻车都尉。"④ 因辽阳之战发生在天命六年，如果所记不错，阿什达尔汉应该是投降后即获得佐领。此外，佐领下有十八个家族，除了由镶黄旗编入的一个家族以及康熙三十七年编入的一个锡伯家族，全部是从叶赫随阿什达尔汉家族投顺的属民。从佐领下人丁的情况推测，该佐领应当是叶赫灭亡后不久编设的，不会晚至天聪时期。

天聪八年十二月，清太宗第一次设立专管佐领，阿什达尔汉并未入选。次年正月，免功臣人丁、分定专管佐领时，方获得一个专管佐领，《清太宗

---

① 《钦定八旗通志》卷156《人物志三十六·阿什达尔汉》，第2660页。
② 《正白旗满洲世管佐领戴伦承袭敕书册》（同治二年），《内阁全宗·清代谱牒档案·满文世袭谱档册》，编号378。
③ 《钦定八旗通志》卷6《旗分志六》，第102页。
④ 《八旗满洲氏族通谱》卷22，第282页。

实录》记"星鼐、察木布、喇玛、扈什布、阿什达尔汉、准塔、阿喇密，此七牛录未定，或令专管，或为内牛录，命仍旧暂留之"，① 由此可知当时阿什达尔汉只有暂时专管之权，至于后来如何正式授予此项特权，则无从考察。

阿什达尔汉病故出缺，以其子太子太保兼一等轻车都尉西达理（sidari）二次管理。西达理出缺后，以其子一等侍卫兼一等轻车都尉吴尔巴（ulba）三次管理。因同族苏克萨哈被鳌拜处决，吴尔巴的佐领被没收，由异姓都统玛哈达（mahada）四次管理。康熙八年，清圣祖将鳌拜治罪，并为苏克萨哈平反，以吴尔巴之子二等侍卫篇图（piyantu）五次管理。篇图残废告退，以其子二等侍卫兼一等轻车都尉纳起泰（nakitai）六次管理。纳起泰缘事革退，以其弟三等侍卫纳汉泰（nahantai）七次管理。

康熙二年，篇图佐领人丁溢额，分出一个滋生佐领，阿什达尔汉三代单传，篇图尚未生子，故以异姓前锋参领硕岱（šodai）暂管，硕岱缘事革退，篇图仍无子，以阿什达尔汉弟额森之孙德尔德（deldei）管理。康熙二十二年，篇图、德尔德两个佐领分编二次滋生佐领，篇图无子，以德尔德之子多奇纳（dokina）管理。

雍正九年，内阁审定勋旧、世管佐领，因阿什达尔汉管理佐领时被暂定为专管，但无挖参特权，遂将其确定为优异世管佐领。

乾隆二年，三个佐领呈报根原，因原佐领自编设之初即属于阿什达尔汉，后虽受苏克萨哈株连给异姓管理，但最终仍然给还原家族。两个滋生佐领因阿什达尔汉子孙暂无合适人选，方以异姓管理一次。所以三个佐领无疑都属于阿什达尔汉一房。那颜泰等又据此提出承袭分额分配方案，"相应拣放时，初管佐领之阿什达尔汉子孙有分，其余支派悉无分。因本房无人，是以滋生佐领以本族叔祖德尔德之孙西拉哈现管，但出缺后伊等无分是实"，并呈递记载阿什达尔汉之父雅巴兰以下十子的家谱。

管理滋生佐领的德尔德曾孙西拉哈提出，雅巴兰有十二子，而非十子。那翰太等人故意删去雅巴兰十一子阿达尔汉（adarhan）、十二子那士（naši）以及巴当阿之子浑塔哩（hūntari）。因事关佐领根原，都统和亲王弘昼要求那颜泰等做出解释。后者拒绝承认在家谱中作弊，表示其保存的旧家谱中雅巴兰仅有十子，没有上述三人。两方各执一词，都统弘昼集合部分族人询问究竟。巴当阿之孙七格等证明阿达尔汉和那士是雅巴兰之子，浑塔哩是巴当阿四子。有了众多族人作证，都统弘昼认定应将以上三人归入家谱。至此，虽不能证明那颜泰等造假，但其呈递家谱中的错误得到了纠正。

西拉哈提到的第二个问题是管过滋生佐领的德尔德一房是否有承袭权。初次滋生佐领自德尔德以下已经由该房承袭五次。二次滋生佐领由德尔德之子多奇纳初管，后来虽转给阿什达尔汉后人，但西拉哈一房也有继承权。都统弘昼据此认为，原佐领和二次滋生佐领可以按照那颜泰的建议由阿什达尔汉子孙继承。但初次滋生佐领已经由德尔德一房管理多次，就此剥夺承袭权似有不妥，因此奏请由八旗大臣裁定。乾隆三年七月十四日，八旗大臣经过讨论后奏准：原佐领既然一直以阿什达尔汉子孙管理，所以"仅以原立佐领之阿什达尔汉子孙内分别拣选引见外，其余支派俱不给分"。初次滋生佐领以阿什达尔汉、德尔德子孙一并分别引见奏请拣放。至于二次滋生佐领，则"原立佐领之阿什达尔汉子孙给予正分，管过佐领之多奇纳子孙仅给备分"。

以上两个问题暂时得到解决，那颜泰的叔父七格又对初管佐领者为何人提出疑问。按照那颜泰的说法，佐领编设之后即由阿什达尔汉管理，无疑其子孙有承袭权。然而七格等提出阿什达尔汉之兄巴当阿才是初管佐领之人："职曾祖巴当阿自叶赫投顺时，带来满洲三百名，初编佐领即以曾祖巴当阿管理。巴当阿年老，其子尚幼，遂呈请大人奏准以亲弟阿什达尔汉管理。"七格进而指控那颜泰等隐瞒佐领根原，妄图独占佐领。

因事关重大，都统弘昼翻阅历年拣放佐领奏档，发现支持七格说法的证据。康熙三十三年佐领篇图出缺，其子纳起泰等带领引见。时任都统阿什坦奏称："叶赫人丁编设佐领，以福保曾祖巴当阿管理。巴当阿因病革退，以亲弟阿什达尔汉管理。"虽然有档案为证，但都统弘昼认为更早的拣放档案已经无法找到，且《清太宗实录》记载阿什达尔汉专管佐领，雍正九年又定为优异世管佐领，这样一来，都统阿什坦口奏的佐领根原"不便作为凭据办理，七格等所呈高祖巴当阿初管佐领之处应毋庸议"。至此有关争议

154

暂告一段落。

　　乾隆八年，佐领西拉哈又申请核查佐领根原。都统怡亲王弘晓咨行吏、户、兵三部，派副参领穆彦等带领巴当阿、阿什达尔汉、额森等子孙查看自太祖朝至康熙三年的部档，发现吏部所存无年月无圈点档册内有"巴当阿病重，呈请郑亲王，由墨尔根侍卫启心郎索尼奏请圣上，将佐领给伊弟阿什达尔汉管理"字样。那颜泰等提出此前多次查阅档案都没有发现该记载，况且"此次西拉哈等查抄礼部档册，所见者并非记于档册之内，乃档册后空页粘贴纸张一片所写。且纸色与档册不同"，暗示西拉哈有作弊嫌疑，因而要求核对《实录》、无圈点档。都统弘晓认为，雍正九年内阁已经认定阿什达尔汉佐领为暂时专管，乾隆二年那颜泰等呈报的佐领根原也证明其为原立佐领人，而西拉哈提供的档案又有伪造之嫌，故奏请维持原议。清高宗饬令办理佐领根原王大臣议奏。

　　九月初六日，查办佐领根原王大臣奏称，那颜泰、西拉哈两造互控，无法判断是否有人伪造档案，于是令都统弘晓传齐两造及参与查阅档案之人，查明档案真伪。其中副参领穆彦供称，随同雅尔纳等查档时，后者于《呈缴姓氏档》中找出半片朽烂纸张，记载巴当阿因病将佐领给阿什达尔汉管理之事，随即呈交档房官，但仅抄出巴当阿之名，未抄阿什达尔汉之名。后带领阿什达尔汉之孙那敏、那林等再赴部查档方得抄全。而西拉哈等供称："欲抄出时，部员称来文既无阿什达尔汉之名，暂不得抄录，俟来文后再抄。相应职等仅抄巴当阿管过佐领之处。因告档房官等，若仍将查出档册与其余档册杂放一处，恐再来抄录时难以寻找，遂将找出之烂纸粘于档册之上。后该旗再行文吏部，穆彦、岳喜等将阿什达尔汉之孙那敏、那林、西拉哈等画押文书呈送该部，方得抄全是实。该朽烂档册纸张陈旧，字迹年久，又杂记多人事件。真伪可以立辨。"若所述属实，则半张烂纸与档册纸质不同是因为西拉哈等为图方便，将两份不同时期的档案粘在一起。至此，档案的真伪已经不是问题。

　　此后，弘晓特意带领两造检阅《清太宗实录》，因有暂令阿什达尔汉专管佐领的记载，故提出该佐领既然于阿什达尔汉在任时期被定为专管，就应该以此人为根原。此建议得到办理佐领根原王大臣的认可。但办理佐领给分事务王大臣认为不妥，称"吏部无年月朽烂档册有巴当阿因病以弟阿什达尔汉管佐领之处，今又不将巴当阿作为佐领根原办理，删去伊管过佐领之处后，交本处办理给分，佐领根原与管佐领原由不合”，要求先将巴当阿计入佐领根原。弘晓意识到，巴当阿初管佐领是事实，其子孙应有承袭权；然而该佐领被认定为专管是从阿什达尔汉开始的，若将这一房排除，则所谓优异世管佐领名不副实，因此提议应该将两人一并作为根原：“该佐领先由巴当阿管理，至阿什达尔汉作为专管。臣等请将巴当阿因病将佐领以弟阿什达尔汉管理、阿什达尔汉管佐领时暂令专管作为根原。”承袭分额的分配则依据佐领根原确定该佐领是兄弟同编的优异世管佐领：

> 现既将巴当阿、阿什达尔汉二人作为根原办理，臣等据此根原，那翰太佐领所管原佐领拣放时，巴当阿、阿什达尔汉子孙分额相同。那颜泰、西拉哈所管两个滋生佐领，虽未经巴当阿子孙管过，但每次拣放滋生佐领时，皆将巴当阿子孙列入引见，且巴当阿管佐领在阿什达尔汉之先，阿什达尔汉玄孙那颜泰佐领二次滋生佐领出缺，以出缺人子孙拟正，先管佐领之巴当阿子孙拟陪，管过佐领之巴当阿、阿什达尔汉亲弟额森二世孙玄孙多奇纳子孙列名。巴当阿、阿什达尔汉亲弟额森之孙德尔德曾孙西拉哈所管初次滋生佐领出缺，以专管佐领之阿什达尔汉子孙拟正，先管佐领之巴当阿子孙拟陪，管过佐领之德尔德子孙列名。该两个滋生佐领虽由巴当阿子孙管过，永不得拟正，俱照此办理。[①]

此次确定的佐领根原清楚，承袭方案公平，因此得到清高宗认可。之后的佐领承袭档案皆以二人为共同根原。如光绪十一年的档案即在开篇写明：“优异世管佐领常续伯高祖巴当阿因病将佐领交亲弟阿什达尔汉管理，《实录》记免功臣人丁，令专管佐领，阿什达尔汉等七个佐领暂令专管。”[②]基于二人皆为佐领根原，原佐领分额以两房子孙均分。两个滋生佐领以阿什达尔汉子孙拟正，巴当阿子孙拟陪，额森子孙列名。至此，有关该家族

---

① 《正白旗满洲世管佐领戴伦承袭敕书册》（同治二年），《内阁全宗·清代谱牒档案·满文世袭谱档册》，编号378。

② 《正白旗满洲世管佐领常续根原册》（光绪十一年），《内阁全宗·清代谱牒档案·满文世袭谱档册》，编号347。

三个佐领的根原和承袭的争议终于尘埃落定。

根据光绪十一年《正白旗满洲世管佐领常续根原册》，纳汉泰出缺，以其子纳贤（nahiyan）八次管理。纳贤出缺，以其孙那拉春（naracun）九次管理。①

虽然原佐领被确定由巴当阿、阿什达尔汉两房子孙共同承袭，但截至光绪十一年，该佐领一直由篇图之子纳汉泰后裔继承，巴当阿子孙名义上有继承权，但始终没有管过佐领。两个滋生佐领由巴当阿、阿什达尔汉、额森三房共同承袭。从家谱的记载看，自从确定了承袭方案，原佐领一直由阿什达尔汉后人继承，两个滋生佐领最初由额森后人管理，但此后初次滋生佐领主要由额森子孙承袭，二次滋生佐领转至巴当阿一房。②

2. 苏纳家族的世管佐领

正白旗满洲第二参领第二、第三佐领是苏纳家族的世管佐领，其中第二佐领是入关前编设的原佐领，原立佐领人为苏纳。第三佐领是康熙五年分编的滋生佐领。佐领承袭档案记载编佐领的情况如下：

> 苏纳额驸自叶赫投顺，尚太祖高皇帝女，将陪嫁之满洲壮丁编为半个佐领，以苏纳额驸管理。天聪八年十二月，因额驸苏纳打仗好，将虎尔哈壮丁增入，编为整个佐领，令其专管。后勾抹，专管五十壮丁。现在滋生为两个佐领。③

据《八旗满洲氏族通谱》，苏纳是金台什同族。承袭档案没有提到苏纳投顺时间，《清史列传》记此人投顺在叶赫亡国之前。④ 投顺后尚清太祖庶妃嘉穆瑚觉罗之女，因而成为额驸，在清代文献中此人遂有苏纳额驸（suna

---

① 《正白旗满洲世管佐领常续根原册》（光绪十一年），《内阁全宗·清代谱牒档案·满文世袭谱档册》，编号347。
② 《正白旗满洲世管佐领常续根原册》（光绪十一年），《内阁全宗·清代谱牒档案·满文世袭谱档册》，编号347。
③ 《正白旗满洲共佐领三十员名册》（嘉庆八年），《内阁全宗·清代谱牒档案·满文世袭谱档册》，编号435。
④ 《钦定八旗通志》卷156《人物志三十六·苏纳》，第2658—2659页。

efu）之称。① 此外，苏纳获得了半个佐领的陪嫁人丁（dahabuha）。

根据佐领档案，该佐领下有苏纳从叶赫收聚来的部落家族四个、跟随巴达那投顺的同族家族两个，以及陪嫁三族、虎尔哈家族五个、阿什达尔汉同族一个、康熙十四年编入的察哈尔家族一个、锡伯家族两个。此与佐领根原记载的佐领扩编过程基本吻合。

苏纳出身叶赫酋长家族，但勤于王事，多次立功，虽有屠戮俘虏、隐匿人丁之罪，但颇受清太祖、太宗器重。或因相比其他女真大臣，叶赫部酋长与蒙古更为亲近，苏纳多次从征统领的都是蒙古兵，② 天聪五年设立六部，出任兵部蒙古参政，后领镶白旗蒙古。③ 天聪八年分定专管佐领，"原系半个牛录，因战功增给虎尔哈人，编为全牛录，令其专管"。④ 次年"免功臣徭役，命专管各牛录"，苏纳的整个佐领又被定为专管。⑤ 佐领根原提到后来专管佐领一节被勾抹，说明专管权被取消，此事不见于其他史料，原因、时间不明。笔者推测，此与苏纳之子苏克萨哈在鳌拜专权时获罪有关。

苏纳去世后，佐领由其子苏克萨哈（suksaha）二次管理。因苏克萨哈出任辅政大臣，佐领交长子绥赫（suihe）三次管理。苏克萨哈与鳌拜不睦，遭到打击，佐领被没收，由异姓前锋统领硕岱（šodai）四次管理。平反后，佐领给还，由苏克萨哈第七子苏永祖（suyungdzu）五次管理。苏永祖出缺，以萨楚库（sacukū）六次管理。苏永祖出缺原因，《钦定八旗通志》记为"缘事革退"，⑥ 但佐领档案记为"调转归化城副都统"。萨楚库因病革退，以苏永祖之子苏尔鼐（surnai）七次管理。苏尔鼐驻防泰陵，以亲弟阿柱（aju）八次管理。

乾隆二年，阿柱呈报佐领根原。正白旗满洲都统弘盛在核查佐领根原时发现，雍正九年内阁根据《清太宗实录》认定苏纳佐领为勋旧佐领，《实录》中也有苏纳专管佐领的记载，但"吏部、户部档册将'苏纳额驸专管

---

① 《清史稿》卷214《列传一·后妃》，第5852页。
② 《清太宗实录》卷3，天聪元年五月丙戌，第48页；卷5，天聪三年二月庚子，第69页。
③ 《清太宗实录》卷9，天聪五年七月庚辰，第124页；卷22，天聪九年二月丁亥，第292页。
④ 《清太宗实录》卷21，天聪八年十二月丙申，第281—282页。
⑤ 《清太宗实录》卷22，天聪九年正月癸酉，第288—289页。
⑥ 《钦定八旗通志》卷6《旗分志六》，第103页。

一个佐领'字样圈去"，说明其专管权已经被取消了。而且《实录》和无圈点档内并没有苏纳带领诸申、挖参情节，因此奏准改为世管佐领。

根据家谱，阿尔布（arbu）生巴三（basan）、拜珠瑚（baijuhū）、拜思瑚（baishū）兄弟。巴三生苏纳。拜珠瑚生巴达那，拜思瑚生喀恺。原佐领除了第四任硕岱为异姓、第六任为拜思瑚曾孙萨楚库外，皆为苏纳子孙。因系世管佐领，且由阿尔布两支后人管过，所以该佐领参照镶黄旗满洲鄂欣、图撒图佐领例给分，原立佐领人苏纳嫡派子孙和管过佐领的拜思瑚曾孙萨楚库子孙都有继承权。乾隆三十年后，该佐领适用《六条例》的"轮管条"。①

然而乾隆六年，佐领阿柱和拜珠瑚二世孙二格（elge）为佐领根原问题上控都统衙门。阿柱主张的佐领根原如前，二格提出其曾祖巴达那投顺清太祖，娶郑亲王济尔哈朗之妹，获得了五十名陪嫁壮丁，编为半个佐领，以苏纳额驸管理。如果二格说法正确，那么原佐领实际上是由巴达那人丁组成的，巴达那就是原立佐领人，所以二格一房拥有原立佐领的继承权。事关佐领根原，值月旗查阅《实录》，确认苏纳专管佐领，在吏部天聪九年正月二十四日八旗专管佐领档册内发现"苏纳额驸专管一个佐领字样"被圈掉，没有查到苏纳佐领是由公主还是郑亲王妹妹陪嫁人编成。此外，康熙五十三年拣放阿林员缺档案记载，当时呈报的佐领根原显示，苏纳佐领是由苏纳和巴达那各五十名陪嫁人组成的。因为这种说法只是当时拣放佐领时苏纳后人的说法，并无确据，不足为凭，建议仍以阿柱所呈根原为准。兵部以二格"身任佐领，不将根原查明……妄图本支独占佐领"，议将其交都察院拟罪。二格被罚俸六年，阿柱被罚俸一年。

阿柱出缺后，其子苏德（sude）九次管理。苏德出缺后，以苏永祖二世孙纳铭泰（namingtai）十次管理。②

3. 刚阿达家族的世管佐领

正白旗满洲第二参领第六、第七、第八佐领是刚阿达（ganggada）家族的世管佐领。其中第七佐领是清初编设的原佐领，第八佐领是康熙十一

---

① 《正白旗满洲共佐领三十员名册》（嘉庆八年），《内阁全宗·清代谱牒档案·满文世袭谱档册》，编号435。

② 《正白旗满洲共佐领三十员名册》（嘉庆八年），《内阁全宗·清代谱牒档案·满文世袭谱档册》，编号435。

年编设的初次滋生佐领，第六佐领是康熙二十三年由第七佐领分出的二次滋生佐领。

刚阿达出身叶赫酋长家族，系金台什同族。《八旗满洲氏族通谱》记"国初来归，授为游击，征叶赫，攻克铁门。太祖高皇帝嘉其绩，以其兄弟族众及来归之满洲等编佐领，使统之"。[①] 嘉庆十八年《正白旗满洲世管佐领国绅保承袭佐领敕书册》记载更详：

> 刚阿达系叶赫地方人，那拉氏，离弃兄弟，投顺太祖高皇帝，授予三等游击。奉旨：尔熟悉故乡，着带领两旗兵丁攻取叶赫。刚阿达领旨，攻克叶赫地方之铁门。上奏太祖高皇帝。奉旨：仗打得好。着将尔兄弟族人跟随前来之满洲收齐，编为佐领，赏给刚阿达管理。奉旨：朕观刚阿达办事有能，不违指令，着免死一次。钦此。[②]

由以上两种文献可知，与其他叶赫酋长家族成员不同，刚阿达在叶赫部灭亡之前独身投顺清太祖，在征讨叶赫的战争中立功，获得佐领。《满文原档》称刚阿达为刚阿达萨满（ganggada saman），后金时期还有西翰等人名以萨满为后缀。[③]

现有文献对刚阿达投顺后的情况记载不多，根据《满文原档》，天命八年三月，刚阿达因为不满家人被调遣驻防控诉于王公，又拒绝应讯，被革职、没收人丁。[④]

刚阿达虽遭处分，但仍然管理佐领。出缺后，以亲兄达岱（dadai）二次管理。达岱病故，以嫡子色尔图（sertu）三次管理。色尔图病故，以达岱抱养的族子前锋统领白勒赫图（belhetu）四次管理。白勒赫图缘事革退，以其子护军参领色赫衣（sehei）五次管理。色赫衣阵亡，以嫡子台保（taiboo）六次管理。台保因病开缺，以亲弟莱保（tsaiboo）七次管理。莱

① 《八旗满洲氏族通谱》卷22，第285页。
② 《正白旗满洲世管佐领承袭原由册》（嘉庆十八年），《内阁全宗·清代谱牒档案·满文世袭谱档册》，编号408。
③ 《满文原档》第3册，天命八年三月初五日，第264页；第3册，天命八年三月二十一日，第283页。
④ 《满文原档》第3册，天命八年三月初五日，第264页。

保缘事革退，以亲叔博尔肯（berken）之子白清额（becingge）八次管理。白清额升任荆州副都统，以亲兄台保之子百福（befu）九次管理。

乾隆二年，佐领百福呈报佐领根原，经正白旗满洲都统弘盛认定，佐领根原无误，原立佐领人刚阿达初管佐领之后绝嗣，原佐领一直由亲兄丹岱、拉岱支派管理，按照世管佐领拣放例，管过佐领之人子孙有分，所以刚阿达家族中仅丹岱、拉岱后人有承袭资格。弘盛将佐领根原呈报办理佐领根原事务王大臣处，经后者核准转交钦派办理八旗官员佐领给分事务处。因原立佐领人绝嗣，以兄弟承袭，给分事务处认为与镶红旗满洲特克慎、富昌佐领情况相符，刚阿达绝嗣，达岱、拉岱后人不拘已未管过一体给分。乾隆三十年颁布《六条例》，该佐领适用"绝嗣条"。

此后百福出缺，以其子福缘（fuyuwen）十次管理。福缘出缺，以其子国绅保（gosimboo）十一次管理。

达岱、拉岱两房虽然都有子孙，且按照乾隆时期的规定皆有原佐领的承袭权，但截至道光时期拉岱后人曾经列名，但佐领一直由达岱后人管理。①

三　乌喇地方兀札喇氏的世管佐领

兀札喇氏（ujala）共二十二派，② 其中乌喇地方兀札喇氏傅兰（fulan）家族管理正白旗第五参领第九佐领。该家族始祖济尔侯（girheo），该人事迹不详。济尔侯生准图珲（juntuhun）、伊尔古兰（irgulan）、尼喀善（nikašan）三子。准图珲生傅兰（fulan）、那木图（nomtu）、席特库（siteku）三子，傅兰初管佐领。乾隆二年佐领西拉布（sirabu）呈报佐领根原：

> 傅兰系乌喇地方喇法噶山之人，姓卦尔察兀札喇氏，天聪八年，傅兰与兄弟亲戚一同投顺太祖高皇帝，初编佐领，赏伯高祖傅兰备御官，令管佐领。③

---

① 《正白旗满洲世管佐领承袭原由册》（嘉庆十八年），《内阁全宗·清代谱牒档案·满文世袭谱档册》，编号 408。
② 《钦定八旗通志》卷 55《氏族志二》，第 1035 页。
③ 《正白旗满洲秀龄佐领下世管佐领秀龄承管原由册》（同治十二年），《内阁全宗·清代谱牒档案·满文世袭谱档册》，编号 335。

161

傅兰之姓，《八旗满洲氏族通谱》记为兀札喇，且清代并没有卦尔察兀札喇一姓，但其家族呈报的佐领根原又不可能把姓氏记错。因为卦尔察地区也有兀札喇氏分布，所以很有可能该家族最初生活在卦尔察，后来迁徙到乌喇，为了与当地的其他兀札喇氏族区分开，特意将原籍系于姓氏之前。

西拉布称傅兰于天聪八年投顺清太祖，此处显然有误。《满文原档》记载天命六年十二月初九日，傅兰被授予游击衔，① 说明投顺在天聪之前。不排除编佐领在天聪八年，西拉布混淆了投顺和编佐领的时间。此外，佐领根原记载傅兰与兄弟亲族"一同投顺"（fulan ahūta deote niyaman hūncihin i sasa taidzu dergi hūwangdi be baime jihe），《八旗满洲氏族通谱》记载"国初率兄弟族人来归"。②

傅兰出缺后，亲弟那木图（nomtu）二次管理。那木图病故出缺，亲弟前锋统领席特库（siteku）三次管理。席特库作战英勇，屡立功勋。但顺治八年因英亲王阿济格谋逆案险遭处决。此事见于《清世祖实录》："席特库身为前锋统领，闻摄政王丧，不白之诸王，乃服蟒褂、佩新刀，预其王乱谋，调兵前往，应斩籍其家。"③ 佐领根原记载"因巴图鲁王案获罪，革去官职，由部收回敕书，佐领撤出，以同佐领之异姓喀拉巴克什（kara baksi）管理"。没收佐领是清初政治斗争中常见的处罚手段，因正白旗由多尔衮领属，所以多尔衮死后多个家族遭清算，佐领被没收。喀拉年老革退，以其子郎中萨奈（sanai）五次管理。康熙二年，佐领给还傅兰家族，以席特库之子硕色（šose）六次管理。硕色年老革退，以其孙逊塔哈（suntaha）七次管理。逊塔哈缘事革退，以额克青额（ekcingge）八次管理。额克青额出缺后，以近族祖父珲泰（hūntai）九次管理。珲泰出缺后，以逊塔哈之子西拉布十次管理。

傅兰家族的佐领档案没有记载乾隆二年清查佐领根原的情况。根据家谱和佐领根原，虽然原立佐领人傅兰绝嗣，但亲弟那木图、席特库以及准图珲之弟伊尔古兰和尼喀善后人额克青额、珲泰都管过佐领，参照镶红旗满洲特克慎、富昌佐领承袭，傅兰的亲兄弟、部分堂兄弟支派有承袭资格。乾隆三十年颁布《六条例》后，该佐领适用"绝嗣条"。

---

① 《满文原档》第2册，天命六年十二月初九日，第259页。
② 《八旗满洲氏族通谱》卷30，第385页。
③ 《清世祖实录》卷52，顺治八年正月甲寅，第406—409页。

西拉布出缺后，佐领由其嫡系子孙黑格（heige）、福宁额（funingge）、倭升额（wesingge）、秀龄（sioling）承袭。①

第四节　东海女真世袭佐领

一　珲春地方那木都鲁氏家族的世管佐领

正白旗满洲第一参领第十六佐领是瓦尔喀朱马拉（warka jumara）家族的世管佐领。佐领根原如下：

> 始祖察礼系珲春地方人，那木都鲁氏，自珲春地方将本族全部亲戚带来，投顺太祖高皇帝，初编佐领，以察礼之孙原副都统瓦尔喀朱马拉管理。②

那木都鲁氏，起源于那木都鲁地方，后分为十一派，珲春居其一。《八旗满洲氏族通谱》载珲春的那木都鲁氏有本博科、博周、喀喇、索碧喜、库库浑扎、瞻岱、都兰泰七个家族。佐领根原提到的察礼（calii）为本博科之子，带领族人投顺有功。佐领根原附的家谱在此人名下有"立佐领"（niru ilibuha）字样。但初管佐领另有其人。佐领根原以其孙朱马拉为第一任佐领。《八旗满洲氏族通谱》的本博科条记朱马拉"以任事有能，不违指使，授骑都尉"。③《钦定八旗通志》记此人自幼跟随清太宗作战，打仗英勇，屡立战功，得管佐领。④ 同书以其父朱克舒（jukšu）为第一任佐领：

> 系国初以瓦尔喀地方来归人丁编立，始以墨尔根朱克舒管理。朱克舒故，以其长子副都统瓦尔喀朱马拉管理。⑤

---

① 《正白旗满洲秀龄佐领下世管佐领秀龄承管原由册》（同治十二年），《内阁全宗·清代谱牒档案·满文世袭谱档册》，编号335。

② 《正白旗满洲佐领共二十二员承袭原由册》（嘉庆八年），《内阁全宗·清代谱牒档案·满文世袭谱档册》，编号407。

③ 《八旗满洲氏族通谱》卷21，第276页。

④ 《钦定八旗通志》卷157《人物志三十七·瓦尔喀朱玛喇》，第2682页。

⑤ 《钦定八旗通志》卷6《旗分志六》，第101页。

检索《满文原档》，有三条与朱克舒有关的史料。其一，天命八年二月，"朱克舒隐瞒牛录下人员死罪，罚银五两，所立之功销去"。[①] 其二，天命十一年五月，朱克舒因"办事有能，不违指令，授予备御"。[②] 其三，无年月档册有一份朱克舒的自陈："汗所交之事，臣朱克舒嗣后认真办理。汗已赏给家畜、粮食，杜绝奸猾，公正度日。"[③] 以上三条史料显示，朱克舒在天命八年之前管佐领，十一年成为备御即后来的骑都尉。有关朱马拉最早的史料见于《满文原档》天聪六年二月二十九日，此时他已成为备御，与《钦定八旗通志》本传载朱马拉在太宗朝因功得管佐领吻合。综合以上记载可知，父子二人都管过佐领，且朱克舒在先，但佐领根原档案以朱马拉为初管之人，原因不明。

朱马拉出缺绝嗣，以亲弟伊马拉（imara）管理。伊马拉年迈革退，以长子能泰（nengtei）管理。能泰升任出缺，以亲弟满色（manse）管理。

乾隆二年，满色呈报佐领根原，根据家谱，原立佐领人察礼生朱克舒一子。朱克舒生朱马拉和伊马拉两子。朱马拉绝嗣后，佐领一直由伊马拉支派承袭，所以该佐领是原立佐领人嫡派子孙承袭的世管佐领，应按照镶黄旗满洲托伦岱、莫伦岱佐领例承袭，伊马拉之子能泰、满色后人有分。乾隆三十年颁布《六条例》后，该佐领适用"嫡派条"。

《正白旗满洲世管佐领达善世管佐领根原册》记载此后几任佐领带领引见情况：

> 满色病故，以其子文生员满丕（mampi）拟正，亲兄能泰之子郎中旺雅图（wangyatu）拟陪。乾隆六年二月初六日带领引见，以旺雅图管理。
>
> 旺雅图缘事革退，其子双喜（šuwanghi）拟正，满色之子文生员三等男满丕拟陪，乾隆九年三月初七日带领引见，以满丕管理。
>
> 满丕任护军参领，不阅看兵丁步射，被革职，能泰之子清德（cingde）拟正，满色之孙明路（minglu）拟陪。乾隆二十一年七月十九日带领引见，以清德管理。

---

① 《满文原档》第 3 册，天命八年二月三十日，第 256 页。
② 《满文原档》第 4 册，天命十一年五月，第 412 页。
③ 《满文原档》第 5 册，无年月档，第 349 页。

　　清德收取贿赂银八十两发遣拉林，缘事革退，以其兄安布禄（ambulu）之子安德（ande）拟正，明路拟陪。乾隆二十二年五月初四日带领引见，以安德补放。

　　安德出缺，以其子吉福（gifu）拟正，明路拟陪，乾隆四十年九月二十七日带领引见，以吉福拣放。

　　吉福出缺，以亲伯安福（anfu）之子常青（cangking）拟正，满丕之子图巴（tuba）拟陪。乾隆五十八年四月二十四日带领引见，以常青拣放。

　　常青出缺，以其子闲散达善（dašan）拟正，满丕之子图桑阿（tusangga）拟陪。乾隆五十九年四月十八日带领引见，以达善拣放。[1]

　　根据以上承袭情况可知，截至嘉庆初期，该佐领一直由能泰和满色两房管理承袭。因为旺雅图、满丕、清德三任连续缘事革退，所以佐领不能以出缺人之子拟正，改由别房承袭。特别是清德发遣革职，佐领由以前从未管过佐领的安布禄一房管理。此后满丕子孙曾经拟陪，但安布禄一房无人革退，所以一直得拟正分额，在拣放时更有优势，所以佐领开始由此人子孙连续管理。[2] 此外，佐领根原档案中的初管人员可能有误，但该佐领既然以始祖察礼作为原立佐领人，且察礼只有朱克舒一子，那么第一任佐领是父亲朱克舒还是儿子朱马拉，对于佐领承袭没有影响。

二　萨齐库地方扎库塔氏的世袭佐领

　　扎库塔氏（jakūta），据《钦定八旗通志》共十四派，散处于瓦尔喀、萨齐库哈达、讷殷、乌喇等地。正白旗第三参领第十五、第十六佐领是萨齐库哈达（sacukū hada）的扎库塔氏家族所管的世管佐领。第十五佐领是入关前编设的原佐领，原立佐领人为噶布喇（gabula），第十六佐领是康熙二十三年的滋生佐领。据该佐领根原：

---

① 《正白旗满洲佐领共二十二员承袭原由册》（嘉庆八年），《内阁全宗·清代谱牒档案·满文世袭谱档册》，编号407。

② 《正白旗满洲佐领共二十二员承袭原由册》（嘉庆八年），《内阁全宗·清代谱牒档案·满文世袭谱档册》，编号407。

　　噶布喇系萨齐库哈达地方人，扎库塔氏，与乌喇交恶，互相攻伐三年，噶布喇之同族子弟并属民俱为乌喇围困，噶布喇单身突围，投奔太祖高皇帝。平定乌喇后，太祖高皇帝降旨：噶布喇，着尔将兄弟属民收聚带来。初编佐领，以噶布喇管理。①

《满文原档》收录的备御敕书提到了噶布喇的身份：

　　噶布喇，尔原系萨齐库路谙班，撇弃故土，来投有功，又办事有能，不违指令，着授予备御，免死二次，子孙世代恩宠不绝。②

　　乌喇进攻萨齐库路，噶布喇穷蹙投奔清太祖当与此事有关。有类似经历的还有其同乡头登额（teodengge）。③《八旗满洲氏族通谱》记载太祖时期投顺的萨齐库扎库塔氏还有镶白旗阿柱、正蓝旗奇普什讷两个家族，前者是噶布喇的同族，应当同样是受乌喇威胁主动投降后金的部落头人。④

　　清太祖令噶布喇回原籍招抚族人、属民。《八旗满洲氏族通谱》记载噶布喇还有拖穆沙、根图理等九个弟弟，无疑是由噶布喇从原籍招抚来的。此外该佐领下还有九个穆昆，包括来自萨齐库的扎库塔氏、两个瓜尔佳氏穆昆，黑龙江的克彦氏（keyen）、绥芬的两个那木都鲁氏穆昆、乌喇的瓜尔佳氏、松阿里山（sunggari alin）的巴雅喇氏、多尔珲（dorhon）的福舍氏。以上九个穆昆，除乌喇地方的瓜尔佳氏是分编八旗时归入该佐领外，其余八个穆昆"自各处投顺太祖高皇帝，因职曾祖噶布喇投诚在先，归入佐领"。⑤ 如果以上信息无误，那么可以推测，来自萨齐库的扎库塔氏一个穆昆和瓜尔佳氏两个穆昆以及本家是噶布喇带来之人，其余是编佐领时加入的。

---

① 《正白旗满洲崇禧佐领下佐领崇禧承袭原由册》（道光十九年），《内阁全宗·清代谱牒档案·满文世袭谱档册》，编号341。
② 《满文原档》第4册，天命十一年五月，第359页。
③ 《满文原档》第4册，天命十一年五月，第369页。
④ 《八旗满洲氏族通谱》卷36，第448—449页。
⑤ 《正白旗满洲崇禧佐领下佐领崇禧承袭原由册》（道光十九年），《内阁全宗·清代谱牒档案·满文世袭谱档册》，编号341。

噶布喇初管佐领，出缺后其子宜布沙（ibša）二次管理。宜布沙出缺后，以其子参领宾璧（bimbi）三次管理。宾璧阵亡出缺，以其子赫慎（hešen）四次管理。赫慎外任右卫护军参领，以亲叔华善（hūwašan）五次管理。华善出缺后，以亲兄宾璧之孙篇图六次管理。篇图步射不合格，以亲叔松常（sungcang）之子柴柱（caiju）七次管理。柴柱出缺后，华善之子巴兰泰（barantai）八次管理。

乾隆二年，巴兰泰呈报佐领根原。都统弘盛检查根原无误，佐领下人员、本家无承袭分额人员也都认可画押，奏准将该佐领作为噶布喇子孙承袭的世管佐领。乾隆五年，办理佐领给分事务王大臣鉴于该佐领由噶布喇初管后，由其嫡派子孙承袭七次，认定应照镶黄旗满洲托伦岱、莫伦岱佐领例分配分额，噶布喇后人一体有分。乾隆三十年后，该佐领适用《六条例》的"嫡派条"。

次年，巴兰泰外任绥远城副都统，以宾璧之孙苏尔泰（surtai）九次管理，苏尔泰后改名柏成额（becengge）。

道光十九年的档案记载此后佐领出缺年份、带领引见人员姓名。乾隆二十年，苏尔泰因病出缺，复以巴兰泰十次管理。巴兰泰出缺，以其子朱隆阿（julungga）十一次管理，此人后来改名珠钟，但满文写作 jujungga。其乾隆四十二年出缺，以其子福禄（fulu）十二次管理。福禄当年出缺，以其子亲军校禄兴（luging）十三次管理。禄兴嘉庆七年出缺，以其孙闲散崇禧（cunghi）十四次管理。[1] 据光绪二十一年《佐领长明袭职原由册》，崇禧出缺，以其子长明（cangming）十五次管理。[2]

三 雅兰地方葛济勒氏的世管佐领

葛济勒氏（gejile）有十二派，散处于雅兰、绥芬、和通吉、托克索、宁古塔、穆瑚、黑龙江、那木都鲁、布尔哈、倭济、珲春、库尔喀等地方。[3]

---

① 《正白旗满洲崇禧佐领下佐领崇禧承袭原由册》（道光十九年），《内阁全宗·清代谱牒档案·满文世袭谱档册》，编号341。

② 《佐领长明袭职原由册》（光绪二十一年），《内阁全宗·清代谱牒档案·满文世袭谱档册》，编号370。

③ 《钦定八旗通志》卷56《氏族志三》，第1042页。

其中原籍雅兰的葛济勒氏尤德赫（yeodehei）家族管理正白旗满洲第二参领第十佐领。

该家族始祖巴雅拉（bayara）投顺清太祖，但详情无考。[①] 据家谱，巴雅拉生济布寿（gibšeo）、哈赉（harai）两子。济布寿生舒求，哈赉生尤德赫、伙尔多。尤德赫为雅兰路的谙班。佐领根原详细记载尤德赫招抚部民的经过：

> 高祖尤德赫原系雅兰路谙班，姓葛济勒氏，撇弃故土投顺，奉汗旨：将尔兄弟带来。兄弟不愿来投，反谋划加害。我发觉后脱出。百余人来追，四古出被杀。我身受四处伤，马受一处伤。我仅以身免，奏明大汗，配给兵丁，将恶人屠灭，好人带来。[②]

该佐领下总计十五个穆昆，十三个从各处迁居雅兰，后跟随尤德赫投顺；一个穆昆于康熙三十八年自吉林进京，编入佐领；一个穆昆为康熙三十七年编入的锡伯人丁。这说明佐领下人员以尤德赫旧有属民、族人为主。

有关此人最早的记载见于《满文原档》，天命六年四月十五日清太祖下令尤德赫将新纳喀达虎尔哈（ice nakada hūrha）地区无法谋生、无依无靠之人带来交给富裕之人。[③] 这条史料印证了佐领根原中有关尤德赫招抚人丁的记载，系此事的官方记录，可惜《满文原档》缺载时间经过及结果。《八旗满洲氏族通谱》记载此人"由闲散导引大兵取西林地方，俘获甚众，授骑都尉。克辽东时有功，加为二等轻车都尉，任佐领"。[④] 所谓"西林"也是东海一部，《满洲实录》记甲寅年十一月，清太祖派兵五百人征"东海之南窝集部雅兰、西林二路"，收降"民二百户，人畜一千"。[⑤] 综合以上史料，尤德赫前往东海招抚女真应不止一次。他因表现卓越，获得封赏。《满文原档》记载敕书如下：

---

① 《八旗满洲氏族通谱》卷45，第516页。
② 《正白旗满洲双贵佐领下佐领双贵承袭家谱》（同治二年），《内阁全宗·清代谱牒档案·满文世袭谱档册》，编号404。
③ 《满文原档》第2册，天命六年四月十五日，第85页。
④ 《八旗满洲氏族通谱》卷45，第516页。
⑤ 《满洲实录》卷4，甲寅年十一月，第171页。

尤德赫，原系雅兰路诺班，撇弃故土来投有功，以其弟伙尔多承袭二等参将，免死一次。①

尤德赫死后，亲弟伙尔多（holdo）二次管理佐领。伙尔多因抢夺革退，以其伯济布寿（jibšeo）之子舒求（šukio）三次管理。后伙尔多参与攻打遵化时先登有功，重新管理佐领。然伙尔多又从征福建兵败，佐领革退，以尤德赫之子礼佛讷（lifene）五次管理。礼佛讷病故出缺，以亲弟喜佛讷（hifene）之子雅尔拜（yarbai）六次管理。雅尔拜病故出缺，以礼佛讷之孙佛伦（foron）七次管理。佛伦出缺，佐领根原记载病故，《钦定八旗通志》记为"升任陵寝总管"。② 其子福海（fuhai）八次管理。

乾隆二年，福海呈报佐领根原及家谱。因佐领由尤德赫、伙尔多、舒求三支管理八次，应作为世管佐领，其中舒求绝嗣，所以尤德赫、伙尔多二人子孙皆有承袭权。此外，他特意提到尤德赫"因带来满洲之功，编设专管佐领，令挖参。授予参将兼五牛录额真。攻克盛京后，停专管牛录，不得挖参"。这种说法非常奇怪，一来此前拣放佐领时没有人提及此事，二来被授予专管佐领、挖参权者都是后金内部重要的勋贵，在《清太宗实录》和档案中都有明确记载。尤德赫虽系功臣，但级别不高，没有享受上述权利的可能。笔者认为福海很可能了解到雍正九年内阁以专管佐领和挖参作为确定勋旧佐领的依据，故意捏造根原，如果八旗大臣认可，他的世管佐领可以升格为勋旧佐领；如果遭到质疑，也可以用"攻克盛京后，停专管牛录，不得挖参"来搪塞。

正白旗满洲都统弘盛根据佐领编设原因、承袭情况，奏准将该佐领定为世管佐领。佐领档案没有记载他对尤德赫专管佐领一事的意见，从结果看，他显然认为福海佐领没有资格升为勋旧佐领。

清高宗将该佐领根原饬下办理佐领根原事务王大臣审定。后者认为，此前拣放佐领时，只有尤德赫带领一百名满洲壮丁投顺情节，没有所谓尤德赫专管佐领、挖参的记载。虽然按照福海的说法，两项权利很早被取消，

---

① 《满文原档》第4册，天命十一年五月，第370页。
② 《钦定八旗通志》卷5《旗分志五》，第74页。

但此类没有真凭实据的文字保留在佐领根原中，实为隐患，有必要彻底查明。此外，伙尔多打仗失利革退，其子孙是否有继承权还需要讨论。

关于第一个问题，弘盛在回复佐领根原处的咨文中说明，福海在佐领根原中提到专管佐领和挖参权早已被取消，无论尤德赫家族是否曾经专管佐领，都没有讨论的必要。第二个问题，据伙尔多之孙阿尔善（aršan）呈报，伙尔多于顺治十四年从征福建，于阵前脱逃，被革职抄家，没收敕书诰命，十五年入辛者库。康熙七年，清圣祖因其自幼从军，敕回原旗。阿尔善恳求弘盛请旨保留这一支派的继承权。弘盛将以上调查结果告知办理佐领根原事务王大臣。鉴于以上情况，后者奏准：尤德赫专管佐领、挖参之说没有根据，且从前拣放佐领时无人提及，所以应从佐领根原中删除。伙尔多的问题有一定代表性，当时因罪发遣或贬入辛者库后又被放出归旗之人数量很多，这些人并没有被平反，只是减轻处罚，他们能否承袭佐领或爵位并没有定例可循，因为凡十恶、军罪人员子孙遇恩诏亦不得承袭，所以办理佐领根原事务王大臣奏准按照此例，伙尔多虽然被放出辛者库，但所犯系军罪，子孙不得承袭佐领，只有尤德赫子孙有承袭资格。此后的佐领家谱仍然写伙尔多之名，但特别注明"查，伙尔多子孙无分，业经照例删去"。[①]

虽然排除了伙尔多、绝嗣的舒求两房后只剩尤德赫，相当于以原立佐领人嫡派子孙承袭佐领，但乾隆五年钦派办理佐领给分事务王大臣仍然根据佐领根原奏准该佐领按照镶黄旗满洲鄂欣、图撒图佐领例分配承袭分额。乾隆三十年颁布《六条例》，该佐领适用"轮管条"。但在现实中，只有尤德赫之子礼佛讷、喜佛讷子孙可以承袭。

此后福海出缺，以亲弟福泰（futai）之子书兴阿（šuhingga）九次管理。书兴阿出缺后，以长子广兴（guwanghing）十次管理。广兴出缺后，以福海之子忠林（junglin）十一次管理。忠林出缺后，以长子阿勒京阿（algingga）十二次管理。[②]

---

① 《正白旗满洲双贵佐领下佐领双贵承袭家谱》（同治二年），《内阁全宗·清代谱牒档案·满文世袭谱档册》，编号 404。
② 《正白旗满洲双贵佐领下佐领双贵承袭家谱》（同治二年），《内阁全宗·清代谱牒档案·满文世袭谱档册》，编号 404。

四 巴雅喇氏的世袭佐领

满洲、蒙古皆有巴雅喇氏（bayara）。其中满洲巴雅喇二十派，分布地域以东海部落为主，包括松花江、虎尔哈、穆棱、卦尔察、黑龙江，以及建州的长白山、宁古塔等地。① 蒙古有六派，出自察哈尔、扎鲁特、科尔沁以及额鲁特。② 正白旗满洲的图勒慎、伊构两个家族为不同地区的满洲巴雅喇氏，各拥有两个佐领。

1. 松花江巴雅喇氏家族的世管佐领

正白旗满洲第四参领第十二、第十三佐领是图勒慎（tulešen）家族管理的世管佐领。其中第十三佐领是原佐领，第十二佐领是康熙二十三年的滋生佐领。原立佐领人图勒慎，《八旗满洲氏族通谱》记"世居松花江地方，国初来归，原任佐领"。③ 嘉庆八年《世管佐领恒文承袭佐领根原》有记载如下：

> 图勒慎于庚午年自松花江尼玛齐噶山带领全族并噶山之人三百余满洲投顺太祖高皇帝。因其来投之功，初编佐领，令图勒慎管理。④

此处没有提到图勒慎姓氏，《八旗满洲氏族通谱》显示他是松花江地方的巴雅喇氏。该姓"散处于松花江、虎尔哈木伦及各地方"，《钦定八旗通志》首列松花江地方巴雅喇氏。⑤《八旗满洲氏族通谱》收录松花江巴雅喇氏十三个家族，说明该姓在当地人数较多。

佐领根原记图勒慎投诚在庚午年，考明末有两个庚午年，一为隆庆四年，此时清太祖未成年，二为崇祯三年，此时清太祖已经驾崩。所以图勒慎于庚午年投顺清太祖的说法显然有误。《满文原档》收录图勒慎的敕书：

---

① 《钦定八旗通志》卷55《氏族志二》，第1038页。
② 《钦定八旗通志》卷59《氏族志六》，第1082页。
③ 《八旗满洲氏族通谱》卷38，第460页。
④ 《正白旗满洲佐领共二十二员承袭原由》（嘉庆八年），《内阁全宗·清代谱牒档案·满文世袭谱档册》，编号407。
⑤ 《钦定八旗通志》卷55《氏族志二》，第1038页。

图勒慎玛法，尔原系扎库塔路谙班。撇弃故土，带领诸子来投有功，免死二次，子孙世代恩宠不绝。①

如果此处的图勒慎玛法就是巴雅喇氏图勒慎，那么以此为线索检索《满文原档》，可知图勒慎归顺清太祖在万历三十九年：

虎尔哈国扎库塔人，投顺淑勒昆都伦汗后，蒙赏甲三十副，后将甲带去，交萨哈廉国，令将甲披于树上，以箭射之。再，布占泰为招抚之送去布匹，伊等收下。（辛）亥年十二月，汗遣女婿何和理额驸、额亦都巴图鲁、达尔汉虾三大臣带领二千兵讨虎尔哈路。围扎库塔城三日，劝降不从，遂克之。杀千人，俘获二千人。招抚扎库塔城附近虎尔哈路。将图勒慎、额勒慎两谙班并五百户带来。②

图勒慎投顺有功，获得佐领，年迈革退，以参领兼二等男荆固尔达（ginggulda）二次管理。《钦定八旗通志》记载此人为图勒慎之子。③《八旗满洲氏族通谱》记为"兄之子"。④佐领档案记为兄济哈穆（jihamu）之子。此人屡立战功。荆固尔达年迈出缺，以图勒慎之子参领崇安（cunggan）三次管理。崇安年老革退，以亲弟图什图（tusitu）之子郎中拜音布（baimbu）四次管理。拜音布出缺后，以崇安之子二等侍卫南金（nanjing）五次管理。南金出缺后，以其子一等男二等侍卫才住（tsaiju）六次管理。才住出缺后，以南金之子副都统占泰（jantai）七次管理。占泰出缺后，以其子治仪正白海（behai）八次管理。

乾隆二年白海呈报佐领根原，该家族的佐领档案没有相关记载。从已知的承袭情况看，原立佐领人图勒慎一支管理佐领八次，图勒慎亲兄济哈穆支派管理一次，但其子荆固尔达死后该支绝嗣，所以该佐领应参照镶黄旗满洲鄂欣、图撒图佐领例分配分额，但实际上只有图勒慎之子崇安、图

①《满文原档》第4册，天命十一年五月，第370页。
②《满文原档》第1册，万历三十九年二月，第16页。
③《钦定八旗通志》卷7《旗分志七》，第118页。
④《八旗满洲氏族通谱》卷38，第460页。

什图、富森（fusen）子孙能够继承。至于家谱中列名的图勒慎堂兄弟崩秦（bungcin）、倭赫德（wehede），只管过两次滋生佐领，但很早绝嗣，所以未纳入承袭范围。乾隆三十年颁布《六条例》，该佐领适用"轮管条"。

此后白海出缺，以图什图之孙喀尔图（kartu）十次管理。喀尔图出缺，以其子西成（siceng）十一次管理。西成出缺后，以图勒慎二世孙和尚（hoošang）十二次管理。和尚出缺后，以其子白灵保（belingboo）十三次管理。白灵保缘事革退，以图什图二世孙西成（siceng）十四次管理。[①]

2. 穆棱地方巴雅喇氏的世管佐领

正白旗满洲第五参领第一、第二佐领是穆棱地方巴雅喇氏所管世管佐领。其中第一佐领是入关前编设的原佐领。第二佐领是康熙二十三年编设的滋生佐领。原立佐领人伊构（igeo），不见于《满文原档》以及《实录》等文献。据嘉庆八年《正白旗满洲世管佐领明玉承袭佐领根原敕书》，伊构带领兄弟亲戚百余丁投顺后初编佐领，从人数上看，伊构在原籍应该是有一定地位之人。[②] 其病殁出缺，以披雅达（biyada）管理。该敕书没有提到披雅达和伊构的关系。《钦定八旗通志》记载系父子。[③] 披雅达阵亡出缺，以其弟雅布噶（yabka）管理。顺治十三年十月，以长子副都统博济（boji）管理。博济病殁，康熙二十二年十月，以其子唐鼐（tangnai）管理。唐鼐因公务革退，二十六年十一月，以其兄布尔海（burhai）管理。布尔海病殁出缺，四十二年五月以其子喜来（hilai）管理。雍正十年五月，清世宗以喜来人糊涂，将其革职，改由唐鼐之子三等侍卫忠福（jungfu）管理。

乾隆二年，佐领忠福呈报佐领根原。敕书中没有记载核查佐领根原情况，按照从伊构到忠福八任佐领的承袭情况看，该佐领一直以原立佐领人伊构后人管理。其中第二任披雅达一支仅管过一次，此后六任皆出自披雅达之弟雅布噶一支。该佐领应按照原立佐领人嫡派子孙例承袭，参照镶黄旗满洲托伦岱、莫伦岱佐领例，以披雅达、雅布噶子孙承袭。

---

① 《正白旗满洲佐领共二十二员承袭原由》（嘉庆八年），《内阁全宗·清代谱牒档案·满文世袭谱档册》，编号 407。

② 《正白旗满洲共佐领三十员名册》（嘉庆八年），《内阁全宗·清代谱牒档案·满文世袭谱档册》，编号 435。

③ 《钦定八旗通志》卷 7《旗分志七》，第 120 页。

此后忠福病殁，其子永亮（yongliyang）、孙明玉（mingioi）先后承袭。忠福之兄喜来后人直到嘉庆初没有管过佐领。①

五　斐悠城地方富察氏的世管佐领

富察氏为满洲著姓，《八旗满洲氏族通谱》称"富察本系地名，因以为姓"，② 富察氏分布极广，遍及女真三部。《钦定八旗通志》记有六十三派，包括叶赫、沙济、额宜湖、扎库塔、蜚悠城、讷殷、额赫库伦、讷殷江、吉林乌喇、长白山等。斐悠城至少有两谙班姓富察氏。一为太祖朝投顺的策木特赫家族，一为天聪时期投顺的艾通阿（aitungga）家族。两个家族之间是否有血缘关系待考。前者被编入正白旗，世代管理第五参领第十三佐领。后者隶镶黄旗。据乾隆二年佐领光海呈报的佐领根原：

> 策木特赫系东海瓦尔喀部斐悠城谙班。姓富察氏。前来叩头奏闻太祖皇帝，乌喇国来犯我路，我损失惨重。恳将我人户带走。太祖皇帝给贝勒、大臣兵三千，往取斐悠城人户。策木特赫指引至斐悠城，将周围噶山悉数收聚，共得五百户。带领人户前来时，乌喇国布占泰贝勒增派一万名士兵拦截。太祖兵大破乌喇兵。初编佐领，以策木特赫管理。③

乌喇与后金争夺对东海女真的控制权，策木特赫率人户归顺，直接引发乌碣岩之战，此事始末《满文原档》《满洲实录》等文献皆有记载。值得注意的是斐悠城周围即女真人居住的噶山，说明城（hoton）是女真贵族谙班居住之所，城外的噶山是部落民聚落，由噶山大管理。此外，策木特赫一次性带五百户投顺，可见当地人口规模不小。《满文原档》收录的授予策木特赫之子索毕喜的敕书如下：

> 索毕喜原系斐悠城之人。尔父策木特赫有撇弃原籍来投之功，办事

---

① 《正白旗满洲共佐领三十员名册》（嘉庆八年），《内阁全宗·清代谱牒档案·满文世袭谱档册》，编号435。
② 《八旗满洲氏族通谱》卷25，第325页。
③ 《正白旗满洲佐领共二十二员承袭原由》（嘉庆八年），《内阁全宗·清代谱牒档案·满文世袭谱档册》，编号407。

有能，不违指令，授予备御，免死两次，子孙世代恩宠不绝。[①]

策木特赫病故，其子索毕喜（sobohi）二次管理。索毕喜病故出缺，亲弟索博多（sobodo）三次管理。索博多缘事革退，以策木特赫亲弟贝和诺（boihono）之子乌尔哈纳（urhana）四次管理。乌尔哈纳病故出缺，因策木特赫子孙年幼，暂由异姓护军校张察（jangca）五次管理。张察病故后，以贝和诺之孙、乌尔哈纳之子武巴图（ubatu）六次管理。武巴图出缺，以堂兄喀尔哈纳（karhana）之子阿尔泰（altai）七次管理。阿尔泰病故出缺，以策木特赫之孙、索博多之子扬舒（yangšu）八次管理。扬舒病故，以其子雅尔赛（yarsai）九次管理。雅尔赛缘事革退，以亲弟广海（guwanghai）十次管理。

佐领档案缺载清查佐领根原、确定承袭分额分配记录。根据家谱，该家族始祖贝楞额（beilengge）生策木特赫、贝和诺兄弟。策木特赫生索毕喜和索博多。贝和诺之子喀尔哈纳、乌尔哈纳都管过佐领。所以原立佐领人策木特赫和贝和诺两子后人共同承袭佐领，参照镶黄旗满洲鄂欣、图撒图佐领例分配承袭分额。乾隆三十年后，适用"轮管条"。

此后，广海之子广福（guwangfu）、孙富旺（fuwang）、曾孙富宁（funing）管理佐领。

该佐领由策木特赫初管，因索毕喜绝嗣，索博多病故，不得已由贝和诺之子管理。因此贝和诺一房后来获得了承袭权，但从家谱可知，贝和诺两子喀尔哈纳、乌尔哈纳两房后来全部绝嗣，所以只能由策木特赫之子索博多后人承袭。策木特赫之孙扬舒生雅尔赛、萨尔赛（sarsai）、广海三子，雅尔赛管理佐领但缘事革退，子孙丧失继承权。萨尔赛之孙富桑阿（fusangga）驻防热河，所以只有广海一房能够承袭佐领。[②]

六　绥芬地方马佳氏的世袭佐领

马佳氏（magiya）是满洲著姓，最初以地为姓，后人丁繁衍形成

---

① 《满文原档》第 4 册，天命十一年五月，第 360 页。
② 《正白旗满洲佐领共二十二员承袭原由》（嘉庆八年），《内阁全宗·清代谱牒档案·满文世袭谱档册》，编号 407。

二十九派，遍布女真三部。其中出身绥芬的西翰家族隶正白旗满洲，拥有第二参领第十一、第十二、第十三共三个世管佐领。其中第十一佐领是入关前编设的原佐领，第十二佐领是康熙七年编设的初次滋生佐领，第十三佐领是康熙二十三年由原佐领、初次滋生佐领分出的二次滋生佐领。

据嘉庆十八年《正白旗满洲世管佐领隆文承袭佐领敕书》，博和礼（bohori）之孙西翰（sigan）投顺清太祖后被授予一个佐领，此记载与其他文献一致。[①] 该佐领下有十三个家族，其中十一个是入关前与西翰投顺后被编入佐领者，包括白山地区和原籍不明的伊尔根觉罗氏两个家族，哈达地方瓜尔佳氏和讷殷地方富察氏两个家族，绥芬地方瓜尔佳氏、绥芬地方孟佳氏、富喇哈地方瓜尔佳氏、额莫和索罗地方索佳氏、额克敦城于佳氏、扎昆包地方李佳氏、原籍不明的伊尔根觉罗氏。以上家族只有两个来自绥芬地区，都不是西翰本家，且档案使用 sasa 而非 gaifi，前者在满语中是"一同"之意，后者方指"带来"，说明这些家族原本并非西翰属民，只不过同时期投顺方被编入佐领。另有吉林乌喇安巴哈喇地方富察氏、伯都讷地方富察氏两个锡伯家族于康熙三十七年编入。从佐领下家族情况分析，西翰并非绥芬地区的谙班或酋长。

《八旗满洲氏族通谱》称西翰为巴克什（baksi）。入关前部分重要文官被授予巴克什称号，著名者如额尔德尼、噶盖、库尔禅、希佛、吴讷格、刚林、硕色。但各衙署也有被称为巴克什的官员。《满文原档》无年月档册记载赏司法衙门巴克什、通事，阿敦衙门四巴克什毛青布各二匹。[②] 检索《满文原档》以及《实录》，并没有西翰巴克什之名，所以笔者推测，西翰虽有巴克什之名，但地位远不如库尔禅等人，只是在衙门当差、地位高于通事的大臣。

西翰出缺后，其伯三福（sanfu）第三子方吉纳（fanggina）二次管理。方吉纳出缺后，以其兄罗州（loojeo）之子富哈达（fuhada）三次管理。富哈达出缺后，以其叔方吉纳之子敦拜（dumbai）四次管理。敦拜出缺后，以其伯瑚通额（hutungge）之子纳音布禄（naimbulu）五次管理。纳音布

---

① 《正白旗满洲世管佐领隆文承袭佐领敕书》（嘉庆十八年），《内阁全宗·清代谱牒档案·满文世袭谱档册》，编号 375。另见《八旗满洲氏族通谱》卷 7，第 131 页。

② 《满文原档》第 5 册，无年月，第 146 页。

禄出缺后，以其叔方吉纳之子东三（dungsan）六次管理。东三出缺后，以其子杜赖（durai）七次管理。杜赖出缺后，以其兄富喀（fuka）八次管理。富喀出缺后，以其子富尔护（fulhū）九次管理。富尔护升任陵寝翼长，以其子伊尔当阿（ildangga）十次管理。伊尔当阿出缺后，以季魁十一次管理。佐领档案记载季魁为伊尔当阿叔父富尔护之子。但伊尔当阿之父、叔父不应同名。据家谱，季魁之父名"朱尔护"（julhū），此人系东三之子，正好是伊尔当阿的叔父。盖因满文 fulhū、julhū 字形相近，容易认错，最初制作佐领档册时被写错，后来再抄档册时沿袭此误。《八旗通志初集》和《钦定八旗通志》记载正确。①

　　雍正十二年六月季魁缘事革退，拣放佐领时发生了继承权纠纷。西翰后人杭爱认为西翰带领兄弟、壮丁投顺清太祖获得佐领，而西翰叔父三福后人、季魁侄孙富德等称当初是始祖博和礼带领壮丁投顺，以第三子佳满（giyaman）之子西翰管理。正白旗满洲都统佛表没有在都统衙门保存的档册以及内阁无圈点档中找到支持任何一方的证据，后在历年拣放佐领档案和家谱中发现，该家族始祖博和礼生官福（guwanfu）、三福（sanfu）、佳满、托赫齐（tohoci）四子，官福和托赫齐两房后人承认从未管过佐领，佛表提出如果原来以博和礼作为佐领根原，四子都有继承权，根据拣放档案，既然无论原佐领还是两个滋生佐领只以三福和西翰后人管理，说明官福和托赫齐两房原本没有继承权，反推可知西翰是佐领根原，而三福之子方吉纳一房管过佐领，所以与西翰后人皆有承袭权。此后季魁缘事革退，以西翰三世孙萨拉（sara）十二次管理。

　　乾隆二年，佐领萨拉等呈报佐领根原，并提交家谱。根据承袭家谱，该家族始祖博和礼生三福和佳满。三福生罗州、瑚通额、方吉纳三子。虽然西翰是原立佐领人，但三福以下三支都管过佐领，正白旗都统弘盛确认乾隆十二年佛表奏准的佐领根原无误，进而提出方吉纳长兄罗州之子富哈达已经绝嗣不议，纳音布禄、萨拉都管过原佐领一次，拣放时都有承袭分额，其中纳音布禄一支有拟陪、列名分额。经办理佐领根原事务王大臣、

　　①《八旗通志初集》卷5《旗分志五》，第75页；《钦定八旗通志》卷6《旗分志六》，第105页。

八旗都统会议批准，交办理八旗官员佐领给分事务处拟定承袭分额分配方案。鉴于佐领由西翰、方吉纳支承袭，是堂兄弟两支派共同承袭的佐领，参照镶黄旗满洲鄂欣、图撒图佐领例分配承袭分额。乾隆三十年颁布《六条例》，该佐领适用"轮管条"。

佐领萨拉出缺，以其子佛保（foboo）十三次管理。佛保出缺，以亲弟噶勒噶（galga）十四次管理。噶勒噶出缺后，以其子隆文（lungwen）十五次管理。

西翰家族的原佐领最初两次以堂兄弟承袭，此后一直到第十一代皆由三福一房管理。三福之子富哈达、敦拜绝嗣，能够承袭佐领的只有纳音布禄和东三两房。从乾隆五年确定承袭分额分配方案后，原佐领改由西翰之孙萨拉后人承袭，方吉纳后人承袭二次滋生佐领。滋生佐领由两房共同管理。①

七 那木都鲁地方那木都鲁氏

那木都鲁氏为女真大姓，此姓来源于地名。② 据《钦定八旗通志》，该姓共有十一派，分布颇广，但以东海女真的那木都鲁、绥芬、瓦尔喀、窝集等地为主。③ 该姓氏在正白旗满洲中有第一参领第十三、第十四、第十五共三个世管佐领，其中第十五、第十三佐领由康古礼（kanggūri）、喀克笃礼（kakduri）兄弟初管，第十四佐领是第十五佐领的滋生佐领。据乾隆二年佐领息冲格等呈报佐领根原：

> 康古礼、喀克笃礼系那木都鲁地方人，那木都鲁氏。庚戌年，康古礼、喀克笃礼兄弟二人离弃家乡，带领全族并满洲壮丁投顺太祖高皇帝，将带来满洲编为两个佐领，二人各管一个。④

《八旗满洲氏族通谱》记载该家族"世居那木都鲁地方"，康古礼本人

---

① 《正白旗满洲世管佐领隆文承袭佐领敕书》（嘉庆十八年），《内阁全宗·清代谱牒档案·满文世袭谱档册》，编号 375。
② 《八旗满洲氏族通谱》卷 21，第 272 页。
③ 《钦定八旗通志》卷 55《氏族志二》，第 1033 页。
④ 《正白旗满洲佐领共二十二员承袭原由》（嘉庆八年），《内阁全宗·清代谱牒档案·满文世袭谱档册》，编号 407。

是当地部长，①传记称其为"绥芬屯长"，②《满文原档》收录的敕书为"那木都鲁路诸班"（namdulu goloi amban）。③佐领根原提到之"庚戌年"为万历三十八年，是年清太祖派遣额亦都等率兵征讨东海的窝集部，招抚那木都鲁、宁古塔、尼马察各路，时康古礼与其弟喀克笃礼，以及哈哈纳、绰和纳、伊勒占、苏尔休带领壮丁千余人投顺，此后共编设六个佐领。④康古礼很可能参与召集同族，因此特别得到清太祖嘉奖，赐穆尔哈齐之女为妻。

天命三年，康古礼随大军攻克抚顺、清河，占领周围城堡。天命六年，进攻辽阳时先登，适逢额亦都病殁，康古礼接续其任："左翼总兵官额亦都巴图鲁殁。康古礼额驸攻辽阳时率先登城，赏总兵官衔。"⑤此时的总兵官位高权重，仅有一左一右两名，康古礼集勇将、额驸于一身得此官职。天命七年六月十一日，康古礼被革去副将，降为参将。⑥天命十一年，又被任命为世袭三等总兵官，免死三次。天聪元年，清太宗设立十六大臣辅佐旗务，分割诸王权力，康古礼管理正白旗。天聪三年，其随大军南下围攻北京，在德胜门外遭遇袁崇焕、祖大寿之兵，"康古礼总兵官不战袁都堂之兵，拟罪，革总兵官职，将一佐领之人罚没，给其弟喀克笃礼管理"。⑦

此后康古礼去世，其子色呼德（sehude）二次管理佐领。天聪九年，康古礼、喀克笃礼兄弟"阖族侍卫、官员悉数革职，家产抄没，千名尼堪罚没"，色呼德佐领由异姓雅赖（yarai）管理。⑧此事源于喀克笃礼"欲奔回原籍瓦尔喀，以财物运藏本屯"，遭家人举报。但清太宗认为喀克笃礼没有逃走的动机，于是置之不问。喀克笃礼死后，康古礼之妻向多铎检举喀克笃礼生前确有逃走计划，这一年从虎尔哈凯旋的季思哈也证明当地有此类

①《八旗满洲氏族通谱》卷21，第272页。
②《钦定八旗通志》卷156《人物志三十六·康果礼》，第2653页。
③《满文原档》第5册，无年月档，第305页。
④《钦定八旗通志》卷156《人物志三十六·康果礼》，第2653页。
⑤《满文原档》第2册，天命六年五月十四日，第95页。
⑥《满文原档》第3册，天命七年六月十一日，第134页。
⑦《满文原档》第6册，天聪三年十二月初八日，第371页。
⑧《正白旗满洲佐领共二十二员承袭原由》（嘉庆八年），《内阁全宗·清代谱牒档案·满文世袭谱档册》，编号407。

传闻。清太宗遂下令革去喀克笃礼世职。[①] 有关此事的记载仅见于《清太宗实录》，情节蹊跷。从文献记载看，喀克笃礼在太祖、太宗两朝先后担任副将、总兵官，虽然天聪六年在大凌河之战中失误，导致大纛被明军夺取，本人被降职，但入关前不少战将都有类似经历，不足为奇。喀克笃礼一直很受重用，却有逃回原籍的计划，其中应另有隐情。

虽然佐领被没收，但根据《正白旗满洲佐领共二十二员承袭原由》的记载，清太宗曾经令郑亲王济尔哈朗转告康古礼之子赖塔等人，撤出佐领是为了惩罚喀克笃礼，其子侄无罪，如果能效力赎罪，可将佐领给还。顺治八年，赖塔、赖图库等向本旗都统呈请给还佐领。因为清太宗的许诺仅限于口头，并没有文字佐证，于是顺治帝询问济尔哈朗，后者证明确有此事。满达海上奏，清世祖批准，康古礼原佐领以其子赖图库管理，喀克笃礼原佐领以康古礼之子赖塔管理。赖图库病故出缺，以其兄莽色（mangse）之子杭奇（hangki）五次管理。杭奇出缺后，以其子海伦（hailun）六次管理。海伦出缺后，以亲叔罗占（lojan）七次管理。罗占升任右卫护军参领，以海伦之子杭禄（hanglu）八次管理。杭禄出缺后，以其子哈唐阿（hatangga）九次管理。哈唐阿因病开缺，以亲伯西图库（situku）之子拜唐阿息冲格（sicungge）十次管理。

乾隆二年，佐领息冲格呈报佐领根原，佐领档册没有记载详情，因为原立佐领人康古礼生色呼德、莽色、赖图库三子，色呼德、赖图库管过佐领后绝嗣，只能以莽色之子杭奇、罗占后人承袭。该佐领是以原立佐领人嫡派子孙管理的世管佐领，参照镶黄旗满洲托伦岱、莫伦岱佐领例承袭。乾隆三十年后适用《六条例》的"嫡派条"。

此后息冲格升任参将，以莽色之孙松林（sunglin）十一次管理。佐领档案记载此人为罗占之孙，《钦定八旗通志》记为罗占之子。松林病故出缺，以莽色三世孙禄保（luboo）十二次管理。禄保升任游击，经都统衙门奏请，以公隆兴代管。禄保病殁，以其子普宁安（puninggan）十三次管理。普宁安病殁出缺，亲叔祖吴章阿（ujangga）之子保善（boošan）十四次管理。保善因病开缺，以伯祖西图库三世孙伊里布（ilibu）十五次管理。伊里布

---

① 《清太宗实录》卷22，天聪九年二月癸卯，第297页。

因病出缺，以亲弟华沙布（hūwašabu）十六次管理。[1]

喀克笃礼佐领的发展过程与康古礼佐领一样。据《满文原档》收录的敕书，喀克笃礼也是那木都鲁路的诺班，[2] 投顺后建立军功，成为总兵官。殁后，佐领由其兄昂古（anggū）之子马克图（maktu）二次管理。马克图出缺后，以喀克笃礼之子绥精额（suijingge）三次管理。《八旗通志初集》未记上述两任佐领，《钦定八旗通志》同。[3] 天聪九年，因喀克笃礼之罪，该佐领以异姓苏拜管理。顺治八年，佐领给还，但并没有令喀克笃礼后人管理，而是由康古礼之子赖塔五次管理。究其原因，佐领被撤出是喀克笃礼之罪，与康古礼后人没有关系，且赖塔在顺治朝对南明的战争中表现卓异，所以获得佐领理所当然。赖塔出缺，清圣祖鉴于其功勋，特意下令"该佐领不给他人管理。都统赖塔攻克云南功勋卓著，嗣后该佐领不可出其嫡派子孙"，以亲孙三等侍卫福保（fuboo）六次拣放。福保革退出缺，以赖塔第五子拉都（ladu）七次管理。拉都缘事革退，以亲兄之子赛音图（saintu）八次管理。赛音图因罪革退，以亲兄瑚理（hūri）九次管理。

乾隆二年，佐领瑚理呈报根原，因该佐领经清圣祖钦定作为康古礼之子赖塔后人管理的世管佐领，喀克笃礼后人没有该佐领的继承权，故应以赖塔作为佐领根原，按照镶黄旗满洲托伦岱、莫伦岱佐领例分配分额，赖塔之子夸泽[4]、拉色（lase）、拉都（ladu）、夸喀（kūwaka）、费业楞（fiyelen）子孙有分。

此后瑚理病殁出缺，以亲伯费业楞之孙舒灵阿（šulingga）十次管理。舒灵阿病殁出缺，以长子隆兴（lunghing）十一次管理。隆兴病殁出缺，以次子祥敏（siyangmin）十二次管理。[5]

---

① 《正白旗满洲佐领共二十二员承袭原由》（嘉庆八年），《内阁全宗·清代谱牒档案·满文世袭谱档册》，编号 407。
② 《正白旗满洲佐领共二十二员承袭原由》（嘉庆八年），《内阁全宗·清代谱牒档案·满文世袭谱档册》，编号 407。
③ 《八旗通志初集》卷 5《旗分志五》，第 71 页；《钦定八旗通志》卷 6《旗分志七》，第103 页。
④ 满文家谱中此人名有误，无法转写。
⑤ 《正白旗满洲佐领共二十二员承袭原由》（嘉庆八年），《内阁全宗·清代谱牒档案·满文世袭谱档册》，编号 407。

八 兴堪地方库雅喇氏的世袭佐领

第五参领第十二佐领是克彻尼家族的世管佐领。据乾隆二年佐领德文（dewen）呈报的根原，克彻尼被称为克彻尼姑父（keceni gufu），原系兴堪噶山（hingkan gašan）之人，姓库雅喇氏，太祖时期投顺。据佐领档案，此人是东海一路的谙班。太宗时期利用自己东海女真首领的身份参与招抚、征讨东海女真，佐领根原对此记载比较详细，可补充其他史料之不足：

> （克彻尼）先将灰果洛（hui golo）七户带来后被派回，带来六十户。二次奉派，带来三户至额赫库伦安插。三噶山之人不服，讨平之，授骑都尉。五次，带兵将额赫库伦果洛带来。六次，为统兵大臣指路，前往齐录果洛，取之。七次，为统兵大臣指路，取阿库礼、尼满果洛。授三等轻车都尉。俘获阿达海，授予头等轻车都尉。①

《八旗满洲氏族通谱》记载克彻尼在灰果洛招抚了三百余户，人数较佐领根原多，可能有误。②

该佐领编设之年无考，佐领根原记载"初编佐领，将带来壮丁（gajiha hahasi）编为一个佐领，以克彻尼管理"。既然是"带来壮丁"，无疑是克彻尼从前领有以及后来招抚的东海女真人。

克彻尼年迈出缺，其子额克习讷（ekesine）二次管理。额克习讷出缺后，以佛衣宝（foiboo）三次管理。佐领根原记载此人为额克习讷之子，《八旗满洲氏族通谱》记为克彻尼之孙，两书记载比较接近。但《八旗通志初集》记载佛衣宝是额克习讷叔父之孙，那么佛衣宝就是克彻尼侄孙。《钦定八旗通志》因之。③ 这一问题不易考证，考虑到佐领根原由本家呈报，在世系这种问题上出现错误的可能性不大，所以笔者认为佛衣宝应为额克

---

① 《正白旗满洲佐领共二十二员承袭原由》（嘉庆八年），《内阁全宗·清代谱牒档案·满文世袭谱档册》，编号407。
② 《八旗满洲氏族通谱》卷34，第430页。
③ 《八旗通志初集》卷5《旗分志五》，第85页；《钦定八旗通志》卷7《旗分志七》，第123页。

习讷之子。佛衣宝在秦州阵亡，^①以其子德勒慎（delešen）四次管理。德勒慎年迈乞休，以其子松山（sungšan）五次管理。松山外任右卫协领，《钦定八旗通志》记为城守尉。^②其出缺后，以其子德文（dewen）六次管理。

佐领档案缺载该佐领清查佐领根原的情况，根据已有的承袭情况，该佐领应为世管佐领，且由原立佐领人克彻尼嫡派子孙承袭，应按照镶黄旗满洲托伦岱、莫伦岱佐领例承袭，德文和亲兄弟德恒（deheng）两支派子孙共同承袭。

此后德文外任知府，以其子阳春（yangcūn）七次管理。《钦定八旗通志》记载此人名"阳春保"。^③

九 和伦地方扎思瑚理氏家族的世管佐领

正白旗满洲第五参领第三佐领是真柱恳家族的世管佐领。《八旗通志初集》和《钦定八旗通志》记载该佐领"以蒙古明安马法处来归人丁编立"，似乎该佐领是一个蒙古佐领。^④光绪《钦定大清会典事例》所谓正白旗满洲有两个蒙古佐领，一是由乌鲁特蒙古组成的第五参领第十五佐领，另一个可能就是真柱恳佐领。但《八旗满洲氏族通谱》记载真柱恳"（世居）卦尔察和伦地方，国初率丁壮四十人来归"。^⑤乾隆二年佐领莫勒珲（melehun）呈报佐领根原时也提到佐领下壮丁原属蒙古明安玛法：

> 职高祖真柱恳原系和伦地方人，扎思瑚理氏，攻取乌喇之次年，自蒙古明安马法处带领四十壮丁逃来，授为骑都尉。初编佐领，以真柱恳管理。^⑥

---

① 《八旗满洲氏族通谱》卷34，第430页。
② 《钦定八旗通志》卷7《旗分志七》，第123页。
③ 《钦定八旗通志》卷7《旗分志七》，第123页。
④ 《八旗通志初集》卷5《旗分志五》，第83页；《钦定八旗通志》卷7《旗分志七》，第120页。
⑤ 《八旗满洲氏族通谱》卷42，第495页。
⑥ 《正白旗满洲共佐领三十员名册》（嘉庆八年），《内阁全宗·清代谱牒档案·满文世袭谱档册》，编号435。

真柱恳归顺时的详情无考,《满文原档》有敕书一道, 收录在新卦尔察 (ice gūwalca) 目下, 可与佐领根原对比:

> 真柱恳, 原系卦尔察果洛地方人, 撇弃父祖遗骸、出生之地、饮食, 陆上行走一月之程前来, 甚属可悯, 授为备御, 免死一次。因其投顺之功, 所有跟从前来之人, 子孙世代免徭役, 误犯死罪可赦免, 免罚款之罪, 施恩不断。①

根据以上史料, 真柱恳世居东海卦尔察, 投顺有功, 获得佐领当无疑问。据佐领档案, 该佐领下有八个穆昆, 最初都跟随真柱恳投顺清太祖。其中两个来自和伦, 分别姓扎思瑚理和占楚珲, 前者应该是真柱恳远族。另有卦尔察的吴扎拉、舍特勒、扎库塔和喜理氏, 还有库雅喇一族姓氏以及一个格济勒 (gejile) 氏族的原籍, 因档案胶片复制模糊无法判断。这些穆昆使用的都是女真姓氏而非蒙古姓氏, 六个穆昆原籍卦尔察, 一个来自库雅喇, 一个不详, 据莫勒珲称都是真柱恳旧属。因为卦尔察部落在明末受科尔沁蒙古统辖, 故《八旗通志初集》所谓"以蒙古明安马法处来归人丁编立"并无不妥。但光绪《钦定大清会典事例》以该佐领为"蒙古佐领", 则过于牵强。②

另检索《满文原档》, 真柱恳曾经与白塞 (baise) 出使科尔沁, 拜见奥巴台吉。③ 入关前出使蒙古之人, 或为投靠后金的蒙古人, 或为与蒙古有某种联系之人。如曾经前往蒙古宣谕的阿什达尔汉, 出身叶赫酋长家族, 其祖先被认为是章地方的蒙古人。可见曾生活在明安治下的真柱恳是熟悉蒙古地方情况、有能力在后金和蒙古之间牵线搭桥的人才。

真柱恳获得佐领之年不详, 根据敕书, 他应该在天命十一年获得备御爵位, 编设佐领当在此后。真柱恳故, 以其子都统科岳尔图 (koyortu) 二次管理。科岳尔图亡故出缺, 以亲弟副都统瓦尔达 (walda) 三次管理。瓦尔达出缺后, 以亲弟骑都尉兼一云骑尉恩起 (engki) 四次管理。恩起缘事

---

① 《满文原档》第4册, 天命十一年五月, 第414页。
② 光绪《钦定大清会典事例》卷1111《八旗都统·佐领·满洲佐领》,《续修四库全书》第813册, 第384页。
③ 《满文原档》第3册, 天命八年二月十九日, 第231页。

革退，以其子吴雅图（uyatu）五次管理。吴雅图革退出缺，以亲叔之孙莫勒珲（melehun）六次管理。

乾隆二年，莫勒珲呈报佐领根原，以佐领一直由真柱恳子孙管理，主张定为世管佐领，且只有真柱恳后人有承袭权。正白旗都统弘盛根据雍正九年内阁的奏折，以及真柱恳带领四十壮丁投顺之事《实录》、无圈点档不载，但见于敕书，于乾隆二年十二月初八日奏准定为世管佐领。乾隆五年，办理佐领给分事务大臣根据该佐领由真柱恳初管后，由其子科岳尔图两子恩起、瓦尔达承袭，确定应按照镶黄旗满洲托伦岱、莫伦岱佐领例世袭。乾隆三十年颁布《六条例》，该佐领适用"嫡派条"。

此后莫勒珲出缺，其子哲谟克尼七次管理。哲谟克尼出缺后，其子保善管理。①

第五节　新满洲世袭佐领

新满洲，满语 ice manju，指散布在图们江、乌苏里江及以东的东海虎尔哈、渥吉、瓦尔喀等女真人，以及黑龙江流域及以北的索伦等族群。②新满洲控制的地区盛产人参、毛皮，能为后金政权带来可观的财富，而新满洲以渔猎为生，擅长射猎，即便到清中后期也是重要的兵源。后金时期，清太祖、太宗将相当数量的当地壮丁编入佐领，即上文考察的东海女真佐领。康熙时期，又将新满洲编设佐领。不过过程与入关前有很大差异。首先，这一时期的佐领多为当地噶山大出身，最初组织人丁向朝廷进献土产，后来出于加强控制、补充驻防的目的，清廷将噶山大任命为佐领。编设佐领后，一部分留在原地，一部分南迁至盛京，另有四十个被编入京旗。此外，很多新满洲人丁并没有被单独编为佐领，而是分配给人丁不足的满洲、蒙古佐领。

康熙朝新编的四十个新满洲佐领，正白旗满洲得到其中四个。其中第

---

① 《正白旗满洲共佐领三十员名册》（嘉庆八年），《内阁全宗·清代谱牒档案·满文世袭谱档册》，编号 435。
② 《关于满族形成中的几个问题》，《王锺翰清史论集》第 1 卷，中华书局，2004，第 128、129 页。

一参领第十二佐领由索伦壮丁组成，因族中争讼由世管佐领改为公中佐领。第五参领第十佐领编设于康熙二十一年，最初为半个佐领，由头等侍卫巴当阿管理，后扩编为整个佐领。《钦定八旗通志》记载巴当阿之后，其两子花善、傅成额二次、三次管理佐领，第四任顺保为傅成额族兄，但此后传承关系记载不明。[①] 检索佐领承袭档案，没有该佐领的记载，所以笔者认为该佐领最初可能是巴当阿的世管佐领，后因故改为公中。另外两个佐领（第四参领第十五佐领、第五参领第十一佐领）为世管佐领。

一 喀木屯托活洛氏的世管佐领

第四参领第十五佐领是奇木纳家族的世管佐领。《钦定八旗通志》记载该佐领是康熙十三年初编的盛京新满洲四十佐领之一。[②] 佐领根原对编佐领、佐领进京的经过有较详细的记载：

> 奇木纳原系喀木屯地方人，托活洛氏，康熙十三年初编新满洲佐领四十个，由噶山大补放佐领。圣祖仁皇帝降旨：奇木纳原系喀木屯地方人，世代输诚纳贡，归顺有年，又率四十一户一百五十八丁迁居宁古塔，与旧满洲官兵一体效力，甚属可嘉。因授予云骑尉。至盛京后，奇木纳年老革退，以长子拜当阿管理……康熙二十一年拜当阿因汉仗好，拣放二等侍卫，带来京城。以亲弟阿隆阿管理。当年经拜当阿跪奏，准阿隆阿带领佐领来京效力。[③]

阿隆阿升任三姓协领，以亲子敦拜（dumbai）三次承袭。乾隆二年清查佐领根原，敦拜以该佐领由奇木纳家族管理三辈四次，主张作为世管佐领。办理佐领根原事务王大臣、八旗都统奏准作为世管佐领。乾隆五年，办理八旗世职佐领给分事务处鉴于该佐领由奇木纳初管后，由其子拜当阿、阿隆阿两子承袭，拜当阿绝嗣，由阿隆阿一房承袭，符合原立佐领人嫡派

---

① 《钦定八旗通志》卷7《旗分志七》，第122页。
② 《钦定八旗通志》卷7《旗分志七》，第118页。
③ 《正白旗满洲佐领共二十二员承袭原由》（嘉庆八年），《内阁全宗·清代谱牒档案·满文世袭谱档册》，编号407。

子孙承袭例，奏准按镶黄旗满洲托伦岱、莫伦岱佐领例承袭。乾隆三十年颁布《六条例》，该佐领适用"嫡派条"。

敦拜病故出缺，以其子兴福（hingfu）五次管理。兴福因赌博革退，以阿隆阿之孙、阿林泰（alintai）之子明德（mingde）六次管理。明德病故出缺，以敦拜之子兴禄（hinglu）七次管理。兴禄病故出缺，以长子那兴阿（nahingga）八次管理。

该佐领作为奇木纳的世管佐领，应由其子拜当阿和阿隆阿两房管理。拜当阿绝嗣，此后佐领一直由阿隆阿两子敦拜和阿林泰后人继承。

二　松花江吴扎拉氏的世管佐领

第五参领第十一佐领是深特赫（šentehe）初管的世管佐领。据《正白旗满洲世管佐领桂山管理佐领根原册》，该家族始祖苏完延（suwayan）系松花江地方人，此人情况不详，归顺年份无考。《八旗满洲氏族通谱》记正白旗苏完延世居松花江，吴扎拉氏。佐领根原详细记载编设佐领的始末，是研究新满洲佐领的珍贵史料：

> 康熙三十八年，头等侍卫深特赫、二等侍卫诺吉墨珲、三等侍卫纳哈布于木兰围场叩请圣祖仁皇帝，恳请将两个佐领下族人合为一个佐领。随将法雅佐领下深特赫等三十一丁、福勒都佐领下纳哈布等七十一丁一并归入福勒都佐领。是年，福勒都佐领连旧满洲九十九名，共计满洲二百一丁，因该佐领满洲人多，叩请将该族编一个佐领。奉旨：交该旗议奏。钦此钦遵。该参领佛保饬佐领福勒都查得，所有满洲二百一名是实，应否编一个佐领之处谨奏。奉旨：分编。钦此钦遵。拣放佐领时，以头等侍卫深特赫，二等侍卫诺吉墨珲、豆齐讷、三等侍卫纳哈布、色希德，护军校色瑚德带领引见。奉旨：以深特赫管佐领。[1]

深特赫出缺绝嗣，以其远族头等侍卫诺吉墨珲（noimohūn）二次管理。诺吉墨珲出缺后，因为此时深特赫出缺，以诺吉墨珲之子带领引见，

---

[1] 《正白旗满洲世管佐领桂山管理佐领根原册》（同治十二年），《内阁全宗·清代谱牒档案·满文世袭谱档册》，编号369。

清圣祖认为"该佐领不可出深特赫一家"，特命以深特赫侄、堂弟色古德（segude）之子专图（juwantu）继承。

乾隆二年，经都统弘盛认定，该佐领作为世管佐领。根据家谱，始祖苏完延生墨尔吉图（mergitu）、梅努（meinu）两子，梅努生色古德，墨尔吉图生深特赫。因深特赫绝嗣，堂侄专图以及远族诺吉墨珲都管过佐领，所以二人子孙有承袭资格，但专图后人优先。该佐领拣放时参照镶红旗满洲特克慎、富昌佐领例承袭。乾隆三十年之后，适用《六条例》的"绝嗣条"。

此后专图升任黑龙江协领，以其子巴尔泰（bartai）四次管理。巴尔泰出缺，其子台费英五次管理。台费英出缺后，以其长子佛尔清阿六次管理。佛尔清阿绝嗣，以亲弟福泰七次管理。福泰出缺后，其子桂山八次管理。

该佐领编设原因与奇木纳佐领不同。按照其他新满洲佐领的发展过程，苏完延在松花江地区很可能是噶山大，长期向清廷纳贡。奇木纳家族是先有人挑补侍卫，后经恩准将族人带来京城编设佐领。深特赫家族情况不同，从初次拣放佐领时该家族已经有多名侍卫、佐领编设时间较晚这两点来看，该家族已进京效力多年。进京之初，家族成员被分入两个佐领，深特赫等人显然是为了能够与驻京亲属骨肉团聚才挑选康熙三十八年在木兰围场向清圣祖提出申请的。

第六节　抬入的世袭佐领

八旗形成之初，后金的政治制度具有浓厚的封建色彩。清太祖以父汗的身份统治全国，并亲领黄旗，其余各旗分封给子侄。清太宗登基之初树立个人权威，但各旗旗主仍然有相当的独立性，甚至太宗"明虽有国，实不啻正黄旗一贝勒"。[①] 入关后通过清除多尔衮势力，清世祖将正白旗纳入麾下，形成了天子自将的上三旗和王公领属的下五旗。到了雍正时期，八旗实际上都已经属于皇帝，上下之别仅限于名义，但统治者仍然偶尔将下五旗功臣、皇亲抬入上三旗，以示褒奖。

----

① 《清史稿》卷239《列传第二十六·沈文奎》，第9512页。

抬旗大体可分两种，一种是将整个佐领从下五旗抬入上三旗，佐领类型一仍其旧。如镶红旗满洲第二参领第九佐领，第四任佐领为拉布敦。乾隆十五年，拉布敦在珠尔墨特那木扎勒之乱中殉难，清高宗特命将该佐领抬入正黄旗满洲，作为第三参领第十九佐领，以拉布敦之子隆保管理。[①] 另一种是将某个家族抬入上三旗。如乾隆二十一年，宁夏将军和起被尼玛、衮楚克车凌设计杀害。乾隆四十一年，清高宗将该家族从镶蓝旗抬入正黄旗，另编第二参领第十八佐领，以和起之弟和隆武管理。[②] 此类佐领如果人丁不足，则以其他家族人丁补充。

正白旗满洲有三个抬入佐领，分别是来保（laiboo）初管的第一参领第十八佐领、图巴（tuba）家族的第四参领第十六佐领以及布兰泰（bulantai）初管的第五参领第十六佐领。其中来保家族原隶内务府，其由侍卫升内务府总管，乾隆六年五月，清高宗因其效力多年，下令将其全族抬入正白旗满洲，并新编一个世管佐领。该佐领先后以来保、诚伦、灵椿祖孙三代管理。乾隆三十七年七月，奉旨改为公中佐领。图巴佐领和布兰泰佐领分别是世管佐领和轮管佐领，本节对其家族佐领做一考察。

一 图巴家族佐领

正白旗满洲第四参领第十六佐领是图巴初管的世管佐领。《八旗满洲氏族通谱》记载，图巴系扣恳氏，乃隶属满洲旗分的蒙古人，祖居喀喇沁。其父诺米彻臣，入关前投顺。[③] 乾隆二年佐领和深呈报佐领根原如下：

> 康熙二十二年九月初七日，圣祖仁皇帝降旨：内务府大臣图巴效力有年，着将图巴一族并三旗包衣佐领下所有索伦人丁查出，编设一个佐领，以图巴管理，着在镶白旗蒙古。[④]

---

① 《钦定八旗通志》卷4《旗分志四》，第74页。
② 《钦定八旗通志》卷4《旗分志四》，第68页。
③ 《八旗满洲氏族通谱》卷68，第755页。
④ 《正白旗满洲阳阿佐领下阳阿承袭佐领册》（光绪十一年），《内阁全宗·清代谱牒档案·满文世袭谱档册》，编号127。

该佐领由图巴家族六丁，以及巴朗（barang）、古禄格（guluge）二丁，包衣佐领下索伦四十三丁、镶黄旗达林佐领下入质索伦三等侍卫扎罕泰（jagantai）增入组成。所有侍卫、部员、内拜唐阿等仍令当差，其余人员俱在旗分听用。①

图巴出缺后，其子员外郎三格（sange）、尹达珲（yendahūn）、拜唐阿才住（tsaiju）带领引见。清圣祖认为"图巴两子无堪拣放佐领者"，以旗员三等侍卫和善（hūwašan）二次管理。和善外任黑龙江佐领，以散秩大臣纳木占（namjan）三次管理。纳木占因平庸革退，正白旗满洲仍将旗员带领引见，清圣祖降旨："朕将该佐领赏给内务府大臣图巴管理，着仍以图巴弟之子尚膳总领常在（cangdzai）管理。"康熙四十四年十一月十五日，头等侍卫常在具奏准将佐领移入满洲旗分。此后常在出缺，正白旗满洲将其子带领引见。清圣祖以"该佐领前因内务府大臣图巴之子年幼，方将伊弟之子常在拣放"为由，将图巴之子治仪正才寿（tsaišeo）拣放佐领。雍正四年，才寿被参革，以其子御前侍卫色冷（sereng）管理。色冷革退，以常在之子蓝翎侍卫和深（hešen）管理。《钦定八旗通志》没有提到和深与色冷的关系。②

乾隆二年，和深呈报佐领根原，都统弘盛查阅历年拣放佐领档案，与佐领根原一致，但没有在档案中找到"将该佐领赏给图巴"字样，且该佐领由别房及异姓管过，要么定为世管佐领，以图巴、其亲弟子孙拣放，要么定为公中佐领，将图巴、常在子孙与旗员一并带领引见。办理佐领根原事务王大臣认为，清圣祖下令编佐领时明确提到图巴效力多年，令其管理新编佐领，且在常在出缺之后拣放图巴之子才寿，明确提到该佐领赏给图巴管理，所以该佐领能否世袭还是一个问题。庄亲王允禄将此事奏明清高宗，清高宗谕："和深此佐领不得作为世管佐领，着定为照纪大礼例承袭之佐领。"确定佐领类型后，办理佐领给分事务王大臣根据该佐领一直由图巴兄弟子孙承袭，奏准按照镶黄旗满洲鄂欣、图撒图例分配分额。乾隆三十年颁布《六条例》，该佐领适用"轮管条"。

---

① 《正白旗满洲共佐领三十员名册》（嘉庆八年），《内阁全宗·清代谱牒档案·满文世袭谱档册》，编号435。

② 《八旗通志初集》卷5《旗分志五》，第82页。

此后和深出缺，其子盛禄（šenglu）承袭。盛禄病故出缺，以其子明福（mingfu）承袭。明福绝嗣，以亲弟明通（mingtung）管理。明通出缺，以其子赫修（hoosio）管理。赫修出缺后，以其子庆贵（kinggui）管理。庆贵出缺后，以其子阳阿（yangga）管理。[1]

从承袭情况看，图巴三子三格、才柱、才寿，三格和才柱之子关德绝嗣，所以图巴后人中只有才寿子孙能承袭佐领。清圣祖曾明确该佐领应由图巴子孙管理，但该佐领从第七任开始一直由图巴之弟承袭，而才寿一支并未断绝。该佐领转由另一支承袭的原因不明。

二　布兰泰等家族的互管佐领

清世宗登基之初，对曾经竞争皇位继承权的皇子展开清算，他特别注意到八旗制度中主奴领属关系对皇权的威胁，因此将王公佐领、属下人丁拨入旗分佐领，切断王公私属与旧主关系，这是其削弱王公权力的重要步骤。正白旗满洲第五参领第十六佐领就是以亲王属下人丁编设的互管佐领。

该佐领编设于雍正二年，是年五月二十二日，清世宗发布上谕将裕亲王保泰属下部分人丁编入上三旗：

> 裕亲王所属人丁甚威，今者自都统以下，皆畏惧诸王、遵从诸王，独违抗朕旨。此非国家之好事。孙卓，粮储道实印，员外郎布兰泰、仓州，城守尉禅代等皆系明白之人，着将此等人抬入上三旗，并将伊等近族查明具奏。再，郎中萨哈齐、主事色赫礼、巴彦泰、查蓝、雅图着该部臣带领引见具奏，再降谕旨。该王门下中书、笔帖式等如有人去得，顾惜脸面，可教养青年者，着一并带领引见。[2]

裕亲王保泰在围绕储君的斗争中，属廉亲王允禩一派，所以清世宗上台后，先将其属下"明白之人"调出，另编佐领。当年十一月，因在为清

---

① 《正白旗满洲阳阿佐领下阳阿承袭佐领册》（光绪十一年），《内阁全宗·清代谱牒档案·满文世袭谱档册》，编号127。

② 《佐领花连布袭职原由册》（光绪二十一年），《内阁全宗·清代谱牒档案·满文世袭谱档册》，编号381。

圣祖服丧期间"在家唱戏为乐……又迎合廉亲王允禩,昧于君臣大义,奏言不逊,不忠不孝",被革去王爵,以长子广宁袭爵。[①] 雍正四年,清世宗又以"不感恩报效,反怀异志,退避不前,办事错谬"为由,将其革退,永远锁禁宗人府。[②]

重新组编佐领的命令颁布后,大学士马齐等将裕亲王属下官员带领引见,并且查明各相关人员家属男丁人数:

> 满洲都统下四格佐领(以下原文不清)亲兄弟子弟、近族共三十九名。满洲都统下(以下原文不清)佐领下粮储道徐林亲子弟、近族共十三名。蒙古都统下瓦齐礼佐领下银库员外郎兼公中佐领副参领布兰泰子弟近族共十六名。满洲都统下阿尤佐领下郎中五十三之父萨哈齐子弟近族二十六名。满洲都统下额尔赫善佐领下主事实印亲子弟近族共十五名。[③]

随后,清世宗下令将裕亲王属下人丁重新组合:

> 孙卓、五十三、实印等族人既请合编,着编为一个佐领。蒙古都统下布兰泰子弟、近族亦归入该佐领。即由布兰泰管理,将伊等抬入正白旗。布兰泰若升转,即于该四族内引见可管佐领之人,轮换管理。[④]

由此可知以上四个家族共有 109 名壮丁被编入新佐领。原立佐领人布兰泰(bulantai),佐领承袭档案没有记载其姓氏、出身,《钦定八旗通志》本传记载此人为拜都氏(baidu),原隶镶白旗蒙古,其父克什图(kesitu)由护军校从征布尔尼立功。布兰泰于康熙五十七年出任理藩院员外郎兼副

① 《清世宗实录》卷 26,雍正二年十一月壬戌,第 408 页。
② 《清世宗实录》卷 49,雍正四年十月辛巳,第 746—747 页。
③ 《佐领花连布袭职原由册》(光绪二十一年),《内阁全宗·清代谱牒档案·满文世袭谱档册》,编号 381。
④ 《佐领花连布袭职原由册》(光绪二十一年),《内阁全宗·清代谱牒档案·满文世袭谱档册》,编号 381。

佐领，后在北路军营管理台站，回京后任户部银库员外郎兼公中佐领。[①]
之所以选择此人初管，可能是因为当时他正好在兼管公中佐领，相比其他
人更熟悉佐领的工作。此后布兰泰颇受清世宗重用，先后出任山东布政使、
山西等地巡抚，乾隆时期任都统、副都统。[②]

布兰泰升任出缺，以孙卓（sunjo）亲叔曾祖那桑阿（nasangga）三
世孙哈尔图（hartu）二次管理。哈尔图出缺后，以布兰泰长子永贵
（yonggui）三次管理。永贵缘事革退，以五十三亲弟西平（siping）四次
管理。西平出缺后，以布兰泰之孙伊江阿五次管理。伊江阿升任出缺，以
孙卓亲叔那桑阿五世孙赛音布（saimbu）六次管理。赛音布出缺后，以布
兰泰二世孙国寿七次管理。国寿出缺后，以那桑阿六世孙穆精阿八次管理。
穆精阿出缺后，以五十三亲伯瓦喀那（wakana）四世孙书鲁（šulu）九次
管理。书鲁年迈告退，以那桑阿七世孙善福十次管理。善福出缺后，以布
兰泰四世孙绍秦（šaocin）十一次管理。绍秦出缺后，以那桑阿七世孙兴福
十二次管理。兴福出缺后，以五十三亲伯苏拜五世孙花连布十三次管理。

四个家族中，实印绝嗣，所以无人承袭佐领。《钦定八旗通志》记载该
佐领为四族合编，但实际上是三族互管。[③] 根据嘉庆八年《正白旗满洲佐
领根原册》中的承袭家谱，克什图（kesitu）生布达什礼（budasiri）、布兰
泰（bulantai）、傅兰泰（fulantai）三子，三房应当在同一佐领下，但只有
布兰泰一房管过佐领。孙卓家族一直由其叔曾祖那桑阿子孙承袭，原因不
明，或因孙卓早年绝嗣。五十三家族由其亲弟、亲伯后人管理。根据《正
白旗满洲花连布佐领根原册》，截至光绪二十一年，该佐领由布兰泰、孙卓
两家各管五次，五十三家族管理三次，从承袭先后顺序看也基本上做到了
轮流管理。[④]

---

① 《钦定八旗通志》卷 161《人物志四十一·布兰泰》，第 2752 页。
② 《钦定八旗通志》卷 161《人物志四十一·布兰泰》，第 2752 页。
③ 《八旗通志初集》卷 5《旗分志五》，第 86 页。
④ 《佐领花连布袭职原由册》（光绪二十一年），《内阁全宗·清代谱牒档案·满文世袭谱档
　册》，编号 381。

第四章

八旗蒙古的世袭佐领

——以镶黄旗为例

自元朝灭亡后，蒙古族逐渐形成漠南、漠北、漠西三部。其中居住在漠南蒙古东部的科尔沁、扎鲁特、喀喇沁等部落与女真比邻而居，两个族群在人员、物质和文化方面的交往非常频繁。17世纪初，察哈尔部林丹汗崛起，蒙古内部分裂，科尔沁等左翼蒙古陆续倒向后金。林丹汗消灭了右翼的喀喇沁和土默特部，后者穷蹙投靠清太宗。女真统治者一方面对投诚首领采取盟誓、赏赐、联姻、赐予官职等手段拉拢之，一方面对背盟、首鼠两端者施加惩罚。林丹汗败亡之后，漠南蒙古臣服，清太宗将部分已经被纳入八旗的蒙古人编为八旗蒙古，仍在蒙古故地者编为扎萨克旗，二者都有佐领、旗之名，但一个隶属八旗都统，一个隶属蒙古衙门，名同而实异。

根据《满文原档》、《清实录》以及《钦定八旗通志》等文献，入关前投靠的蒙古人大致可分为四类。一是主动寻求保护的蒙古贵族，二是为了躲避天灾、战乱、领主剥削的阿勒巴图，三是离开蒙古地区为叶赫、明朝效力的蒙古人，四是被俘、招抚人员。天聪九年二月编八旗蒙古之前，投靠后金的蒙古人丁通常"均隶各旗"。[①] 但蒙古酋长归顺时往往带来一定数量的属民，为了尊重蒙古贵族的领属权，清太祖、太宗会将他们的人丁编为佐领，这就是蒙古佐领的来源。例如《满洲实录》记天命六年古尔布什投顺后"给以满洲牛录一，凡三百人，并蒙古牛录一，授为总兵"。[②]《清史稿》记天命八年

---

① 《钦定八旗通志》卷18《旗分志十八》，第310页。
② 《满洲实录》卷7，天命六年十一月，第336—337页。

194

设立蒙古牛录，^① 据《满文原档》天命八年六月初二日的一条记载，蒙古佐领的出现不晚于此："吴讷格、茂巴里奏请于汗。汗谕：着免托克托伊备御，以托赫齐为备御，仅管蒙古牛录，停管汉人。"^② 可见蒙古佐领初编之年不晚于天命八年，至于准确时间则难以断定。不过此时很多蒙古佐领后来并没有被编入八旗蒙古。如古尔布什佐领被分入镶黄旗满洲；天命七年从广宁投降的乌鲁特贵族吹尔扎勒被编入正蓝旗满洲，其余族人分布于满洲各旗。所以这些蒙古贵族所有的蒙古佐领与后来的八旗蒙古佐领还是不同的。

随着蒙古人丁增多，佐领数量亦相应增加。据《钦定八旗通志》，明确编设于天命四年、后编入八旗蒙古的佐领共计十个，七年、八年各一个。天聪九年二月，清太宗谕编审包括原来蒙古左右翼二营以及来投的喀喇沁苏布地塔布囊等部众的新旧喀喇沁壮丁，凡年在六十岁以下、十八岁以上的蒙古人，以及被从蒙古带来的汉人都在此范围内。此次共编审壮丁一万六千余人，约半数编入固鲁思奇布、色稜等统领的三个外藩旗，半数编为八旗蒙古。每旗设都统一名，副都统、参领各二名。^③ 此后八旗蒙古佐领数量虽然增加，但每旗两个参领的规模不变。此次编旗情况见表4-1。

表4-1　天聪九年二月蒙古编旗情况

旗分	人丁来源	人数	都统
正黄	津扎、多尔济、布崖、阿玉石、拜都、塔拜、巴布泰、浑齐、吴巴什等之壮丁及在内旧喀喇沁壮丁	1256	阿代
镶黄	吴思库、拜浑岱等之壮丁及在内旧喀喇沁壮丁	1045	达赖
正红	昂阿、甘济泰、喇嘛斯希、库鲁格、巴特马、海塞、苏班达礼、卜达礼等之壮丁及在内旧喀喇沁壮丁	870	恩格图
镶红	苏木尔、赖胡尔、噶尔图、绰思熙等之壮丁及在内旧喀喇沁壮丁	1016	布彦代
正白	布尔哈图、阿玉石、苏班、齐古喇海、莽古尔代、塞内克什鲁克等之壮丁及在内旧喀喇沁壮丁	890	伊拜
镶白	喇木布里、诺云达喇、阿兰图、什里得克、桑噶尔寨等之壮丁及在内旧喀喇沁壮丁	980	苏纳

---

① 《清史稿》卷117《志九十二·职官四·八旗都统》，第2414页。

② 《满文原档》第4册，天命八年六月，第11页。

③ 《清太宗实录》卷22，天聪九年二月丁亥，第292页。

续表

旗分	人丁来源	人数	都统
正蓝	什喇祁他特、喀喇祁他特、考祁他特等之壮丁及在内旧喀喇沁壮丁	860	吴赖
镶蓝	诺木齐、石喇图、纳勒图、桑奈、张素、绰克图、诺密弩木赛、阿衮等之壮丁及在内旧喀喇沁壮丁	913	扈什布

《钦定八旗通志》明确记载九个佐领编设于天聪九年。此次编旗设佐以喀喇沁人丁为主，但存在一些例外。因"天聪九年编审蒙古牛录时，以八旗蒙古牛录甚少，令八旗各添二牛录"，[①] 所以还增设了非喀喇沁的佐领。如正红旗右参领第三佐领，该佐领以恩克从科尔沁带来的一百二十户壮丁编成。九月，又将从鄂尔多斯济农处获得的察哈尔壮丁八百名补入各旗。此后陆续增编，截至顺治元年，八旗蒙古共有 122 个佐领（117 个整佐领，5 个半分佐领），数量少于满洲、汉军。顺治时期增编整佐领 8 个、半分佐领 2 个，半分佐领扩编为整佐领 3 个。康熙时期因人丁繁衍，加之部分投靠被俘的察哈尔、厄鲁特人被增入各佐领，又编设了 81 个佐领，其中 68 个是滋生佐领，原有的半分佐领也都扩编为整佐领。雍正时期只增加镶黄旗左参领第十四佐领一个佐领，八旗蒙古佐领总数达到 204 个。此后截至光绪时期，数量没有变化。笔者依据光绪《钦定大清会典事例》制作八旗蒙古佐领数量变化情况如表 4-2。

表 4-2　八旗蒙古佐领数量统计

单位：个

旗分	入关前	顺治	康熙	雍正	乾隆	光绪
镶黄	16	17	27	28	28	28
正黄	13	14	24	24	24	24
正白	16	16	29	29	29	29
正红	14	14	22	22	22	22
镶白	16	17	24	24	24	24
镶红	14	16	22	22	22	22
正蓝	18	20	30	30	30	30
镶蓝	15	17	25	25	25	25

① 《钦定八旗通志》卷19《旗分志十九》，第339页。

从佐领类型看，因为天聪八年、九年设立专管佐领时蒙古贵族被排除在外，所以八旗蒙古没有优异世管佐领。受限于史料，乾隆六十年之前的各种类型佐领数量不详，据《钦定八旗通志》，嘉庆初期八旗蒙古世管佐领数量最多，达到 98 个（48%），勋旧佐领 20 个（9.8%），轮管佐领 4 个（2%），族袭佐领 8 个（3.9%），公中佐领 74 个（36.3%）。再与光绪《钦定大清会典事例》的记载对比，此后只有正蓝旗的一个世管佐领被改为公中佐领，其余佐领类型无变化。笔者依据以上两种文献统计八旗蒙古佐领类型情况如表 4–3。

表 4–3　八旗蒙古佐领类型统计

单位：个

旗分	《钦定八旗通志》					光绪《钦定大清会典事例》				
	勋旧	世管	轮管	族袭	公中	勋旧	世管	轮管	族袭	公中
镶黄	2	22			4	2	22			4
正黄	2	10		2	10	2	10		2	10
正白	2	18	1	1	7	2	18	1	1	7
正红	2	11			9	2	11			9
镶白		10	1	1	12		10	1	1	12
镶红	4	5		3	10	4	5		3	10
正蓝	8	12		1	9	8	11		1	10
镶蓝		10	2		13		10	2		13
总计	20	98	4	8	74	20	97	4	8	75

为了进一步考察八旗蒙古世袭佐领的编设与承袭，本章利用中国第一历史档案馆藏嘉庆十八年《镶黄旗蒙古世管佐领家谱袭职原由档》（以下简称《原由档》）以及《满文原档》、《钦定八旗通志》等文献，对镶黄旗蒙古的世袭佐领做一考察。笔者依据《钦定八旗通志》及《原由档》统计镶黄旗蒙古佐领情况如表 4–4。

表 4-4 《原由档》所记镶黄旗蒙古佐领情况

参领、佐领	编设时间	初管	原籍	备注
右 1	入关前	松爱	叶赫	
右 2	康熙九年	寿实德	叶赫	第一佐领滋生
右 3	顺治三年	古禄	喀喇沁	
右 4	天聪六年	衮楚斯	喀喇沁	
右 5	天聪六年	多多厄		
右 6	康熙十一年	笃尔玛		第五佐领滋生
右 7	清初	讷岳多	喀尔喀	
右 8	康熙十一年	罗布西	喀尔喀	第七佐领滋生
右 9	天聪九年	巴特马	土默特	
右 10	康熙朝	阿南达		第九佐领滋生
右 11	康熙十一年	国礼		第一佐领滋生
右 12	太宗朝	苏班代	喀喇沁	
右 13	康熙三十四年	爱育玺	察哈尔	
右 14	康熙三十三年	五十八	察哈尔	
左 1	太祖朝	铎科索和		
左 2	康熙八年	度尔拜		第一佐领滋生
左 3	天聪九年	华奇塔特	喀喇沁	
左 4	太宗朝	西喇巴牙拉	扎鲁特	第一佐领滋生
左 5	天聪朝	石尔坦	喀喇沁	
左 6	天聪朝	阿育玺	喀喇沁	
左 7	天聪六年	拜都	喀喇沁	
左 8	康熙十三年	巴达玛		本旗滋生余丁编设
左 9	天聪九年	吴塔齐	喀喇沁	
左 10	康熙二十三年	诺穆齐		第九佐领滋生
左 11	康熙朝	瓦哈那		第四佐领滋生
左 12	康熙二十三年	鄂尔贺岱		第三佐领滋生
左 13	康熙三十四年	外库		第五、第七佐领滋生
左 14	雍正二年	苏巴西礼		

以上 28 个佐领中有 12 个编设于清初和天聪时期。其中左参领第一佐领编于太祖时期，是为最早。其次为右参领第四、第五佐领，左参领第七佐领，皆编设于天聪六年，由喀喇沁人丁组成，是天聪九年正式编设八旗蒙古时的所谓旧喀喇沁佐领。左参领第三佐领等都是天聪九年出现的佐领。入关后增设的佐领除了右参领第三、第十三、第十四佐领和左参领第十四佐领外，都是康熙时期编设的滋生佐领。由苏巴西礼初管的左参领第十四佐领编设于雍正二年，不但是镶黄旗蒙古，而且是八旗蒙古中编设最晚的一个佐领。

从佐领类型看，该旗没有轮管、族袭佐领，世管佐领多达 22 个，是八旗蒙古之冠，而公中佐领只有 4 个，比其他旗少。4 个公中佐领可分为两类。一类由属于多个不同家族的佐领余丁编成。其中左参领第八佐领以上三旗六个佐领余丁合编，左参领第十三佐领由本旗左参领第五、第七两个世管佐领滋生人丁组成。第二类是由某个世袭佐领分出的公中佐领。右参领第六佐领是第五佐领的滋生佐领。第五佐领是多多扈家族管理的世管佐领，通常滋生佐领的类型至少在编设之初与原佐领一致，但第六佐领的第一任佐领笃尔玛不见于多多扈家谱，说明该佐领一开始就是公中佐领。有类似情况的还有以同参领第一佐领余丁编设的第十一佐领。

第一节　喀喇沁蒙古的世袭佐领

喀喇沁部（qaracin），祖先者勒蔑，姓兀良哈氏，其后裔在额沁河游牧。天聪二年，喀喇沁首领朵颜三卫都督都指挥苏布地（subudi）因"察哈尔汗不道，伤残骨肉……我喀喇沁部落被其欺陵，夺去妻子牲畜"，希望联合后金出兵攻打林丹汗，并于数月后率兵来会。[①] 此举促成清太宗第一次征讨林丹汗。天聪三年正月，清太宗"敕所部遵国宪"，开始将喀喇沁纳入后金统辖范围。同年，苏布地率众归降。[②] 九年，一部分所属人丁被编进佐领，由其子固鲁思奇布、色稜分别掌管左右翼，是为喀喇沁旗。另一部

①《清太宗实录》卷 4，天聪二年二月癸巳，第 56 页；九月乙亥，第 62 页。
②《钦定外藩蒙古回部王公表传》卷 23，《清代蒙古史料合辑》第 3 册，全国图书馆文献缩微复制中心，2003，第 592 页。

分与其他投顺蒙古编入八旗蒙古。

《钦定八旗通志》记载八旗蒙古共有 54 个喀喇沁佐领，当然该书错漏之处不少，有些喀喇沁佐领未被标明。如镶黄旗左参领第七佐领由喀喇沁人丁编成，但《钦定八旗通志》漏记，所以喀喇沁佐领的实际数量必不止 54 个。结合《钦定八旗通志》和《原由档》可知镶黄旗蒙古的原佐领有 8 个喀喇沁世袭佐领。本节分别考察。

一　古禄家族佐领

右参领第三佐领是古禄（guru）家族的世管佐领。根据佐领档案，古禄系英托霍洛（ingto holo）的喀喇沁蒙古，兀良哈氏。[1] 从姓氏判断应系苏布地同族，但此人投顺较晚。虽然喀喇沁人丁或被编入八旗蒙古，或被编入扎萨克旗，但仍有一些人在顺治时期才投靠清朝，获得封赏。如顺治四年贝子卓尔弼同其叔戴达尔汉率所部二百人投顺，授为三等甲喇章京。[2] 顺治三年，经理藩院题准，将与古禄同来人员编设一个佐领，以古禄管理。

古禄出缺后，以长子柯勒德（geredai）二次管理。柯勒德出缺后，以古禄次子色楞（sereng）三次管理。色楞出缺后，以柯勒德之子碧礼格图（biliktu）四次管理。碧礼格图出缺后，以色楞之子单达利（dandari）五次管理。《八旗通志初集》谓"以色楞弟之子单达利管理"，误。《钦定八旗通志》因之。[3] 出缺后，以弟渣穆素（jamsu）六次管理。渣穆素出缺后，以碧礼格图之子黑雅图（heyatu）七次管理。

根据家谱，始祖古禄生柯勒德、色楞。柯勒德生碧礼格图。色楞生巴朗（barang）、单达利、绰克图（coktu）、渣穆素四子。至乾隆初，该佐领一直由古禄之子柯勒德、色楞后人继承，是原立佐领人嫡派子孙承袭的世管佐领，参照镶黄旗满洲托伦岱、莫伦岱佐领例分配承袭分额，两支派后人都有继承权。乾隆三十年颁布《六条例》，该佐领适用"嫡派条"。

---

① 《镶黄旗蒙古世管佐领家谱袭职原由档》（嘉庆十八年），《内阁全宗·清代谱牒档案·满文世袭谱档册》，编号 88。

② 《清世祖实录》卷 34，顺治四年九月壬申，第 279 页。

③ 《八旗通志初集》卷 11《旗分志十一》，第 191 页；《钦定八旗通志》卷 18《旗分志十八》，第 313 页。

此后黑雅图出缺，以其子端柱（dunju）八次管理。端柱出缺后，以其子瑚图理（hūturi）九次管理。瑚图理出缺后，以其子多宁（doning）十次管理。

该佐领作为嫡派子孙承袭的世管佐领，柯勒德、色楞两房子孙都有继承权。

色楞四子中，管过佐领的单达利、渣穆素绝嗣，只有长房巴朗、三房绰克图有后人，但这两房子孙没有管过佐领。柯勒德一房直至其孙黑雅图都是单传，黑雅图生端柱、额勒登额（eldengge）、兑亲（duicin）、赛音扎布（sainjab）四子，只有长子端柱之长房一直承袭。该家族只有一个佐领，且基本上被长房垄断。

二 衮楚斯家族佐领

右参领第四佐领是衮楚斯（guncus）家族的世管佐领。衮楚斯系兀良哈氏，是喀喇沁地方塔布囊，与苏布地同族。《原由档》未明确记录佐领编设时间，仅称此人"与众塔布囊于太宗皇帝时投顺，编设半个佐领，以衮楚斯管理"。[1]《钦定八旗通志》记编于天聪六年，应是旧喀喇沁佐领之一。[2]

衮楚斯出缺后，以其子塞默（semu）二次管理。塞默出缺后，以其子希拉（sira）三次管理。康熙二年人丁溢额，编为整个佐领。希拉出缺后，以其弟大青（daicing）四次管理。大青出缺后，以其子敦柱克（dunjuk）五次管理。敦柱克因病呈请开缺，以伯希拉二世孙纳蓝图（narantu）六次管理。

至乾隆初，该佐领一直由衮楚斯后人继承。根据家谱，衮楚斯生塞默，塞默生希拉和大青两子。该佐领是原立佐领人嫡派子孙承袭的世管佐领，参照镶黄旗满洲托伦岱、莫伦岱佐领例分配承袭分额，衮楚斯后人都有继承权。乾隆三十年颁布《六条例》，适用"嫡派条"。

此后纳蓝图升任察哈尔总管，以叔曾祖大青二世孙那彦（nayan）七次管理。那彦出缺后，以亲叔佛禄（folu）之子那亮（naliyang）八次管理。那亮出缺后，以其子凤太（fungtai）九次管理。

---

① 《镶黄旗蒙古世管佐领家谱袭职原由档》（嘉庆十八年），《内阁全宗·清代谱牒档案·满文世袭谱档册》，编号88。
② 《钦定八旗通志》卷18《旗分志十八》，第313页。

三　苏班代家族佐领

右参领第十二佐领是苏班代（subandai）家族承袭的世管佐领。《原由档》记该佐领根原如下：

> 修建义州城、屯田时，进兵至锦州附近，苏班代自杏山台派人生擒坐台汉人五名，带领三十五户，于崇德五年七月初八日投顺太宗皇帝。初编半个佐领，以苏班代管理。顺治十八年，将正蓝旗察哈尔二十壮丁抬入，编为整个佐领。①

由此可知苏班代是喀喇沁蒙古，归顺明朝在先，松锦之战时投顺清朝。佐领档案对归降一事仅此寥寥数字，《清太宗实录》记载原委较详：

> 先是，蒙古多罗特部民苏班代、阿巴尔代往投明国，于杏山西五里台居住。至是苏班代、阿巴尔代密遣托克托内禀称：我等三十家六十余人情愿归降，乞急发兵来迎。②

实录此处记载投诚三十家，但后文以及《原由档》《钦定八旗通志》记为三十五户，③《原由档》记俘获汉人五名，《钦定八旗通志》记六名，差距不大。苏班代投降只带来六十余人，和此前从蒙古地区或广宁等城市投顺之人相比，人数并不算多。但他从明军控制的据点投顺，本身冒相当风险，清军借往迎归降之机，以少胜多，取得了不错的战绩，所以清太宗授予他三等甲喇章京，带来的人丁也被编为半个佐领。④

苏班代出缺后，以次子库禄克（kuluk）二次管理。《八旗通志初集》记为第三子。检索《原由档》承袭家谱，苏班代只有博忠（bejung）和库禄

---

① 《镶黄旗蒙古世管佐领家谱袭职原由档》（嘉庆十八年），《内阁全宗·清代谱牒档案·满文世袭谱档册》，编号88。
② 《清太宗实录》卷51，崇德五年五月丁酉，第686页。
③ 《清太宗实录》卷52，崇德五年七月丁亥，第697页；《钦定八旗通志》卷18《旗分志十八》，第316页。
④ 《清太宗实录》卷52，崇德五年七月丁亥，第697页。

克两子,《八旗通志初集》或有误。《钦定八旗通志》因之。[①] 库禄克出缺后，以其子雅图（yatu）三次管理。雅图残废告退，以亲伯博忠之子色尔古楞（sergulang）四次管理。色尔古楞缘事革退，仍以雅图五次管理。雅图绝嗣，以色尔古楞六次管理。色尔古楞出缺后，以其长子苏兴（suhing）七次管理。

根据家谱，苏班代生博忠和库禄克两子。库禄克生雅图。博忠生色尔古楞。色尔古楞生苏兴、苏明（suming）。至乾隆初期，该佐领由苏班代之子博忠和库禄克后人承袭，故该佐领是原立佐领人嫡派子孙承袭的世管佐领，参照镶黄旗满洲托伦岱、莫伦岱佐领例分配承袭分额，衮楚斯后人都有继承权。乾隆三十年颁布《六条例》，该佐领适用"嫡派条"。

苏兴出缺后，以长子景住（jingju）八次管理。景住缘事革退，以亲弟多海（dohai）九次管理。多海因病告退，以长子塔斯哈（tasha）十次管理。

该佐领是世管佐领，以管过佐领之人子孙承袭，原立佐领人苏班代之子博忠、库禄克两房都有继承权。库禄克之子雅图绝嗣，所以从第六任色尔古楞佐领起由博忠后人承袭。博忠之子色尔古楞生苏兴和苏明两子，但至嘉庆时期一直由苏兴一房承袭。

四　华奇塔特家族佐领

左参领第三、第十二佐领是华奇塔特（hūwa kitat）家族的世管佐领。第三佐领是天聪九年编设的原佐领，第十二佐领是康熙二十三年编设的滋生佐领。佐领档案收录了清太宗授予华奇塔特的袭官敕书：

> 华奇塔特，尔原系喀喇沁地方塔布囊，苏布地带领众塔布囊叛逃前来，尔带来壮丁一百二十八名，授为骑都尉，管理尔喀喇沁佐领。[②]

---

① 《八旗通志初集》卷11《旗分志十一》，第193页；《钦定八旗通志》卷18《旗分志十八》，第315页。

② 《镶黄旗蒙古世管佐领家谱袭职原由档》（嘉庆十八年），《内阁全宗·清代谱牒档案·满文世袭谱档册》，编号88。

《清太宗实录》的记载可与此处对应：

> 叙从喀喇沁部落归附各官功，授阿玉石、额林臣为三等甲喇章京，布达礼、甘际泰、苏朗、阿兰、达什、巴特玛、夸祁他特、吴塔齐为牛录章京，俱仍管喀喇沁牛录事。阿玉石、额林臣、布达礼、甘际泰、苏朗、阿兰、达什、巴特玛原系喀喇沁部落亲属，夸祁他特、吴塔齐原系喀喇沁部落塔布囊。苏布地来归时，阿玉石率一百七十一人，额林臣率六十人，布达礼率一百三十人，甘际泰率四十人，苏朗率六十八人，阿兰率四十三人，达什率一百二人，巴特玛率一百五人，夸祁他特率一百二十人，吴塔齐率八十九人同至，故有是命。①

由以上两条记载可知华奇塔特虽然是塔布囊，但随带的壮丁数量并不亚于"部落亲族"。佐领档案和《钦定八旗通志》都没有记该佐领编设时间，《实录》所谓崇德二年"为牛录章京，俱仍管喀喇沁牛录事"，说明此人成为佐领长官在先，获得爵位在后。

华奇塔特出缺后，以子喇思遐布（lashib）二次管理。喇思遐布出缺后，以弟必达喇纳（bidarana）三次管理。必达喇纳出缺后，以弟绰什希（cosihi）四次管理。绰什希出缺后，以喀喇奇塔特（kara kitat）长子布达什里（budasiri）五次管理。布达什里出缺后，以西拉奇塔特（sira kitat）子卓尔宾（jolbin）六次管理。《八旗通志初集》记载此人为华奇塔特之子，《钦定八旗通志》同。②《原由档》正文记为"华奇塔特兄之子"，根据家谱，此人实系华奇塔特兄西拉奇塔特之子。卓尔宾年迈患病，以其子众神保（jungšemboo）七次管理。

根据家谱，该家族始祖巴雅尔塔布囊生华奇塔特、喀喇奇塔特、西拉奇塔特。华奇塔特作为原立佐领人，其三子先后承袭佐领，但都绝嗣，所以该佐领应按照镶红旗满洲特克慎、富昌佐领例分配承袭分额，原立佐领人兄弟支派共享承袭权。乾隆三十年后适用《六条例》中的"绝嗣条"。

---

① 《清太宗实录》卷36，崇德二年六月辛丑，第462页。
② 《八旗通志初集》卷11《旗分志十一》，第194页；《钦定八旗通志》卷18《旗分志十八》，第317页。

众神保出缺后，以其子岳灵阿（yolingga）八次管理。岳灵阿出缺，以西拉奇塔特之孙达尔玛（darma）九次管理。达尔玛出缺，以其子福禄（fulu）十次管理。福禄出缺，以堂侄兴德（hingde）十一次管理。兴德出缺，以其子明勋（minghiyūn）十二次管理。康熙二十三年由卓尔宾佐领分出一个滋生佐领，以卓尔宾之兄斋桑（jaisang）之子鄂尔贺岱（orhodai）初次管理。

该家族的原立佐领人华奇塔特绝嗣后，喀喇奇塔特也绝嗣，所以从第六任卓尔宾开始，只能由西拉奇塔特一支继承。西拉奇塔特生斋桑、巴布岱（babudai）、卓尔宾、诺穆岱（nomdai）四子。长房后绝嗣，第四房始终没有管过佐领，原佐领由第二房管理一次后一直由第三房承袭。康熙时期编设的滋生佐领经长房初管后，由第二房长期管理。

五　石尔坦家族佐领

左参领第五佐领是石尔坦（siltan）家族的世管佐领。该佐领根原如下：

> 本族系喀喇沁地方人，兀朗阿济尔门氏，曾祖石尔坦塔布囊于太宗朝自喀喇沁地方之上都河带来壮丁八十名，编设佐领，以石尔坦塔布囊管理。①

此条记载显示石尔坦是喀喇沁塔布囊，但未说明此人是不是跟随苏布地归降之人，编佐领时间亦阙如，《钦定八旗通志》按语"此佐领系天聪年间编设"，无法判断详情。②

石尔坦本人生平不详，出缺后由其弟保尔（bool）二次管理。保尔出缺后以其兄阿南达（ananda）三次管理。《八旗通志初集》记为二弟，《钦定八旗通志》同。③ 阿南达出缺后，以其子三吉泰（sanjitai）四次管理。三吉泰出缺后，以石尔坦之子查穆素（jamsu）五次管理。查穆素出缺后，以其子花色（hūwase）六次管理。花色出缺后，以叔诺穆萨理（nomsari）之子常

---

① 《镶黄旗蒙古世管佐领家谱袭职原由档》（嘉庆十八年），《内阁全宗·清代谱牒档案·满文世袭谱档册》，编号88。

② 《钦定八旗通志》卷18《旗分志十八》，第318页。

③ 《八旗通志初集》卷11《旗分志十一》，第194页；《钦定八旗通志》卷18《旗分志十八》，第318页。

明（cangming）七次管理。常明出缺后以其子巴尔泰（bartai）八次管理。

根据家谱，石尔坦、阿南达、保尔为三兄弟，至乾隆初期三房陆续管理佐领。此时保尔已经绝嗣，但他并非原立佐领人，所以该佐领是由兄弟支派轮流承袭的世管佐领，应按照正黄旗满洲鄂欣、图撒图佐领之例分配分额，石尔坦、保尔两支子孙共同继承佐领。乾隆三十年后适用《六条例》中的"轮管条"。

此后巴尔泰出缺，以其弟亭住（tingju）九次管理。亭住出缺后石尔坦之孙保住（booju）十次管理。保住出缺后，以其子八十五（bašiu）十一次管理。八十五出缺后，以其子长太（cangtai）十二次管理。

该佐领是兄弟各房共同承袭的世管佐领。石尔坦、阿南达、保尔三兄弟先后管理佐领，故三房子孙都有继承权。第三房保尔绝嗣，实际上只有石尔坦、阿南达支派能管理佐领。石尔坦生查穆素、玛尼、诺穆萨礼三子，长支管理两次后绝嗣，诺穆萨礼长子常明一支管过三次后，改由玛尼次子保住后人管理。该家族只有一个佐领，所以只能以多个支派共管，石尔坦之弟阿南达后人虽然可以继承佐领，但从其子三吉泰第四次管理佐领之后，再也没有管过佐领。原因或在于支派六代单传，人丁较石尔坦一房少，承袭概率降低。

六 阿育玺家族佐领

左参领第六佐领是阿育玺（ayusi）家族的世管佐领。《原由档》记载阿育玺"系喀喇沁地方谙班亲属，苏布地带领众塔布囊来投时，阿育玺带来壮丁一百七十一名，编为一个佐领，以阿育玺管理"。[1] 郭成康认为《清太宗实录》天聪九年编审喀喇沁壮丁时被分入正黄旗蒙古的阿玉石即此人。[2] 崇德二年"叙从喀喇沁部落归附各官功"，因"苏布地来归时，阿玉石率一百七十一人"，封三等甲喇章京。[3] 此阿玉石的身份、带来人丁数量都与镶黄旗的阿育玺吻合，无疑是同一人。

阿育玺初管佐领，出缺后其子巴朗（barang）二次管理。巴朗出缺后，

---

[1] 《镶黄旗蒙古世管佐领家谱袭职原由档》（嘉庆十八年），《内阁全宗·清代谱牒档案·满文世袭谱档册》，编号88。

[2] 郭成康：《清初蒙古八旗考释》，《民族研究》1986年第3期。

[3] 《清太宗实录》卷36，崇德二年六月辛丑，第462页。

以其子色冷（sereng）三次管理。色冷出缺后，以其子官福（guwanfu）四次管理。

据家谱，阿育玺生巴朗，巴朗生色冷，色冷生官福、官禄（guwanlu）、官德（guwande）三子，至乾隆初期，该佐领一直由阿育玺嫡系后裔管理，所以是由原立佐领人嫡派子孙继承的佐领，参照镶黄旗满洲托伦岱、莫伦岱佐领例分配分额，官福兄弟三房子孙都有继承权。乾隆三十年后适用《六条例》中的"嫡派条"。

官福出缺，以亲弟官禄五次管理。官禄出缺，以其子穆成额（mucengge）六次管理。穆成额出缺后，以其子孝顺阿（hiyoošungga）七次管理。孝顺阿出缺后，以其子瑞宁（žuining）八次管理。

阿育玺支派人丁不多，截至嘉庆时期只有五支，且有一支绝嗣，所以承袭情况简单。自阿育玺至其孙巴朗单传，佐领由祖孙三代先后管理，只有阿育玺子孙有承袭权。官福、官禄、官德三支中，第二支传三代后绝嗣，只管过一次佐领。第三支不知何故一直没有管过佐领。从第四任至第八任佐领，皆由长支官福支派担任。

七　拜都家族佐领

左参领第七佐领是拜都（baidu）家族的世管佐领。佐领根原记载拜都为"兀良哈济尔们氏，系喀喇沁地方蒙古，与一百五十一壮丁自喀喇沁地方投顺太宗皇帝，初编佐领，以拜都管理"。[①]《钦定八旗通志》明确记载该佐领编设于天聪六年，系天聪九年编旗时所谓的旧喀喇沁蒙古。[②]

拜都事迹不详，《钦定八旗通志》记"从征阵亡"，[③]佐领由堂弟三泰（santai）二次管理。三泰年迈辞退，以拜都之子额德勒库（edeleku）三次管理。额德勒库缘事革退，以伯弩塔（nuta）四次管理。弩塔出缺后，以拜都之孙诺木图（nomtu）五次管理。诺木图缘事革退，以拜都之孙常保（cangboo）六次管理。常保出缺后，以留保（lioboo）七次管理。

---

① 《镶黄旗蒙古世管佐领家谱袭职原由档》（嘉庆十八年），《内阁全宗·清代谱牒档案·满文世袭谱档册》，编号88。
② 《钦定八旗通志》卷18《旗分志十八》，第318页。
③ 《钦定八旗通志》卷18《旗分志十八》，第318页。

根据家谱，该家族始祖喀勒楚（kalcu）生拜思喀（baiska）和博礼（boli）。拜思喀生拜都，博礼生三泰。原立佐领人拜都和堂弟三泰两支承袭佐领，故该佐领属于兄弟间承袭佐领，参照镶黄旗满洲鄂欣、图撒图佐领例分配分额，拜都、三泰子孙都有继承权。乾隆三十年后适用《六条例》中的"轮管条"。

留保出缺，以其子增禄（dzenglu）八次管理。增禄出缺，以其子舒恒（šuheng）九次管理。舒恒出缺，以其子贤成（siyanceng）管理。

该佐领属于由原立佐领人兄弟承袭的佐领，但拜都两子额德勒库、班岱以及三泰长子弩塔绝嗣，故只能由三泰之子德利后人承袭。至嘉庆时期，该家族只剩三泰曾孙增禄一支三房能够管理佐领。

八　吴塔齐家族佐领

镶黄旗左参领第九、第十佐领是吴塔齐（utaci）家族的世管佐领，其中第九佐领为天聪九年编设的原佐领，第十佐领是康熙二十三年编设的滋生佐领。吴塔齐之名，在《原由档》中写作utaci，与《清太宗实录》的"吴塔齐"一致。① 《八旗通志初集》写作"吴达齐"，《钦定八旗通志》同。② 考更早的史料，东洋文库根据崇谟阁藏本的有圈点档整理的《满文老档》中四次使用karacin i utaci tabunang，③ 一次使用udaci。④ 《满文原档》崇德元年九月初八日条是用加圈点满文写成的，写作 utaci tabunong，⑤ 据此可推测 utaci 是正确写法。《八旗通志初集》在编纂时依据的可能是天聪年间的旧材料，当时的满文还不区分 ta、da，所以误为"吴达齐"，编纂《钦定八旗通志》时沿袭前误。

《钦定八旗通志》记载佐领编设于天聪九年，⑥ 佐领档案记载吴塔齐

---

① 《清太宗实录》卷36，崇德二年六月辛丑，第426页。
② 《八旗通志初集》卷11《旗分志十一》，第195页；《钦定八旗通志》卷18《旗分志十八》，第319页。
③ 如《满文老档·太宗朝》（东洋文库版）第5册，天聪五年三月初五日，第480页；天聪六年二月二十七日，第713页。
④ 《满文老档·太宗朝》（东洋文库版）第5册，天聪六年二月二十七日，第713页。
⑤ 《满文原档》第10册，崇德元年九月，第424页。
⑥ 《钦定八旗通志》卷18《旗分志十八》，第319页。

"原系喀喇沁地方塔布囊，天聪九年苏布地塔布囊带领众塔布囊叛逃前来，吴塔齐带来壮丁八十九名，初编佐领，以吴塔齐管理"。[1] 此事《清太宗实录》也有记载："叙从喀喇沁部落归附各官功……吴塔齐为牛录章京，（俱）仍管喀喇沁牛录事……吴塔齐率八十九人同至，故有是命。"实际上苏布地"带领众塔布囊叛逃前来"在天聪三年，佐领根原的表述不准确，容易使人以为苏布地天聪九年才投顺。

吴塔齐出缺缘故，《原由档》谓"获罪处决"。佐领以族弟那音达礼（noyandari）二次管理。那音达礼出缺后，以吴塔齐之子伊勒噶逊（ilgasun）三次管理。伊勒噶逊出缺后，以其子常保（cangboo）四次管理。常保出缺后，以其子色楞（sereng）五次管理。色楞缘事革退，以其弟占布喇（jambala）六次管理。占布喇出缺后，以亲兄拉什（rasi）之子克升额（kesingge）七次管理。

根据家谱，吴塔齐生伊勒噶逊。伊勒噶逊生常保、诺穆齐两子。至乾隆初期，该佐领除了第二任那音达礼为族人，都是吴塔齐子孙。因那音达礼绝嗣，所以佐领成为原立佐领人吴塔齐子孙承袭的佐领，按照镶黄旗满洲托伦岱、莫伦岱佐领例分配分额。乾隆三十年后适用《六条例》中的"嫡派条"。

克升额出缺后，以常保之孙、占布喇之子九柱（gioju）八次管理。九柱阵亡，以常保三世孙诺敏（nomin）九次管理。诺敏缘事革退，以其子沙京阿（šajingga）十次管理。沙京阿绝嗣，佐领转入诺穆齐支，以其孙福通（futung）十一次管理。康熙二十三年，常保管理佐领时人丁溢额，分出一个滋生佐领，由常保之弟诺穆齐管理。

虽然是吴塔齐嫡派子孙承袭的世管佐领，但吴塔齐之孙常保和诺穆齐两支派中，截至嘉庆时期原佐领只由诺穆齐曾孙管过一次，其余都以常保三子支派管理，其中拉什后人管理次数最多。相反，滋生佐领由诺穆齐初管，此后除了第七任承续（cengsioi），都出自诺穆齐一房。所以该家族从常保、诺穆齐兄弟开始分别承袭佐领，长房管理原佐领，别房管理滋生佐领。

---

① 《镶黄旗蒙古世管佐领家谱袭职原由档》（嘉庆十八年），《内阁全宗·清代谱牒档案·满文世袭谱档册》，编号 88。

第二节　叶赫蒙古世袭佐领

镶黄旗蒙古右参领第一、第二佐领是松爱（sunggai）家族的世管佐领。其中第一佐领为原佐领，第二佐领是康熙九年编设的滋生佐领。《原由档》记载佐领根原称：

> 松爱系叶赫地方之人，姓伊拉理氏，太宗皇帝时初编蒙古佐领，将高祖松爱族人并异姓编为一个佐领，以松爱管理。[1]

原立佐领人松爱，伊拉理氏（ilari），原籍叶赫。伊拉理氏是满洲姓，以地得名，有二十二派，分布于女真三部，但以扈伦为主。[2] 根据《八旗满洲氏族通谱》，叶赫地方伊拉理氏的达哈那、秦达笏、萨尔都、库尔当阿于天聪时期投顺。天命四年，清太祖征讨叶赫，至次年叶赫灭亡，其间招抚、俘获大量叶赫部民，但应该还有一部分人生活在故地，到太宗时期才归顺。不过上述达哈那等四个家族都被编入满洲旗分，松爱显然是生活在女真地区的蒙古人。类似出身叶赫被编入蒙古旗分的原立佐领人还有正白旗蒙古右参领第二佐领的德穆图、正红旗蒙古右参领第五佐领的和勒以及正蓝旗蒙古右参领第四佐领的查哈拉。[3] 其中查哈拉佐领编设于天聪八年，由叶赫、查哈拉、翁牛特、科尔沁、克什克腾、阿巴嘎人丁混编。

松爱生平不详，出缺后其子阿南达（ananda）二次管理。阿南达出缺，以其子七十八（cišiba）三次管理。七十八出缺后，以其子佛保（foboo）四次管理。佛保因病开缺，以亲弟勒图（letu）五次管理。

根据家谱，松爱生阿南达，阿南达生伊赖（irai）、七十八。伊赖生四格（syge）、富德（fude），七十八生佛保（foboo）、勒图（letu）。至乾隆初期，佐领由松爱后人承袭，符合原立佐领人嫡派子孙承袭的世管佐领，

---

① 《镶黄旗蒙古世管佐领家谱袭职原由档》（嘉庆十八年），《内阁全宗·清代谱牒档案·满文世袭谱档册》，编号88。

② 《钦定八旗通志》卷56《氏族志三》，第1042页。

③ 《八旗通志初集》卷11《旗分志十一》，第201、206页；卷12《旗分志十二》，第222页。

参照镶黄旗满洲托伦岱、莫伦岱佐领例分配分额，松爱嫡派子孙都有承袭权。乾隆三十年后适用《六条例》中的"嫡派条"。

此后，勒图升任出缺，《原由档》记载拣放游击，《钦定八旗通志》记为升任山东济宁州副将。[①]照理拣放游击即应以外任开缺佐领，所以《钦定八旗通志》所记不准确。勒图之后，以亲兄佛保之子伊昌阿（icangga）六次管理。伊昌阿出缺后，又以勒图七次管理。勒图因病开缺，以佛保之孙定德（dingde）八次管理。定德出缺后，以其子哲尔京额（jergingge）九次管理。康熙九年阿南达管理佐领时分出一个滋生佐领，清圣祖特下令以本旗异姓内大臣寿实德（šeošidei）管理。此后寿实德年迈染病，该佐领给还松爱家族，以其孙伊赖（irai）管理。

从第三任佐领开始，除了第五次由伊赖之孙那尔善管理，滋生佐领一直由七十八一房承袭。滋生佐领给还后，由伊赖管理，此后直到第七任没有以七十八后人承袭。可知两个世管佐领由两房分别管理。

第三节　察哈尔蒙古世袭佐领

察哈尔（cahar），其历史可上溯至16世纪东部蒙古的左翼三万户，是达延汗直属的部落。该部下辖敖汉、奈曼等鄂托克。17世纪初，北元大汗林丹呼图克图征讨科尔沁，未能得手，转而进攻蒙古右翼各部，先后吞并喀喇沁、土默特并击败外喀尔喀的札萨克图汗，多次袭击明朝北方防线，势力大张。天聪六年，清太宗联合科尔沁、扎鲁特、喀喇沁、土默特等部大举西征，林丹汗渡黄河西逃，最终死于青海。察哈尔部落星散，一部分被编入八旗蒙古。林丹汗之子额哲部众被编旗驻扎边外。布尔尼之乱后统系断绝，部落被重新编旗，隶理藩院。

镶黄旗蒙古右参领第十三佐领是爱育玺（ayusi）家族的世管佐领。根据《原由档》中的家谱，爱育玺四世祖是北元的图门札萨克图汗（tumen jasaktu han）。图门汗之子布彦车臣汗（buyan cecen han），即明代汉籍中的卜彦七庆汗，其长子莽古速生林丹呼图克图汗（lindan hūtuktu han）和茂奇塔特（mokitat），所以该佐领是林丹汗亲弟和族弟家族的佐领。《原

[①]《钦定八旗通志》记载升任山东济宁州副将，见卷18《旗分志十八》，第312页。

由档》记载："寿实德于康熙三十四年奏准将带领子弟十二名、察哈尔壮丁八十名，共九十二名编为一个佐领，以寿实德亲叔祖达赖土谢图三世孙爱育玺管理。"① 寿实德在《清圣祖实录》中写作"寿世特"，此人系茂奇塔特之子，曾担任内大臣。② 康熙三十四年恰逢大量增编滋生佐领之时，寿实德很可能特意利用此次机会奏请编设新佐领。另据《钦定八旗通志》记载，人丁是由寿实德亲弟阿优（ayoo）带来的，此人情况不详。③ 康熙三十四年设立佐领时，阿优或已经去世，或有其他原因无法管理佐领，该佐领既未以带来人丁的阿优管理，又未以原立佐领人寿实德管理，而是以二人族孙、达赖土谢图三世孙爱育玺初管。爱育玺因不善射箭被革退，以塞勒布（serebu）二次管理。《钦定八旗通志》没有说明塞勒布系何人之子，④ 佐领档案显示其父即寿实德。

至乾隆初期，该佐领由爱育玺和族人塞勒布各管理一次。根据家谱，图门汗生布彦车臣汗和达赖土谢图。布彦车臣汗生茂奇塔特。茂奇塔特生寿实德、阿优。达赖土谢图生超墨尔根。超墨尔根生札勒布。爱育玺、塞勒布分别出自达赖土谢图和布彦车臣汗两支派。虽然没有管过佐领，但寿实德是原立佐领人，爱育玺虽然管过佐领，但已经绝嗣，第二任塞勒布即系寿实德之子，此外没有其他支派管过，所以该佐领实际上是嫡派承袭的世管佐领，应按照镶黄旗满洲托伦岱、莫伦岱佐领例分配承袭分额，寿实德之子奔题（bumti）、波罗鼐（polonai）、塞勒布子孙一体有分。乾隆三十年后适用《六条例》中的"嫡派条"。

塞勒布出缺后，以亲兄奔题长孙沙精阿（šajingga）三次管理。《钦定八旗通志》未说明二人亲属关系。⑤ 沙精阿出缺后，以寿实德之孙、波罗鼐之子阿尔图（artu）四次管理。阿尔图出缺后，以其子明山（mingšan）五次管理。明山出缺后，以塞勒布之子巴拜（babai）六次管理。巴拜出缺后，以其子扎史策楞（jasitsereng）七次管理。

---

① 《镶黄旗蒙古世管佐领家谱袭职原由档》（嘉庆十八年），《内阁全宗·清代谱牒档案·满文世袭谱档册》，编号88。
② 《清圣祖实录》卷86，康熙十八年十一月癸卯，第1092页。
③ 《钦定八旗通志》卷18《旗分志十八》，第316页。
④ 《钦定八旗通志》卷18《旗分志十八》，第316页。
⑤ 《钦定八旗通志》卷18《旗分志十八》，第316页。

虽然爱育玺初管佐领，但此人绝嗣，且非原立佐领人，所以佐领的拥有者寿实德子孙有承袭资格。寿实德三子奔题、波罗鼐、塞勒布都有继承权，截至嘉庆时期，三支皆管过佐领，而塞勒布一支次数稍多。

第四节　翁牛特蒙古世袭佐领

翁牛特部（ongniot），始祖为成吉思汗弟谔楚因，其后人蒙克察罕诺颜生巴延岱洪果尔诺颜，所部号称翁牛特。后裔图兰称杜棱汗，生逊杜棱、阿巴噶图珲台吉、栋岱清等。翁牛特部曾臣属察哈尔，天聪六年因不堪忍受林丹汗暴虐，逊杜棱等转投后金。[①] 逊杜棱同族多尔济达尔汉诺颜（dorji darhan noyan）与德参济旺、噶尔玛济农、多尼库鲁克号称林丹汗的四大宰桑。[②] 天聪八年，林丹汗败亡，部落崩溃，四宰桑率领林丹汗福晋及六千人投降后金。[③] 次年编设八旗蒙古，四人悉入旗，其中多尔济达尔汉诺颜隶镶黄旗。崇德时期，他先后出任都察院承政、参政、内大臣，多次凭借蒙古贵族的特殊身份参与满洲与蒙古的交涉。

康熙三十三年，清圣祖以该家族"壮丁富余"，下令编设一个滋生佐领。其子散秩大臣博第（bodi）奏准将多尔济达尔汉诺颜"自察哈尔带来蒙古壮丁六十三名、族人三十九名，共计一百二名"编为一个勋旧佐领，以博第之子五十八（ušiba）初管，即镶黄旗蒙古右参领第十四佐领。由此可知，该佐领是以翁牛特、察哈尔蒙古壮丁混编的。《钦定八旗通志》该佐领条下有一句按语："此佐领系康熙三十三年多尔济达尔汉诺颜由察哈尔携人丁族众一百二名来归编立。"[④] 此表述有误导性，容易使人以为多尔济达尔汉诺颜是康熙三十三年才归顺清朝的。五十八出缺后，以亲弟策楞（tsereng）二次管理。此人之名，佐领根原和家谱都写作 tsereng，而《钦定八旗通志》写作"色楞"。策楞出缺后，以其子双柱（šuwangju）三次管理。

至乾隆初，该佐领先后由博第之子五十八、策楞两支管理，其中原立

---

① 《钦定外藩蒙古回部王公表传》卷31，《清代蒙古史料合辑》第4册，第157—159页。

② 《清史稿》卷229《列传一六·多尔济达尔罕传》，第6118页。

③ 《清太宗实录》卷20，天聪八年闰八月庚寅，第261页。

④ 《钦定八旗通志》卷18《旗分志十八》，第316页。

佐领人五十八绝嗣后由亲弟承袭，故该佐领应参照镶红旗满洲特克慎、富昌佐领例分配承袭分额。乾隆三十年后，适用《六条例》中的"绝嗣条"。

双柱出缺后，以亲兄贺达色（hedase）四次管理。贺达色出缺后，以其子七勒克（cirak）五次管理。七勒克出缺后，以长子兴安（hinggan）六次管理。兴安出缺后，以其子宝庆（boocing）七次管理。

因原立佐领人绝嗣，该佐领只能以策楞子孙继承。策楞三子中，双柱一支派只管过一次，从第四任开始就由贺达色长房继承。而策楞之子常在（cangdzai）后人一直没有继承佐领。

第五节　赛音诺颜世袭佐领

赛音诺颜部（sain noyan）的源流可追溯至达延汗曾孙、格呼森扎扎赉尔珲台吉之孙图蒙肯，此人因支持藏传佛教格鲁派，被三世达赖喇嘛授予赛音诺颜汗称号。[①] 康熙三十一年，图蒙肯儿媳格楚勒哈屯偕策凌投顺清朝。四十五年，策凌尚清圣祖第十女和硕纯悫公主，封和硕额驸。[②] 策凌勇略超群，在平定准噶尔的战争中屡立战功，先后封多罗郡王、和硕亲王、大札萨克、盟长、固伦额驸。因在乾隆十年一举击溃小策凌敦多布大军，获超勇亲王称号。清高宗旋将土谢图汗部的二十旗人丁赏给策凌，在鄂尔浑河西北的乌里雅苏台地区划定领地令其居住，是为赛音诺颜部。[③]

雍正二年，清世宗下令将蒙古王公陪嫁人丁编为一个佐领，由策凌第三子苏巴西礼管理，即镶黄旗蒙古左参领第十四佐领。[④] 根据《原由档》，该佐领由"公怡拉布坦之妻固山格格之六十六户、陪送十公主四十二户共四百丁"组成，此处"十公主"（juwanci gungju）即清圣祖第十女纯悫公主。鉴于这些人丁都是满洲、蒙古正身旗人，且原系公主名下的包衣，清世宗饬编为勋旧佐领，由苏巴西礼管理。[⑤]

① 《钦定外藩蒙古回部王公表传》卷70，《清代蒙古史料合辑》第5册，第550页。
② 《清史稿》卷166《表六·公主表》，第3792页。
③ 《钦定外藩蒙古回部王公表传》卷70，《清代蒙古史料合辑》第5册，第549—573页。
④ 《钦定八旗通志》卷18《旗分志十八》，第321页。
⑤ 《镶黄旗蒙古世管佐领家谱袭职原由档》（嘉庆十八年），《内阁全宗·清代谱牒档案·满文世袭谱档册》，编号88。

该佐领是恩赐给策凌的勋旧佐领，所以适用《佐领则例》的"原给分之勋旧佐领得分例"，只有其子成衮扎布、苏巴西礼、垂吉多尔济三支有资格承袭。乾隆三十年颁布《六条例》，该佐领适用"嫡派条"。

乾隆十六年，苏巴西礼因"擅将伊佐领下十岁以上女子使用，坐扣伊佐领下人钱粮，又将六月应放钱粮，全行坐扣"被参奏，清高宗斥责苏巴西礼"愚鲁不堪，素日既习于怠惰，今又种种狂谬，深负朕恩"，革职送往军营交其兄成衮扎布严加管束。公爵爵位和佐领由其弟垂吉多尔济（coijidorji）管理。因垂吉多尔济年幼，佐领事务由侍郎玉保（ioiboo）代办。① 此后垂吉多尔济病故，以养子、成衮扎布之子德勒克多尔济（delekdorji）三次管理。德勒克多尔济病殁后，由成衮扎布次子拉旺多尔济（lawangdorji）四次管理。

第六节　土默特蒙古世袭佐领

土默特部（tumet）在明末分为左、右两翼。左翼首领为元代济拉玛后裔，为喀喇沁近族，右翼为孛儿只斤氏。天聪三年，左翼的善巴、鄂木布楚琥尔率众归降后金，天聪九年被编为两个扎萨克旗。② 镶黄旗蒙古右参领第九、第十佐领属土默特蒙古塔布囊巴特马（batma）家族。《钦定八旗通志》记该佐领"原系土默特地方蒙古，以其人丁编为牛录，初令巴特马管理"，③ 由此可知佐领下人丁亦来自土默特。虽系土默特，但巴特马与善巴等人无关。据《原由档》收录的敕书，巴特马"原系土默特塔布囊，苏布地带领众塔布囊叛逃来投，尔带来壮丁一百零五名，编为一个佐领，以巴特马管理"。④《清太宗实录》也显示巴特马是"从喀喇沁部落归附各官"，且系"喀喇沁部落亲属"。⑤ 由以上三条记载可知，巴特马是土默特地方塔布囊，与喀喇沁部有亲属关系。林丹汗击破土默特部，巴特马带领人丁投靠苏布地，并随后者归降清太宗。

---

① 《清高宗实录》卷394，乾隆十六年七月己巳，第171页。
② 《钦定外藩蒙古回部王公表传》卷25，《清代蒙古史料合辑》第4册，第1—2页。
③ 《八旗通志初集》卷11《旗分志十一》，第192页。
④ 《镶黄旗蒙古世管佐领家谱袭职原由档》（嘉庆十八年），《内阁全宗·清代谱牒档案·满文世袭谱档册》，编号88。
⑤ 《清太宗实录》卷36，崇德二年六月辛丑，第426页。

巴特马随带壮丁 105 名，被编为一个佐领，即右参领第九佐领。出缺后，由其子哈尔噶齐（halgaci）二次管理。哈尔噶齐缘事革退，以长子扎木素（jamsu）三次管理。扎木素出缺后，以其子明阿图（minggatu）四次管理。

根据家谱，巴特马生哈尔噶齐，哈尔噶齐生扎木素、阿南达、花色、明喜、雅图、阿必达六子。至乾隆初期，该佐领一直由巴特马嫡派子孙承袭，所以佐领属原立佐领人嫡派子孙承袭的世管佐领，应按照镶黄旗满洲托伦岱、莫伦岱佐领例分配分额，巴特马后人共享承袭分额。乾隆三十年后适用《六条例》中的"嫡派条"。

明阿图出缺后，以长子苏冲阿（sucungga）五次管理。苏冲阿出缺后，以其子色布腾旺布（sebtengwangbu）六次管理。色布腾旺布出缺后，以亲弟穆章阿（mujangga）七次管理。穆章阿出缺后，以其子索诺木策巴（sonomtseba）八次管理。索诺木策巴出缺后，以其子文书保（wenšuboo）九次管理。文书保出缺后，以阿必达（abida）之子杜尔堆（duldui）十次管理。杜尔堆出缺后，以长子穆克登布（mukdembu）十一次管理。康熙二十三年，扎木素管理佐领时壮丁溢额，分出一个佐领，以其弟阿南达管理。

第七节　扎鲁特蒙古世袭佐领

扎鲁特部（jarut）始祖为元太祖后裔乌巴什，所部号称扎鲁特，明末臣服于喀尔喀蒙古。乌巴什之孙内齐、忠嫩等与清太祖家族通婚。天命四年，色本助兵明军，在铁岭之战中被俘后被迫与后金盟誓。但此后叛服不常。后因被林丹汗击破投靠科尔沁，天聪二年色本等相继归顺后金。[①]

镶黄旗蒙古左参领第四、第十一佐领是西喇巴牙拉（sira bayara）家族的世管佐领。《原由档》记："本族姓布库忒氏，系扎鲁特地方蒙古，太宗皇帝时同旗异姓铎科索和佐领壮丁溢额，分出佐领，以曾祖原任副都统西喇巴牙拉管理。"[②]

此处提到的铎科索和佐领为左参领第一佐领，编设于太祖朝，因人丁

① 《钦定外藩蒙古回部王公表传》卷 29，《清代蒙古史料合辑》第 4 册，第 111—115 页。
② 《镶黄旗蒙古世管佐领家谱袭职原由档》（嘉庆十八年），《内阁全宗·清代谱牒档案·满文世袭谱档册》，编号 88。

滋生分出一个佐领。通常滋生佐领都由本家而非异姓管理，考铎科索和出缺后，因为亲子年幼，故以亲弟二次管理，此后连续多次拣放异姓，至顺治时期本家根据清太宗只允许铎科索和子孙管理原佐领的命令索还佐领。可知分编原佐领时，铎科索和尚在世，诸子年幼无法管理佐领，所以由异姓管理。因为清太宗赐予铎科索和家族的是原佐领，滋生佐领不在此列，所以仍令西喇巴牙拉家族承袭。

西喇巴牙拉事迹不详，出缺后以塞尔肃（sarsu）二次管理。塞尔肃出缺后，以其子乌尔图那苏图（urtunasutu）三次管理。乌尔图那苏图出缺后，以亲弟毕鲁岱（birudai）四次管理。毕鲁岱因怠惰被革退，以族弟西喇巴牙拉叔阿尔萨海（arsahai）二世孙罗汉保（lohaboo）五次管理。罗汉保出缺后，以族弟瓦哈那（wahana）之子七十三（cišisan）六次管理。

根据家谱，该家族始祖巴琥（bahū）生巴桑贵（basanggui）、阿尔萨海、巴扬贵（bayanggui）三子。三人分别生西喇巴牙拉、倭齐和（wecihe）、阿济礼（ajili）。西喇巴牙拉是原立佐领人，其子孙管理四次后由巴扬贵支派管理两次。至乾隆初，该佐领由两支派先后承袭，所以西喇巴牙拉和管过佐领的瓦哈那后人都有继承资格，参照镶黄旗满洲鄂欣、图撒图佐领例承袭。乾隆三十年颁布《六条例》后适用"轮管条"。

此后七十三出缺，以高亮（g'oliyang）七次管理。《钦定八旗通志》没有说明二人亲属关系。[①] 佐领根原以高亮为七十三之子，但家谱图显示高亮为七十三亲弟，七十三名下注明绝嗣（enen akū）。笔者认为正文应该有缺字，应以家谱图为准。高亮出缺，以其子亮明（liyangming）八次管理。亮明出缺，以其子世音保（šiyemboo）九次管理。世音保出缺后，以其子叶布崇额（yebcungge）十次管理。康熙二十三年毕鲁岱管理佐领时人丁滋生，分编一个佐领，以族弟瓦哈那管理。

巴桑贵之子西喇巴牙拉是原立佐领人，但堂弟倭齐和、阿济礼两支都管过原佐领，且从第六任开始，由阿济礼后人管理五次，超过其余两房。滋生佐领则由长房西喇巴牙拉子孙承袭。

---

① 《钦定八旗通志》卷18《旗分志十八》，第318页。

第八节　原籍不详之蒙古世袭佐领

镶黄旗蒙古的铎科索和（dokosoho）和多多扈（dodoho）两人原籍不见于文献记载，故笔者将其列入"原籍不详之蒙古"合并考察。

一　铎科索和家族佐领

镶黄旗蒙古左参领第一、第二佐领是铎科索和家族的世管佐领。铎科索和原籍、姓氏无考，《钦定八旗通志》记载佐领编设于清初，[①] 《原由档》记"太祖皇帝时初编蒙古佐领，以善清之高祖铎科索和族人并异姓编设一个佐领，以铎科索和管理"。[②] 天命八年之前已有蒙古佐领，但能明确编设于太祖朝者并不多。考《满文原档》无年月太祖朝档册有"铎科索和办事有能，不违指令，着授予备御"的记载，[③] 无年月档册中部分大臣宣誓效忠的誓文中有"备御铎科索和，蒙汗赐牌，不许所管一牛录之兵离游击、参将，否则请杀我"，[④] 显示铎科索和有管一牛录人丁之责，故其获得的"备御"不仅是爵位，而且是真正意义上的佐领。

铎科索和出缺，其子年幼，《原由档》记载清太宗特别降旨称："铎科索和善于养育佐领下人，朕已将一个佐领编为两个。现在其子年幼，俟成年后，再管佐领。现在该佐领着由其弟拜桑格管理。"入关前，为了扩充兵源、劳动力，清太祖、太宗对旗下人口问题颇费心力，能增加属下人口之官员可得升擢，人口减少则降黜。[⑤] 八旗蒙古的佐领、人丁数量较少，善于抚养人丁如铎科索和者也是有功之臣，故清太宗明确要求佐领日后应由其子承袭。

铎科索和出缺，以亲弟拜桑格（baisanggū）二次管理。拜桑格出缺后，以铎科索和堂兄赛穆布禄（saimbulu）三次管理。《原由档》和《八旗通志初集》、《钦定八旗通志》都以赛穆布禄为铎科索和之弟，但家谱显示应为堂兄。[⑥] 赛

---

① 《钦定八旗通志》卷18《旗分志十八》，第316—317页。
② 《镶黄旗蒙古世管佐领家谱袭职原由档》（嘉庆十八年），《内阁全宗·清代谱牒档案·满文世袭谱档册》，编号88。
③ 《满文原档》第4册，天命十一年五月，第398页。
④ 《满文原档》第5册，无年月，第407页。
⑤ 《清太宗实录》卷24，天聪九年七月癸酉，第315页。
⑥ 《八旗通志初集》卷11《旗分志十一》，第193页；《钦定八旗通志》卷18《旗分志十八》，第316—317页。

穆布禄革退，铎科索和之子仍年幼，以异姓轻车都尉东阿岱（dunggadai）四次管理。东阿岱才干不及革退，以佐领下轻车都尉克施图（kesitu）五次管理。克施图出缺后，以其弟克施德（kesidei）六次管理。克施德出缺后，以兄之子薾玛岱（naimadai）七次管理。薾玛岱缘事革退，以其弟拜音岱（baindari）八次管理。拜音岱缘事革退，以同佐领轻车都尉明安（minggan）九次管理。顺治初期，铎科索和之子闻柴（uncai）等以清太宗曾经钦定该佐领应由铎科索和子孙管理，奏请给还佐领，遂以闻柴十次管理。闻柴出缺后，以亲弟嘛呢（mani）十一次管理。嘛呢出缺后，以闻柴之子常禄（canglu）十二次管理。常禄绝嗣，由其兄长寿（cangšeo）长子雅亲（yacin）十三次管理。出缺后，以亲弟那亲（nacin）十四次管理。

至乾隆初期，该佐领多次由异姓管理，但因被清太宗认定是铎科索和家族的佐领，所以仍然被定为世管佐领。根据家谱，该家族始祖巴特马（batma）生杜克杜（dukdu）和杜哈（duha）。杜克杜生赛穆布禄。杜哈生铎科索和、拜桑格。铎科索和是原立佐领人，但佐领由拜桑格、赛穆布禄管过，所以两人后裔也有承袭权。因拜桑格绝嗣，所以只有两支派可以继承。该佐领应按照镶黄旗满洲鄂欣、图撒图佐领之例，以铎科索和、赛穆布禄子孙承袭。乾隆三十年颁布《六条例》，该佐领适用"轮管条"。

那亲出缺后，以闻柴长子关保（guwanboo）之孙和禄（helu）十五次管理。和禄出缺后，以其子德福（defu）十六次管理。德福出缺后，以雅亲之子明德福十七次管理。明德福绝嗣，以雅亲之孙善清（šancing）十八次管理。康熙八年嘛呢佐领人丁滋生，分编一个佐领，由其兄度尔拜（durbai）管理。

原佐领虽然由两支承袭，但实际上赛穆布禄之后，该支派再没有管过佐领。原立佐领人铎科索和生闻柴、度尔拜、嘛呢、帕海，除嘛呢管过一次外，一直由闻柴长支承袭。度尔拜初管滋生佐领，但因绝嗣，改由帕海后人承袭。所以该家族的原佐领、滋生佐领分别由长支和四支继承。

二　多多崑家族的佐领

镶黄旗蒙古右参领第五佐领是多多崑家族的世管佐领，第六佐领是康熙十一年分出的滋生佐领，但系公中佐领。佐领根原档案记载"多多崑于太宗皇帝时投顺，初编蒙古佐领，将同来之人编为一个佐领，以多多扈管理"。①《钦定八旗通志》记载原佐领编设于天聪六年。②《原由档》中所谓"初编蒙古佐领"是一个模糊的表述，在佐领档案中，凡明确可知编设于天聪九年佐领的根原都没有这种说法，相反，太祖朝编设的左参领第一佐领和天聪六年编设的多多扈佐领都是在"初编"时设立的。

多多扈姓氏、生平、原籍不详。此人出缺后由亲兄昂古奈（anggunai）之子八十（baši）二次管理。八十出缺后，以多多扈兄孔额图（konggotu）之子吴达（uda）三次管理。吴达出缺后，以多多扈之孙荐良（jiyanliyang）四次管理。荐良出缺后，以长子常禄（canglu）五次管理。常禄出缺后，以亲弟七十（ciši）六次管理。

根据家谱，该家族始祖绰诺生昂古奈、孔额图、多多扈三子。多多扈是原立佐领人，但出缺后由昂古奈、孔额图两支管理，故该佐领是以原立佐领人和兄弟共同承袭的佐领，应参照镶黄旗满洲鄂欣、图撒图佐领例分配分额。不过因兄弟两支先后绝嗣，所以此后佐领一直由多多扈子孙管理。乾隆三十年颁布《六条例》后，该佐领适用"嫡派条"。

此后七十因病告退，以长子永敏（yongmin）七次管理。永敏因在锦州府府尹任内查办民人薛世钊打死薛二秃子一案不实革退，以常禄之孙明福（mingfu）八次管理。明福出缺后，以亲弟敏熙（minhi）九次管理。敏熙出缺后，以博英（being）十次管理。康熙十一年，阿南达管理佐领时人丁滋生，分编一个滋生佐领，由散秩大臣笃尔玛初管。通常世袭佐领的滋生佐领仍由原佐领家族管理，只有以多个无关佐领余丁凑编者才被定为公中佐领。笃尔玛佐领为何没有以多多扈后人管理，尚待考证。

根据佐领根原册中的家谱图，昂古奈、孔额图绝嗣后，多多扈之孙荐良承袭佐领。荐良生常禄、七十、阿林（alin）三子，其中常禄、七十两支一直承袭佐领，阿林后人没有管过佐领。

---

① 《镶黄旗蒙古世管佐领家谱袭职原由档》（嘉庆十八年），《内阁全宗·清代谱牒档案·满文世袭谱档册》，编号88。
② 《钦定八旗通志》卷18《旗分志十八》，第316页。

第五章

八旗汉军的世袭佐领

——以镶红旗汉军为例

第一节 镶红旗汉军概述

汉军，满文 ujen cooha，音译为"乌真超哈"，本意为"重兵"，是专门操作火器的部队，所以该词本指兵种，在名义上与由族群区分的八旗满洲、蒙古不同。当然，因为乌真超哈的主体是辽东以及南明官兵，所以从顺治十七年开始，被冠以"汉军"之名，但满文的 ujen cooha 之名沿用未变。[①]

根据光绪《钦定大清会典事例》，入关前八旗汉军共有 162 个佐领（共计整佐领 157 个，半分佐领 5 个）。经顺治、康熙两朝大规模扩编，雍正时期均齐化，以及不断裁撤、合并，到光绪二十五年，共计 266 个（整佐领265 个，半分佐领 1 个）。汉军各旗佐领数量在入关前后变化情况如表 5–1。

表 5–1 八旗汉军佐领数量统计

单位：个

旗分	入关前	顺治	康熙	雍正	乾隆	嘉庆	光绪
镶黄	24	32	42	40	42	41	41
正黄	23	27	41	40	40	40	40

[①] 光绪《钦定大清会典事例》卷 1111《八旗都统·佐领》，《续修四库全书》第 813 册，第 381—382 页。

续表

旗分	入关前	顺治	康熙	雍正	乾隆	嘉庆	光绪
正白	26	29	43	40	40	40	40
正红	15	20	24	30	28	28	28
镶白	16	23	24	30	30	30	30
镶红	19	24	25	30	29	29	29
正蓝	24	31	32	30	29	29	29
镶蓝	15	23	32	31	29	29	29

从编设时间看，入关前后分别编设了162个和104个佐领。其中入关前162个，顺治朝增加47个，康熙朝又增加54个，雍正朝又增加8个。从趋势看，超过半数的汉军佐领是太宗朝编设的，其余基本上设立于顺治、康熙两朝。①

入关前各佐领的类型无从考察。《钦定八旗通志》载，汉军有269个佐领，其中勋旧23个（8.6%），世管125个（46.5%），轮管6个（2.2%），族袭13个（4.8%），公中102个（37.9%）。另据光绪《钦定大清会典事例》，截至光绪二十五年，汉军266个佐领中，勋旧14个（5.3%），世管133个（50%），轮管6个（2.3%），族袭13个（4.9%），公中100个（37.6%）。汉军轮管、族袭、公中佐领的数量变化不大，但勋旧佐领从23个减少为14个。乾隆六十年、光绪二十五年八旗汉军佐领类型分布见表5-2。

表5-2　八旗汉军佐领类型统计

单位：个

旗分	《钦定八旗通志》					光绪《钦定大清会典事例》				
	勋旧	世管	轮管	族袭	公中	勋旧	世管	轮管	族袭	公中
镶黄	2	32	3	2	3	2	31	3	2	3
正黄	2	15	1	2	20	2	15	1	2	20
正白	4	13	1	3	19		17	1	3	19

① 光绪《钦定大清会典事例》卷1111《八旗都统·佐领》，《续修四库全书》第813册，第387—388页。光绪《钦定大清会典事例》未将半分佐领列入统计，故与本书统计数量有差异。

旗分	《钦定八旗通志》					光绪《钦定大清会典事例》				
	勋旧	世管	轮管	族袭	公中	勋旧	世管	轮管	族袭	公中
正红	1	12	1		14	1	12	1		14
镶白		14			16		14			16
镶红		17		4	8		17		4	8
正蓝	9	10		2	9	9	10		2	8
镶蓝	5	12			13		17			12
总计	23	125	6	13	102	14	133	6	13	100

本章选择镶红旗汉军作为研究对象，考察该旗汉军世袭佐领的编设与承袭。入关前，镶红旗汉军共有 19 个佐领，其中整佐领 18 个，半分佐领 1 个。经过顺、康、雍三朝扩编、调整，至雍正九年共有 5 个参领 30 个佐领，此后裁撤一个，至光绪末期有 29 个。雍正九年有世管佐领 16 个、族袭佐领 4 个、公中佐领 10 个，裁撤一个公中佐领。笔者结合《钦定八旗通志》和中国第一历史档案馆藏汉文光绪二十九年《镶红旗汉军佐领册》（以下简称《佐领册》，其后附的家谱简称《家谱》）制作镶红旗汉军世袭佐领简表如表 5-3。

表 5-3 《佐领册》所记镶红旗汉军世袭佐领情况

参领、佐领	初管	地望	编设时间
1 参领 1 佐领	高岱	八台	顺治二年
1 参领 2 佐领	祝世荫	辽阳	顺治三年
1 参领 3 佐领	周国政	八台	顺治八年
1 参领 4 佐领	蔡永年		顺治元年
1 参领 5 佐领	李茂芳	奉吉堡	入关前
1 参领 6 佐领	李天福		崇德二年
2 参领 1 佐领	张起龙		顺治二年
2 参领 2 佐领	孟乔芳	永平	崇德七年
2 参领 3 佐领	柯永艺	沈阳	康熙七年
2 参领 4 佐领	王元爵	盖平	崇德七年

续表

参领、佐领	初管	地望	编设时间
2 参领 5 佐领	柯汝极	沈阳	崇德七年
2 参领 6 佐领	柯永盛	辽阳	崇德四年
3 参领 1 佐领	赵国正		入关前
3 参领 2 佐领	赵国祚	辽阳	崇德七年
3 参领 3 佐领	李永盛	沈阳	崇德七年
3 参领 4 佐领	孙应聘	开原	崇德七年
3 参领 5 佐领	张文魁		康熙二十二年
3 参领 6 佐领	吕逢春	烟狼寨	天聪八年
4 参领 1 佐领	纪国先	杏山	崇德七年
4 参领 2 佐领	郎绍正	沈阳	入关前
4 参领 3 佐领	白起策		崇德六年
4 参领 4 佐领	郭洪臣		顺治二年
4 参领 5 佐领	吴汝玠	锦州	崇德七年
4 参领 6 佐领	杨国泰	八台	顺治八年
5 参领 1 佐领	佟达	辽阳千山	入关前
5 参领 2 佐领	佟荣年	辽阳	崇德七年
5 参领 3 佐领	张邦治		崇德二年
5 参领 4 佐领	林家宝		崇德二年
5 参领 5 佐领	金砺	东宁卫	崇德七年
5 参领 6 佐领	佟桂		雍正九年 *

* 该佐领于乾隆二十一年裁撤。

注：《钦定八旗通志》、光绪《钦定大清会典事例》两书和《佐领册》记载的部分佐领编设时间不同，因为《佐领册》记载的年代往往有早期档案为佐证，故本表以后者为准。

镶红旗汉军有 1 个佐领编设于天聪朝，15 个编设于崇德朝，另有 4 个编设的准确时间不详，但通过《佐领册》的记录可确定属太宗时期，所以这一时段的佐领共计 20 个（66.7%）：顺治朝 7 个（23.3%），康熙朝 2 个（6.7%），雍正朝 1 个（3.3%），乾隆朝无。从时间分布看，太宗时期编设的佐领最多，尤以崇德七年为最，顺治朝居次，康熙朝数量再次，雍正一朝虽只增加了一个，但考虑到当时整个汉军仅新编了四个佐领，镶红旗即占其中一个，所以占比反而高。与八旗汉军整体比较，镶红旗编设于太宗、世祖、世宗时期的佐领占比高于均值，只有圣祖朝略少。

结合八旗汉军的历史可以更好地了解镶红旗汉军的发展历程。虽然汉军旗分、佐领出现于太宗时期，但女真人原本有掳掠汉人为奴的习惯，所以清太祖起兵之前已经有相当数量的汉人生活在女真人治下。[1] 天命三年清太祖起兵伐明，大批明朝军官率部投降后继续管理自己原来的兵丁。这些受过军事训练的汉人自然成为新政权的兵源。至万历四十三年清太祖设立八旗时，已有十六个单独设立的汉人佐领，《钦定八旗通志》称之为"汉军牛录十六"，[2] 当然，当时既没有汉军之名，亦没有独立的汉军旗分。

女真人原本擅长野战。辽沈失守之后，明军开始以宁远、锦州、大凌河城等坚城为基地，墩台做辅助，大量装备火器，形成了宁锦防线。所以女真人用登梯以及骑兵突击的野战战术效果越来越差。天聪元年清太宗指挥围攻宁远、锦州之战受挫，原因即在于此。从天聪五年开始，后金铸造火炮。从是年大凌河城之战开始，后金军采用以火炮摧毁墩台、围困城市的战术，不断取得胜利，俘获更多擅长操作火器的明军官兵，积小胜而为大胜。如此一来，治下的汉人官兵越来越多。此外，后金内部的汉人平民数量随着明金战争的扩大迅速增加，特别是清军第三次攻入内地，攻破华北数十城，俘获大量人口。火器的制造、使用，汉人军民的激增为创立汉军旗分、增编汉军佐领提供了条件。[3] 崇德四年六月，清太宗饬分汉军两翼为四旗，"各设牛录十八员、固山额真一员、梅勒章京二员、甲喇章京四员"。[4] 按照每旗 18 个佐领计算，当时已有 72 个汉军佐领。

镶红旗汉军编设最早的佐领是第三参领第六佐领，编于天聪八年，由千总吕逢春初管，由烟狼寨壮丁组成。第一参领第六佐领、第五参领第三佐领、第五参领第四佐领编设于崇德二年。其中第一参领第六佐领由李天福初管，李天福病故出缺，由佟氏管理三次后改以旗员管理，成为公中佐

---

[1]　参见申忠一著，徐恒晋校注《建州纪程图记校注》。
[2]　《钦定八旗通志》卷 32《兵制志一·八旗兵志》，第 561 页。
[3]　有关八旗汉军与火炮的关系，可参考黄一农《红夷大炮与明清战争》第十章"红夷大炮与皇太极创立的八旗汉军"，四川人民出版社，2022。
[4]　《清太宗实录》卷 47，崇德四年六月丙申，第 626 页。

领。第五参领第三佐领以张邦治初管，后由佟达、罗绣锦家族多次管理，后亦改为公中佐领。第五参领第四佐领最初以林家宝管理，出缺后改由陈氏家族多次管理，乾隆四十三年定为族袭佐领。第四参领第三佐领编设于崇德六年，由白起策初管，后成为金氏家族的族袭佐领。此外祝世荫家族的第一参领第二佐领和佟达家族的第五参领第一佐领两个世管佐领准确编设时间不详，但应在崇德七年之前。

崇德七年，清军取得松锦之战的胜利，生擒总督洪承畴以下军官百余名，总兵祖大寿等率领锦州城内官兵、平民投降。[①] 至此辽东明军溃败，清朝获得了大批汉人军民。为了安置、整合这些新来人员，是年六月，清太宗将汉军扩编为八个旗，并新编佐领。《钦定八旗通志》明确记载编于这一年的汉军佐领多达 101 个，当然实际数量当不止于此。

镶红旗汉军有 10 个佐领编设于是年，初管人员多是明朝军官。部分管佐领人员如孟乔芳、祝世荫等投顺在崇德七年之前，说明此次编设佐领并不是简单地将新来人员编成佐领，而是把他们与更早投降的汉人合并、整编。该旗的纪国先和吴汝玠是松锦之战后分别从杏山和锦州投降的军官。前者详情暂时无考。吴汝玠与另外 17 人作为锦州"现留官员"出现在《崇德七年奏事档》中。[②]

入关后，清军将李自成驱逐出潼关，便发动对南明的战争。由于内部分裂以及战略失误，弘光朝廷瓦解，大批南明兵将缴械投降。特别是"左良玉与黄得功之兵哄于西，高杰与许定国之兵哄于北"，[③] 清军于顺治二年五月占领南京，明广昌伯刘良佐兵十万人、高杰兵十三万人投降。随后总兵田雄、马得功偕福王投降。不久，宁南侯左梦庚率领总督袁继咸、守道李犹龙、巡按黄澍以及总兵十二员、马步兵十万人并家口在九江向阿济格部投降。[④] 多数投诚人员就地继续任职、当兵，或随同清军征战，另有一部分人被编入八旗。[⑤]

---

① 《崇德七年奏事档》，中国第一历史档案馆编《清代档案史料丛编》第 11 辑，中华书局，1984，第 2—3 页。
② 《崇德七年奏事档》，《清代档案史料丛编》第 11 辑，第 4 页。
③ 赵翼：《圣武记》卷 1《开创·开国龙兴记四》，中华书局，1984，第 37 页。
④ 《清世祖实录》卷 18，顺治二年闰六月甲申，第 158—159 页。
⑤ 《清初内国史院满文档案译编》中册，第 196—197 页。

这一时期镶红旗增加了六个佐领。其中顺治三年编设的第一参领第二佐领是赏给祝氏家族的世管佐领，包含一部分跟随左梦庚投降的兵丁。同年编设的第一参领第四佐领是以蔡永年初管的公中佐领。顺治二年编设第二参领第一佐领，以张起龙初管。因蔡永年、张起龙两个佐领为公中，没有世袭档案，暂不能确定是否与南明投降人员有关。第四参领第四佐领也编设于顺治二年，《钦定八旗通志》记载"初以随左梦庚投诚官郭洪臣管理"，佐领下人应以左梦庚兵丁为主，该佐领由郭洪臣家族管理四辈五次，于雍正十二年改为公中佐领。①

入关前，为了侦探敌情、防范逃人和奸细，交战双方在辽东设立了很多墩台。②《满文原档》显示，很多将领带领兵丁定期前往墩台戍守，即所谓坐台（tai de tembi）。顺治初，主要的军事行动都在关内，关外的墩台失去意义，所以一些坐台的台尼堪（tai nikan）奉调来京，充实禁旅八旗，一部分人被编入满洲旗分，另一部分被编入八旗汉军。《旗分志》显示八旗汉军中有六个佐领是由台尼堪组成的（见表5-4）。

表5-4　八旗汉军由台尼堪组成的六个佐领

旗分	参领、佐领	编设时间	初管	人丁
正黄	4参领5佐领	顺治八年	王来任	盛京台军
镶白	1参领5佐领	康熙十二年	李进忠	台上汉人
	5参领1佐领	顺治五年	陈万先	台上壮丁
镶红	1参领1佐领	顺治二年	高岱	八台壮丁
	4参领6佐领	顺治八年	杨国泰	八台壮丁
镶蓝	2参领2佐领	顺治四年	雅奇图	台上壮丁

事实上，汉军旗分中的台尼堪佐领数量不止于此，镶红旗汉军有三个佐领以盛京台尼堪编设。其中第一参领第一佐领系顺治二年将八台壮丁（jakūn tai i hahasi）③编成，由高岱管理。高岱之后，其子高登科、高登名

①《钦定八旗通志》卷27《旗分志二十七》，第470页。
②《满文原档》第2册，天命六年四月十三日，第83页。
③　参见《八旗通志初集》卷15《旗分志十五》。

两房管理佐领五次，且有以佐领出身担任总兵官、驻防协领之人。由此看来虽然被编入京旗佐领的时间较晚，但台尼堪在任职方面与其他汉军旗人是完全一样的。雍正十年，佐领高焕获罪，该佐领被改为公中。第四参领第六佐领编设于顺治五年（《佐领册》为八年），同样由"台上壮丁"组成，以杨国泰初管，后确定为杨氏家族的世管佐领。另据《佐领册》，第一参领第三佐领的原任佐领周国政与佐领下人丁原籍盛京八台，无疑也是台尼堪。

从康熙七年到四十五年，八旗汉军增加了 60 个佐领。相比同时期八旗满洲、蒙古增编三百余个滋生佐领，汉军佐领数量增幅不大。通过对《钦定八旗通志》以及佐领档案的分析可知，康熙朝新编佐领的主体是异姓三王一公佐领，总数可能有 44 个。编设时间皆在康熙二十三年前后，目的在于养赡三藩之乱后来京的异姓王。如康熙二十年九月，耿昭忠等以"家口甚多、难以养赡"为由，向兵部申请照汉军例披甲食粮，"既可当差效力，又可均赡老幼家口"。兵部题准，将耿昭忠、耿聚忠家口编为五个佐领，归入正黄旗。每佐领下设骁骑校一员、领催四名、马甲五十四名、步军拨什库兵十三名。[1]

因为佐领的拥有者是与皇帝有密切关系的异姓藩贵族属，所以这些佐领最初多被编入上三旗。镶红旗最初并无此类佐领，据《钦定八旗通志》，只有张文魁初管的第三参领第五佐领编设于康熙二十二年，因系公中，无法考证根原。从年代上判断很可能与三藩有关。[2] 另，第二参领第三佐领编设于康熙七年，是柯永艺初管的世管佐领。柯永艺之兄柯永华最初隶包衣佐领，任都统后，清圣祖以一品大臣赏编佐领，该佐领与藩王无关。[3]

康熙时期上三旗佐领数量激增，导致各旗佐领数量悬殊，所以清世宗对汉军佐领的数量做了两轮调整，此即"汉军旗属佐领（牛录）的均齐化"。[4] 雍正四年，正黄旗汉军佐领数量最多达到 51 个，正红旗汉军佐领只有 19 个，汉军左翼四旗的佐领比右翼四旗多出 39 个。是年十月，清世

① 《清圣祖实录》卷97，康熙二十年九月丁丑，第1231—1232页。

② 《钦定八旗通志》卷27《旗分志二十七》，第468页。

③ 《钦定八旗通志》卷27《旗分志二十七》，第465页。

④ 细谷良夫：《雍正朝汉军旗属牛录的均齐化》，冬哥、大鹏译，《社会科学战线》1986年第2期。

宗鉴于"八旗汉军佐领多寡不等",下令八旗都统商讨"除原管佐领外,其余佐领应如何令其均匀之处"。① 原管佐领即勋旧佐领,说明参与均齐的佐领仅限于世管、公中,属于异姓王公的勋旧佐领不做调整。此次调整的结果是镶黄旗44个佐领,正黄旗40个佐领,正白旗42个佐领,正红旗28个佐领,镶白旗27个佐领,镶红、正蓝两旗各29个佐领,镶蓝旗30个佐领（1个半分佐领）。雍正八年,清世宗再次下令推行汉军均齐化,新增3个佐领,汉军佐领总数达到270个。②

汉军均齐化对镶红旗汉军有较大影响。该旗原有22个佐领,均齐化之后达到29个。根据《钦定八旗通志》,雍正时期从其他旗分拨入镶红旗7个佐领,其中第一参领第四、第六佐领原隶属正蓝旗,雍正四年拨隶镶红旗;第三参领第六佐领原隶正黄旗,第四参领第六佐领原隶正白旗,均于雍正九年移入。

雍正九年,又以内务府另户壮丁编设了以下四个新佐领（见表5-5）。

表5-5　雍正九年内务府另户壮丁所编四个佐领

旗分	参领、佐领	编设时间	初管	备注
正红	1参领5佐领	雍正十一年	王国琏	内务府另户,乾隆三十一年裁撤
	2参领4佐领	雍正九年	李承恩	内务府另户,乾隆二十一年裁撤
镶红	5参领6佐领	雍正九年	佟桂	内务府壮丁,乾隆二十一年裁撤
镶蓝	5参领6佐领	雍正九年	李朳	内务府人丁,乾隆二十一年裁撤

其中镶红旗第五参领第六佐领由佟桂、王健各管理一次。乾隆七年、二十一年,清高宗以缓解八旗生计、为汉军提供出路为由,允许入关后投诚、三藩户下、内务府以及王府包衣、炮手、异姓养子、另记档人出旗为民。③ 表5-5中的四个佐领是由内务府另户编设的,所以全部裁撤。因此镶红旗汉军减少了一个佐领。

---

① 《上谕旗务议覆》,天津古籍出版社,1991,第81页。
② 《清世宗实录》卷99,雍正十年八月甲辰,第314—315页。
③ 《清高宗实录》卷506,乾隆二十一年二月庚子,第379—381页。

截至光绪时期，镶红旗汉军共拥有五个参领，其中第一、第二、第三、第四参领各有六个佐领，第五参领有五个佐领，共计二十九个佐领。其中世管佐领十七个，族袭佐领四个，公中佐领八个。在本章中，笔者将镶红旗汉军的世袭佐领按照类型分为世管佐领、族袭佐领两类，考察该旗世袭佐领的编设和承袭情况。

第二节　镶红旗汉军的世管佐领

一　祝氏佐领

镶红旗汉军第一参领第二佐领是祝世荫家族的世管佐领。祝氏籍贯辽阳，"先世于明初授辽阳定边前卫世袭指挥"。[1] 祝世荫亲兄祝世昌于万历四十七年三月任锦州参将，泰昌元年任镇江城（堡）游击。[2]《清史列传》记"天命六年，大军取辽阳，世昌率属三百余来归，仍授游击统其众"，[3] 从此处描述看，似乎祝世昌是在辽阳城破之后直接率众投降的，不过据天聪二年清太宗颁发给功臣的敕书可知情况并非如此："祝世昌，尔原系镇江（堡）游击。克辽东后，避居山中，待安定后，方来投顺。然朕不以为意，仍授为游击，尔当念养赡之恩，益加尽忠效力。"[4] 从"避居山中"一词看，祝氏兄弟应该是先带领家人、兵丁逃出辽阳，隐居一段时间，但走投无路，最终只得投降。

天聪五年，后金铸造火炮成功，身为备御的祝世荫担任监造官。[5] 是年七月，清太宗设立六部，以祝世荫为工部汉承政，此举应当是为了令其继续参与制造火炮。[6] 天聪九年，"分别管理汉人官员，以各堡生聚多寡黜陟之"，因原管壮丁八百名，减少二百六十名，祝世荫被罚银百两。[7] 由这

---

① 《清史列传》卷78《贰臣传甲·祝世昌》，第6464页。
② 《明神宗实录》卷580，万历四十七年三月壬寅，第10999页；《明熹宗实录》卷3，泰昌元年十一月戊寅，第134页。
③ 《清史列传》卷78《贰臣传甲·祝世昌》，第6464页。
④ 《满文原档》第5册，无年月档，第257页。
⑤ 《清太宗实录》卷8，天聪五年正月壬午，第109页。
⑥ 《清太宗实录》卷9，天聪五年七月庚辰，第124页。
⑦ 《清太宗实录》卷24，天聪九年七月癸酉，第315页。

条记载看，祝世荫有管理汉人之责任，同时升黜的汉官还有管佐领的李国翰、金玉和、张大猷，也有不管佐领的吴守进等人。

崇德三年，祝世昌奏请禁止将战俘妻子卖为娼妓，引发清太宗震怒，法司指责其"身在本朝，其心犹在明国，护庇汉人，与奸细无异"，祝世荫与之同居，知情不报，拟死。清太宗下令二人免死革职，流放席北。顺治二年，因"开国辅运有功"，摄政王多尔衮为祝氏兄弟平反，授祝世荫户部左侍郎，管梅勒章京事。①

祝世荫生前任佐领，出缺后，长子祝万年二次管理佐领。祝万年于顺治二年任兵部启心郎，九年升内翰林秘书院学士。顺治十年，因在启心郎任上失察任珍杀人案件被革部任。② 祝万年病故，《钦定八旗通志》记载以亲弟祝万春长子祝钟灵管理，《佐领册》则记这一任佐领为祝万春，前者或有误。③ 祝万春任都察院副理事官、左佥都御史、礼部侍郎，④ 因管理河道事务，佐领由其长子祝钟灵四次管理。祝钟灵由佐领升任工部理事官、北城监察御史，康熙元年奏准解除佐领、御史任回家养亲。⑤ 出缺后，以祝万年长子祝钟秀五次管理。祝钟秀病故，第三子祝兆图六次管理。祝兆图病故，以祝钟灵之子祝兆彝七次管理。祝兆彝病故，亲弟祝兆书之子祝致英八次管理。

乾隆二年，清查佐领根原，时任佐领的祝致英呈报佐领根原如下：

> 始祖祝世荫原系奉天辽阳人氏，天聪五年因管辖伊尔根蛮子勤慎好，放为佐领。崇德三年伊兄礼部尚书言事，并谪席北地方。至顺治二年，世祖章皇帝首念祝世荫开国佐运有功，查知前加罪太重，蒙恩特赐驰驿进京，即授户部左侍郎管梅勒章京事，与顺治三年将镶红旗祝世荫

① 《镶红旗汉军佐领册》(光绪二十九年)，《内阁全宗·清代谱牒档案·八旗世职谱档》，编号105。
② 《清世祖实录》卷20，顺治二年八月乙酉，第175页；卷69，顺治九年十月己酉，第543页；卷72，顺治十年二月辛酉，第573页。
③ 《钦定八旗通志》卷27《旗分志二十七》，第463页。
④ 《清世祖实录》卷63，顺治九年三月庚寅，第494页。
⑤ 《清世祖实录》卷111，顺治十四年八月甲午，第871页；卷121，顺治十五年十月乙酉，第937页；《清圣祖实录》卷6，康熙元年三月丙子，第108页。

兼新来吴学礼作为空衔佐领。[1]

镶红旗汉军都统朱震查阅天聪五年的部档，并没有发现编设佐领的记录，而且认定即便祝世荫因"管伊尔根蛮子勤慎好"而获得所谓佐领，也是骑都尉爵位，本家提交的属于世职原由而不是佐领根原。朱震依据崇德三年八月初七日的部档"祝世荫因获罪具奏，奉旨：祝世荫之缺着孙玉色放为空衔佐领"，以及顺治三年吏部档案"镶红旗祝世荫并本旗汉官吴学礼放空衔佐领"，确定祝世荫是顺治三年被授予佐领的。

虽然佐领编设时间被定为入关后，但这样可以排除第二任佐领为异姓，该佐领可以直接被认定为世管佐领，对于祝氏家族而言有利无害。祝世荫、祝世昌兄弟虽然同朝为官，但只有前者管过佐领。根据家谱，祝世荫生祝万年、祝万春两子。祝世荫是原立佐领人，两子先后继承，所以该佐领是由原立佐领人嫡派子孙承袭的世管佐领，应按照镶红旗满洲托伦岱、莫伦岱佐领例给予承袭分额，祝世荫之子祝万年、祝万春以及二人子孙祝钟秀、祝钟哲、祝钟灵的全部嫡系子孙都有继承权。乾隆三十年颁布《六条例》，该佐领适用"嫡派条"。

此后祝致英缘事革退，由祝万年三世孙祝维坤九次管理。祝维坤病故，长子祝天玺十次管理。祝天玺缘事革退，以祝万年二世孙、祝维坤堂弟祝维震十一次管理。祝维震因病辞退，以其子祝天辅十二次管理。祝天辅病故绝嗣，祝万年六世孙祝庆芳十三次管理。祝庆芳病故，以其子祝耀图十四次管理。

祝世荫佐领由两子祝万年、祝万春后人共同继承，特别是从第二任到第九任，基本上由两支轮流管理，但从第九任祝维坤开始，佐领就由祝钟秀之子祝兆麒后人控制，其他支派截至光绪二十九年未再管理佐领。

二 周氏佐领

镶红旗汉军第一参领第三佐领是周国政家族的世管佐领。《钦定八旗通

---

[1] 《镶红旗汉军世管佐领、族中袭替佐领及世职官员原由家谱》（光绪九年），《内阁全宗·清代谱牒档案·八旗世职谱档》，编号101。

志》记载该佐领编设于顺治二年，[①] 但《佐领册》记为顺治八年，原立佐领人周国政系盛京八台人氏。[②] 从地望可知，周氏在入关前是在辽东地区坐台的台尼堪。

周国政初管佐领，后任宁夏镇总兵官，康熙九年死于任所。[③] 佐领由异姓徐国相二次管理。据《钦定八旗通志》，徐国相是周国政女婿。[④] 世袭佐领通常在同姓亲属中传承，此类翁婿授受的例子非常少见。徐国相外任出缺，以周国政之子哲尔肯三次管理，《钦定八旗通志》和《佐领册》都记载哲尔肯升任广西提督出缺，以亲弟周文炳四次管理。但哲尔肯任提督在康熙十八年，[⑤] 此前于康熙十四年任江西赣州总兵官，佐领外任需要腾出职位，所以哲尔肯出缺早于出任提督，《钦定八旗通志》和《佐领册》记载都不准确。周文炳病故，《钦定八旗通志》记载由其子周承诏五次管理，但《佐领册》记为"亲侄"，家谱图周文炳名下注明"无嗣"二字，第五任佐领为哲尔肯长子，且人名写作"周承绍"。其亲弟名周承训，按照汉人同辈兄弟命名习惯，此人应名为"周承诏"，《钦定八旗通志》记载正确。至于周承诏为何人之子尚难判断。病故后，其子周炎六次管理。周炎缘事革退，《钦定八旗通志》记载以周炎叔父之子周炜七次管理。《佐领册》记为周玮，根据家谱图，周炎亲叔只有周承训一人，后者之子名周璋，名下注明"七次管理"。

乾隆二年周炜呈报佐领根原，以佐领"虽经徐国相管理一次，俱系周姓初编之佐领"，申请定为世管佐领。佐领下人也自称来自盛京八台。镶红旗汉军都统朱震派遣旗员与周炜查阅户部档案，在顺治八年的档案中找到"将周国政奏明奉旨放管空衔佐领"的记载，与呈报的根原一致，确认该佐领为世管佐领。根据家谱，始祖周国政生周文炳、哲尔肯两子。周文炳绝嗣，此后佐领由哲尔肯之子周承训、周承诏后人承袭，第二任佐领徐国相虽然是周国政女婿，但系异姓，无承袭权，所以该佐领是嫡派子孙承袭的

①《钦定八旗通志》卷27《旗分志二十七》，第463页。
②《镶红旗汉军佐领册》（光绪二十九年），《内阁全宗·清代谱牒档案·八旗世职谱档》，编号105。
③《清圣祖实录》卷9，康熙二年八月庚子，第154页。
④《钦定八旗通志》卷27《旗分志十二》，第463页。
⑤《清圣祖实录》卷79，康熙十八年二月甲午，第1015页。

世管佐领，应按照镶黄旗满洲托伦岱、莫伦岱佐领之例，周国政之子哲尔肯后人一体有分。因为周炎绝嗣，所以只有哲尔肯之子周承训一支派能够继承佐领。因为第二任佐领是异姓，应按照雍正七年八月奏准的纪大礼佐领之例承袭，"当于本族得补用之人即于本家拣选补放，如不得人，即于公中拣选补放，若本家日后少年长成得人，遇有缺出，仍将本家拣选补放"。乾隆三十年颁布《六条例》，该佐领适用"嫡派条"。①

此后周玮出缺，以长子周福庆八次管理。周福庆绝嗣，以亲弟周福顺九次管理。至此周氏家族中有佐领承袭资格的支派除周福顺一房外都已绝嗣，且五代单传，所以从第十任药王保开始，第十一任周万清、第十二任周复新、第十三任英绪都是周福顺后人，且为父子相袭。

三 李氏佐领

镶红旗汉军第一参领第五佐领是李茂芳家族的世管佐领。根据《佐领册》，李氏原籍辽东奉吉堡。李茂芳早年投顺，因原管壮丁二百五十名，"时值民多困苦能安辑之"，管理人丁九年，增加壮丁五十四人，于天聪九年获得半个佐领。崇德七年编为整个佐领。②《钦定八旗通志》记载，该佐领"系天聪九年初编半个牛录，以拨什库李茂芳管理，崇德七年始编为整牛录"，③ 两种文献记载一致。

顺治初期，李茂芳外任扬州，以长子李显贵二次管理。康熙三年，李显贵任京口将军，后因与知府刘元辅违例折给兵丁草料、浮算帑银案发被处决。④ 李显贵外任之缺由长子李廷麟三次管理。李廷麟缘事革退，以长子李斯韩四次管理。李斯韩缘事革退，以亲叔李廷凤之子候选县丞李斯琦五次管理。李斯琦缘事革退，由其祖父李显贵亲弟李显荣二世孙李延绅六次承袭。

① 《镶红旗汉军佐领册》（光绪二十九年），《内阁全宗·清代谱牒档案·八旗世职谱档》，编号105。
② 《镶红旗汉军佐领册》（光绪二十九年），《内阁全宗·清代谱牒档案·八旗世职谱档》，编号105。
③ 《钦定八旗通志》卷27《旗分志二十七》，第464页。
④ 《清圣祖实录》卷12，康熙三年六月辛亥，第186页；卷36，康熙十年七月丁巳，第486页。

　　乾隆二年清查佐领根原，朱震派遣旗员与佐领李延绅在吏部档案中找到李茂芳于天聪九年获半个佐领、崇德七年编为整个佐领的记录，但在查阅李氏家族呈递的敕书时，发现天聪九年授予的所谓"半个佐领"其实是云骑尉，崇德七年的"整佐领"是骑都尉，所以李延绅呈报的其实是世职原由，不是佐领根原。不过他们又在无年月部档中发现"李茂芳佐领下壮丁三百零一名"字样，这一证据显示李茂芳的确管过佐领，只不过年份无考。[①] 后金时期爵、职不分，本家误以世爵为佐领根原的情况也见于上文祝氏佐领。

　　据家谱图，原立佐领人李茂芳生李显贵、李显荣、李显忠三子。截至乾隆初，李显忠一房还没有管过佐领。李显荣一房只有其曾孙李延绅出任佐领。李显贵之子李廷凤、李廷麒两房管理次数多，但李廷凤之子李斯琦绝嗣。因该佐领一直由原立佐领人李茂芳的嫡派子孙承袭，故应按照镶黄旗满洲托伦岱、莫伦岱佐领例分配分额，李茂芳三子后人李廷麟、李廷臣、李廷相后人都有承袭资格。乾隆三十年后，按照《六条例》的"嫡派条"分配分额。

　　此后李延绅出任大名府知府，以李显贵二世孙李延纬七次管理。《钦定八旗通志》记此人名"李延绵"。乾隆十五年，李延纬外任京口参领，以李延绅之子李锦云八次管理。李锦云出缺，以其子广福九次管理。广福出缺，以其子明太十次管理。明太出缺，以其子李文兴十一次管理。李文兴绝嗣，由李显贵六世孙李文林十二次管理。李文林绝嗣，亲弟李文桐十三次管理。

　　虽然该佐领按照"嫡派条"分配承袭分额，但李显贵、李显荣、李显忠三房之中，李显忠一房虽没有绝嗣，但始终没有管过佐领，原因不详。一个家族内承袭佐领，虽然理应保证各房机会均等，但成员年龄、能力、职任等各种因素都可能导致某一支派与佐领长期无缘，特别是没有滋生佐领的八旗汉军，更容易出现这种现象。李显贵因罪被处决，按规定子孙不应承袭佐领，不过其交卸佐领在先，获罪在后，所以没有影响其子承袭佐领，此后连续三任佐领都被革退，有些家族因革退人员太多、无法承袭被改为公中佐领，但李茂芳的佐领直到李斯琦出缺后，才开始由李显荣一房

---

　　① 《镶红旗汉军佐领册》（光绪二十九年），《内阁全宗·清代谱牒档案·八旗世职谱档》，编号105。

继承，而且第七任佐领李延纬是李斯韩之子。显然革退人员子孙不得承袭的规定在现实中不一定得到认真执行。

四 孟氏佐领

镶红旗汉军第二参领第二佐领是孟乔芳家族的世管佐领。孟氏是明代世袭武官，世代镇守北方。据王士禛撰孟乔芳神道碑："其先徐州人，始祖某，明洪武间从燕王就国，靖难立战功，世袭，官永平卫，遂为永平人。"① 《永平府志》称："其先永平人，世袭东胜卫指挥同知。"② 《佐领册》记孟氏原籍关东沈阳，实际上孟氏是天聪初年才到辽东的，显然不应以沈阳作为籍贯。

天聪三年，后金军绕开明朝的宁锦防线，取道蒙古南下。四年正月，攻占永平，赋闲在籍的孟乔芳与兵备道白养粹等投降。二贝勒阿敏以大汗的名义任命白养粹为巡抚，孟乔芳为副将，并授予敕书。其中孟乔芳的敕书如下：

> 全国汗敕曰：孟乔芳，原系革职副将。朕承天命，欲安定生民，故而率兵前来。因永平不降，遂攻取之。朕不念尔罪，授以副将职，俟出官缺，复录用之。尔当尽忠图报，勿负朕意。③

天聪五年设立六部，孟乔芳出任刑部参政。崇德三年七月，更定官制，六部两院增设左右参政，时以郎球为刑部承政，孟乔芳为左参政。④ 顺治元年，孟乔芳随大军南下入关，外放陕甘总督。孟乔芳先后平定米喇印、丁国栋之乱，参与清剿大同姜瓖叛军，并设立屯田、整顿财政、调整军事部署，为平定西北建立汗马功劳。孟乔芳死后多年，清圣祖仍以孟乔芳为汉军大臣的榜样："国家自祖宗定鼎以来，委任汉军官员与满洲一体。其中

---

① 王士禛：《孟公乔芳神道碑》，钱仪吉纂《碑传集》卷5《国初功臣上·孟乔芳》，中华书局，1993，第100页。
② 《永平府志》卷57《仕迹二》，学生书局，1968，第4083页。
③ 《满文原档》第7册，天聪四年正月初六日，第7页。
④ 《清太宗实录》卷42，崇德三年七月丙戌，第559页。

颇有宣猷效力者，如孟乔芳、张存仁辈，朝廷亦得其用。"①

　　孟氏的世管佐领编设于崇德七年，此时距孟乔芳投顺后金已经过去十余年，该佐领之所以编设晚，或因孟乔芳初到后金时只是革职副将，身边亲属、家人数量有限，无资格编佐领。《佐领册》显示，佐领下各家族来自沈阳，既非永平，亦非松锦，可见这个崇德七年编设的佐领是以更早投顺的汉人编设的。入关后，孟乔芳升任川陕总督，以亲弟孟乔荣二次管理。孟乔荣因病告退，以孟梁文三次管理。《钦定八旗通志》没有说明孟梁文的身份，《佐领册》记载此人是孟氏的"家人"，应是随主姓的奴仆，家奴替主人管理佐领之事实不多见。孟梁文升任京口协领，孟乔芳养子孟熊飞四次管理。孟熊飞缘事革退，以孟乔荣之子孟熊佐五次管理。孟熊佐故，以孟乔芳之孙孟维祖六次管理。孟维祖故，以亲弟孟经祖七次管理。孟经祖缘事革退，以亲弟孟绳祖八次管理。

　　乾隆二年，清查佐领根原，朱震派遣旗员与佐领孟绳祖查对档案，在崇德七年部档内发现"将金砺旗下孟乔芳放管空衔佐领"的记载，与佐领根原吻合，遂将该佐领确定为世管佐领。根据家谱图，该家族始祖孟国用生孟乔荣、孟乔芳。孟乔荣生孟熊佐。孟乔芳生孟熊弼、孟熊飞、孟熊臣三子。虽然孟乔芳是原立佐领人，但孟乔荣也管过佐领，所以按照世管佐领承袭规则也有继承权。该佐领是由兄弟共同管理的世管佐领，应按照镶黄旗满洲鄂欣、图撒图佐领例，由孟氏兄弟两支共同承袭。至于第三任佐领孟梁文，与孟氏家族没有血缘关系，故不计入承袭范围。乾隆三十年颁布《六条例》，该佐领适用"轮管条"。

　　乾隆九年，孟绳祖因家族墓地中坟墓位置问题与族人发生争执，刨挖堂侄孟以恂坟墓被革职。②佐领改以孟维祖之子二等轻车都尉孟以慎八次管理。孟以慎病故，以其子孟长龄九次管理。孟长龄出缺后，以其子孟廷珪十次管理。孟廷珪出缺后，以其子孟均平十一次管理。孟均平出缺，以其子恩临十二次管理。恩临出缺后，以其子明德十三次管理。

　　孟氏佐领虽属同编，但孟乔荣一房很早绝嗣，所以实际上从第六任开

　　① 《清圣祖实录》卷118，康熙二十三年十二月庚子，第237页。
　　② 《大学士鄂尔泰为镶红旗汉军佐领孟绳祖用强发掘坟冢实属残忍题请参处事》（乾隆九年二月十九日），中国第一历史档案馆藏军机处录副奏折，02-01-006-001。

始成为孟乔芳的嫡派承袭佐领。孟乔芳三子中，孟熊臣支派没有管过佐领，孟熊飞支派只管过一次，其余第六至第十三任都出自孟熊弼一支派。

五　柯氏佐领

镶红旗汉军第二参领第三、第五、第六佐领是柯氏家族的世袭佐领。其中第三、第五佐领是世管佐领，第六佐领是族袭佐领，有关族袭佐领的考察见后文。

据乾隆二年佐领柯启汶呈报的根原以及佐领承袭家谱，柯氏原籍奉天辽阳，始祖名柯崇孝。柯崇孝生柯汝栋、柯汝瑛、柯汝极三子。柯汝栋是辽东军官。万历四十六年九月，蓟辽总督汪可受奏后金军由抚顺关进攻，总兵李如柏督游击尤世功、王平等分左右翼击却之，"斩级七十六颗，达马八十七匹，盔甲、炮、纛、夷器甚多"。[①] 兵部议叙暖阳、抚顺之捷中"御虏有功"人员中即有柯汝栋。[②] 次子柯汝瑛生平不详。三子柯汝极投降后金，因天命六年举报辽阳降人叛逃、擒获间谍，被授予甲喇章京世职。天聪八年出任吏部参政。崇德七年编授佐领。顺治二年升任镶红旗汉军副都统，四年驻防杭州并死于任。[③]

该家族的佐领由柯汝极初管。柯汝极外任出缺，以尤进功二次管理。尤进功为沈阳总兵官尤世功同族。尤进功升任广东协领，其子尤国才三次管理。尤国才缘事革退，其子尤洵四次管理。尤洵缘事革退，以亲兄尤汶五次管理。尤汶升任陕西汉兴道，经都统马云霄奏请，将佐领给还柯氏。因柯汝极绝嗣，佐领由柯汝瑛之孙、原任副将柯森六次管理。柯森缘事革退，拣放佐领时，都统李永升奏准柯氏佐领经异姓管理多次，应按照纪大礼佐领例承袭，并以柯汝瑛二世孙、柯森亲侄柯启汶七次管理。[④]

乾隆二年清查佐领根原时，朱震派遣旗员与柯启汶查阅档案，在崇德七年吏部档案找到"将金砺旗下柯汝极放管佐领"字样，确定该佐领虽经

---

① 《明神宗实录》卷 574，万历四十六年九月辛丑，第 10856 页。
② 《明神宗实录》卷 574，万历四十六年九月癸丑，第 10866 页。
③ 《钦定八旗通志》卷 203《人物志八十三·柯汝极》，第 3608 页。
④ 《镶红旗汉军佐领册》（光绪二十九年），《内阁全宗·清代谱牒档案·八旗世职谱档》，编号 105。

尤氏管理四次，但"实系柯姓世管佐领"。根据家谱，家族始祖柯崇孝三子内，柯汝极是原立佐领人，绝嗣后改由柯汝瑛一支管理。至于柯汝栋子孙，虽然一直没有管过佐领，但作为原立佐领人亲兄弟，当与柯汝瑛支派共享承袭权。乾隆五年，办理八旗佐领给分事务王大臣鉴于该佐领原立佐领人绝嗣，以亲兄弟后人栋放，认定该佐领适用《六条例》中的"绝嗣条"，按照镶红旗满洲特克慎、富昌佐领例分配承袭分额。

此后柯启汶病故出缺，佐领由其子柯宗麟八次管理。柯宗麟病故，以其子柯永露九次管理。柯永露之名《钦定八旗通志》中《旗分志》写作"柯承露"。出缺后，其子柯什布十次管理。柯什布绝嗣，改由亲弟柯联魁十一次管理。柯联魁出缺，其子恩荣十二次承袭。恩荣出缺，以子耆昌十三次管理。

该佐领虽然由柯汝栋、柯汝瑛两支派承袭，但前者一直没有管过佐领。柯汝瑛生柯永艺、柯永蓁两子。因柯永蓁之子柯森缘事革退，子孙失去承袭资格，该支又没有其他子弟，所以转入柯永艺支派，由这一支承袭至清末。

柯氏家族的另一个佐领是第二参领第三佐领，由柯永艺初管。该佐领编设于康熙七年。《佐领册》记"初以都统柯永华之弟柯永艺管理"，但检索文献并无"柯永华"之名，《清实录》《钦定八旗通志》都写作"柯永蓁"，或因"华"的繁体"華"与"蓁"形近，故有此误。[①] 柯永蓁于太宗时期从征，顺治朝出任兵部理事官、户部右侍郎、镶红旗汉军都统。[②] 旋同宁海大将军伊勒德征浙江海贼，康熙元年同靖东将军济什哈征山东叛贼，表现英勇，于康熙十年三月授京口将军。十二年因擅拨战舰给总兵李廷栋移取家口被罢免。次年署山东提督。十七年五月因扰害兵民被革职。[③]

该佐领根原记载："都统柯永蓁系奉天辽阳人，因升都统于康熙七年奉旨，一品大臣著令出色，赏编世管佐领。"可知柯永蓁最初为包衣，此次编佐领将随身带出的亲属男丁一百零九名以及柯汝极佐领下拨出壮丁一百零

---

① 《钦定八旗通志》卷150《人物志三十·沙哈纳》，第2533页；《清世祖实录》卷49，顺治七年七月乙卯，第394页。

② 《清世祖实录》卷53，顺治八年二月庚子，第423页；卷95，顺治十二年十一月甲申，第745页；卷99，顺治十三年三月甲辰，第771页。

③ 《钦定八旗通志》卷203《人物志八十三·柯永蓁》，第3608—3609页。

二人编为一个佐领，以亲弟柯永艺管理。柯永艺去世，以亲弟二等侍卫柯永莳管理。年老辞退，以柯永蓁之子柯森管理。柯森任西宁游击，以其子柯明德管理。柯明德病故出缺，以其弟柯明善继承。柯明善缘事革退，以其弟柯明治管理。①

乾隆二年，清查佐领根原，镶红旗汉军都统朱震派遣旗员与柯明治查阅档案，在康熙七年八月初一日的档案中找到兵部移咨，记载"镶红旗汉军都统柯永蓁之壮丁初编佐领，将柯永蓁之胞弟闲散柯永艺补放佐领"，与柯明治呈报的根原一致。虽然佐领由柯永蓁人丁编成，且是赏给此人管理的，但柯永艺、柯永莳各管过一次，柯永莳绝嗣，所以柯明治将柯永艺一支也绘入承袭家谱。鉴于"伊等和辑宗族，敦笃雍睦之意"，该佐领被确定为柯永蓁、柯永艺两房轮流接管之佐领，参照镶黄旗满洲鄂欣、图撒图佐领例给分，柯永艺子孙可以参与拣放，但柯永蓁之孙柯明得、柯明善、柯明治、柯明惠子孙有优先权。乾隆三十年颁布《六条例》，该佐领适用"轮管条"。

此后柯明治绝嗣，以柯藩承袭。柯藩出缺，以亲弟柯藻之子柯景润承袭，柯景润之子柯什泰、柯什得先后出任佐领。二人绝嗣，由柯藩长子伊勒图管理。伊勒图出缺，以亲弟柯勒额长子瑞麟管理。瑞麟绝嗣，以亲弟椿麟、煦升、钟岫祖孙三人陆续管理。

该佐领虽系赏赐柯永蓁的世管佐领，但由柯永蓁两支兄弟承袭，柯永莳绝嗣方由柯永蓁之子柯森管理。此后柯永蓁后人承认柯永艺一支的管理权，但该支此后没有管过佐领。在柯永蓁一支承袭时，柯明得、柯明善两人绝嗣，只有柯明治和柯明惠两支，但后者始终没有管过佐领。如果综合看柯氏的两个佐领就会发现，柯永蓁的佐领从柯森开始只由柯永蓁后人管理，柯汝极的佐领从第七任柯启汶开始限定在柯永艺一房，所以实际上两个佐领被平分给两方各自承袭。

六　王氏佐领

镶红旗汉军第二参领第四佐领是王元爵家族的世管佐领。王氏籍贯辽东盖平，原立佐领人王元爵于崇德七年拣放为佐领。次年，多罗贝勒罗洛宏家人抢夺范文程家人康六银两，康六诉于该管佐领王元爵，后者置之不问，事发后王元爵被判处鞭八十。① 此后王元爵参加入关战争，多次立功，顺治二年在湖州中炮阵亡。②

王元爵之缺由伯父王国柄之孙王秉政二次管理。王秉政升任陕西汉中府驻防参领，顺治八年在四川作战阵亡。③ 王秉政外任出缺，由叔父王元善之子王秉衡三次管理。王秉衡任苏松巡按期间，"徇庇华亭县知县擅用钱粮，不加查核，概准开销"被革职，④ 佐领改由王元善之子王秉仁四次管理。王秉仁累官至仓场总管，康熙十三年随勒尔锦征讨三藩，在均州阵亡。⑤ 佐领由王元魁之子王秉信五次管理。王秉信降调，以王元祚之孙王元懿六次管理。王元懿病故，以次子王照瑞七次管理。此人在家谱中写作"王绍瑞"。王照瑞革退出缺，以其兄王照增之子王佐八次管理。王佐病故，以王元爵曾孙王永誉九次管理。王永誉升昌平营参将，以长子王守中十次管理。⑥

乾隆二年清查佐领根原，镶红旗汉军都统朱震派遣旗员与王守中查阅档案，在部档中找到"丁丑年八月初七日，镶红旗王元爵放管空衔佐领"字样，确认为王氏家族的世管佐领。根据家谱，王氏家族始祖王什生王国楹、王国梁、王国柄。王国楹生王元爵、王元会。王国梁生王元魁。王国柄生王元祥（家谱写作"王元祚"）、王元善。王元爵是原立佐领人，但堂兄弟支派也承袭过佐领，按照世管佐领承袭规则，所有管过佐领支派都有继承权，按照镶黄旗满洲鄂欣、图撒图佐领例分配承袭分额，王元爵子孙以及管过佐领的王秉信、王秉政、王秉仁、王秉衡后人都有继承资格。王元会虽系王元爵亲兄弟，但没有管过佐领，所以无权继承。乾隆三十年颁布《六条例》，该佐领适用"轮管条"。

此后王守中病故出缺，长子王溶十一次管理。王溶外任山东莱州营参将，

① 《清太宗实录》卷65，崇德八年八月丙寅，第908页。
② 《钦定八旗通志》卷229《人物志一百九·王元爵》，第4207页。
③ 《钦定八旗通志》卷229《人物志一百九·王秉政》，第4208页。
④ 《清世祖实录》卷120，顺治十五年八月辛未，第927页。
⑤ 《钦定八旗通志》卷230《人物志一百十·王秉仁》，第4229页。
⑥ 《镶红旗汉军佐领册》（光绪二十九年），《内阁全宗·清代谱牒档案·八旗世职谱档》，编号105。

在四川阵亡。长子延龄十二次管理。延龄出缺，以长子承裔十三次管理。承裔绝嗣出缺，以亲弟承志十四次管理。承志出缺，以其子英煜十五次管理。英煜出缺，以王溶之孙承光十六次管理。承光出缺，以子英济十七次承袭。

王元爵虽然是原立佐领人，但第二至第八任都由兄弟子侄支派管理，直到第九任才因为王秉政、王秉衡、王秉信绝嗣，重新由原立佐领人王元爵后人承袭。

七　赵氏佐领

镶红旗汉军有两个属于赵氏家族的世袭佐领，一是第三参领第二佐领，为赵国祚的世管佐领，一是第三参领第一佐领，为赵国正的族袭佐领。有关赵国正佐领的考察见下文。赵氏家族籍贯辽阳，祖先赵一鹤在清太祖占领抚顺时与李永芳一起投顺。[①]《满文原档》收录清太祖颁发给赵一鹤的敕书：

> 汗谕曰：赵一鹤，尔原系抚西游击中军，攻取抚西得蒙恩养，仍得官职。得辽东后，派为新城游击。镇江（堡）之人叛时，阵斩毛文龙派来劝降之曹都司，将同来之人拿解前来。因有此功，嗣后赵一鹤获罪，按律治罪，其职子孙永承不废。[②]

赵国祚其人颇有作为。早年率领汉军在义州屯田，崇德八年跟随护军统领阿尔津和济尔哈朗征讨黑龙江，攻打前屯卫、中后所。入关前后历任参领，户部理事官，镶红旗汉军副都统、都统。顺治十二年授平南将军，驻防浙江，任总督。此后参与对郑氏、三藩的征讨，屡立功。康熙二十七年去世。[③]

各种文献对该佐领编设时间的记载不同。《钦定八旗通志》本传及《旗分志》正文记载佐领编设于崇德四年；《旗分志》的按语引用旗册，谓编设

---

① 《明神宗实录》卷 571，万历四十六年六月己卯，第 10778 页。
② 《满文原档》第 5 册，无年月档，第 251 页。
③ 《钦定八旗通志》卷 203《人物志八十三·赵国祚》，第 3613—3615 页。

于崇德七年。① 乾隆二年佐领赵宏照呈报的根原亦称"崇德七年编放佐领时，将赵国祚放为佐领"。旗员核查根原时在崇德七年的部档查到"将赵国祚放管空衔佐领"的记载，所以应为崇德七年，崇德四年之说不知何据。

赵国祚初管佐领，出缺后由亲侄、赵国祥之子赵璟二次管理。《钦定八旗通志》写作"赵爆"，家谱中同辈之名为赵琏、赵玥、赵珀、赵琰，皆有"王"字旁，所以"赵爆"应是误写。赵璟因病革退，以赵国祚之子赵珀三次管理。赵珀先后任镶蓝旗汉军副都统、正黄旗汉军副都统、江南提督，康熙六十一年因"将应给兵丁粮米不行速发，又坐扣空粮九百十名，通共侵蚀银三万四千六百九十二两、米六千九百余石，收各营规礼一万九千四百余两"被革职。② 赵珀佐领由其子赵世昶四次管理。赵世昶受父案牵连，被革退佐领，由赵国正二世孙赵宏济五次管理。赵宏济任都统，因与官员会饮被革退，由赵国正二世孙、亲叔赵世显之子赵宏照六次管理。③

乾隆二年，该佐领因已经在赵氏家族中承袭六次，被定为世管佐领。镶红旗汉军都统朱震派遣旗员核对档案，确认无误。根据家谱，赵一鹤生赵国祚、赵国祥、赵国正、赵国鼎四子。赵国祚为原立佐领人，且初管佐领，所以他的子孙有继承分额。赵国祥、赵国正兄弟也管过佐领，应按照世管佐领承袭规则，也拥有承袭权。赵国鼎后人至乾隆初没有管过佐领，不应承袭，但其他支派主动推让分额，因此成为原立佐领人和兄弟子侄支派共同承袭的佐领，参照镶黄旗满洲鄂欣、图撒图佐领例分配承袭分额，由赵国祚之子赵琰、赵珀、赵玥子孙和管过佐领的赵璟、赵宏照、赵宏济子孙共同管理。乾隆三十年颁布《六条例》，该佐领适用"轮管条"。

此后赵宏照因病革退，其孙赵灿炜七次承袭，此人在家谱中写作"赵炜"。病故后，赵国祚之孙、赵琰之子赵世晟八次管理，从此佐领转入赵国祚一支。赵世晟绝嗣，以亲兄赵世晹之孙赵永常九次管理。赵永常之名，家谱写作"赵永亮"。因其弟名永恒，所以此人名永常的可能性更大。赵

---

① 《钦定八旗通志》卷27《旗分志二十七》，第467页。
② 《清圣祖实录》卷232，康熙四十七年三月癸酉，第322页；卷281，康熙五十七年九月戊戌，第748页；卷296，康熙六十一年二月甲申，第875页。
③ 《镶红旗汉军佐领册》（光绪二十九年），《内阁全宗·清代谱牒档案·八旗世职谱档》，编号105。

永常病故，以其弟赵永恒十次管理。赵永恒病故，其子赵炳惠十一次管理。赵炳惠革退后，以其子存福十二次管理。存福病故，以其子石麟十三次管理。石麟病故出缺，以存福养子赵梦麟十四次管理。[1]

截至光绪二十九年，赵氏家族的佐领承袭十四次，赵一鹤四子中赵国鼎一房虽然被分给继承权，但是一直没有管过佐领。从第八任开始到第十三任，佐领回到原立佐领人支派，赵世昶、赵世晟两房绝嗣后，全部由赵国祚之子赵玥后人承袭。

八 孙氏佐领

镶红旗汉军第三参领第四佐领是孙应聘家族的世管佐领。孙氏祖籍开原，始祖孙德明，事迹不详。孙德明生孙应时、孙应举、孙应聘。该佐领的根原有两说。《八旗通志初集》记载"系崇德二年编设，初以孙应时管理。孙应时从征锦州阵亡，以其弟孙应聘管理"。[2] 雍正十三年拣放佐领时，孙氏家族呈交的佐领根原也以孙应时为第一任。但八旗王大臣并没有在崇德二年的档案中找到任何依据，反而发现崇德七年孙应聘放管空衔佐领的记载，因此认定该佐领应以孙应聘为第一任。乾隆二年孙继祖呈报的佐领根原即称该佐领编设于崇德七年，由孙应聘初管。但《八旗通志初集》采用了错误的说法，《钦定八旗通志》沿袭未改。[3]

孙应聘缘事革职，以员外郎异姓张大观二次管理。张大观出缺，以步军校傅登贵三次管理。傅登贵外任广东参将，以步军校李芝藻四次管理。经镶红旗都统衙门具奏，将该佐领定为轮管佐领，即以孙应时之子、广信府知府孙世昌五次管理。孙世昌缘事革职，以候补游击陈怀佐六次管理。陈怀佐年老辞退，以孙应举之孙孙镐七次管理。雍正二年，孙镐随大军入藏失踪，镶红旗都统纪党阿又以该佐领最初由孙氏管理，定为世管佐领，以孙镐之子孙元起八次管理。孙元起缘事革退，拣放员缺时，因该佐领经异姓管理四次，奏准按照纪大礼佐领例承袭，以孙应时二世孙孙继祖九次

① 《镶红旗汉军佐领册》（光绪二十九年），《内阁全宗·清代谱牒档案·八旗世职谱档》，编号105。
② 《八旗通志初集》卷15《旗分志十五》，第276页。
③ 《钦定八旗通志》卷27《旗分志二十七》，第468页。

承袭。①

乾隆二年，镶红旗汉军都统朱震鉴于该佐领虽经异姓管过四次，但系孙姓初编佐领，且由孙氏管理九次，并在崇德七年部档中查出"将赵国正佐领下孙应聘放管空衔佐领"的记载，遂再次将该佐领确定为世管佐领。根据家谱，孙应聘三兄弟中，孙应聘已经绝嗣，佐领由异姓和孙应时、孙应举共管，至第七任才由孙氏子弟长期管理，所以原立佐领人两兄弟子孙全部有承袭权，参照镶红旗满洲特克慎、富昌佐领例办理，孙应举之子孙世誉、孙世泽、孙世荣以及孙应时之子孙世昌子孙一体拣放。乾隆三十年后，该佐领承袭适用《六条例》中的"绝嗣条"。

此后孙继祖因病革退，以亲兄孙绳祖之子孙可仪十次管理。截至光绪时期，该佐领由孙可仪子孙孙孝廉、保恒、景馨、长存父子相递承袭。孙应举三子孙世誉、孙世泽、孙世荣三子中，孙世誉一房管过两次，其他两房没有绝嗣，但一直无人继承佐领。

九　纪氏佐领

镶红旗汉军第四参领第一佐领为纪国先家族的世管佐领。《佐领册》记载："纪国先系关东杏山人氏，自杏山随带壮丁一百二十七名，于崇德七年初编八旗汉军佐领，纪国先管授半个佐领。"②清军攻克杏山在崇德七年，随即将投降的明军编为汉军佐领，纪国先佐领当在此列。

入关后，纪国先任都察院理事官，后随征南大将军都统谭泰出征，谭泰以其为掌印都司，纪国先以文官不应武职为由拒绝，被革去佐领、理事官，籍没一半家产。③纪国先革退后，先后由骁骑校马启云、刘可高、张文达三名异姓管理。张文达病故后，方以纪国先之子纪振远五次管理。康熙二十二年，该佐领人丁滋生至二百名，编为整个佐领。纪振远年老革退，以其子纪绍六次管理。纪绍病故，以其子纪大礼七次承袭。雍正七年，纪

---

① 《镶红旗汉军佐领册》（光绪二十九年），《内阁全宗·清代谱牒档案·八旗世职谱档》，编号105。
② 《镶红旗汉军佐领册》（光绪二十九年），《内阁全宗·清代谱牒档案·八旗世职谱档》，编号105。
③ 《清世祖实录》卷24，顺治三年二月甲申，第204页；卷44，顺治六年六月辛丑，第355页。

大礼缘事革退，镶红旗汉军都统朱震等以该佐领经过异姓多次管理，能否作为世管佐领具奏。清世宗钦定为世管佐领，并将该佐领作为此类佐领的样板，以后拣放时可资参考：

> 凡此等本家初管之佐领，既经外姓管过数次，复系本家接管者，于本家接补之人即拣选补放，如不得人，乃于公中拣选补放。本家日后少年长成得人时，遇有缺出，仍将本家拣选补放。如此则情理允协。①

清世宗还下令以纪大礼亲伯纪振疆之子纪纹八次管理。纪纹病故后以其子纪大中九次管理。

乾隆二年清查佐领根原，根据纪大中呈递的家谱，以始祖纪国先生纪振疆、纪振远、纪振乾、纪振坤、纪振华五子，佐领由纪国先子孙承袭九次，虽经异姓管理，但系纪氏初编，符合世管佐领的认定标准。镶红旗汉军都统朱震派遣旗员与纪大中查阅档案，没有找到纪国先随带壮丁的记载，只有崇德七年"纪国先等编设八旗汉军佐领"情节，虽然与纪大中呈报的根原有出入，但无关宏旨。纪国先是原立佐领人，虽然佐领连续由异姓管理三次，但此后经纪振疆、纪振远支派管理，故是由原立佐领人嫡派子孙承袭的世管佐领，纪国先五子后人都有继承权，参照镶黄旗满洲托伦岱、莫伦岱佐领例分配承袭分额，乾隆三十年后，适用《六条例》的"嫡派条"。

此后纪大中绝嗣，纪国先曾孙、纪振坤之孙纪大镛十次管理。纪大镛出缺，由该房纪俊、纪文明、庚寅、纪彬先后承袭。纪彬绝嗣，以纪振远六世孙纪珍管理。光绪二十二年，纪珍不能约束兵丁被革职，因"尚非贪污重情，革职后并无余罪，亦非特旨革职之员"，仍以其子常清承袭。纪氏五兄弟虽然都有继承权，但在第十任之前，佐领都出自纪振疆、纪振远两支，第十任开始纪振坤后人参与继承。但纪振乾、纪振华两房一直与佐领无缘，说明拟正、拟陪、列名制度在一定程度上消解了佐领承袭的公平性。另外，拣放曾经异姓管理的世袭佐领要参照纪大礼佐领例办理，但从乾隆五年开始，办理佐领根原事务王大臣以三个标准世袭佐领指导父子承袭、

---

① 《镶红旗汉军佐领册》（光绪二十九年），《内阁全宗·清代谱牒档案·八旗世职谱档》，编号105。

兄弟承袭以及绝嗣三类佐领承袭，拣放类似纪大礼的佐领时只看佐领在本家内最初的承袭情况即可，所以与朱林佐领一样，随着佐领承袭制度的完善，纪大礼佐领不再作为拣放佐领的参考了。

十　郎氏佐领

镶红旗汉军第四参领第二佐领是郎绍正家族的世管佐领。[①] 郎氏籍贯关东沈阳，郎绍正在万历时期担任千总。天命七年正月，清太祖略广宁，攻克西平堡，在广宁城外重创明军。时郎绍正与广宁守门游击孙得功、守备黄进、千总陆国志等遣人请降，清太祖不受。[②] 郎绍正应于后金攻占广宁之后投顺，并继续出任军官。天聪八年八月后金军略山西，郎绍正以汉军甲喇章京身份出征。[③] 崇德三年，更定官制，郎绍正任兵部理事官。崇德四年攻打锦州时，郎绍正疏防导致明军逃走，被革职。六月，清太宗指责马光远、金玉和、金砺、吴守进、石达尔汉、郎绍正等不图功自赎，下令在家闲住，"欲往明国，或往蒙古，或往朝鲜，听其所之。去时奏闻可耳"。不过，崇德七年六月，又恢复了郎绍正的甲喇章京职位。[④]

据佐领根原，郎绍正佐领编设于崇德七年。但核查根原时，镶红旗汉军都统朱震并没有在崇德七年的档案中找到相关记载，仅在无年月部档中发现"郎绍正佐领下壮丁三百名"字样，所以能够确定郎绍正确实管过佐领，只不过时间不明。

郎绍正佐领由其子郎化麟二次承袭。郎化麟病故，其子郎廷彩三次管理。家谱在郎廷彩兄郎廷玺名下注明"三次"二字，误。郎廷彩去世，以亲兄郎廷锦之子郎应星四次管理。

乾隆二年清查佐领根原，郎应星以佐领由郎绍正本人及两子郎似麟、郎化麟支派管理四次，未经异姓管理，主张作为世管佐领。都统朱震核查

---

① 此人姓名在《清太祖实录》《满洲实录》中写作"郎绍贞""郎绍桢"，《满文原档》写作 lang sio jeng 或 lang šao jeng。为行文方便，本书依据《钦定八旗通志》《佐领册》，使用"郎绍正"。

② 《满洲实录》卷7，天命七年正月甲寅，第342页。

③ 《清太宗实录》卷19，天聪八年八月丙辰，第255页。

④ 《清太宗实录》卷42，崇德三年七月丙戌，第560页；卷45，崇德四年正月丁亥，第595页；卷47，崇德四年六月庚寅，第426页；卷61，崇德七年六月甲辰，第831页。

后确定该佐领为郎绍正嫡派子孙承袭的世管佐领，参照镶黄旗满洲托伦岱、莫伦岱佐领例承袭，郎似麟、郎化麟子孙都有继承权。乾隆三十年，奏准适用《六条例》的"嫡派条"。

此后郎应星缘事革退，以朗廷彩之子郎应乾五次管理。郎应乾缘事革退，再次由郎应星六次管理。郎应星病故，其子郎晋升七次管理。此后第八至第十二任佐领郎永德、恒龄、菩萨保、郎宗盛四代都是郎晋升子孙。郎宗盛绝嗣，此时郎化麟三子郎廷玺、郎廷锦、郎廷彩三房也全部绝嗣，无人可以继承佐领，故拣放此前没有管过佐领的郎似麟一房，由其四世孙恒玉、五世孙承恩先后继承。从承袭情况看，因为该家族支派不多，加之绝嗣，能继承佐领之人较少，所以两支派管理佐领的机会比较均衡。

十一　吴氏佐领

镶红旗汉军第四参领第五佐领是吴汝玠家族的世管佐领。吴氏籍贯锦州，吴汝玠为明朝游击，崇德七年三月清军占领锦州时投降。[①] 入关后，吴汝玠管梅勒章京事，后升任礼部侍郎、杭州驻防参领。[②] 吴汝玠外任，或因此时子弟年幼，佐领由骁骑校黄宪章代为管理。黄宪章病故，其子黄道行管理佐领。顺治十七年，吴汝玠回京，向都统衙门申请给还佐领。吏部称"查此佐领，系吴汝玠原管之佐领，相应将现管佐领之黄道行革退，着吴汝玠之子吴国鼎补放"。[③] 吴国鼎升广东驻防协领，以其子吴洪五次管理。吴洪任四川总兵官，以亲弟吴淇六次管理。吴淇病故，以吴洪之子吴宗宁七次管理。吴宗宁降调，其子吴如玉年幼，其余人员不堪佐领之任，都统李永升建议按照纪大礼佐领例以异姓代管，等本家子弟成年后给还。但雍正七年十二月拣放佐领时，清世宗仍令吴宗宁管理。吴宗宁外任游击，以副参领于宗玺署理佐领。需要注意的是，清初大量汉军官员被派往京外，或驻防，或出任地方官，所以类似吴汝玠管佐领后外任，因子孙年幼以异姓

---

① 《清太宗实录》卷 59，崇德七年三月丙戌，第 806 页。

② 《清世祖实录》卷 22，顺治二年十二月辛巳，第 192 页；卷 38，顺治五年五月壬午，第 309—310 页；卷 48，顺治七年三月癸酉，第 384 页。

③ 《镶红旗汉军佐领册》（光绪二十九年），《内阁全宗·清代谱牒档案·八旗世职谱档》，编号 105。

代管的现象在汉军佐领中并不罕见，因此按照纪大礼佐领例承袭的汉军佐领多于八旗满洲、蒙古。

乾隆二年，吴宗宁呈报佐领根原，都统朱震派遣旗员与吴宗宁核对部档，在崇德七年吏部档案中找到"金砺旗下锦州游击吴汝玠放管空衔佐领"字样，且该佐领虽然由异姓管理两次，但系授予吴汝玠之佐领，所以其后人有权继承。根据家谱，吴汝玠生吴国鼎，吴国鼎生吴淇、吴洪两子。吴淇管过佐领但已经绝嗣，所以只有吴洪后人能承袭佐领。该佐领是原立佐领人嫡派子孙承袭的佐领，应按照镶黄旗满洲托伦岱、莫伦岱佐领例承袭，吴洪之子吴宗宁、吴宗安两支有分额。乾隆三十年颁布《六条例》，该佐领适用"嫡派条"。

此后乾隆三年，吴宗宁升任直隶提标前营游击，其子年幼，按照纪大礼佐领例，镶红旗汉军都统将本旗旗员带领引见，清高宗补放礼部郎中周祖荣，并特别说明"俟初管佐领吴汝玠之子孙年至十八岁，遇有公中佐领缺出时，与暂管此佐领之旗员一同带领引见，另行请旨补放"。乾隆九年，吴宗宁长子吴如玉十八岁，次子吴如亮十五岁，镶红旗汉军有公中佐领缺出，该旗按照规定将吴如玉、吴如亮与周祖荣一同带领引见。清高宗谕以吴如亮承袭世管佐领，周祖荣管理公中佐领。吴如亮病故绝嗣，吴宗宁之弟吴宗安同样绝嗣，所以此时只能以吴如亮之侄、吴如玉之子吴刚十次管理。吴刚外放福建汀州镇标右营守备，以亲叔吴宗宁之子治仪正吴如光十一次管理。吴如光病故，以其子吴琳十二次管理。吴琳病故，以亲孙吴鉴十三次管理。

十二 杨氏佐领

镶红旗汉军第四参领第六佐领是杨氏家族的世管佐领。杨氏始祖杨维，生平不详。杨维生杨国泰、杨国安二子。《佐领册》记载该家族籍贯盛京八台，顺治八年编佐领，以杨国泰管理。《八旗通志初集》称"顺治五年，将台上壮丁编为牛录，初隶正白旗，以杨国泰管理"，《钦定八旗通志》同。[①] 乾

---

① 《八旗通志初集》卷15《旗分志十五》，第278页；《钦定八旗通志》卷27《旗分志二十七》，第471页。

隆二年，镶红旗汉军都统朱震遣员核查档案，在顺治八年吏部档案中找到"将杨国泰奏明，奉旨放管空衔佐领"字样，所以顺治八年编佐领的说法有档案为凭，《八旗通志初集》和《钦定八旗通志》有误。杨氏来自盛京八台，佐领下人丁也自称"盛京台上人"，佐领根原与《钦定八旗通志》记载吻合，可知该佐领是由台尼堪组成的。

杨国泰病故出缺，佐领由本旗副都统刘光二次管理。刘光缘事革退，以杨国泰亲弟杨国安三次管理。杨国安休致，以其子杨应鸾四次管理。杨应鸾任宁夏游击，以其子杨继文五次管理。杨继文缘事革退，以亲伯杨应鹗之子杨继勋六次管理。杨继勋缘事革退，以杨继文之子杨殿卿七次管理。杨殿卿出缺，以杨国泰三世孙杨德泽八次管理。

乾隆二年，佐领杨德泽呈报佐领根原，认为该佐领符合世管佐领的标准。都统朱震鉴于该佐领虽经异姓管理一次，但最初授予杨氏家族管理，奏准作为世管佐领，并照纪大礼佐领例承袭。根据家谱，杨维生杨国泰、杨国安。杨国泰是原立佐领人，但杨国安第三次管佐领，所以两人子孙都获得承袭权，参照镶黄旗满洲鄂欣、图撒图佐领例分配承袭分额。乾隆三十年颁布《六条例》后，该佐领适用"轮管条"。

此后杨德泽缘事革退，以杨国安二世孙、杨继文之子杨殿邦九次管理。杨殿邦缘事革退，以杨殿卿之子杨绶十次管理。杨绶出缺，以杨国泰三世孙杨德坚十一次管理。杨德坚出缺，其子杨文光十二次管理。杨文光出缺，以长子杨成汇十三次管理。杨成汇出缺，以长子杨玉霖十四次管理。杨玉霖出缺，以其子桂斌十五次管理。桂斌绝嗣，以其弟桂荣十六次管理。

杨国泰佐领由亲兄弟两支派分别继承八次和七次，从次数上看比较平均，但杨国泰管过一次后直到第八任杨德泽，一直由杨国安子孙承袭，原因不详，或因第二任异姓刘光出缺后，杨国泰子孙尚无合适人员，遂以杨国安继承，此后该支派一直有拟正权，故长期占有佐领。此外，杨国安两子杨应鹗、杨应鸾支派都管过佐领，而杨国泰之子杨应鹍一房始终与佐领无关。

十三　佟氏佐领

镶红旗汉军第五参领第一、第二佐领为佟氏家族的世管佐领，两个佐领编设时间不同，由不同支派承袭。第一佐领的承袭家谱显示，该家族始祖为佟标。据《八旗满洲氏族通谱》，佟标为佟养正同族，世居佟佳地方，清初投顺。① 该家族最初隶镶红旗满洲，后移至镶红旗汉军。佟标三子后人都管过佐领。其中佟达初管佐领。根据佐领根原，"佟达系辽阳千山人氏，于崇德五年初编佐领时，将佟达编为佐领"。《钦定八旗通志》也记为崇德五年。不过核对根原的旗员没有找到相关记载，在崇德元年的户部档案内发现"佟达佐领下壮丁五百名"字样，说明该佐领编设早于崇德五年。②

佟达担任本旗参领，后升汉中协领，③ 佐领由其弟佟逡二次管理。佟逡之名，《八旗满洲氏族通谱》写作"佟俊"，但佟氏同辈还有佟通、佟透、佟达，名字皆带"辶"旁，所以此人应名为佟逡。佟逡病故出缺，其子佟养重三次管理。佟养重绝嗣，佟遄四次承袭。佟遄之名，《八旗满洲氏族通谱》写作"佟显"，误。佟遄因病辞退，以其子倭习礼五次管理。此人在《八旗通志初集》《钦定八旗通志》中写作"倭习礼"，《八旗满洲氏族通谱》写作"倭什理"，都是满文 wesiri 之不同译名，《佐领册》将"倭"误写为"佟"。④ 其缘事革退，以佟遄二世孙于保六次管理。

乾隆二年，于保呈报佐领根原，以该佐领由佟氏家族承袭六次，未经异姓管过，主张确定为世管佐领。都统朱震审查后，除了佐领编设年份无考，因佟达初管佐领，绝嗣后由佟遄、佟遄、佟逡三支承袭，故将该佐领确定为以上三房共同承袭的世管佐领，应按照镶红旗满洲特克慎、富昌佐领例分配承袭分额。乾隆三十年颁布《六条例》后，适用"绝嗣条"。

此后于保缘事革退绝嗣，以佟国禧七次承袭。佟国禧病故绝嗣，以亲弟佟国泰八次管理。佟国泰病故，以其子佟世舜九次管理。佟世舜绝嗣，以佟遄四世孙佟鉴十次承袭。佟鉴出缺，以其子佟泽沛十一次承袭。佟泽沛出缺，以其子佟乐十二次承袭。

---

① 《八旗满洲氏族通谱》卷20，第264—265页。
② 《镶红旗汉军佐领册》（光绪二十九年），《内阁全宗·清代谱牒档案·八旗世职谱档》，编号105。
③ 《清世祖实录》卷2，崇德八年十一月乙未，第39页；《钦定八旗通志》卷27《旗分志二十七》，第471页。
④ 《八旗通志初集》卷15《旗分志十五》，第278页；满文《八旗通志初集》同卷；《钦定八旗通志》卷27《旗分志二十七》，第471页；《八旗满洲氏族通谱》卷20，第265页。

　　原立佐领佟达绝嗣后，不知何故并没有以亲兄佟遵管理，而是由堂兄弟佟遅、佟逡承袭，直到佟逡绝嗣，佟遵后人才开始与佟遅子孙共管佐领，且佟遅子孙绝嗣之前承袭六次，佟遵子孙四次，其曾孙佟国杰一房从未管过佐领。可见原立佐领人绝嗣，亲兄弟、堂兄弟在承袭分额方面没有太大区别。

　　第五参领第二佐领也为佟氏家族所有。原立佐领人佟荣年，其父佟养谦，世居佟佳地方，清初投顺。[1] 佟荣年是佟达的孙辈。乾隆二年佐领佟泽溥呈报佐领根原："高祖佟荣年系辽阳人氏，于崇德七年编放佐领时，将佟荣年初次编放佐领。"[2] 此与《钦定八旗通志》记载无异。佟荣年病故，长子佟国玺二次管理。佟国玺先后任参领、保定府知府、湖广按察使司副使、随征广东总兵官、广东海丰总兵官、廉州总兵官。[3] 佟国玺之缺以亲弟佟国璋三次管理。佟国璋年老辞退，以其子佟世能四次管理。佟世能病故，亲兄佟世毅五次承袭。佟世毅缘事革退，以佟国玺之孙佟铉六次管理。佟铉病故出缺，以其子佟泽泷七次管理。佟泽泷缘事革退，以其堂兄、佟荣年三世孙佟泽溥八次管理。

　　乾隆二年，佐领佟泽普呈报佐领根原，以该佐领由佟荣年两房子孙承袭八次，未经异姓管理，应定为世管佐领。都统朱震遣员核查档案，在崇德七年档册内找到"佟荣年放管空衔佐领"的记载，奏准该佐领作为佟荣年嫡派子孙承袭的世管佐领。根据家谱，原立佐领人佟荣年生佟国玺、佟国璋，该佐领作为原立佐领人嫡派子孙承袭的佐领，按照镶黄旗满洲托伦岱、莫伦岱佐领例承袭，两支子孙都有分额。乾隆三十年颁布《六条例》后，该佐领适用"嫡派条"。

　　此后佟泽溥出缺，以其子佟枢九次承袭。佟枢出缺，以亲弟佟相十次承袭。此后至第十四任，皆由佟相子孙承袭。

　　该佐领以佟荣年之子佟国玺、佟国璋两支承袭，后者绝嗣，以佟国玺

---

① 《八旗满洲氏族通谱》卷20，第265页。
② 《镶红旗汉军佐领册》（光绪二十九年），《内阁全宗·清代谱牒档案·八旗世职谱档》，编号105。
③ 《清世祖实录》卷82，顺治十一年三月辛丑，第644页；卷135，顺治十七年五月戊寅，第1045页；《清圣祖实录》卷11，康熙三年四月乙卯，第179页；卷12，康熙三年七月己亥，第192页；卷70，康熙十六年十一月丙戌，第896页。

之子佟世茂两子佟鋿、佟铉承袭。佟铉之子佟泽泷绝嗣。佟鋿生佟泽溥、佟泽盛两房，佐领一直由拥有拟正优势的长房承袭。

十四　金氏佐领

镶红旗汉军第五参领第五佐领是金砺家族承袭的世管佐领。金砺籍贯辽东，原为明武进士，任镇武堡都司。据《清史列传》，此人于太祖朝投顺："本朝太祖高皇帝天命七年，大兵征明，克广宁城，砺率属来降。"[1] 天聪五年，设立六部，金砺任兵部汉承政。崇德二年，因进攻皮岛时，巴牙尔图、吴尔格等率水师冲入敌阵，金砺与高鸿中、达尔汉、金玉和停泊观望，导致前队士兵伤亡，又诳称迷失道路，被议处死。清太宗以金砺"有广宁归顺功"下令免死，革职籍没。[2] 崇德四年，清太宗分汉军两旗为四旗，即以金砺为红旗甲喇章京。崇德五年，调任吏部参政。[3] 崇德六年，汉军四旗分为八旗，金砺与祖泽润、刘之源、吴守进、佟图赖、石廷柱、巴颜、李国翰八人为固山额真。[4] 在此后的松锦之战中，金砺指挥本旗红衣炮攻克前屯卫，被授予三等阿达哈哈番。[5] 入关后，金砺随军西进，指挥炮兵攻克太原。[6] 顺治六年七月，授平南将军，镇守浙江，先后击败鲁王朱以海、郑森。顺治十一年后，金砺为兵部尚书兼都察院右都御史、总督陕西三边四川军务。康熙元年卒于任。[7]

佐领根原记载："伯祖金砺系辽阳东宁卫人氏，于崇德七年初编佐领之时，将都统金砺初次编放佐领。"[8] 金砺出缺，以外甥侯锡爵二次管理。此为世袭佐领承袭时比较罕见的甥舅递管个案。侯锡爵升任江阴镇总兵官，以金砺之弟

---

[1]《清史列传》卷5《大臣画一传档正编二·金砺》，第276页。
[2]《清太宗实录》卷36，崇德二年六月甲子，第476页。
[3]《清太宗实录》卷53，崇德五年十月壬戌，第707页。
[4]《钦定八旗通志》卷22《旗分志二十二》，第388页。
[5]《镶红旗汉军佐领册》（光绪二十九年），《内阁全宗·清代谱牒档案·八旗世职谱档》，编号105。
[6]《镶红旗汉军佐领册》（光绪二十九年），《内阁全宗·清代谱牒档案·八旗世职谱档》，编号105。
[7]《清史列传》卷5《大臣画一传档正编二·金砺》，第276页。
[8]《镶红旗汉军佐领册》（光绪二十九年），《内阁全宗·清代谱牒档案·八旗世职谱档》，编号105。

金忠三次管理。金忠病故后，以金俊之子金声振四次管理。金声振病故出缺，以金忠之子、堂弟金铎五次管理。金铎升任通州副将，以其子金荣六次管理，《八旗通志初集》满文版此人记为 jin žung，汉文《八旗通志初集》和《钦定八旗通志》写作"金莹"。① 此人病故绝嗣，以亲弟金珩七次管理。金珩因病出缺，以亲弟荫生金瑄八次管理。金瑄缘事革退，以亲弟金琏九次管理。

乾隆二年，佐领金琏以该佐领为金砺所有，金氏家族管理八次，异姓亲属侯锡爵管理一次，主张作为世管佐领。都统朱震遣员查阅部档，在崇德七年档案中找到"将都统金砺放管原立佐领"的记载，因经异姓管理一次，且此时金砺、金俊两房已经绝嗣，故确定该佐领为金忠一房的世管佐领，并按照纪大礼佐领例承袭。根据家谱，该家族始祖金伯镒生金砺、金俊、金忠三子。金砺作为原立佐领人，绝嗣后以亲兄弟承袭，故参照镶红旗满洲特克慎、富昌佐领例分配承袭分额，金忠子孙无论是否管过佐领，都有资格继承。乾隆三十年颁布《六条例》，该佐领适用"绝嗣条"。

金忠之子金铎生金荣、金珩、金瑄、金璋、金琏、金琪，其中金荣、金珩绝嗣。金琏出缺后，其子金世纯、保祥、金国山、德复父子承袭，管过佐领的金瑄，和没有管过佐领的金璋、金琪后人，都没有再管佐领。

第三节　镶红旗汉军的族袭佐领

一　柯氏佐领

镶红旗汉军第二参领第六佐领为柯氏的族袭佐领，由柯永盛初管。佐领根原记载：

> 柯永盛系辽阳人氏，崇德七年时柯永盛初编佐领。升授胶州总兵官后，将佐领替与伊亲弟柯永隆二次管理。出兵病故后，将佐领补放本佐领下骁骑校徐炳三次管理。升授杭州副都统后，将佐领补放本佐领下骁骑校王国臣四次管理。出兵阵亡后，将佐领补放本佐领下骁骑校王宝五

---

① 《八旗通志初集》卷15《旗分志十五》，第279页，满文《八旗通志初集》同卷;《钦定八旗通志》卷27《旗分志二十七》，第473页。

次管理。病故后，将佐领补放柯永盛之亲侄柯彝六次管理。

据此，该佐领是柯氏的世管佐领，因经异姓管过，应按照纪大礼佐领例承袭。不过乾隆二年清查佐领根原时，都统朱震派遣旗员查档时发现以上说法有误，首先，镶红旗抄存的兵部档案中并没有柯永盛于崇德七年初管佐领的记录；其次，他们在崇德四年档案中发现了"镶红旗空衔佐领王希颜放红衣炮不好革退，此缺着柯永盛放管"的记录。原任佐领是何人关系到佐领的类别，是比编设时间更重要的问题。柯启裕解释称，柯永盛早在天聪四年就管理该佐领，被革退后由王希颜管理。然而此说法也没有依据。因为事在早年，无档案可依，无法确定初编为何人，而柯氏已经承袭数代，总理事务王大臣、八旗都统会商奏准定其为按照朱林佐领例拣放之公中佐领，"遇有缺出，将柯启裕之子孙内拣选一二人，与应升旗员一并带领引见补放"。① 此后柯启裕出缺，其子沙津岱承袭。

乾隆四十五年闰六月，大学士阿桂奏"查此佐领原于崇德四年外姓空衔佐领王希颜革职后，此佐领系沙津岱之曾祖柯永盛兄弟管过二次。续经外姓徐炳、王国臣、王宝管过三次外，沙津岱之家又管过七次，前后共管过九次"，有资格被定为柯氏家族的族袭佐领。② 该佐领经柯永盛、柯永隆兄弟管理，所以两人子孙都有承袭权，但此时柯永隆之子柯鼐、二世孙柯宗辉绝嗣，只有柯永盛二世孙沙津岱一房。沙津岱生柯蒙额、柯龄额、柯英额三子，沙津岱长子、次子先后管理佐领。

虽然该佐领最初以王希颜还是柯永盛管理没有定论，但《佐领册》后附的家谱在王希颜名下注明"初次管佐领"，柯永盛名下注明"二次管佐领"。

二　赵氏佐领

镶红旗汉军第三参领第一佐领是赵国正家族的族袭佐领。根据《钦定

---

① 《镶红旗汉军族中袭替佐领五员》收录的家谱与正文有区别。家谱有"王希颜"之名，名下写有"初次管佐领"字样，而柯永盛名下写"二次管佐领"。
② 《镶红旗汉军佐领册》(光绪二十九年)，《内阁全宗·清代谱牒档案·八旗世职谱档》，编号105。

八旗通志》，该佐领"系崇德七年编设，初以世职甲喇章京赵国正管理"。①
该条后按语显示该佐领原由两姓合编："此系天聪八年祝世荫、赵国正合编
佐领。乾隆四十三年作为族中承袭佐领。"② 据佐领根原，天聪八年，赵国
正与祝世荫两佐领壮丁被合编为一个佐领，由祝世荫管理。祝世荫之弟祝
世昌另管一个祝氏壮丁编成的佐领。祝世荫被发遣席北，剥夺佐领，以孙
玉色管理。崇德七年，赵国正接管该两姓合编佐领。入关后，祝氏兄弟终
获平反，祝世昌管理原来的祝氏佐领，合编佐领仍由赵国正管理。赵国正
病故后，其弟赵国鼎四次管理。赵国鼎病故出缺，以亲侄、赵国正之子赵
琏五次管理。赵琏任镶红旗汉军都统，出征云南病故，以其子赵世纶六次
管理。赵世纶出缺后，以赵国鼎曾孙赵宏名七次管理。

　　乾隆二年查办佐领根原时，都统朱震派遣旗员查档，没有在该旗抄存
的兵部档案中找到天聪八年将赵、祝两家壮丁合编佐领的记载，但崇德三
年兵部档案有"祝世荫获罪具奏，奉旨祝世荫此缺着孙玉色管理空衔佐领"
的记载，无年月兵部档案记载"孙玉色原系空衔佐领，病故，具奏奉旨，
孙玉色之缺着赵国正管理"。以上信息能证明前三任佐领的管佐领顺次，但
该佐领是不是赵、祝两姓合编的问题仍未解决。朱震又行文吏部、户部，
都没有相关档案。此时佐领赵宏名提出，雍正二年补放佐领时，都统吉当
阿奏准将该佐领定为互管佐领，且有奏折为凭。调阅相关奏折，朱震发现
奏折与赵宏名呈报的佐领根原基本一致，并提到顺治三年祝氏平反后，将
合编佐领下祝世荫壮丁拨出，编入祝世昌的新佐领。如果这一说法正确，
那么该佐领从顺治三年开始就不再是两姓合编佐领而是赵氏的佐领了。不
过奏折没有说明依据的是什么档案，朱震奏称"查办只为外姓曾管于前者，
必得其初管原由，方无疑议"，赵氏的主张没有档案支持，因此朱震无法确
定该佐领根原，请清高宗定夺。清高宗交总理大臣、八旗都统议奏。乾隆
三年，后者奏请饬朱震将顺治三年祝世荫人丁变动情况查清。

　　朱震派员翻阅了《清太宗实录》、无圈点档、内阁保存的袭放官员总
档，没有找到祝、赵二姓合编佐领的记载。至于顺治三年祝氏人丁变动的

　　① 《钦定八旗通志》卷27《旗分志二十七》，第467页。
　　② 《钦定八旗通志》卷27《旗分志二十七》，第467页。

问题，顺治八年的户部丁册有"给回祝世荫之子十二户二十六名，乃祝姓原旧户下家人，其余人等果系赵姓名下十五名，而现今查办佐领原由，赵宏名佐领下除开户、分户、另记档案人等外，所有画押之官兵一百零五名皆属另户，何得以赵姓分内壮丁名下，是非合编之处已甚明悉"之记载。此外，雍正二年吉当阿奏折使用的是"撤去"而非"革退"，说明该佐领原本为祝世荫所有，但既经"撤去"就不能再由祝氏管理了，这样一来该佐领就是公中佐领。不过该佐领已经由赵氏管理七次，在事实上是由一个家族长期管理的公中佐领，理应定为按照朱林佐领例承袭的佐领。这一建议得到清高宗认可。所以该佐领成为无根原公中佐领。此后赵宏名出缺，以族孙、赵国正五世孙赵炳诚八次管理。出缺后，以堂弟、亲叔之子赵炳彝九次管理。赵炳彝绝嗣出缺，以族叔赵国鼎三世孙赵永麒十次管理。

乾隆四十三年闰六月，大学士阿桂奏准设立族袭佐领，赵氏佐领亦列其中。此后赵永麒出缺，以其子赵炳功十一次管理。赵炳功出缺后，以族侄赵国正五世孙、拣发云南试用游击赵裕福十二次管理。赵裕福出缺后，其子赵祥麟、孙赵慎之先后继承。赵慎之缘事革退，族叔之子赵文麟之子、族弟赵培之承袭。赵培之病故后，堂叔赵积福之孙赵恒之承袭。赵恒之病故出缺，养子赵元溥承袭。赵元溥病故出缺，其子荣龄承袭。

镶红旗汉军第三参领的第一、第二佐领分属赵国正、赵国祚两兄弟。虽然前者是族袭佐领，后者是世管佐领，但两种佐领的承袭规则相同，都是管过佐领之人子孙有分。所以原则上族袭佐领只有赵国正、赵国鼎子孙可以承袭，赵国祚子孙无分。将两个佐领的承袭家谱合在一起可知，赵国正的二世孙赵宏济、赵宏照，四世孙赵灿炜管过赵国祚的世管佐领，而赵国祚后人没有管过赵国正的族袭佐领，这是巧合抑或拣放佐领时的安排，不得而知。

三　金氏佐领

镶红旗汉军第四参领第三佐领为金有贵家族的族袭佐领。《八旗通志初集》记载该佐领编设于崇德七年，由白起策初管。《钦定八旗通志》同。[1]

---

[1] 《八旗通志初集》卷15《旗分志十五》，第277页;《钦定八旗通志》卷27《旗分志二十七》，第469页。

不过《佐领册》记为崇德六年。《八旗通志初集》记白起策病故出缺,以其子白国栋二次管理。《佐领册》记白起策派往荆州驻防出缺,应系外任出缺。白国栋缘事革退,以户部启心郎金有贵三次管理。金有贵病故出缺,以其子金朝重四次管理。金朝重因病告退,以其子金腾凤五次管理。金腾凤病故出缺,以其亲叔、金有贵之子金朝用六次管理。金朝用外任出缺,以金腾凤之子金镇七次管理。金镇因病告退,以亲叔金鸣凤八次管理。金鸣凤年老辞退,以其子金鉴九次管理。金鉴外任陕西游击,以其子金芝洪十次管理。

乾隆二年,佐领金芝洪呈报佐领根原。该佐领最初由白起策父子管理,虽然白氏绝嗣,理应作为公中佐领,但事实上一直由金有贵子孙承袭,早在乾隆元年就被确定为按照朱林例拣放的无根原公中佐领,所以查办佐领根原时,都统朱震再次确认该佐领属于无根原公中佐领,出缺时以金氏子孙拣选一二人与旗员一同带领引见。此后金芝洪缘事革退,以亲侄、金腾凤之孙金权十一次管理。

乾隆四十三年,大学士阿桂等奏准设立族袭佐领,此时该佐领已经由金氏家族承袭九次,符合族袭佐领的认定标准。此后金权病故出缺,以堂叔金芝洪之子金枢十二次管理。金枢绝嗣,以亲弟金桂十三次承袭。此后至第十七任,皆由金桂子孙承袭。待金珊绝嗣,由金腾凤五世孙金怀卿十八次管理。

四 陈氏佐领

镶红旗汉军第五参领第四佐领是陈逢泰家族的族袭佐领。《钦定八旗通志》记载编设于崇德七年,最初由林家宝管理。《佐领册》记载的佐领根原也称"盛京编放佐领时,初次佐领系林家宝管理"。[①] 但《佐领册》记载乾隆二年查办佐领根原,镶红旗都统衙门在抄存的兵部档案中找到丁丑年八月初七日,将林家宝放管空衔佐领的记载。丁丑年应为崇德二年,所以该佐领并非编设于崇德七年。

---

① 《镶红旗汉军佐领册》(光绪二十九年),《内阁全宗·清代谱牒档案·旗世职谱档册》,编号 105。

　　林家宝事迹不详。他病故出缺后，以陈逢泰二次管理。据乾隆二年陈履坦呈报的佐领根原，陈氏籍贯辽东盖州。始祖陈善道生陈梅、陈柏二子。《清实录》记载陈梅长子陈逢泰历任户部理事官、参领、兵部侍郎。[1] 次子陈应泰任浙江巡抚。[2] 三子陈启泰任福建巡海道，死于三藩之乱。[3] 陈逢泰升任兵部侍郎出缺，后出征湖南病故，以亲弟监察御史陈启泰三次管理。陈启泰外任出缺，以陈柏之子陈天贵四次管理。陈天贵出兵四川病故，以陈启泰之子骑都尉兼一云骑尉陈廷器五次管理。陈廷器病故出缺，以堂弟、陈启泰之子陈汝器六次管理。陈汝器升任安徽巡抚，以亲弟陈德器七次管理。陈德器病故后，仍以陈汝器八次管理。陈汝器年老出缺，以其子陈履坦九次管理。

　　乾隆二年，时任佐领的陈履坦呈报根原。都统朱震派遣旗员核对档案，在林家宝绝嗣后，陈逢泰家族管理八次。其中陈天贵绝嗣，故陈柏一支无法承袭佐领。陈梅生陈逢泰、陈应泰、陈启泰，三支管佐领，但陈逢泰绝嗣，所以只有两支可以管理佐领。《佐领册》对此次核查记载不清，按照金有贵佐领的情况，此时朱震应当认定该佐领是陈氏家族的无根原公中佐领。此后陈履坦军政休致，由其子陈芝十次管理。

　　乾隆四十三年，陈氏佐领已由陈逢泰子孙承袭十次，因此作为族袭佐领。此后陈芝出缺，以其子陈希孔十一次管理。陈希孔出缺后，以其子陈琦十二次管理。陈琦出缺后，以其孙恒麟十三次承袭。恒麟出缺后，以其子陈绪照十四次承袭。

①《清世祖实录》卷46，顺治六年十月己亥，第371页；卷49，顺治七年六月己丑，第392页；卷82，顺治十一年三月辛亥，第647页。

②《清世祖实录》卷96，顺治十二年十二月甲戌，第754页。

③《钦定八旗通志》卷203《人物志八十三·陈启泰》，第3621页。

第六章
佐领承袭制度与八旗世家

作为八旗体系中唯一可以世袭的官职，佐领对清王朝有重要的意义——可以世代传承的入仕机会和对属民的封建领属，塑造了以功臣、女真酋长、皇亲为核心的八旗世家，并为其在入关前和清中前期的发展和维持提供了有力的支持，也使清王朝具有鲜明的贵族政治色彩。拥有世袭佐领人家的子弟，只要符合承袭分额分配规则，即便闲散也可直接从四品武官入仕，相比需要通过战场搏杀、科场决胜才能出头的普通人家子弟，无疑拥有更好的机会。但是随着社会的变化，君主需要的不再是仅有高贵出身的人，普通出身的官员也逐渐崛起，世家子弟的晋升空间被挤占，世家便不可避免地衰落了。本章关注世袭佐领对八旗世家的影响。首先以镶黄旗满洲额亦都家族为研究对象，考察该家族成为八旗世家的过程，特别是世袭佐领在其中扮演的角色，展示清王朝所具有的贵族政治属性。其次以正蓝旗汉军甘氏家族为例，考察该家族的兴衰过程。

第一节 八旗世家的形成
——以镶黄旗满洲额亦都家族为例

世家在中国历史上一直存在。通常所说的世家是凭借血缘、军功、文化、财富长期保持政治影响力的家族，包括分封世家、经学世家、军功世家、科举世家等。不同时期形形色色的世家可大体分为两类，一类是因军功、事功、与皇室联姻而由朝廷授予世爵世禄，有长期、稳定入仕权的家族，因系扶持的对象，他们与朝廷形成紧密的联系，如果王朝兴盛，他们有望维持并扩大势力，一旦王朝鼎革，多数世家会走向衰落。另一类恰好相反，是通过文化确立地位的经学世家和科举世家，虽然不一定有直接入仕的权利，但只要以文化选拔官员的前提不变，即便王朝更迭，有些世家的地位也不会变化。当然，两种世家的区别不是绝对的。科举世家也可成为皇亲，军功世家也可通过科举巩固自己的地位。隋唐以降，因科举取士以及中央集权之故，世家发展的趋势是科举世家逐渐成为主流。

与前代不同，清代存在一个规模庞大的八旗世家。本书所谓八旗世家，指拥有世袭佐领和世袭爵位的家族。这一群体包括入关前的功臣家族，例如以军功著称的额亦都、费英东家族，最早投降后金并成为额驸的汉人李永芳家族；女真各部落酋长，如哈达、叶赫、乌拉酋长家族；皇帝姻亲，如承恩公凌柱家族以及上面提到的叶赫那拉、乌拉那拉家族，以及其他在入关前投顺、立功的大小官员家族。他们的共同特征是祖先在入关前至清中前期与皇帝有特殊关系，或立有殊勋（以投顺、战场立功等军功为主），或本身就是地位尊贵的女真部落酋长，或与皇帝联姻，因而获得世袭佐领。祖先跻身权力核心之后，子孙通过个人能力以及世袭佐领维持家族的地位。[1] 本节以额亦都家族为对象，考察清代八旗满洲世家核心成员的形成过程。

额亦都为钮祜禄氏，长白山人。十九岁孑然一身投顺清太祖，跟随四处征战。万历十五年，因攻克巴尔达城时表现英勇，身负重伤，获得巴图鲁称号。此后随清太祖统一建州女真、攻破扈伦四部、征讨东海女真，屡立战功。为酬报功勋，清太祖先以礼敦之女妻之，后令尚长公主，擢为五大臣之一，累官至一等大臣，封一等子。天聪元年追封弘毅公，配享太庙。[2] 额亦都本人为后金建立奠定的功勋，是其家族成为世家的基础。

与费英东、何和理等带领大量人丁投顺者不同，虽然同为五大臣之一，但额亦都出身平凡，投顺时没带人丁，后来封赏佐领时获得者为巴尔达、尼玛兰、章佳、嘉木湖四城战俘及其兄噶哈善哈斯虎人丁。[3] 据乾隆五十八年

---

[1] 雷炳炎提出，早年来归之人是八旗贵族世家的基本组成部分，显赫家族是主要来源，军功是其形成的基本原因，和皇室联姻是稳固地位的砝码。见雷炳炎《清代社会八旗贵族世家势力研究》，中国社会科学出版社，2016，第23—53页。

[2] 《清史列传》卷4《大臣画一传档正编一·额亦都传》，第174页。

[3] 《满文原档》第8册，天聪六年正月二十日，第360页。

《镶黄旗满洲家谱册》（以下简称《家谱册》），乾隆二年查办额亦都佐领根原时，该佐领下共有八十九个家族，因数量太大，《家谱册》没有收录各家族的姓氏、地望，仅提到"据佐领下人呈称，职等皆系太祖皇帝开基时，赏给额亦都之俘获诸申，编设佐领令其管理"（nirui urse alibuha bade be gemu taidzu hūwangdi fukjin doro neire forgon de baha olji jušen be eidu de šangnafi, niru banjibufi bošobuha）。此外，佐领哲尔金等报称："现职等十个佐领内除编入之锡伯外，并无别项来人。"（ne meni juwan nirude kamcibuha sibe ci tulgiyen jai encu jihengge akū）① 说明该佐领下还有一部分康熙朝被编入京旗的锡伯人。

额亦都去世后，其子图尔格、车尔格、超哈尔等人随同清太祖、太宗四处征战，屡立战功。天聪元年，清太宗以纳穆泰、额驸达尔哈、额驸和硕图、博尔晋、固三泰、拖博辉、车尔格、喀克笃礼为八大臣，辅助旗王；拜尹图、楞额礼、伊孙、达朱户、布尔吉、叶克书、吴善、绰和诺、舒赛、康喀赖、屯布禄、萨璧翰、吴拜、萨穆什喀、孟安图、阿山为十六大臣，负责理政听讼；巴布泰、霸奇兰、多内、杨善、汤古代、察哈喇、哈哈纳、叶臣、孟坦额、孟格、昂阿喇、色勒、图尔格、伊尔登、康古礼、阿达海为辅助征战的十六大臣。以上人物除图尔格、车尔格、伊尔登来自额亦都家族外，还包括扬古利家族的纳穆泰，何和理之子和硕图，叶赫贵族的固三泰，宗室色勒、汤古代、额驸达尔哈，马察地方他塔喇氏孟安图。由此可见天聪元年封赏的这一批八旗大臣以太祖朝功臣、皇室亲属、扈伦贝勒家族、女真名门为主体。

天聪五年，图尔格和车尔格成为六部满承政。此时的承政人选仍然大多来自功臣家族，详情如表6-1。

表6-1　天聪五年管部贝勒和承政人选

部门	管部贝勒	满承政	蒙古承政	汉承政
吏部	多尔衮	图尔格	满朱习礼	李延庚
户部	德格类	英俄尔岱、萨璧翰	巴思翰	吴守进
礼部	萨哈廉	巴笃礼、吉孙	布彦代	金玉和

---

① 《镶黄旗满洲家谱册》（乾隆五十八年），《内阁全宗·清代谱牒档案·满文世袭谱档册》，编号121。

续表

部门	管部贝勒	满承政	蒙古承政	汉承政
兵部	岳托	纳穆泰、叶克书	苏纳	金砺
刑部	济尔哈朗	车尔格、索海	多尔济	高鸿中、孟乔芳
工部	阿巴泰	孟安图、康喀赖	襄努克	祝世荫

表6-1中的汉承政包括太祖朝投顺的旧汉人祝世荫，天聪四年投降的新汉人高鸿中、金砺、孟乔芳。其他几位满承政中，英俄尔岱出身扎昆莫地方他塔喇氏，娶饶余郡王阿巴泰之女。巴笃礼为马察地方佟佳氏，曾任扎尔固齐，孟安图为其弟。吉孙出身苏完瓜尔佳氏。叶克书为尼马察部长泰松阿之子。索海为费英东之子。康喀赖出身新达默地方虎尔哈氏，任扎尔固齐。从天聪五年第一批六部满承政的名单看，六部实际上是由管部贝勒总领，以满洲功臣、蒙古贵族、汉人高官构成的。虽然后金六部模仿自明朝，但以汗的兄弟子侄统领部务又是具有鲜明的女真特色的制度。

此外，作为对功臣的酬劳，清太宗通过两次授予特权，将额亦都家族和其他普通世家区分开，使其成为贵族中的贵族。天聪八年十二月和次年正月，清太宗分定专管佐领并免功臣徭役，超哈尔、遏必隆、图尔格获管三个整佐领。①

崇德八年七月，清太宗又将采挖人参的权利赏给额亦都家族。图尔格等亦在列。其后裔讷亲在家谱中感慨："俾无预上役，为公私属，供田虞并采人参、备药物以奉公。下及诸子，各有分赠。盖异数也。"② 获得采参权的功臣家族成员仅有19名，包括费英东之侄鳌拜、图赖，额亦都家族的伊尔登、车尔格、索浑、岳贝、敖特、厄参、董世库，何和理家属董鄂公主、哲尔本，皇亲英俄尔岱，扬古利之弟谭布，宗室赖慕布，功臣格格里、达都护、乌尔式、诺穆洪、马克图。可见，这些采参人丁为功臣家族私有，专为主人提供经济产品。

相比前面的专管佐领，采参权的授予范围无疑更小。从涉及的家族看，

① 《清太宗实录》卷21，天聪八年十二月丙申，第281页；卷22，天聪九年正月癸酉，第288页。
② 特成额等：《开国佐运功臣弘毅公家谱》，中国国家图书馆藏乾隆抄本。

仍然是以五大臣、有特殊功勋家族为主，不但普通功臣，而且以李永芳家族为代表的汉人重臣、以苏纳家族为代表的扈伦贵族也都不在此列，可见此次授予采参权的对象是清太宗眼中最重要的功臣。

作为重要世家特权的标志，佐领专管权和采参权后来成为认定勋旧佐领和优异世管佐领的依据，这一问题前文已经详述，此处不再重复。雍正九年，内阁奏准额亦都家族三个佐领为勋旧时提到"图尔格、超哈尔、遏必隆专管佐领，车尔格、索珲、敖德、额森、多克什库专管采挖人参，既与《实录》相符，相应奏准作为勋旧佐领"。[①] 勋旧佐领的承袭分额限定在原立佐领人的嫡派子孙中，最具有奖励功臣的意义，因此从获得专管佐领到被认定为勋旧佐领，额亦都家族拥有世袭佐领的特权进一步得到确认。

与皇室婚配是清代八旗世家特别是满洲世家的重要特色。这种现象从太祖朝就已经出现，目的无非是笼络功臣，从世家的角度讲，借此与皇室建立紧密联系，无疑有助于维持家族的地位。

额亦都家族第一次与皇室联姻发生在太祖朝。额亦都尚清太祖第四女和武功郡王礼敦之女。其孙女、遏必隆之女于康熙十六年八月封皇后，是为孝昭皇后。[②] 第六子达隆爱之来孙恭阿拉长女钮祜禄氏为嘉亲王颙琰侧室，嘉庆元年封贵妃。嘉庆六年由皇贵妃晋升皇后，是为孝和睿皇后。[③] 恭阿拉因此受封一等承恩侯，嘉庆十七年晋三等承恩公。[④] 恭阿拉于乾隆三十六年承袭堂叔星保之勋旧佐领，因为嘉庆朝已不再新编佐领，所以没有像凌柱一样获得特别为他编设的勋旧佐领。恭阿拉此后担任都统、尚书，[⑤] 死后晋为三等承恩公。阿里衮之孙女、布颜达赉之女，于嘉庆元年受封皇太子嫡福晋，死后谥孝穆成皇后。[⑥]

---

① 《镶黄旗满洲家谱册》（乾隆五十八年），《内阁全宗·清代谱牒档案·满文世袭谱档册》，编号 121。

② 《清史稿》卷 214《列传一·后妃》，第 8911 页。

③ 《清史稿》卷 214《列传一·后妃》，第 8920 页。

④ 《镶黄旗满洲钮祜禄氏弘毅公家谱》，《中国少数民族古籍集成（汉文版）》第 35 册，四川民族出版社，2002，第 774 页。

⑤ 《镶黄旗满洲钮祜禄氏弘毅公家谱》，《中国少数民族古籍集成（汉文版）》第 35 册，第 774 页。

⑥ 《清史稿》卷 214《列传一·后妃》，第 8922 页。

该家族最重要的一次联姻发生在高宗时期。钮祜禄家族的凌柱长女于康熙四十三年十三岁时嫁雍亲王，称格格。康熙五十年八月生清高宗。雍正元年十二月封熹妃，后晋熹贵妃。雍正十三年十一月，清高宗继位，尊为皇太后，是为崇庆皇太后。乾隆四十二年正月去世，享年八十六岁，旋上尊谥为孝圣宪皇后，葬泰东陵。雍正十三年，凌柱被抬入镶黄旗并获得一个佐领：

> 今外祖凌柱尚在公中佐领。朕应推广皇太后之恩，特赐佐领，俾其子孙世相承袭。但伊等一支人丁不敷编集。凌柱之叔祖额亦都巴图鲁，军功所得俘户甚众，故编为九佐领，内滋生人丁颇多。可于此内酌编一佐领，共成十佐领。其新编之佐领即令凌柱之子管辖，将来子孙世袭罔替。其族中子弟有愿入新编佐领者听之。①

由此可知该佐领下人员包括在公中佐领的额亦都堂兄额亦腾后裔，以及额亦都支派九个佐领的余丁。同时，凌柱受封一等承恩公。② 此时凌柱已逾古稀，不能办公，因此佐领由长子伊通阿管理。

需要注意的是，《实录》并没有说伊通阿所管的是勋旧佐领。《家谱册》写作 jalan halame bošoro fujuri niru，《开国佐运功臣弘毅公家谱》（以下简称《弘毅公家谱》）写作"世管勋旧佐领"。③ 清代文献少有"世管勋旧佐领"的说法，但《家谱册》收录的镶黄旗满洲都统讷亲奏折开头为"哲尔金、赫柱、萨穆哈、伊星阿、苏柱、明海、和绷额、爱必达、恩特、舅舅伊通阿等所管勋旧佐领根原"（jergin, heju, samha, isingga, suju, minghai, hebengge, aibida, entei, nakcu itungga sei bošoho fujuri niru sekiyen），将凌柱佐领与其他九个佐领并称为勋旧佐领，说明所谓世管勋旧佐领其实仍然是勋旧佐领。此外，《钦定拣放佐领则例》上册规定勋旧佐领世袭给分例时，提到该佐领与另外九个额亦都后裔佐领皆为勋旧，"舅舅伊通阿之勋旧佐领，系遵旨赏给公凌柱子孙世袭罔替管理者。该十员佐领既由该旗奏为定例办理，毋庸另议"（nakcu itungga i bošoho fujuri niru serengge hese be dahame gung lingju i

---

① 《清高宗实录》卷7，雍正十三年十一月辛亥，第273页。
② 《清高宗实录》卷6，雍正十三年十一月戊申，第268页。
③ 特成额等：《开国佐运功臣弘毅公家谱》。

juse omosi de jalan halame lashalarakū bošobumbi, ere juwan niru be harangga gūsaci wasimbufi kooli obume icihiyaha be dahame, encu gisurerakū）。成为承恩公并且获得勋旧佐领，使凌柱一房从此跻身重要世家行列。

从《八旗满洲氏族通谱》看，凌柱高祖噶哈察鸾生二子，萨穆哈图为凌柱曾祖，另一子都陵额为额亦都之父，故凌柱为额亦都堂侄孙。二人亲属关系见表6-2。

表6-2　凌柱与额亦都关系

世系	姓名		
一世	噶哈察鸾		
二世	萨穆哈图		都陵额
三世	额亦腾		额亦都
四世	乌禄		
五世	凌泰	凌柱	

《弘毅公家谱》记载额亦都嫡派子孙的情况，本不涉及萨穆哈图支派，但该家谱将凌柱一房列在家谱最后，说明因为拥有了重要世家的身份，额亦都一房将凌柱子孙视作与自己地位一致的房系，有资格同列一谱。

世袭佐领对额亦都家族的第二个益处是提供了世代入仕机会，并有助于延续家族的荣耀。笔者依据《弘毅公家谱》对遏必隆一房的记录，整理出表6-3。

表6-3　额亦都家族遏必隆一房入仕情况

世系	姓名	是否管过佐领	最高官职	备注
一世	遏必隆	管过	辅政大臣	孝昭仁皇后之父，尚英亲王、颖亲王女
二世	法喀	管过	内大臣	从征准噶尔三次
	延柱	管过	御前侍卫	
	富保	管过	三等侍卫	从征准噶尔二次
	音德	管过	正蓝旗都统	从征准噶尔二次
	阿灵阿	管过	领侍卫内大臣	

续表

世系	姓名	是否管过佐领	最高官职	备注
三世	萨穆哈	管过	领侍卫内大臣	
	萨克新	未管	护军	
	达色	未管		闲散
	哲尔金	管过	护军统领	
	德尔彬	未管	兵部主事	
	果尔敏	未管		闲散
	额图珲	管过	泰陵总管	
	额尔登额	未管	护军	
	丹巴	未管	护军	
	正泰	未管		不详
	策楞	未管	总督	从征准噶尔
	讷亲	未管	掌銮仪卫事大臣	
	阿敏尔图	管过	副都统	
	爱必达	管过	总督	顺妃之父
	阿里衮	未管	领侍卫内大臣	从征准噶尔
	阿尔绷阿	管过		
	阿尔松阿	未管	领侍卫内大臣	
	达尔当阿	未管	尚书	从征准噶尔、金川
四世	萨尔善	未管	侍卫	
	萨灵阿	未管	员外郎	
	布占	未管	侍卫	
	格图肯	未管	员外郎	
	图桑阿	未管	副将	
	图明阿	未管		闲散
	达郎阿	未管	司狱	
	哲舒	未管	荫生	
	衮布	未管	二等侍卫	
	敏常	未管	亲军	
	额尔登布	未管	马甲	
	特通额	未管	三等侍卫	从征准噶尔、回部阵亡
	特清额	未管	游击	
	丰升额	未管	领侍卫内大臣	从征金川

续表

世系	姓名	是否管过佐领	最高官职	备注
四世	倭兴额	未管	云麾使	
	他兴阿	未管		闲散
	他克星阿	未管		闲散
	达兴阿	未管		闲散
	阿克敦	未管		闲散
	穆克登	管过	二等侍卫	
	阿克丹	未管		闲散
五世	达桑阿	未管	拜唐阿	
	达冲阿	未管	拜唐阿	
	富宁	未管		闲散
	都尔松阿	未管	护军校	从征云南
	兴安	未管		闲散
	兴保	未管		闲散
	常永	未管		闲散

注：因家谱成书时，一些男性成员未去世，其官员、闲散身份还有变化，会导致统计误差，因此本表仅包含家谱成书时已亡故者的信息。

由表6-3可知，清前期该家族很多佐领出身之人成为高官，可见世袭佐领为额亦都子孙提供了固定而有效的入仕机会。以佐领出身的法喀、延柱、阿灵阿等人也利用了这个机会在从军、处理政务中表现自己的能力，获得了日后飞黄腾达的机会。

如果看佐领在每代人中的比例，可以发现第二代中的5人都管过佐领，第三代18人中6人管过（33.3%），第四代21人中1人管过（4.8%），第五代7人都没管过佐领。换句话说，从第三代开始，这一支派大多数人与佐领无缘，但管过佐领之人都能跻身高位，没管过佐领的阿里衮、策楞也通过个人才干、战场立功等途径成为领侍卫内大臣、总督。下一代只有穆克登一人管过佐领，同辈人中除丰升额任职一品官外，多为闲散、兵丁。额亦都家族佐领虽多，但并非每房占有一个佐领，随着人口增加，承袭佐领的机会被稀释，入仕机会减少，世家的特权出现弱化趋势。

综上，军功、与皇室联姻为额亦都家族赢得了清太祖、太宗的垂青，因此获得了三个专管佐领和采参权，日后这三个专管佐领发展成九个勋旧佐领，再加上凌柱的姻亲佐领，最终达到十个，该家族也就成为八旗中拥有佐领最多者。十个佐领在一定程度上为额亦都家族子弟提供了固定的入仕机会，为其维持家族的地位提供了支持。

当然，能够像额亦都家族一样获得专管佐领、采参权，并出任高官、与皇室联姻的世家在八旗中并不多见，能将荣宠延续至乾嘉时期的家族已属凤毛麟角。但该家族的发展路径与其他八旗世家相似，且具有标识意义。成为世家的前提是功勋，这种功勋可能是投顺，也可能是战场效力。因为能力和忠诚度得到君主的认可，他们被授予佐领，获得了对人丁的世代领属权。这种与下属结成的主奴关系对于世家来说意义是什么，目前还很难说清，但其存在给八旗世家抹上了浓厚的封建色彩。此外，世家可以凭借世袭的特权入仕，表现优异者有机会进入权力核心。从入关前到清初，中央和地方相当多重要职位都被这些八旗世家垄断，清王朝也因此具有与前代迥异的鲜明的贵族政治色彩。

第二节　八旗世家的兴衰
——以正蓝旗汉军甘氏家族为例

八旗世家形成后，其地位并非一成不变。从很多文献中可以看到，大多数世家在入关后的几十年之间逐渐衰落，子孙很难克绍箕裘。最早注意到此现象的杨海英考察了明安、舒赛、西尔纳等 9 个家族 26 个世管佐领的兴衰过程，他发现佐领子孙经历从太祖朝到世祖朝无数次战争，至清末仍以披甲当兵为主，为官人数和品级都不高，闲散比例很高，"生计问题严重，衰微迹象明显"。[1] 本节以正蓝旗汉军甘氏家族为例，利用东洋文库藏道光二十六年《沈阳旗汉甘氏家谱》考察该家族从入关前到道光朝的兴衰，试析八旗世家由盛转衰的原因。

明朝之前，甘氏家族主要分布在南方，明初从征，遂定居辽东。甘士钥在家谱的序言中追溯了该家族的起源：

---

① 杨海英：《对十份世管佐领承袭宗谱的研究》，阎崇年主编《满学研究》第七辑，民族出版社，2002，第 421 页。

甘氏肇基肪于古之侯国。昔周惠王之子带封于甘，后人以国为氏，是姓有焉，实姬姓也。秦汉以来，考之经史，代有闻人……至南唐义武间有方平公讳从矩者，为江右丰城县都钤辖，因家焉。公子季祥公讳桢，大宋开宝初，历官银青光禄大夫，以功封开国伯，食邑于丰城。公一子之孙，名排十令，子姓极蕃，为丰城之旺族。按江右宗谱，自宋迄今四十余世，丁盈万亿，星分棋布，几遍天下，凡甘姓之为十令公后者，皆季祥公益人之所滋荫也。予祖自丰游宦粤东，寄居于茂名，至受和公从明成祖北征辽东，以功授沈阳中卫指挥佥事，数世皆守其职，迨至我朝定鼎，曾叔祖讳应魁、应祥二公从龙出塞，乃为旗人。①

将家族追溯至先秦是中国家谱编纂的传统，是否有足够依据无从查考，所以此处提到甘氏出于周惠王之子的问题可以忽略。这段叙述有三点需要注意。第一，甘氏从南唐至明初，一直生活在南方，永乐时期才在沈阳的卫所定居；第二，明末，甘应魁和甘应祥等投降后金，被编入汉军；第三，在甘应魁、甘应祥支派之外，还有未入旗成为民籍的支派，一个家族就此被划分为不同族群。

明朝以前该家族的历史不易查考，明代《武职选簿》亦缺载，甘氏家族成员对世系和祖先事迹也所知不多。虽然甘士钥自称家族可追溯至先秦，但因"余家旧谱缘曾叔祖出塞时误遗族人毁失，致使未迁辽东以前数世之祖名号无从稽考"，② 故家谱仅能从明初开始记述。

该家族的第一任沈阳中卫指挥佥事为甘受和，但因为需要"以真知者为始祖"，故以甘锐为第一世。家谱记载甘锐长子甘沛承袭指挥佥事，但没有提到甘沛之子甘九叙、甘九章、甘九官继承，所以很有可能甘沛为最后一任。

甘氏在明末与其他辽东军官家族甚至朝中高官通婚。例如甘九官之妻陈氏为吏部侍郎陈一炳姑母，甘应魁正室李氏为宁远伯李成梁之子李如桢长女，甘应元长子甘体垣原配曹氏为沈阳指挥使曹全忠之女。③ 这显示甘氏长期在辽东出任军官，在当地有一定的影响。

---

① 东洋文库藏《沈阳旗汉甘氏家谱》（道光二十六年），清刻本。
② 东洋文库藏《沈阳旗汉甘氏家谱》（道光二十六年）。
③ 东洋文库藏《沈阳旗汉甘氏家谱》（道光二十六年）。

甘氏家族的转折出现在后金崛起之时。《满文原档》等清入关前史料没有提到甘氏何时入旗,据《钦定八旗通志》,该家族于崇德七年获得一个佐领。汉军佐领大多编设于该时,但此不能作为甘氏入旗时间。《清史列传》亦语焉不详,仅记载"(甘文焜)父应魁,从世祖章皇帝入关,隶正蓝旗汉军"。[①] 因为该家族世袭沈阳中卫指挥佥事,故笔者认为天命四年清太祖攻克沈阳时,甘氏投降成为后金一员的可能性比较大。

然而并非所有甘氏家族成员皆被编入八旗。据家谱的《分掌宗谱旗汉各支名次》,截至道光二十六年甘氏家族根据"应"字辈划分有7支,包括属于驻京汉军的甘应期、甘应士、甘应春、甘应魁、甘应祥5支59房,沈阳的甘应周1支2房,分布在云南、山西的甘应元1支2房,共计7支63房。此外,家谱还附记"本六佐领下食饷,祭祀日均随同斗阳公茔祭扫历久不衰"的甘文焕一支,和引认的山东巨野县龙堌集和寿张县城西南薛家庄甘姓两支。不过以上3支并不被视作正式家族成员,也没有得到家谱。表6-4为甘锐以下至应字辈谱系。

表6-4 甘氏家族甘锐以下至应字辈谱系

第一世	第二世	第三世	第四世	第五世
甘锐	甘沛	甘九叙	甘崇礼	甘应元
			甘崇道	甘应美
				甘应照
		甘九章	甘崇颜	甘应聘
				甘应芳
				甘应伦
			甘崇教	甘应期
				甘应荐
				甘应时
				甘应会
			甘崇照	甘应举
				甘应士

----

① 《清史列传》卷6《大臣画一传档正编三·甘文焜》,第378页。

续表

			甘崇文	甘应登
				甘应明
			甘崇功	
			甘崇贤	甘应春
				甘应魁
甘锐	甘沛	甘九官		甘应祥
			甘崇爱	甘应周
				甘应志
				甘应山
			甘崇尧	甘应乾
				甘应良
			甘崇敬	

加入后金的甘氏与其他汉军世家一样参与战争。因为功勋获得佐领，一度出现以甘文焜为代表的汉军重臣。同时通过联姻的手段，与宗室、其他八旗军功家族联姻，维持家族的地位。因旗籍甘氏支派较多，笔者仅选取甘文焜一房作为研究对象。表 6-5 为甘文焜一房人员的功名、官职、婚配情况。

表 6-5　甘氏家族甘文焜一房人员功名、官职、婚配情况

世系	姓名	最高官职	娶入	嫁出
六世	甘文焜	云贵总督	王府长史 程外库女	
			陈氏	
			常氏	
七世	甘国均	刑部山东司员外郎	两淮盐法道 罗瑜女	
	甘国培	江南京口副都统署 京口将军	户部尚书一等公 英俄尔岱孙女 一等子邵塔女	
			正红旗蒙古都统 喀尔汉长女	
			辅国将军健明女	

续表

世系	姓名	最高官职	娶入	嫁出
七世	甘国基	河南按察使、布政使、护理巡抚	理藩院尚书阿穆呼朗女	
			孙氏	
			陈氏	
	甘国奎	浙江按察使	奉天府府尹耿效忠长女	
			书氏	
			范氏	
			杨氏	
			陈氏	
			卢氏	
			王氏	正白旗杨某
			郭氏	直郡王阿哥
			颜氏	正白旗傅某
	甘国璧	正黄旗都统	镶红旗五品官王之栋女	本旗湖南武冈州知州张圣浩三子候选州同张乐
				镶白旗山东督粮道朱廷正三子山东济南府同知朱绍开
				正白旗河南布政使牟钦元长子进士甘州府知府牟融
				山东盐运司罗珍六子候选通判罗万石
				贵州布政使迟忻子副榜署江南常熟县知县迟维执
	甘国坦	笔帖式即用	正黄旗山西大同府都司金国鼎女	
八世	甘士调	江南淮安府宿虹县同知	镶黄旗蒙古一等子奇舞温咕喽女	江南兴安县县丞罗德龄
			周氏	

世系	姓名	最高官职	娶入	嫁出
八世	甘士珣	浙江临海县知县	镶白旗四川南江县知县蒋炳女	
			陆氏	山西太学生蒋某
				正黄旗满洲兵部侍郎马灵阿子
				正白旗州同迟某
				镶白旗蒋某
				本旗笔帖式马国忠
	甘士璜		正白旗轻车都尉王士勋女	
	甘士琦	广东雷州府知府	宗室女	本旗佐领陈宠
	甘士瑛	湖北宜昌府同知	本旗江南吴县知县张廷弼女	
			刘氏	
			余氏	
			师氏	
	甘士琇	广东高廉兵备道	一等公鄂伦岱长女	
			鄂伦岱女	
			张氏	
			刘氏	正白旗崔秉琦
	甘士琮	子牙河通判	镶黄旗广东高廉道靳治岐女	
			镶黄旗满洲户部员外郎吴阿琨女	本旗徐均
				宛平县籍贡生任灏
				正红旗都察院笔帖式关福
				镶红旗四川道郑成基
			富氏	镶白旗王良
	甘士珍		正黄旗山东莱州府知府耿纮祚女	
	甘士瑀	山东运河同知	河南怀庆府知府夏宗尧女	
			武定州知州蒋瓒女	
			广东高廉道李滨女	

274

续表

世系	姓名	最高官职	娶入	嫁出
八世	甘士玮		睢宁县知县周凤鸣女	
	甘士璨	广东万州吏目 *	兵部侍郎汲尔他浑女	
	甘士珠		正黄旗郝育贤女	
	甘士坤		镶白旗满洲山西临汾县知县福寿女	
	甘士璥		四川叙州府通判杨朝鹄女	
			本旗彭其佩女	正红旗觉罗广泰子永安
	甘士琪	知府衔借补陕西延安府靖边县同知	云南临安府知府卢化龙女	江南常熟籍湖北德安府知府蒋浩长子庠生蒋榛
			云南临安府知府卢化龙九女	浙江仁和籍山西朔平府通判龚景福长子龚涟
				江南池州府通判卞坤长子卞兆行
			陈氏	山东莱州府同知崔镳子太学生崔衡潢
				山东德州知州李继晟子李宗洙
	甘士瑞	湖州府知府	镶红旗松茂道孟以恂长女	江南山盱通判冯焜长子候选州同冯垣
			李氏	
			徐氏	乾隆癸卯科编修江南镇江府知府王乔林三子太学生王士杰
	甘士瓒		本旗满洲参领丁某女	
	甘士燮		镶红旗王霁女	
			大兴县张国栋女	
	甘士墈		朱氏	
九世	甘运雨		正白旗浙江慈溪县知县罗万象女	
			本旗理河同知常微轸女	

世系	姓名	最高官职	娶入	嫁出
九世	甘运复		镶蓝旗满洲护军校湖山女	镶白旗户部主事托金子护军德敏
				正红旗常清子护军校广泰
	甘运洪		镶白旗江南太和县知县蒋培基女	
	甘运滨		何氏	
	甘运汉		张氏	
	甘运测		郑氏	
			杨氏	
	甘运清	都水司员外郎	正白旗湖南按察使迟维台女	金某
	甘运乾		潘氏	
	甘运源	广东嘉峪县象冈司巡检**	镶黄旗湖南驿盐道朗瀚女	
			刘氏	
	甘运瀚		正黄旗广东香山县知县李景厚女	
			镶黄旗湖南驿盐道郎瀚女	
	甘运涛		赵氏	
	甘运济		刘氏	
	甘运泗		正白旗山西游击姚世奇女	
	甘运淳		镶红旗湖广磨盘司巡检蒋尚恕女	
	甘运溱		本旗广宁门城守尉陈德炤女	
	甘运潢		正红旗云南参将李世禄女	
	甘运鸿		正白旗云南顺宁府知府朱灿英女	
	甘运洋		正黄旗云南阿迷州知州李永德女	
	甘运涵		崔氏	
	甘运沣***		本旗王公琪女	

续表

世系	姓名	最高官职	娶入	嫁出
九世	甘运溥		正红旗王某女	
	甘运淙		安肃县籍张氏	大兴籍李某
				本旗张某
	甘运涵	冠军使	浙江宁波府提督王无党孙女 ****	
			镶黄旗提督鄂善孙女	
			刘氏	
	甘运灏		宛平县太学生吴士玉女	
	甘运澍		福建南静县知县靳树畹女	
	甘运泉	骁骑校	镶白旗太学生徐麟趾女	
	甘运潮		镶白旗满洲关富海女	
	甘运治		浙江仁和县太学生陈念依女	
	甘运泰		大兴县贡生吴士宗女	
	甘运澄		正黄旗黄得禄女	本旗孙洪保
			镶白旗金文炳女	
			宛平县廖廷辅女	
	甘运澎		本旗蒋三星女	本旗骁骑校李某
	甘运渼		本旗缪天镜女	
	甘运滕		本旗骁骑校李诚女	
	甘运濠	南安县知县	山西大宁县知县刘钺女	
	甘运溟		本旗满洲吉勒章阿女	本旗四品宗室惠怡
	甘运洋		本旗李芝英女	
			本旗朱秉仁女	

277

世系	姓名	最高官职	娶入	嫁出
九世	甘运溶		本旗骁骑校蒋炜女	
	甘运昌	卫守备	本旗府庠生王枢龄女	镶黄旗步军校胡宗孔子胡兆鹏 正红旗满洲前锋校胡某子双海
十世	甘恪栋		本旗骁骑校佟国启女	
	甘恪椿		镶黄旗金瑜女	
			镶白旗王至宪女	
	甘恪文		本旗赵嘉儒女	镶红旗王铎
	甘恪贻	王府八品固山大	正白旗包衣谢应魁女	
	甘恪保		大兴县石源女	
	甘恪楫		大兴县王氏	本旗郭章 正白旗黄文锦
	甘恪梅		本旗韩澄女	
	甘恪卉		本旗郭秉中女	
	甘恪桐		本旗王德泰女	
	甘恪相		本旗张希鳌女	
	甘恪名		本旗蒙古玉兴女	
	甘恪秀		大兴县靳福女	
	甘恪森		大兴县杨永山女	
	甘恪和		谢氏	
	甘恪棠	捐职布理问	李氏 镶白旗胡某女	
	甘恪桂		本旗刘焯女 本旗高德麟女	
	甘鹤住		镶白旗李江女	
	甘福住		本旗高德麟女	本旗李洪
	甘恪臣		本旗王铎女	
十一世	甘守仁		张惟钰女	
	甘守安		觉罗氏正黄旗福升女	

278

续表

世系	姓名	最高官职	娶入	嫁出
十一世	甘守德		本旗彭宣女	
	甘守元		本旗包衣二等护卫寅保女	
			本旗包衣三等护卫吉拉章阿女	
			本旗包衣刘文亮女	本旗周某次子周廷禄
	甘守质		镶白旗彭吉圣女	镶蓝旗韩以贵子武生宜龄
	甘守约		正白旗俞诚女	
	甘广瑞		大兴县卢泰女	
	甘守宜		本旗杨茂女	
	甘连登		施氏	
			镶白旗崔志正女	
	甘连升		本旗永定门城门领韩裕礼女	本旗蒙古成山
				镶白旗满洲德楞额
				镶白旗满洲吴长升
	甘守平		佟氏	
			大兴县刘明女	
十二世	甘荫德布		镶白旗王安女	
	甘乃兴		本旗于国良女	
	甘乃志		本旗满洲金福禄女	
	甘长清		大兴县王志女	

* 原文如此。

** 原文如此。

*** 原文如此。

**** 原文如此。王无党先后任广西梧州协副将、浙江提督。

从表6–5中可以清楚地看到甘氏家族由盛转衰的变迁。从"最高官职"一栏看，在第七世6人中，有4人出任地方高官，分别是甘国培、甘国基、甘国奎、甘国璧。但是第八世19人中，同知4人（江南淮安府宿虹县同知甘士调、湖北宜昌府同知甘士瑛、山东运河同知甘士瑀、知府衔借补陕西延安府靖边县同知甘士琪），知府2人（广东雷州府知府甘士琦、湖州府知府甘士瑞），知县（浙江临海县知县甘士珣）、兵备道（广东高廉兵备道甘士琇）、通判（子牙河通判甘士琮）、吏目（广东万州吏目甘士璨）各1人，与上一代相比差距很大。第九世38人，有官职者仅6人。第十世19人，仅有王府八品固山大和捐职官各1人。第十一、第十二世则无人入仕。显然，甘文焜诸子没能利用较高的职位通过事功进一步提高家族地位，后代地位快速下降。

从通婚方面看，家谱记载甘文焜一房自第六世至第十二世共有男性成员246名，有婚姻信息者98名。其中娶入146人，嫁出48人。娶入旗人女子79名、民女67名。嫁出48人中，夫家为旗籍者34家，民籍14家。综上，该房通婚对象以旗人为主。但需要注意的是，甘士琮之女嫁宛平县籍贡生任灏，甘士琪两女嫁给江南常熟籍湖北德安府知府蒋浩长子庠生蒋榛和浙江仁和籍山西朔平府通判龚景福之子龚涟，甘运淙之女嫁大兴籍李某，因为此处提到的是"籍"而不是"旗"，说明以上4人为民人。清朝对满汉通婚有一定限制，但对汉军女子嫁民人采取默认态度，不过从具体例子看，远不如汉军娶民女多，甘氏家谱此处的记载可填补史料的不足。①

此外，甘氏家族的通婚对象以官员为主，但官阶逐步降低。甘氏多次与八旗高官家庭通婚。例如甘崇贤原配佟氏为佟迈之女、额驸佟养性之妹；甘国培娶户部尚书一等公英俄尔岱孙女、正红旗蒙古都统喀尔汉长女，甘国基娶理藩院尚书阿穆呼朗女，甘士琇娶一等公鄂伦岱长女，甘士璨娶兵部侍郎汲尔他浑女，甘运涵娶王无党孙女以及镶黄旗提督鄂善孙女。此外，甘氏的通婚对象还包括汉军世家。例如甘士瑞娶镶红旗汉军松茂道孟以恂长女，甘国奎娶奉天府府尹耿效忠长女，甘士珍娶正黄旗汉军耿绂祚女，甘恪栋娶正蓝旗汉军佟国启女，甘守平娶佟氏。其他通婚对象以中低级地方官、八旗基层官员为主。不过以上记录都出现在甘氏在八旗内担任较高官职的时期，而此后通婚对象的官职地位明显降低，甚至第十世开始出现大量平民，这也从一个侧面说明甘氏家族在八旗中地位逐渐衰落。

---

① 定宜庄在《满族的妇女生活与婚姻制度研究》（北京大学出版社，1999）一书中利用多种文献证明了旗人女子嫁民人的例子虽然少，但的确存在。乾隆朝之后，清廷对汉军女子嫁民人采取放任的态度。

由以上考察可知，甘氏家族自第九代开始衰落，家族中的男性成员入仕者减少，且官阶降低；娶入嫁出的对象从以八旗高官、世家子弟为主到以基层地方官、平民为主，显然通婚对象的地位也相应降低。

甘文焜支派是正蓝旗汉军甘氏家族中最显赫的一派，其余支派情况可与之对照。笔者以曾经世袭佐领的甘体镇和民籍甘体垣两支派作为考察对象。甘体镇支派简况如表6-6。

表6-6　甘氏家族甘体镇支派简况

世系	姓名	最高官职、功名	娶入	嫁出
六世	甘体镇	佐领、通议大夫、光禄大夫	陈氏	
			佟氏	
			毛氏	正白旗罗铉
				正白旗王朝升
七世	甘国柱	佐领、中宪大夫	凌氏	
	甘国枢	工部右侍郎	杨氏	
			孟氏	
			沈氏	
			张氏	
			吴氏	
			张氏	
	甘国标	佐领、副都统	金氏	
			佟氏	
			索氏	
			李氏	
八世	甘士璜	笔帖式	知州祝钟哲女	
	甘士琳	太学生、考授同知	镶白旗梁公女	正白旗邵武县县丞何琳
	甘士瑗	府庠生	沙氏	
	甘士瑶	骁骑校	佟氏	
	甘士璋	骁骑校	吴氏	
	甘士玉		镶黄旗轻车都尉徐永佳女	

世系	姓名	最高官职、功名	娶入	嫁出
八世	甘士琏	佐领、印务参领、记名总兵	正白旗步军校何某女	
			李氏	本旗太学生赵嘉樾
				本旗库生李某
九世	甘运治			
	甘运济			
	甘运欣		本旗佟某女	
	甘运湘			
	甘运涝		汪氏	
	甘运永		正白旗知府郭某女	
十世	甘玉树	公中佐领、副参领	本旗孙世龙女	
			公中佐领步军协尉赵士铠女	
	甘玉柱		本旗彭谦女	
			参领李焕侄女	
	甘玉庆	骁骑校	镶白旗护卫张武英女	
	甘普庆		本旗骁骑校周元亮女	
			正白旗满洲刑部郎中玉福女	本旗满洲廪生恩锡
	甘五得	笔帖式	镶黄旗满洲佟三保女	大兴县附生王元直子天文生王禄
	甘恪忠		贾氏	
	甘恪亮		佟氏	
	萨炳阿			
十一世	甘承露		大兴附生王元直女	
	甘印锡	公中佐领、副参领	本旗佟治长女	
	甘阿禄	官学生	镶白旗李纯女	
	甘喜常		本旗佟治女	
	甘承龄	官学生	本旗郑士达女	
	甘敦善		镶白旗护卫张玉山女	
	阔灵阿			
	甘守吉		镶红旗刘士雨女	

续表

世系	姓名	最高官职、功名	娶入	嫁出
十二世	甘恒安			
	甘恒岳			
	甘恒敬			
	甘恒有			
	甘恒熙			
	甘恒俊			
	甘常山		正白旗德泰女石氏	

该支派自甘体镇以下男性 40 名，其中官员 9 名、佐杂 2 名、有功名人员 2 名（太学生、府庠生各 1 名）、官学生 2 名。官员占该支派总人数 22.5%，且除甘国枢（工部右侍郎）外，都是八旗官员。该支派除第九世以及家谱成书时尚未成年的第十二世外都有人入仕、进学，特别是第六、第七、第八世不但职位高，且几乎没有闲散。

需要注意的是该支派曾经管理正蓝旗汉军第四参领第三佐领。据《钦定八旗通志》，佐领编设于崇德七年，由甘应举初管，[①] 此后阵亡出缺。甘应举后人情况不见于甘氏家谱，可知此人绝嗣。佐领由其侄二次管理。《八旗通志初集》和《钦定八旗通志》记此人名"甘四"，满文版《八旗通志初集》写作 g'an sy，家谱写作"甘体镇"，所谓甘四可能是此人曾用名。[②] 甘体镇出缺，其子甘国柱三次管理。甘国柱出缺，其弟甘国标四次管理。甘国标年老革退，其子甘士珵五次管理。据《钦定八旗通志》的按语，该佐领原本是本旗佟氏的勋旧佐领，乾隆二十七年因佟氏和甘氏争夺继承权，佐领被改为公中。甘氏家族唯一的世袭佐领被剥夺。[③] 曾经管世袭佐领之人中，甘体镇、甘国柱没有获得更高官职。甘国标担任副都统，甘士珵任印务参领、记名总兵。此后甘家的佐领被剥夺，第十世甘玉树和第十一世甘印锡都管过公中佐领，后担任副参领。

---

① 《钦定八旗通志》卷 28《旗分志二十八》，第 481 页。
② 《八旗通志初集》卷 16《旗分志十六》，第 285 页;《钦定八旗通志》卷 27《旗分志二十七》，第 468 页。
③ 《钦定八旗通志》卷 28《旗分志二十八》，第 481 页。

该支娶入女性 43 名，出自官员家庭 10 名、有功名人员 1 名。满洲旗人 2 名，汉军 19 名，汉人 22 名。嫁出 7 人，对象除县丞（正白旗邵武县县丞何琳）1 人外，只有 4 人有低级功名。7 人中，满洲旗人 1 名、汉军 5 名、汉人 1 名。甘士璜亲家为知州祝钟哲，家谱没有说明是否为旗人，因此人名见于镶红旗汉军祝氏家谱，所以可确定为汉军。第十世笔帖式甘五得之女嫁大兴县附生王元直子天文生王禄，又是汉军之女嫁汉人之例。

民籍甘氏甘体垣支派简况如表 6-7。

表 6-7　甘氏家族民籍甘体垣支派简况

世系	姓名	最高官职、功名	娶入	嫁出
六世	甘体垣	海澄县知县	沈阳指挥使曹全忠女	
	甘体仁		王氏	
			汪氏	
			杨氏	于师圣
	甘体谦		古氏	
	甘体泰		刘氏	
七世	甘如柏		魏氏	
	甘国樟	太学生、考授州同知	嘉定县知县隋登云女	
			海澄县知县周璋女	
	甘国梓	县学生	汾阳县知县张蕴女	
	甘国采		王氏	
	甘国亮		胡氏	
八世	甘士铨	太学生、考授州同知	太学生潘枢年女	
			范氏	
	甘士镛		范氏	
	甘士镰	溧水县典史	嘉定县知县隋登云女	
			朱氏	
	甘庚生	鸿胪寺主簿	张氏	
	甘士铉	贞溪县县丞	副榜郭子玉女	
	甘士铭	太学生	綦江县知县李某女	
	甘士俊			
	甘士杰			
	甘士濡			

续表

世系	姓名	最高官职、功名	娶入	嫁出
九世	甘运滇	邓川州学政	储氏	
	甘运沧	监生	何氏	
	甘运淳			
	甘运溧		端木氏	
	甘运湖	监生	文水县典史葛大业女	山阴黄寅
			张氏	
	甘运海		汪氏	
	甘运田	太学生		
	甘运清	文生员	熊氏	
	甘运洁			
	甘运洱	邓川州学政		
十世	甘恪修	监生		
	甘恪侍	监生	钱氏	
	甘恪任	举人、丽江训导	巫氏	
	甘恪位	监生捐从九品	代氏	
	甘恪仪	陈留县典史	左云县典史史义方女	
	甘恪信	训导	山阴县吴述会女	
			永济县训导秦守谔女	山西庠生俞秉宽
	甘恪俭		朱氏	
	甘恪荣	候选照磨	杨氏	成都岁贡傅润身
			吴氏	
			候补州同董国祥女	归安县知县吴昭弟吴音
				陈余庆
			李氏	候补县丞徐士淳
十一世	甘守中	典史	从九品唐贤书女	
			李氏	
	甘守恭	监生	新郑县典史傅礼陶女	
	甘守惇			
	甘守庆	监生	张氏	
			候补县典史朱其炜女	
	甘守素	监生	张氏	重庆府知府沈念兹子县丞沈继会
				候选从九品吴锡镇子吴祖鸿

续表

世系	姓名	最高官职、功名	娶入	嫁出
十二世	甘乃骥		候补典史汤壬女	
	甘乃			
	甘乃骈			
	甘乃驯			

家谱记录自甘体垣以下男性 45 名，由表 6-7 可知入仕情况远不及两个旗籍甘氏。出任官职者有甘庚生（鸿胪寺主簿）、甘体垣（海澄县知县），此外还有学官（学政、训导）4 名、地方佐杂（典史、主簿、县丞）5 名、县学生 1 名、监生 8 名、生员 1 名。入仕只有 6 人，占 13%，且官职低。有功名者 14 人，占 31%。入仕、担任佐杂及进学人员大体集中在第九、第十、第十一世。

通婚情况，共娶入女性 45 名，嫁出 9 名。通婚对象大体上与甘氏门第相当。如甘士铨为太学生，娶同为太学生的潘枢年之女。甘恪仪为陈留县典史，娶左云县典史史义方女。甘恪信在山西任训导，娶同为学官的永济县训导秦守谔之女，所生之女嫁庠生俞秉宽。因为部分民籍甘氏子弟在山西、云南任职后就地落户，两地少有旗人，所以娶入、嫁出对象都是汉人。

以上甘文焜、甘体镇、甘体垣三支各有特点。甘文焜支隶汉军旗分，因甘文焜位高权重，且为国捐躯，所以子孙两代中不乏中高级官员，通婚对象也有八旗权贵，但衰落速度很快，第九、第十、第十一世子孙几乎都没有官职、功名。甘体镇一支虽然没有名臣，但曾经拥有世袭佐领，保证第九至第十一世中 2 人入仕。后来管理公中佐领的两人也最终升任副参领。可见佐领对于旗人家族而言是很重要的入仕途径。民籍甘氏成员在仕途方面没什么作为，也没有明显的起落，但进学之人较多，第九、第十、第十一世尤为明显。三支相比，甘文焜一支似乎衰落得最快、最明显。

究其原因，笔者认为决定甘氏家族地位的因素首先是功勋。甘氏的投顺之功已见于前文。军功方面，甘应举参与入关战争，立有军功，最终在平定大同姜瓖之乱时阵亡："破流贼，平定河南、江南，以红衣炮克四城，授云骑尉，准袭一次。顺治七年，太祖高皇帝配祀上帝，升授骑都尉，准袭二次。顺治九年攻大同阵亡，加一云骑尉，准袭三次。"① 不过，此后甘氏在战争中表现并不突出，仅甘士钥一人间接参战。此人科举出身，长期在陕甘地区为官，在清高宗平定西北的战争中参与后勤工作。因最终只是功一等加三级随带，可见此人表现很一般，与甘应举不能相比。② 可以确定入关后甘氏在军功方面没有作为。

事功也是八旗世家维持地位的重要手段。旗籍甘氏事功最显赫者为甘文焜。甘文焜早年任兵部笔帖式，后累迁礼部启心郎、大理寺少卿。康熙二年任顺天府府尹，六年任直隶巡抚，因在任有为，次年转任云贵总督。康熙十二年，吴三桂杀死巡抚朱国治发动叛乱，进攻总督治所贵阳。甘文焜一面上奏，一面请求支援，但贵州巡抚曹申吉、提督李本深响应吴三桂，不理会甘文焜的命令。甘文焜见贵阳已经难保，遂命令妾盛氏率家中妇女自尽，自己撤至镇远。但此时镇远守将已经易帜，反将甘文焜围困于吉祥寺。甘文焜遂自尽。四子甘国城从死。③

甘文焜死难，六子甘国璧以父荫入仕，出任河南陕州知州，累迁苏州府同知、宁波府知府，随后升任江苏按察使、山东布政使，康熙五十四年任云南巡抚，但在为噶尔璧大军进藏筹粮时因办理不周被革职。雍正二年任镶白旗汉军副都统、正黄旗汉军都统，又被揭发曾经蒙混奏免西安粮道祖允煜应追军需，清世宗非常不满，痛斥其种种不堪："甘国璧以挽运军需贻误革职，已成废弃之员。前岁朕因办理旗务，一时不得其人，念伊尚无贪赃劣迹，将伊用为副都统，旋授都统之职。实冀其殚心供职，以图后效。乃伊狡猾性成，诸事瞻徇沽誉，毫无抒诚报效之处，深负朕恩。着革职，在都统任内效力赎罪。"④ 此后甘国璧负责八旗井田。乾隆三年授绥远城右翼副都统。乾隆五年四月，绥远城将军伊勒慎弹劾原任将军王常贪墨，甘国璧受此案牵连遭革职处分。

此外，甘文焜次子甘国培历任湖南辰州府同知、京营守备、游击、湖广提标参将、本旗参领、江西南昌镇总兵、江南京口副都统署京口将军。三子

---

① 东洋文库藏《沈阳旗汉甘氏家谱》（道光二十六年）。
② 东洋文库藏《沈阳旗汉甘氏家谱》（道光二十六年）。
③《钦定八旗通志》卷207《人物志八十七》，第3695页。
④《钦定八旗通志》卷207《人物志八十七》，第3699页。

甘国基任甘肃巩昌府、广西南宁府各同知，山西太原府知府，福建巡海道，河南按察使、布政使、护理巡抚，赐额古之方伯。五子甘国奎任浙江温州府、严州府各同知，升湖北襄阳府知府、山西河东道、湖南按察使、浙江按察使，① 雍正三年缘事革职。此后甘氏子孙官职不高，在事功方面也乏善可陈。

人口的增加也是不可忽视的因素。甘文焜一支男性成员 246 名，数量远多于只有 40 人、45 人的另外两个支派。因为人口激增，官缺、兵缺、学额有限，人口多的支派必然受影响最大。

甘文焜一支衰落迅速，其他旗籍支派情况也不容乐观。

上升渠道不畅，子弟繁衍日众，又没有世袭佐领等入仕保障，所以甘氏子弟开始通过科举入仕。在科举方面，甘文焜房共有 31 人获取功名，占有记录的 98 人中的 31.6%。其中官学生、武举人、文举人各 1 名，荫生、贡生各 2 名，庠生 3 名，太学生 21 名，且第八世和第九世比例最高。旗籍甘氏支派通过文、武举获得功名者不少，详情请见表 6-8。

表 6-8 旗籍甘氏支派通过文、武举获得功名情况

支派	姓名	功名	官职
甘应期房第八世	甘士琏	雍正癸卯科文举	河工试用，佐领，印务参领，记名总兵
甘应春房第八世	甘士勋	康熙丁酉科文举	山东莘县、寿张县知县，署阳谷县知县
甘应春房第九世	甘运洲	乾隆辛卯科文举	浙江杭州府仁和场盐大使，兼理穿长、玉泉两局事务，绍兴府钱清石堰场大使
甘应春房第九世	甘运湖	乾隆庚辰恩科武举	骁骑校，步军校、步军委协尉、步军副将、步军协尉
甘应春房第九世	甘运江	乾隆辛卯科武举	
甘应春房第十世	甘恪修	嘉庆庚午科武举	南营效力，花市千总，西珠市口、东珠市口守备，南营都司，左营游击
甘应春房第十世	甘恪杰	乾隆乙卯科武举	捐职把总
甘应春房第十世	甘书纶	嘉庆戊辰科文举、壬午科进士	即用知县分发四川，历署三台、苍溪县事，补冕宁县，保举卓异，调西昌县署兰州知州，甲午科四川乡试同考官，武闱受卷官，署巴州知州，署越巂厅同知

① 东洋文库藏《沈阳旗汉甘氏家谱》（道光二十六年）。

支派	姓名	功名	官职
甘应春房第十一世	甘惠麟	嘉庆丙子科文举、道光壬辰科进士	河南临漳县知县
甘应春房第十一世	甘瑞麟	嘉庆戊寅恩科武举	京营效力，花市把总
甘应魁房第九世	甘运沣	乾隆甲子科文举	
甘应魁房第九世	甘运昌	乾隆壬午科武举	德胜门千总，卫守备

除了以上的文、武科举，甘氏还有 5 人通过了翻译考试。清代为旗人特设翻译考试，一方面可为旗人提供进身之阶，另一方面可维持满蒙语言的地位。翻译考试可分为由礼部主办的翻译科举和吏部主办的笔帖式考试。对于旗人而言，翻译考试也是重要的进身之阶，很多名臣由此入仕。[①] 旗籍甘氏翻译考试出身人员详情如表 6-9。

表 6-9　旗籍甘氏翻译考试出身人员情况

支派	姓名	功名	官职
甘应春房第九世	甘际昌	笔帖式、翻译生员	历任兵部武库司笔帖式、职方司主事、武选员外郎、钦差马馆监督，俸满引见，以知府用，推升户部江西司郎中，签升四川龙安府知府，缘事降调提举，签补江苏淮安府通判
甘应春房第九世	甘运濬	笔帖式	通政司笔帖式
甘应春房第九世	甘运际	笔帖式、翻译生员	八旗志书馆满誊录官，任工部制造库笔帖式
甘应春房第十世	甘恪枑	笔帖式	礼部汉档房笔帖式
甘应春房第十世	甘恪保	笔帖式	户部笔帖式

综合表 6-8、表 6-9，17 名获取功名人员中的 14 名出自甘应春房，比例达到 82.4%，且所有翻译出身人员都来自该房。出现这种情况的原因尚无法解释。分布世代则以第九、第十两世为主，共计 13 人。甘氏家族的第九

① 屈六生：《论清代的翻译科考试》，《庆祝王锺翰先生八十寿辰学术论文集》，辽宁大学出版社，1993。

世大多出生于康熙末期至乾隆中期，可见此时旗籍甘氏成员已经非常重视文化。从另一个角度讲，这也是军功不可恃的无奈之举。

虽然获得功名者不少，但是只有甘士琏职位较高，其他多为基层官员。特别是通过翻译考试的 5 人中，4 人一直担任级别较低的笔帖式。可见科举为旗籍甘氏提供了一定数量的入仕机会，但没有人在此平台上立功，借以提升家族的地位。

综上，甘文焜之死使其成为清初的殉节名臣，诸子得到荫封，得以在地方担任要职，且有机会和八旗高官、世家联姻。但入关后八旗世家发展的基础是功勋，如果仅仅依赖祖先的遗泽，只能充当四品佐领，在八旗体系中担任基层官员而已。甘氏子孙的功勋有限，并没有做出特别的贡献。因此从下一代开始，甘氏子孙入仕者逐渐减少，联姻对象的地位也降低。即便有一些人通过科举入仕，但因为个人能力有限，这一入仕平台也没有帮助甘氏重新获得地位。因此虽然甘氏家族仍然是八旗汉军世家之一，但其衰落趋势是非常明显的。

结　　语

佐领最初是明代女真人狩猎、征战时以族、寨为单位结成的临时组织。清太祖起兵后，为了整合部下，开创了以常设的佐领统领兵民的新制度。虽然沿袭旧称，但是经过改造的佐领是集行政、民政、军政于一身的组织，是八旗制度的基础。

佐领虽系清代独创，但其发展变化与金代的猛安、谋克有以下相似之处。第一，两者皆来自女真传统社会中旧有的临时组织，随着国家的建立，血缘、地缘集团开始被打破，二者改头换面，成为固定的基层单位。第二，最初的长官多为部落头领或功臣、皇亲，下人是原有的属民或朝廷赏赐的人口。第三，有些猛安、谋克、佐领是可以世袭的。为了让承袭有法可依，二者的承袭规则都从习惯法过渡到成文法，逐渐形成了一系列规章制度，并且随着现实的需要不断调整、补充。

当然，因为史料有限，有关金代猛安、谋克世袭制度的很多问题无法展开讨论，例如金代是否也有类似佐领的分类法、承袭规则的详情等。但从以上列出的三点已经可以看到世袭猛安、谋克和世袭佐领颇为相似。清太祖、太宗对金朝的历史有所了解，但没有证据证明二人受猛安、谋克制度的启发创立并改进了佐领制度。然而猛安、谋克和佐领的相似性并非巧合，而是有女真社会的旧俗以及各自形成时期国家管理的需要作为基础。

具体到清代的世袭佐领。清太祖起兵之后授予一些人指挥军队的权力，随着控制地域扩大、人口增多，酋长、功臣等各色人加入新政权，这些人既服从汗，又统帅自己的人丁。特别是带人投顺者，原本与属民（子弟伯叔、古出、诸申、奴仆、同乡等）之间有强烈的人身依附关系，且后者有"念吾等先众来归，毋视为编氓，望待之如骨肉手足"（membe yayaci neneme dahame jihe be gūnici, jušen ume obure, ahūn deo i gese gosime uji）的期待，① 加之有些酋长、功臣实力雄厚，率领几百上千人丁投顺，所以清太祖、太宗有意识地允许他们继续维持管辖权。有些人原本没有属民，但君主为了酬谢功劳，特别赏赐人丁，使他们获得对人丁的管辖权。所以从某种角度讲，后金政权的基层是由一个个小规模的分封组织构成的，佐领的长官是小封建领主，其上是旗主，最高领主是汗。

这一套肇始于女真部落习俗的制度随着八旗组织的扩大还被推广到八旗蒙古和汉军。17 世纪的蒙古同样是部落社会，封建领主、属民、奴隶是社会的基本阶层，所以蒙古人，特别是台吉、塔布囊等加入世袭佐领后仍然和佐领下人维持旧的领属关系。而汉军情况不同，其成员或为军人或为州县百姓，原本不存在封建领属关系，然而被编入世袭佐领后，佐领和佐领下人之间形成了新的人身依附关系，有关汉军佐领内部的领属关系究竟与满洲、蒙古有何异同，是一个需要日后进一步研究的问题。

因为世袭佐领是在女真从部落发展为国家的进程中，特别是中央集权不断强化的进程中出现的，所以部落酋长、功臣获得的分封是有限的。第一，分封的仅限于多寡不一的人丁，不包括土地所有权、对属民的税收权和司法权。第二，领主要接受国家法律的管制。部落时期酋长迫害凌虐属民太甚，属民只能逃亡或愤而反抗，但在新政权内，佐领的长官只是最底层的领主，在他们之上还有贝勒、汗，属民有向法司甚至最高统治者检举领主的可能。随着法律、国家制度的发展，属民逐渐成为国家臣民，和领主之间的领属关系被削弱。最终领主成为世代为国家管理人丁的世袭官员。第三，后金时期，繁育人丁、征发力役、抽调兵丁、管理平民、组织生产都以佐领为基础，领主必须无条件服从。办事不力、作战失利、贪赃枉法者会被处罚，甚至被剥夺佐领。第四，佐领没有自辟僚属的权力，其下的代子、拨什库由国家指定，后来出现的穆昆大由各家族推举，这些人既是领主的助手，又在一定程度上分割领主的权力。第五，领主的承袭不再是家务事。虽然入关前佐领承袭情况不详，但从《功臣袭职条例》可知，后

---

① 《满洲实录》卷 1，癸未年五月，第 31 页。

金统治者很早就开始管理功臣权力的传承。总体而言，世袭佐领本质上是封建领主，但早在太祖、太宗朝已开始向官僚转型。

入关之后，清王朝的政治制度经历了重大变革，佐领制度亦然。最显著的一点是数量的变化，特别是康熙时期八旗满洲、蒙古增设滋生佐领，新满洲佐领以及三藩官兵被编入汉军。世袭佐领的数量也因而激增。据光绪《钦定大清会典事例》，光绪时期驻京的八旗满洲、蒙古、汉军旗下（不含内务府、八旗蒙古所属游牧察哈尔佐领）共 1151 个佐领，其中世袭佐领 895 个，接近总数的八成。可以说，八旗制度的基础是世袭佐领。明末女真社会的部落、家族被以新的形式大致完整地保存了下来。

然而佐领官僚化的进程没有被打断。佐领的官僚属性越来越强。佐领成为四品武官，是君主将意志贯彻到普通旗人这一过程中的一环，在八旗系统内扮演"掌稽所治人户、田宅、兵籍，以时颁其掌事"的角色。[①] 向上对参领、副都统、都统负责，向下要负责旗人的日常管理、训练、俸饷钱粮、婚配、赏恤、教养。其升黜、考核、奖惩与普通官僚适用同样的标准。一名优秀的佐领应当视公事如私事，对佐领下人奖善罚恶，不徇私情，劝导向善，教养子弟，解决贫苦旗人生计，公正挑补兵缺，总之是要为众人谋福利。[②] 世袭佐领的领主身份没有变化，但国家官员的特征日益明显。

这一时期世袭佐领的最大变化是承袭制度的确立和完善。佐领承袭问题的中心是不可分割的领属权如何公平分配。具体而言，世袭佐领的职位是有限的，八旗人口不断增加，必须保证佐领由最有资格之人继承，如果有资格的人多，还要顾及各支派间的公平。无论是入关之初简单的分类承袭规则，还是规定承袭分额分配细则的《钦定拣放佐领则例》《缮折房六条例》，其原则都是维持公平的承袭顺序。透过复杂的条文，可以发现佐领承袭的原则有三。一是通过佐领类型的不同，体现并维持世家等差；二是在家族内部维护公平；三是以血统为标准并顾及个人才干。

佐领类型决定了佐领的承袭范围，承袭范围决定了承袭分额的分配方法。比较勋旧、优异世管、世管、轮管、族袭佐领，勋旧佐领承袭原则上

---

① 乾隆《大清会典》卷 95《八旗都统》，凤凰出版社，2018，第 534 页。
② 松筠:《百二老人语录》卷 2《旗员九条》，中央民族大学图书馆藏清满文抄本。

仅属于原立佐领人嫡派子孙；世管佐领则扩大到管过佐领之人，看似清帝赋予世管佐领的承袭条件更宽泛，但实际上从功臣本身的角度讲，将佐领局限在自己的嫡派子孙才能体现优越地位；优异世管佐领介于二者之间，拣放时虽然允许管过佐领的支派承袭，但原立佐领人后裔优先拟正；族袭佐领最接近世管佐领，但来源于无根原公中佐领，因为不曾获得世袭权，所以即便承袭规则与世管佐领一致，但仍然要加上族内争讼即改公中的限制，以显示其特殊性；轮管佐领属于两个或两个以上家族，承袭范围最大。由此可见不同类型佐领之间存在等差。笔者总结五种世袭佐领和公中佐领的承袭原则如表 7-1。

表 7-1　五种世袭佐领和公中佐领的承袭原则

佐领类型	承袭原则
勋旧佐领	原立佐领人子孙承袭
优异世管佐领	原立佐领人子孙优先
世管佐领	管过佐领亲兄弟子孙承袭
轮管佐领	各姓轮换承袭
族中袭替佐领	同世管，族内争讼改公中
公中佐领	无承袭权

如果考虑世袭佐领是君主对大臣的奖赏，就会发现表 7-1 中各种佐领承袭规则的差别背后是世家之间的等差。对于清王朝而言，佐领并不仅仅是八旗的基层组织，更是奖励世家的工具、维系和世家关系的纽带之一。然而这些世家的功勋有大小，与皇室关系有亲疏，自然不能一视同仁，必须在承袭方法上体现出差别。所以，功勋和地位最大、最高的大臣、部落酋长与少数皇室姻亲被授予承袭范围最小的勋旧佐领。特别是在太宗时期获得专管佐领和挖参权之人，更是世家的核心，后来逐渐形成的勋旧佐领大体上也以他们为主。在君主看来重要性稍低的功臣或亲信并不是最核心或者最亲近之人，只有专管佐领的权力，其佐领成为后来的优异世管佐领。世管佐领数量最大，是世袭佐领的主体，这些家族的祖先很多是酋长、功臣，甚至不乏名臣，对佐领有明确的所有权，佐领由原立佐领人子孙、兄

弟伯叔承袭，在档案中能够查到根原，但没有专管佐领和挖参权。重要的家族通常管理自己带来的人丁，如果人数不够，清帝会从其他渠道为其补充人员或设立半分佐领，不会出现若干家族合管佐领的情况，所以拥有轮管佐领的家族的重要性在君主看来应该比世管低一等。族袭佐领虽然拥有与世管佐领一样的承袭权，但其来源为公中佐领，原立佐领人并非重要功臣，获得世袭权也只不过是因为家族承袭次数较多而已，所以其地位更低。功勋大小、与皇室关系亲疏决定了世家的地位，世家的地位决定了佐领如何承袭。所以归结起来，世家的地位是佐领承袭规则的基础，承袭规则决定了佐领的类别。

维护公平有两层含义。一是确保有资格承袭之人的利益，无论佐领属于一人（嫡派条）还是多人（同编条），都要以直系后人继承。只有在原立佐领人绝嗣的情况下，承袭范围才扩大到兄弟伯叔（绝嗣条）。二是在有承袭资格的支派中分别等次，原立佐领人子孙的优先权大于管过佐领人子孙（优异条、轮管条），原立佐领人长房的优先权大于别房（嫡派条），一家族有滋生佐领，则可以分开继承（族袭条）。

佐领既然是官员，理应了解"旗务"，具有一定的办事能力。公中佐领以本旗三品至五品旗员补放，可以保证候选者都是有经验的官员。然而世袭佐领的候选人来自某一家族，选择范围小，认定时只考虑血缘关系，不考虑年龄、经验，甚至未成年人也能授职，只不过需要成年人代理。成年的闲散、披甲都可以直接上任。奖励功臣自应以血缘关系为基础，但选拔官员要以资历、能力为标准。所以世袭佐领领主和官员的双重特性具有内在矛盾。为了兼顾奖励世家和选任官员，清廷的做法是在某些情况下，如不是必须从某支派挑选候选人时，可以"择优"（ojoro be tuwambi）选拔。另一个方法是由八旗大臣按照承袭条例将候选人分为拟正、拟陪，并带至御前，由皇帝根据每个人的对答、履历、满语和弓马成绩等做决定。当然，最有效的途径是以参领、骁骑校、领催指导、辅佐，让新佐领在处理旗务的实践中成长，不堪重任者革职。佐领职位固然是世袭的，但人员是流动的，所以即便世家对佐领的世代领有权得到制度保障，国家的介入也可以保证佐领在理论上能够由合适的人管理。这也是世袭佐领制度能够长期稳定存在的客观原因。

经过约 150 年的摸索，世袭佐领到乾隆时期才具有了完备的分类承袭原则、承袭分额分配规则。完善的承袭制度，为八旗的稳定提供了保证。佐领是八旗的基础，八旗又是清王朝重要的制度，那么世袭佐领对清王朝的意义是什么？笔者认为有以下两点。

第一，清代君主通过世袭佐领将属民与领主的封建领属关系制度化，并授予后者世代入仕的权利，以详尽的承袭规则进行调控，进而塑造并维持了一个对王朝保持高度忠诚的世家集团。从本书对正白旗满洲、镶黄旗蒙古、镶红旗汉军的考察可以清楚地看到，八旗世家有各自截然不同的背景，包括女真部落贵族（建州、扈伦、东海各部落的贝勒、诸班），蒙古贵族（喀喇沁等部落的台吉、塔布囊），明代辽东、河北等地的军官，这些语言不同、风俗各异，甚至曾经互相敌对的族群能够迅速团结在新君主的麾下，并且保持对王朝的忠诚接近三百年，即便经过百年的变化，世家衰落，他们对清王朝的认同度还是很高，并以自己世家的身份、在王朝创立和发展过程中曾经立下的汗马功劳为荣。除了满洲钮祜禄氏、叶赫那拉氏、乌拉那拉氏这样的著名世家，八旗内部还有数量庞大的普通世家，他们在有清一代影响不大，大多数家族成员的事迹在官书中找不到详细记载，其衰落也很快。如果考虑到从清中期开始八旗生计已经成为严重社会问题的话，这些普通世家成员的境遇应当远不如著名世家。然而从文献看，无论是声名赫赫的世家，还是普通世家，他们对王朝的忠诚度是一样的，莫不以自己与王朝历史的紧密关系为荣。甘文焜后裔甘恪修在道光二十六年《沈阳旗汉甘氏家谱》的序言中提到"夫故家乔木，原与国运相久长，一代之兴必有大宗巨胄，以备诸桢。我甘氏世受恩簪勿替，宪庙钦定旧家，甘氏与焉，岂非荣幸哉"。[1] 额亦都子孙在家谱中强调应该让子孙了解祖先功德、国家恩典："以知我祖宗之硕德芳型相承罔替，而子孙世世得以代沐国恩，其来有自。"[2]

究其原因，在于君主允许世家参与王朝的利益分享。八旗世家最突出的特点是其具有领主的身份，这种身份的获取是王朝君主的赏赐，也是他

---

① 东洋文库藏《沈阳旗汉甘氏家谱》（道光二十六年）。
② 特成额等：《开国佐运功臣弘毅公家谱》。

们参与王朝政治的保证。这种分享的重要方式就是世袭佐领。从佐领所具有的贵族特性看，它承认世家对属民的世代领属，这是国家在一定程度上让渡国民管理权的体现，同时国家将属民创造的部分财富分配给世家（包括专管佐领的挖参权以及其他经济利益）。更重要的是，世袭的入仕权利可以让世家子弟比平民子弟有更多机会飞黄腾达。有多个勋旧佐领的额亦都、李永芳家族和仅拥有一个佐领的普通家族在利益获取的分额上显然是不同的。基于这种利益分享，君主成为世家绝对的恩主，后者成为王朝政治有机体的一部分，二者形成了一损俱损、一荣俱荣的关系。所以，基于王朝与家族紧密联系在一起的利益，八旗世家会对王朝保持高度的忠诚。

第二，具有浓厚封建属性的世袭佐领的存在体现了清王朝政治架构的多元特性。杉山清彦提出，旗的维持和运转依靠的是作为位阶体系的世职制度和政务机关的六部，长官的任用以门第为基准，以功绩为参考。这是一种可上溯至金元时期的"贵种意识及传统"。而八旗制度以佐领为基础，被编入旗下的各种势力通过佐领、世爵的授予，获得世袭的基础，在旗制、国政的分配过程中成为首脑，构成了八旗政权的核心。① 作者提出 17 世纪欧亚王朝形成的特质和支配组织的特点包括以下四点：各王朝控制、整合具有古老文明传统的地域；国家的构成、组织方式具有多民族、多文化的混合性、复合性；一元化之下的多样统治形态；多种语言并用。②

从这一角度考察清王朝的特性无疑是有意义的。特别是从国家制度看，清王朝既继承了明代的内阁、六部、州县等制度，又允许边疆各地保留旧制，而最突出的一点是创立了八旗制度，而后者的基础是具有贵族和官僚双重身份的佐领。拥有世袭特权的世家子弟和通过科举考试等多种途径入仕之人同列朝堂，为皇帝服务。这种多元政治的确是清王朝的特色。究其原因，从东北亚到中亚、西亚，多族群、多语言、多宗教是这一地区最显著的特点。任何一个疆域稍大的政权都必须采用灵活多样的手段来统治多民族国家，因此这些王朝不太容易实现像传统中原王朝一样书同文、车同轨的大一统，更看重在多元政治格局的前提下各地区各族群对王朝的效忠。

---

① 杉山清彦:《大清王朝的形成与八旗制》，第 94 页。
② 杉山清彦:《近世欧亚中的大清王朝——奥斯曼、萨法维、莫卧儿及爱新觉罗朝》，载冈田英弘主编《清朝是什么》，藤原书店，2009，第 290 页。

那么清王朝的封建属性是不是一成不变的？答案当然是否定的。清朝从贵族政治向官僚政治转型的大背景，决定了即便世袭佐领存在，世家仍必然会衰落。清太祖起兵之初，支持者以酋长、异姓大臣为主，他们的能力和忠诚度在战场上得到验证。君主封赏世家，授予世袭佐领、爵位，让功臣及子弟参与政权，首要的目的是加强政权的凝聚力，换取其忠诚。随着宗室子弟的成长，贝勒、贝子的影响力增强，成为旗主并管理六部，地位凌驾于酋长、异姓大臣之上。于是后金政权形成以汗为中心，宗室王公、异姓功臣、扈伦贵族、皇室姻亲为外围的权力结构。为了削弱其他三大贝勒的权力，清太宗一方面任用年轻贝勒，一方面通过设官让异姓大臣更多参与政权。

因为功臣本人及其下一代子弟在战争中得到历练，能力被君主认可，所以入关之初，满洲、蒙古世家盘踞中央，汉军世家因为擅长汉语、熟悉汉地情形，成为大权在握的实力派。如康熙朝的四辅臣索尼为硕色之子、希福之弟；遏必隆为额亦都之子；苏克萨哈为苏纳之子，出自叶赫贵族；鳌拜为卫齐之子、费英东之侄。各省则由汉军大臣掌握。中高层官员多数是有特殊家庭背景的旗人，这一时期清王朝有很明显的贵族政治特色。

然而很多世家从入关后的第二、第三代开始衰落，子孙官职降低，至清中期能出任佐领并晋升者已属幸运，多数人只是笔帖式、披甲、闲散。笔者认为八旗世家衰落的原因可归结为以下三点。第一是八旗制度对旗人的束缚。清代全部旗人被纳入八旗体系，其入仕、补缺、披甲皆要按照国家既定的官缺、兵缺安排。清初人口不多，官缺、兵缺尚属充裕。但随着人口激增，一个家族的男性成员越来越多。清圣祖为了解决八旗余丁过多的问题，编设四百余个滋生佐领。但在国家经费有常的情况下，大量增设缺额并不现实。特别是作为四品官的佐领，其名额不可能无限增加。出任佐领的世家子弟数量增加，表面上让更多子弟入仕、扩大了世家的势力，但是上升空间仍然狭窄，甚至竞争更激烈，因此终身担任佐领的世家子弟越来越多。虽然很多旗人转而参加科举，但仍然受限于官缺，也不可能解决仕途壅塞的问题。故佐领能为世家提供的帮助随着人口增加而减少。

第二个原因是世家子弟本身的能力不如祖先。第一代八旗世家是军功大臣、女真和蒙古酋长、明朝武官，他们通过多年的征战、办理民政建立功勋才获得佐领，但后世子孙获得地位则主要凭借祖先的荣光，很多人承袭时还是年轻的披甲甚至闲散，既无经验又无资历，管理一个佐领人员的生老病死、钱粮俸饷、子弟教化、兵丁训练等事务，难度可想而知。而且世袭佐领内部家族关系复杂，佐领既是长官又是族人，如果没有一定的能力和威信，很难顺利履行职责。未经历练的世家子弟如果在任上碌碌无为，不能在已有的基础上立新功，无疑会妨碍世家的发展。

第三个原因是清王朝逐渐从贵族政治向官僚政治转型，此为世家衰落的根本原因。从本书对世家形成过程的考察可以看到，后金和清中前期的政治具有非常浓厚的贵族色彩，王朝的政治权力一度被世家贵族垄断。但随着君主专制的加强，贵族权力被弱化。几十年的西北用兵以及日常的内地治理需要有能力者担任。因此，平民出身的重臣崛起，而大多数世家都已经失去竞争力。至近代，汉人官僚通过镇压太平天国、参与自强运动崭露头角。虽然有个别来自世家的大臣能够在政治上发挥作用，如荣禄是正白旗满洲的瓜尔佳氏，新政时期参与出洋考察的尚其亨出身汉军的尚氏家族，中央以及地方实力派仍然以旗人为主，但他们的地位与家族、世袭佐领已经没有太大关系。随着血缘让位于能力，在政治上难以体现自身存在价值的世家在时代的洪流中，最终与清王朝一起走向末路。

参 考 文 献

一 史料类

《崇德七年奏事档》，中国第一历史档案馆编《清代档案史料丛编》第 11 辑，
　　中华书局，1984。

关嘉录、佟永功、关照宏：《天聪九年档》，天津古籍出版社，1987。

关嘉录译，佟永功校，王钟翰审《雍乾两朝镶红旗档》，辽宁民族出版社，
　　1987。

关嘉禄等编译《清代三姓副都统衙门满汉文档案选编》，辽宁古籍出版社，
　　1996。

哈斯巴根主编《八旗档案文献汇编》第一辑，社会科学文献出版社，2022。

季永海、刘景宪译编《崇德三年满文档案译编》，辽沈书社，1988。

辽宁省档案馆、辽宁社会科学院历史研究所、沈阳故宫博物馆译编《三姓
　　副都统衙门满文档案译编》，辽沈书社，1984。

刘厚生译《雍正朝镶红旗档》，东北师范大学出版社，1985。

《满文老档》研究会译注《满文老档》，东洋文库，1955。

《满文原档》，台北故宫博物院，2006。

中国边疆史地研究中心、中国第一历史档案馆合编《珲春副都统衙门档》，
　　广西师范大学出版社，2006。

中国第一历史档案馆、中国社会科学院历史研究所译注《满文老档》，中华
　　书局，1990。

中国第一历史档案馆译编《康熙朝满文朱批奏折全译》，中国社会科学出版
　　社，1996。

中国第一历史档案馆译编《清初内国史院满文档案译编》，光明日报出版
　　社，1989。

中国第一历史档案馆译编《雍正朝满文朱批奏折全译》，黄山书社，1998。

《八旗满洲氏族通谱》，辽沈书社，2002。

《八旗满洲氏族通谱》，中央民族大学图书馆藏满文内府刻本。

东洋文库藏《沈阳旗汉甘氏家谱》（道光二十六年），道光刻本。

《内阁全宗·清代谱牒档案·八旗世职谱档》，中国第一历史档案馆藏。

《内阁全宗·清代谱牒档案·满文世袭谱档册》，中国第一历史档案馆藏。

《钦定拣放佐领则例》，中国国家图书馆藏满文抄本。

《缮折房六条例》，东洋文库藏满文抄本。

特成额等：《开国佐运功臣弘毅公家谱》，中国国家图书馆藏乾隆抄本。

《镶黄旗满洲钮祜禄氏弘毅公家谱》，《中国少数民族古籍集成（汉文版）》，
　　四川民族出版社，2002。

《镶蓝旗汉军呈造世职根原条例家谱册》，中国国家图书馆藏汉文抄本。

《正红旗满洲家谱册》，东洋文库藏满文抄本。

《八旗通志初集》，国家图书馆藏满文内府刻本。

《八旗通志初集》，吉林师范大学出版社，1985。

光绪《钦定大清会典事例》，《续修四库全书》本，上海古籍出版社，2002。

嘉庆《钦定大清会典》，文海出版社，1992。

嘉庆《钦定大清会典事例》，文海出版社，1991。

康熙《大清会典》，凤凰出版社，2016。

《李朝实录》，学习院东洋文化研究所，1961。

《明实录》，"中研院"历史语言研究所校印，1962。

乾隆《大清会典》，凤凰出版社，2018。

《钦定八旗通志》，吉林文史出版社，2002。

《钦定大清会典图》，中华书局，1991。

《钦定外藩蒙古回部王公表传》，《清代蒙古史料合辑》本，全国图书馆文献
　　缩微复制中心，2003。

《清朝通典》，浙江古籍出版社，2000。

《清朝文献通考》，浙江古籍出版社，2000。

《清朝续文献通考》，浙江古籍出版社，2000。

《清实录》，中华书局，1985。

《清文启蒙》，中央民族大学图书馆藏清刻本。

《上谕八旗》，中央民族大学图书馆藏满文内府刻本。

《上谕旗务议覆》，学生书局，1976。

沈启亮：《大清全书》，中央民族大学图书馆藏清刻本。

《世宗宪皇帝上谕八旗》，学生书局，1976。

《五体清文鉴》，民族出版社，1998。

《谕行旗务奏议》，学生书局，1976。

《御制清文鉴》，中央民族大学图书馆藏清刻本。

《御制增订清文鉴》，中央民族大学图书馆藏清刻本。

中国第一历史档案馆整理《康熙朝起居注》，中华书局，1981。

《金史》，中华书局，1975。

钱仪吉纂《碑传集》，中华书局，1993。

《清史列传》，中华书局，1987。

《三国志》，中华书局，1959。

申忠一著，徐恒晋校注《建州纪程图记校注》，辽宁大学历史系，1979。

松筠：《百二老人语录》，中央民族大学图书馆藏满文清抄本。

宇文懋昭撰，崔文印校正《大金国志校正》，中华书局，1986。

昭梿：《啸亭杂录》，中华书局，1980。

赵翼：《圣武记》，中华书局，1984。

二　论著类

定宜庄：《清代八旗驻防制度研究》，天津古籍出版社，1992。

杜家骥：《八旗与清朝政治论稿》，人民出版社，2008。

雷炳炎：《清代社会八旗贵族世家势力研究》，中国社会科学出版社，2016。

刘小萌：《满族从部落到国家的发展》，中国社会科学出版社，2007。

刘小萌：《满族的社会与生活》，北京图书馆出版社，1998。

三上次男：《金代女真研究》，金启孮译，黑龙江人民出版社，1984。

石桥秀雄编《清代中国的若干问题》，杨宁一、陈涛译，张永江审校，山东画报出版社，2011。

《王锺翰清史论集》，中华书局，2004。

杨学琛、周远廉：《清代八旗王公贵族兴衰史》，辽宁人民出版社，1986。

姚念慈：《满族八旗制国家初探》，北京燕山出版社，1996。

姚念慈：《清初政治史探微》，辽宁民族出版社，2008。

张晋藩、郭成康：《清入关前国家法律制度史》，辽宁人民出版社，1988。

支运亭主编《八旗制度与满族文化》，辽宁民族出版社，2002。

安部健夫：《清代史研究》，创文社，1971。

神田信夫主编《清朝史论考》，山川出版社，2005。

细谷良夫主编《清朝史研究的新地平线》，山川出版社，2008。

冈田英弘主编《清朝是什么》，藤原书店，2009。

《山下先生还历纪念东洋史论文集》，六盟馆，1938。

石桥崇雄：《通往大清王朝之道》，讲谈社学术文库，2011。

杉山清彦：《大清王朝的形成与八旗制》，名古屋大学出版会，2015。

谷井阳子：《八旗制度研究》，京都大学学术出版会，2015。

傅克东、陈佳华：《清代前期的佐领》，《社会科学战线》1982年第1期。

傅克东、陈佳华：《佐领述略》，中国社会科学院民族研究所编《满族史研究集》，中国社会科学出版社，1988。

郭成康：《清初蒙古八旗考释》，《民族研究》1986年第3期。

郭成康：《清初牛录的类别》，《史学集刊》1985年第4期。

关克笑：《牛录、固山（旗）编建时间考》，《满族研究》1997年第3期。

滕绍箴：《努尔哈赤时期牛录考》，《民族研究》2001年第6期。

任玉雪：《八旗牛录起源时间问题再探》，《满族研究》2004年第1期。

关康：《勋旧佐领与世家——以额亦都家族为例》，《满族研究》2014年第4期。

哈斯巴根：《东洋文库藏镶白旗蒙古都统衙门档案述评》，《清史研究》2015年第4期。

关康:《清代优异世管佐领考——以阿什达尔汉家族佐领为中心》,《民族研究》2017 年第 2 期。

关康:《清代沈阳甘氏家族的兴衰——以〈沈阳甘氏家谱〉为据》,《满语研究》2017 年第 2 期。

关康:《论八旗汉军世家的兴衰——以孟乔芳家族为例》,《吉林师范大学学报》2017 年第 4 期。

关康:《论清代族中承袭佐领》,《满语研究》2018 年第 1 期。

柳泽明、阿拉腾:《东洋文库藏雍乾两朝〈镶红旗档〉概述》,《满语研究》2012 年第 1 期。

细谷良夫:《雍正朝汉军旗属牛录的均齐化》,冬哥、大鹏译,《社会科学战线》1986 年第 2 期。

张春阳:《清代八旗佐领印轴考论——兼谈印轴称谓问题和清代的"执照"》,《清史研究》2022 年第 3 期。

张永江、关康:《古尔布什家系与事迹补证——以满文〈古尔布什家传〉为中心》,《纪念王锺翰先生百年诞辰学术文集》,中央民族大学出版社,2013。

细谷良夫:《关于盛京镶蓝旗新满洲的世管佐领执照——以世管佐领承袭为中心》,《文经论丛》第 12 卷第 4 号,1977 年。

附录一
中国国家图书馆藏《钦定拣放佐领则例》

hesei toktobuha jakūn gūsai niru sindara jalin ubu bahabuha kooli hacin ujui debtelin

abkai wehiyehei duici aniya de wesimbuhe fujuri niru uheri emu tanggū gūsin nadan, erei dorgi šošohon jedz de dosimbuha niru ilibuha niyalmai juse omosi umesi labdu turgunde, niru oron tucici, gargan tome emte sonjofi sindara fujuri niru, banjiha juse omosi de bošobuha fujuri niru, hesei ubu dendehe, wesimbufi ubu dendehe fujuri niru i kooli ci tulgiyen, uheri ninggun hacin.

emu hacin, daci ubu dendehe fujuri niru ubu bahabuha kooli

emu hacin, ahūn deo sasa gajiha niyalma be banjibuha fujuri niru ubu bahabuha kooli

emu hacin, niru ilibuha niyalmai juse omosi cihanggai ubu anabure fujuri niru ubu bahabuha kooli

emu hacin, niru ilibuha niyalma enen lakcafi, banjiha ahūn deo amji eshen i juse omosi de bošobuha fujuri niru ubu bahabuha kooli

emu hacin, hese be dahame encu halai ujiha jui de ubu bahabuha fujuri niru kooli

emu hacin, juwe halai teodenjeme bošoro fujuri niru ubu bahabuha kooli

abkai wehiyehe i duici aniya de wesimbuhe goro mukūn i juse omosi de bošobuha fujuri niru ubu bahabuha kooli

emu hacin, abkai wehiyehe i duici aniya de wesimbuhe fujuri niru sekiyen

305

getuken akū turgunde, dasame niru sekiyen icihiyara wang ambasa, jakūn gūsai wang ambasa de afabufi gisurebure baita emu hacin.

doroi ginggulehe giyūn wang amban sei gingguleme wesimburengge, dergi hese be gingguleme dahafi gisurefi wesimbure jalin.

amban meni neneme gisurefi wesimbuhengge, abkai wehiyehe i ilaci aniya omšon biyai juwan de hese wasimbuhangge, daci jakūn gūsai niru sindara, hafan sirara de giyapu akū, gemu gūsai ambasa ilgame sonjofi sindame wesimbumbihe, amala gūsai ambasa be icihiyara de urhume gamarahū seme giyapu arabuha bicibe, ememu gūsaci dosimbuci acarakū niyalma be dosimbume, dosimbuci acara niyalma be elemangga meitehengge bi, tere dade nirui sekiyen inu getuken akū, jakūn gūsai nirui sekiyen be getukeleme baicame toktoburakū oci, amaga inenggi temšen habšan i baita nakarakū seme, dahūn dahūn i hese wasimbufi, wang ambasa de afabufi baicame icihiyabuha, te jakūn gūsaci toktobume gisurehe tuwabume wesimbuhe giyapu be tuwaci, fujuri niru be gungge ambasa jušen gajiha, eici faššaha turgunde, jušen šangnafi niru banjibuhangge ofi, damu da niru ilibuha niyalmai juse omosi be sonjome, niru bošoho akū be bodorakū gemu ubu bahabume, da niru ilibuha niyalmai banjiha ahūta teote udu niru bošoho ba bicibe, ceni juse omosi de inu ubu bahaburakū, jalan halame bošoro niru oci, eici emu ba i niyalma be gaifi jihe seme niru banjibufi bošobuha, eici tuktan niru banjibure de, uthai niru bošoho, siran siran i ududu jalan bošoho seme jalan halame niru obuhangge bi, geli niru enculebure fonde enculebuhengge inu bi, te damu fukjin niru bošoho niyalma i juse omosi de jingkini ubu bahabume, sirame niru bošoho niyalma i juse omosi de nirui sekiyen be tuwame, hanci aldangga be ilgame, niru bošoho mudan i labdu komso be bodome, jingkini ubu bahaburengge bi, adabure ubu, belhere ubu bahaburengge inu bi, geli da niru bošoho niyalmai juse omosi, ceni mafari be gūnime, ubu akū encu gargan i urse be gemu emu mafari i enen seme hūwaliyasun gaime ubu bahabuki sere, eici ceni gargan de niru bi, gūwa niru be encu niru akū gargan i urse de anabuki sere, eici ududu niru be gargan tome emte dendeme ejelefi ishunde ubu faksalaki seme baiha babe yabubuhangge geli bi, jai niru sindara, hafan sirabure de, oron tucike niyalami juse be cohome, da hafan niru ilibuha niyalmai ahūngga booi juse omosi be ilgafi adabumbi, oron tucike niyalmai juse akū oci, da hafan niru ilibuha ahūngga booi juse be cohofi tuwaburengge bi, sirame booi jalan amba niyalma be da hafan ilibuha niyalma de jalan hanci seme cohofi, ahūngga booi juse omosi be adabufi tuwaburengge inu bi, jai giyapu arara de, damu ubu bisire niyalma be dosimbume arara, ubu akū niyalma be uthai meitere, eici ubu bisire akū be bodorakū gemu giyapu de dosimbume arafi, turgun be ashabume arara babe, yooni akūmbume gisurehekūbi, jai jakūn gūsaci wesimbuhe giyapu be tuwaci, da niru ci emu juwe niru fakcahangge bi, ududu niru fakcahangge inu bi, fakcaha niru sindame wasimbure de, da niru ci suwayan ciyandz latuburengge bi, fakcaha niru ci suwayan ciyandz latuburengge inu bi, jakūn gūsaci icihiyahangge umai adali akū, te nirui sekiyen i baita be baicame getukelefi enteheme goidatala kooli durun tutabure be dahame, ere jergi babe kimcime akūmbume baicafi emu obume toktobume icihiyarakū oci, amaga inenggi geli temšere hacin banjinambime, gūsai ambasa dahame yabure de inu mangga, nirui sekiyen i baita be kemuni da icihiyaha wang ambasa getukeleme baicame icihiyafi wesimbureci tulgiyen, doroi gingguleme[ginggulehe]giyūn wang, gung necin, gūsa be kadalara amban tulai, meiren i janggin yunghing, lii yuwan liyang be tucibufi, wang ambasa i wesimbufi getukelehe niru be kimcime baicame tuwafi, cohoro adabure belhere ubu be ilgame faksalafi bahabure, giyapu de dosimbuci acara acarakū, ciyandz latubure de, adarame getukeleme faksalara jergi babe akūmbume gisurefi emu obume icihiyakini, ere baicame icihiyara de, jakūn gūsai jalan sirara hafan i hafan sirara giyapu arara babe inu suwaliyame baicafi toktobume gisurefi wesimbukini sehebe gingguleme dahafi, amban be gingguleme gūnici, enduringge ejen gūsai baita be icihiyara de gemu giyan fiyan i obuha bime, ser sere baci aname akūnahakūngge akū, te jakūn gūsai hafan sirara niru sindara baita be icihiyahangge adali akū, ubu bahabuhangge neigen akū turgunde, cohotoi hesei amban mende afabufi akūmbume baicafi gemu giyan fiyan i obume enteheme goidatala tutabure be bodome toktobume icihiyaburengge, cohome cooha dain de faššame yabuha gungge urse be gosime gūnime, ceni juse omosi i dorgi ememu dursuki akū urse, baita kanagan de hafan niru bahara be kiceme, temšen habšan banjinafi, hūwaliyame banjire giyan be efulerahū, gūsai baita be icihiyara de urhure haršara de isinarahū sere ten i gosingga gūnin, amban be dergi hese be gingguleme dahafi, jakūn gūsade bithe unggifi baicanabuci, ne oron tucike hafan sirara ninju ninggun hacin i baita be, amban be hacin aname kimcime akūmbume baicame tuwafi, giyan be baime ubu bahabure babe emu obume toktobume gisurehe uyun hacin be encu jedz de arafi, hacin tome emte afaha giyapu nirufi, da hafan ilibuha turgun, siran siran i hafan siraha turgun be, gemu meni meni gebui fejile ashabume ubu bahabure babe emu obume gisurefi gingguleme tuwabume wesimbuheci tulgiyen, geli baicaci, jakūn gūsai sirara hafan, nirui sekiyen i baita labdu bime, turgun hacin inu adali akū, kimcime baicarakū oci, emu erinde uthai akūmbume toktobure de mangga be dahame, harangga gūsaci siran siran i baicafi benjihe be tuwame elhei getukeleme baicafi, meni meni turgunde acabume kimcime toktobufi, jai wesimbuki, hese wasinjiha manggi, amban meni ne gisurefi wesimbuhe babe jakūn gūsade afabufi kooli obume dahame yabubureci tulgiyen, meni meni gūsaci kemuni kooli songkoi emu obume ciyandz latubufi tuwabume wesimbukini sembi, erei jalin gingguleme wesimbuhe hese be baimbi seme abkai wehiyehe i ilaci aniya jorgon biyai juwan juwe de baita wesimbure icihiyara hafan jang wen bin sede bufi ulame wesimbuhede, ineku inenggi hese gisurehe songkoi obu sehebe gingguleme dahafi dangsede ejehebi, amban be baicaci, jakūn gūsaci siran siran i baicafi benjihe niru ilibuha niyalma i banjiha juse omosi de bošobuha fujuri niru emu tanggū juwan duin, niru ilibuha niyalma banjiha ahūn deo i juse omosi banjiha eshen i juse omosi de niru bošobuha turgunde, cihangga ubu anabure fujuri niru juwan, niru ilibuha niyalma enen lakcafi niru be banjiha ahūn deo, banjiha amji eshen, banjiha eshen mafa i juse omosi de bošobuha fujuri niru uyun, ahūn deo sasa gaifi jihe niyalma be niru banjibufi, ceni juse omosi de bošobuha fujuri niru ilan, juwe hala teodenjeme bošoho fujuri niru emke, uheri fujuri niru emu tanggū gūsin nadan, erei dorgi kubuhe suwayan i manju gūsai jelgin, dehin, aibida, suju, entei, heju, hebengge, isingga, minghai sei bošoho uyun fujuri niru be harangga gūsaci da niru ilibuha niyalma i juse omosi labdu turgunde, niru oron tucici, gargan tome emte sonjofi, cohoro adabure gebu faidabure babe ilgame faksalarakū nirui janggin sindaki seme wesimbufi icihiyambi, nakcu itungga i bošoho fujuri niru serengge, hese be dahame gung lingju i juse omosi de jalan halame lashalarakū bošobumbi, ere juwan niru be harangga gūsaci wesimbufi kooli obume icihiyaha be dahame, encu gisurerakūci tulgiyen, funcehe emu tanggū orin nadan fujuri niru i da turgun be nirui sekiyen icihiyara wang ambasa, jakūn gūsai wang ambasa toktobume gisurefi wesimbuhe be dahame, niru sekiyen be da icihiyaha songkoi obureci tulgiyen, neneme nirui janggin sindara jalin, ubu bahabuhme gisurehe giyapu be acabume baicame tuwaci, udu niru ilibuha niyalma i banjiha juse omosi de kooli songkoi adali ubu bahabuha bicibe, damu ceni juse omosi i gargan labdu komso, ne niru bošoho bošohakū be tuwame, cohoro adabure gebu faidabure ubu be ilgame faksalame gisurehekū ofi, ubu bahabuhangge neigen akū ohobi, baicaci fujuri niru sindara kooli de niru ilibuha niyalma i juse omosi de ubu bi, banjiha ahūn deo udu niru bošoho sehe seme inu ubu akū, aika giyapu de bisire niyalma labdu komso, ceni gargan be bodome ilgame faksalame ubu toktoburakū oci, amaga inenggi ce niru bahara be kiceme, ubu be temšeme habšara hacin be ainaha seme akū obume muterakū, amban be giyan be baime acara be tuwame gisurehengge, da niru ilibuha niyalma i banjiha juse omosi niru bošoho ursei dorgi, ahūngga boo niru bošofi, oron tucici, oron tucike niyalma i juse omosi de cohoro ubu bahabuki, sirame boo i juse omosi be sonjofi adabuki, gebu faidabuki, oron tucike niyalma de eici enen juse akū ojoro, eici weile de nakabufi, nirui janggin sindara de juse omosi be dosimbuci ojorakū oci, kemuni oron tucike ahūngga booi dorgici niyalma ojoro be tuwame birambume sonjofi cohoro ubu bahabuki, jacin booi juse omosi niru bošofi oron tucici, oron tucike niyalma i juse omosi be sonjofi cohobuki, ahūngga booi juse omosi be birembume sonjofi adabuki, sirame booi juse omosi be sonjofi gebu faidabuki, oron tucike niyalma de eici enen juse akū ojoro, eici weile de nakabufi, nirui janggin sindara de juse omosi be dosimbuci ojorakū oci, tesu gargan de udu banjiha ahūn deo amji eshen i juse omosi bihe seme cohoro ubu bahaburakū, ahūngga booi juse omosi i dorgici

309

birembume sonjofi cohobuki, ahūngga boode aika ne niru bošohongge bici, sonjoro be nakafi, niru bošohakū gargan i juse omosi i dorgici sonjofi cohobuki, oron tucike gargan, funcehe gargan be boo aname sonjofi adabuki, gebu faidabuki, aika juwe ilan niru be gemu emu gargan de bošobufi oron tucici, ceni gargan de ne niru bošoho bime, geli oron tucike niyalmai juse omosi de cohoro ubu bahabume ohode, ubu neigen akū be dahame, niru akū gargan i juse omosi i dorgi sain ningge be sonjofi cohobuki, funcehe gargan oron tucike gargan i juse omosi i dorgici sonjofi adabuki, gebu faidabuki, da niru ilibuha niyalmai banjiha juse omosi teile bošoho kubuhe suwayan i manju gūsai yunggui i jergi fujuri niru ninju emu, jai hesei ubu dendehe gulu fulgiyan i manju gūsai syšigio sei nadan fujuri niru hese be dahame icihiyambi, wesimbufi ubu dendehe kubuhe suwayan i manju gūsai yarsai i jergi orin uyun fujuri niru, da wesimbuhe songkoi ubu dendefi nirui janggin sindambi, ese inu da niru ilibuha niyalmai juse omosi gemu encu turgun akū be dahame, amban meni ne gisurehe kooli be dahame icihiyabureci tulgiyen, geli niru ilibuha niyalmai juse omosi cihanggai niru ilibuha niyalmai banjiha ahūn deo amji eshen i juse omosi i dorgi niru bošoho bošohakū be bodorakū ubu anaburengge bi, baicaci fujuri niru sindara kooli de, niru ilibuha niyalmai juse omosi de ubu bi, banjiha ahūn deo udu niru bošoho sehe seme inu ubu akū, aikabade ceni alibuha songkoi ubu anabubure oci, kooli de acanarakū, aikabade ubu anabuburakū oci, ne niru bošoho ursei dorgi jalan halame ududu mudan niru bošoho bime, te fuhali ubu akū de obuci, ceni mafari sei daci emu mafa ci fuseke juse omosi seme senggime gūnime hūwaliyasun gaime niru bošobuha da gūnin de acanarakū bime, niru sekiyen icihiyara wang ambasa, jakūn gūsai wang ambasa geli ceni hūwaliyasun be efulerakū ubu anabure babe songkoi obume gisurefi wesimbuhebi, amban be acara be tuwame giyan be baime gisurehengge, baicaci hafan sirara kooli de jalan sirara hafan banjiha juse omosi bisirengge be kemuni sirabureci tulgiyen, banjiha juse omosi akū oci, banjiha mafa ama jai banjiha amji eshen ahūn deo i jui omolo de sirambi sehebi, da niru ilibuha niyalmai banjiha ahūn deo, banjiha amji eshen i juse omosi dorgi niru bošohongge oci, ceni alibuha songkoi ubu bahabuki, niru bošohakūngge oci, ubu akū bime geli niru bošohakū be dahame, udu da niru ilibuha niyalmai juse omosi cihanggai ubu anabucibe, ubu bahaburakū obuki, ahūn deo sasa gaifi jihe niyalma be banjibuha fujuri niru, juwe halai bošoho teodenjehe fujuri niru oci, niyalma gaifi jihe niyalma i juse omosi de gemu ubu bisire be dahame, ere emu gargan niru bošofi oron tucici, oron tucike niyalma i juse omosi be sonjofi cohobuki, tere emu gargan i dorgici sonjofi adabuki, funcehengge be birembume sonjofi gebu faidabuki, niru ilibuha niyalmai juse omosi i dorgi, enen lakcaha turgunde, hanci goro mukūn i urse be gaifi jui obume ujifi niru bošohongge bi, niru bošohakūngge inu bi, aikabade cende ubu bahabuci acara acarakū babe gisurerakū oci, amaga inenggi temšere habšara hacin be ainaha seme akū obume muterakū, ujiha jui udu banjiha jui waka bicibe, damu enen lakcaha niyalma, cembe ajigan ci jui obume ujifi aniya goidaha bime, ne geli enen lakcaha niyalma i jukten be alihabi, uthai banjiha jui adali, giyan i ubu bahabuci acara be dahame, cembe gaifi ujiha ama i bahaci acara ubu be tuwame ubu bahabuki, aika encu halai niyalma be gaifi jui obume ujihengge oci, ubu bahaburakū obuki, da niru ilibuha niyalma enen lakcafi, mukūn i urse be jui obume ujihakū turgunde, ne niru be banjiha ahūn deo, amji eshen i juse omosi de bošobuhabi, baicaci hafan sirara kooli de, jalan sirara hafan banjiha juse omosi bisirengge be kemuni siraburaci tulgiyen, banjiha juse omosi akū oci, banjiha mafa ama jai banjiha amji eshen ahūn deo i jui omolo de sirambi sehebi, ne niru bošoho niyalma gemu da niru ilibuha niyalma i banjiha ahūn deo amji eshen i juse omosi, ubu bahabuci acara kooli de acanaha be dahame, oron tucici, enen lakcaha niyalma i banjiha ahūn deo juse omosi de niru bošoho bošohakū be bodorakū, adali ubu bahabuki, banjiha ahūn deo akū ofi, banjiha amji eshen i juse omosi de bošobuha niru oci, banjiha amji eshen i juse omosi dorgi niru bošoho bošohakū be bodorakū, inu adali ubu bahabuki, banjiha amji eshen mafa i juse omosi dorgi udu niru bošoho mudan bicibe, kooli de ubu akū be dahame, ubu bahaburakū obuki, ne niru bošoho enen lakcaha niyalma i banjiha ahūn deo amji eshen i juse omosi dorgi damu emu gargan teile oron tucici, amban meni ne gisurehe banjiha juse omosi niru bošoho kooli songkoi icihiyabuki, juwe gargan oci, oron tucike niyalma i juse omosi be sonjofi cohobuki, tere emu gargan be sonjofi adabuki, funcehengge be birembume sonjofi gebu faidabuki, geli giyapu de ubu bisire, ubu akū urse be bodorakū gemu dosimbume arahangge bi, amban be gingguleme gūnici, nirui janggin sindara giyapu de giyan i ubu bisire niyalma be dosimbume araci acambi, ubu akū urse be aika gemu giyapu de dosimbume araci, cende ubu akū bime tuwara de elemangga largin be dahame, ereci julesi nirui janggin sindarade, damu ubu bisire urse be giyapu de dosimbume araki, ubu akū urse be gemu meiteki, ubu akū urse i dorgi niru bošohongge bici, niru be bošoho mudan be tucibume arabuki, ereci wesihun gūsin fujuri niru be amban be hacin aname kimcime akūmbume baicame tuwafi, giyan be baime ubu bahabure babe toktobume gisurehe ninggun hacin be encu jedz arafi, hacin tome giyapu nirufi suwaliyame gingguleme tuwabume wesimbuhe, hese wasinjiha manggi, jakūn gūsai ambasa de afabufi kooli obume dahame icihiyabuki, geli baicaci, jakūn gūsaci benjihe jalan halame bošoho niru ninggun tanggū nadanju funcembi, sirara hafan emu minggan ninggun tanggū hacin funcembi, ereci tulgiyen, jakūn gūsaci kemuni benjire unde niru, sirara hafan bisire be dahame, amban be bahaci, siran siran i benjihe be tuwame, uhei acabufi getukeleme baicafi, meni meni turgunde acabume kimcime toktobume gisurefi wesimbuki sembi, erei jalin gingguleme wesimbuhe, hese be baimbi seme abkai wehiyehe i duici aniya jorgon biyai juwan duin de baita wesimbure icihiyara hafan jang wen bin sede bufi ulame wesimbuhede, abkai wehiyehe i sunjaci aniya aniya biyai ice ninggun de, hese gisurehe songkoi ubu[obu]sehe.

doroi ginggulehe giyūn wang amban yūn hi

taidz taiboo hebei amban hiya kadalara dorgi amban aliha amban dacun kiyangkiyan gung amban necin

gūsa be kadalara amban amban dulai

gocika hiya de yabure gūsa be kadalara amban amban yunghi

meiren i janggin amban lii yuwan liyang

emu hacin

gulu šanggiyan i manju gūsai dacungga, hingtai, dahai, boo ioi, tungju, odai, ciowamboo sei bošoho fujuri niru be baicaci, ere niru dade dacungga sei

da mafa hūlahū janggin yarhū gašan ci gajiha jušen irgen be ilan niru banjibufi,

ahūngga jui dargan hiya i jui hūnta, junta, hūlahū janggin i jacin jui hūsita

sede emte niru bošobuha, siran siran i fusefi nadan niru ohobi, neneme tungki

i oronde nirui janggin sindara jalin, da niyalma gajiha hūlahū janggin i juse

omosi ishunde ubu temšeme bithe alibuha turgunde, harangga gūsaci gisurefi

wesimbuhe bade, baicaci hūlahū janggin i ahūngga jui dargan hiya emu booi teile

juwe ubu ejelehe bime, ini juwe jui arsai bursai sebe ini uyun deo i tuwakiyaha

emu niru ubu de dosimbuci, ubu neigen akū be dahame, bahaci hūsita sei ergide

kamcibuha dargan hiya i ahūngga jui arsai, jacin jui bursai sei omosi be ceni

da mafa dargan hiya i ubui duin niru de dosimbuki, hūsita sei ubui ilan niru de

daburakū obuki seme wesimbuhede, hese wasimbuhangge, ceni da mafa tanggū

aniya i onggolo toktobuha gūnin be muse aiseme efulembi, ce eiten hafan sirara

de mimbe ahūngga boo be baime sirabure be same ofi, cembe dargan hiya i

ergide obuci, ahūngga boo ombi seme jabšan baime yabure gūnin inu bisirengge,

suwe odai sei mafa arsai bursai sede enculeme faššame yabuha ba bisire akū

babe baicafi wesimbu sehebe gingguleme dahafi, baicaci arsai bursai sei umai

enculeme faššaha ba akū be dahame, dargan hiya i ergi duin niru hūsita sei ergi

ilan niru kemuni da icihiyaha songkoi meni meni ubu be tuwame icihiyaki seme

wesimbuhede, hese saha sehebe gingguleme dahafi dangsede ejehebi, amban

meni gisurehe bade, dargan hiya i ergi de bisire duin niru, hūsita sei ergi de bisire

ilan niru be harangga gūsaci ubu dendeme wesimbufi, meni meni ubu be bodome

sindara be dahame gisurerakū ci tulgiyen, damu dargan hiya i ahūngga jui arsai,

jacin jui bursai sei juse omosi be hūsita i ergi de dosimbuhabi, arsai bursai se

serengge, niru ilibuha hūlahū janggin i ahūngga omolo, arsai bursai sei juse omosi

be kemuni ahūngga boo obume bahabure oci, damu hese cembe dargan hiya i ergi

de obuci, ahūngga boo ombi seme jabšan baime yabure gūnin inu bisirengge seme

hese wasimbuha be dahame, ahūngga boo obume banjinarakū, ereci julesi hūsita i

ergi niru oron tucici, oron tucike niyalmai juse omosi be sonjofi cohobuki, ne niru

bošohakū ursei juse omosi be sonjofi adabuki, funcehengge be gemu birembume sonjofi gebu faidabuki, juwe ilan niru be gemu emu gargan de bošobufi oron tucici, ceni gargan de ne niru bošoho bime, geli oron tucike niyalma i juse omosi de cohoro ubu bahabume ohode, ubu neigen akū be dahame, niru akū gargan i juse omosi dorgi sain ningge be sonjofi cohobuki, funcehe gargan oron tucike gargan i juse omosi dorgici sonjofi adabuki, gebu faidabuki, uttu ofi, dacungga, hingtai, dahai, boo ioi, tungju, odai, ciowamboo sei giyapu be nirufi suwaliyame gingguleme tuwabume wesimbuhe.

emu hacin

gulu lamun i manju gūsai ayusi, dangai sei bošoho fujuri niru be baicaci, ere niru dade ayusi, danggai sei da mafa budang, eshen da mafa sirhūnak, ajin, sereng, enggilei ahūn deo sunja niyalma sasa gaifi gajiha niyalma be niru banjibufi bošobuha, neneme nirui janggin sindara jalin, niru sekiyen icihiyara wang ambasa, jakūn gūsai wang ambasa udu niru ilibuha niyalmai juse omosi de kooli songkoi adali ubu bahabuha bicibe, damu ne niru bošoho bošohakū be tuwame cohoro, adabure, gebu faidabure ubu be ilgame faksalame gisurehekū, amban meni gisurehe bade, ayusi, dangai juwe niru be ne gemu emu gargan de bošobuhabi, ere niru oron tucici, ceni gargan de ne niru bošoho bime, geli oron tucike niyalma i juse omosi be sonjofi cohoro ubu bahabume ohode, ubu neigen akū be dahame, niru akū tere emu gargan i juse omosi i dorgi sain ningge be sonjofi cohobuki, oron tucike niyalma i juse omosi be sonjofi adabuki, funcehengge be birembume sonjofi gebu faidabuki, aika emu niru oci, oron tucike niyalmai juse omosi de cohoro ubu bahabuki, tere emu gargan be sonjofi adabuki, funcehengge be birembume sonjofi gebu faidabuki, uttu ofi, ayusi, danggai sei giyapu be nirufi suwaliyame gingguleme tuwabume wesimbuheci tulgiyen, ere adali gulu fulgiyan i manju gūsai cilin i bošoho niru be ere songkoi icihiyabuki.

emu hacin

gulu suwayan i manju gūsai eldengge, šanning, haicungga, bujan, sektu, dingnai, šutai sei bošoho fujuri niru be baicaci, dade eldengge sei da mafa yangguri be dain dain de afaha sain seme haha bufi enculebuhe, orhoda hūwaitabuha, manju be juwe niru emu hontoho niru banjibufi bošobuha, ne nadan niru fusefi, yangguri i banjiha juse omosi ilan niru bošohobi, yangguri i banjiha eshen denghūšan i banjiha deo lenggeri, namdai i juse omosi duin niru bošohobi, denghūšan, lenggeri, namdai sei juse omosi i dorgi niru bošohongge bi, niru bošohakūngge inu bi, da niru ilibuha yangguri i juse omosi cihanggai yangguri i banjiha deo lenggeri, namdai, banjiha eshen denghūšan i juse omosi i dorgi niru bošoho bošohakū be bodorakū ubu anabuki seme alibuha ofi, amban be acara be tuwame giyan be baime gisurehengge, baicaci, hafan sirara kooli de jalan sirara hafan banjiha juse omosi bisirengge be kemuni sirabureci tulgiyen, banjiha juse omosi akū oci, banjiha mafa ama jui, banjiha amji eshen ahūn deo jui omolo de sirambi sehebi, da niru ilibuha niyalma i banjiha ahūn deo, banjiha eshen i juse omosi i dorgi niru bošohongge oci, ceni alibuha songkoi ubu bahabuki, niru bošohakūngge oci, ubu akū be dahame, udu da niru ilibuha niyalma i juse omosi cihanggai ubu anabucibe, ubu bahaburakū obuki, ne eldengge, šanning, haicungga sei bošoho niru damu niru ilibuha yangguri i juse omosi teile bošoho, yangguri banjiha deo lenggeri, namdai i banjiha eshen denghūšan i juse omosi umai bošohakū be dahame, damu yangguri i juse omosi de ubu bahabuki, baicaci, yangguri de juwe jui bi, eldengge, šanning, haicungga sei niru oron tucici, oron tucike niyalma i juse omosi be sonjofi cohobuki, tere emu gargan i dorgi ci sonjofi adabuki, funcehengge be birembume sonjofi gebu faidabuki, yangguri i banjiha eshen denghūšan, banjiha deo lenggeri, namdai sei juse omosi bujan, sektu, dingnai, šutai sei [se] ne niru bošohobi, niru ilibuha niyalma i juse omosi cihangai ubu anabure be dahame, ya niru oron tucici, oron tucike niyalma i juse omosi be sonjofi cohobuki, yangguri i juwe jui (i) juse omosi i dorgici sonjofi adabuki, ere niru bošoho niyalma i juse omosi, yangguri i juse omosi i dorgici birembume sonjofi gebu faidabuki, ceni ubu anabuha niru be aika yangguri i juse omosi de bošobufi, oron tucici, tucike niyalma i juse omosi be sonjofi cohobuki, ere niru bošoho niyalma i juse omosi i dorgici sonjofi adabuki, jai yangguri i juse omosi, ere niru bošoho niyalma i juse omosi be birembume sonjofi gebu faidabuki, niru bošohakū niyalma de ubu bahaburakū obuki, uttu ofi, eldengge sei nadan niru giyapu be nirufi suwaliyame gingguleme tuwabume wesimbuheci tulgiyen, ere adali gulu suwayan i monggo gūsai lingšan, dzengboo, gulu lamun manju gūsai isutei niru be gemu ere songkoi icihiyabuki.

emu hacin

kubuhe fulgiyan i manju gūsai urtunasutu, foboo, ayungga, nasungga sei bošoho fujuri niru be baicaci, dade urtunasutu i eshen da mafa barsi karacin baci harangga gurun be gaifi dahame jihe manggi, fukjin niru banjibufi, bošobuha niru ilibuha barsi enen lakcaha turgunde, ne barsi i banjiha ahūn garmasereng ni omosi niru bošohobi, niru janggin sindara jalin, niru sekiyen icihiyara wang ambasa, jakūn gūsai wang ambasa udu niru ilibuha niyalma enen lakcafi, banjiha ahūn i omosi de kooli songkoi adali ubu bahabuha bicibe, cohoro adabure gebu faidabure ubu be ilgame faksalame gisurehekū, amban meni gisurehe bade, baicaci hafan sirara kooli de jalan sirara hafan de banjiha juse omosi bisirengge be kemuni sirabureci tulgiyen, banjiha juse omosi akū oci, banjiha mafa ama jai banjiha amji eshen ahūn deo jui omolo de sirambi sehebi, ne niru bošoho niyalma gemu da niru ilibuha barsi i banjiha ahūn i omolo ubu bahabuci acara kooli de acanaha be dahame, enen lackaha niyalma i banjiha ahūn i omosi i dorgi niru bošoho bošohakū be bodorakū gemu adali ubu bahabuki, ahūngga booi bošoho niru oron tucici, oron tucike niyalmai juse omosi be sonjofi cohobuki, jacin booi juse omosi dorgici sonjofi adabuki, funcehengge be birembume sonjofi gebu faidabuki, jacin booi bošoho niru oron tucici, oron tucike niyalmai juse omosi be sonjofi cohobuki, ahūngga booi juse omosi dorgici birembume sonjofi adabuki, funcehengge be birembume sonjofi gebu faidabuki, aika duin niru be gemu emu gargan de bošobufi oron tucici, ceni gargan de ne niru bošoho bime geli oron tucike niyalmai juse omosi be sonjofi cohobume ohode, ubu neigen akū be dahame, niru akū gargan i dorgici sonjofi cohoro ubu bahabuki, oron tucike niyalmai juse omosi be sonjofi adabuki, funcehengge be birembume sonjofi gebu faidabuki, erei dorgi bilik i ujiha jui ocir serengge encu hala, umai mukūn i niyalma waka, ocir i juse omosi ne udu niru bošocibe, giyan i ubu bahaburakū obuci acambihe, damu elhe taifin i gūsin ci aniya ninggun biyade, bilik i oronde nirui janggin sindara jalin, šengdzu gosin hūwangdi hese ne gebu faidaha hafasa inu bilik i harangga, ere gaifi ujiha jui inu bilik i harangga banjime saka jui seme ujiha be dahame, uthai banjiha jui kai, bilik i ujiha jui ocir be coho, baitalabure hafan jasi be adabu sehe, hese bisire be dahame, bilik i ujiha jui ocir i juse omosi de inu adali ubu bahabuki, uttu ofi, kubuhe fulgiyan i monggo gūsai urtunasutu, foboo, ancungga, nasungga sei giyapu be nirufi suwaliyame gingguleme tuwabume wesimbuhe, baicaci ere niru serengge da niru ilibuha barsi enen lakcaha turgunde, teni ini banjiha ahūn i omosi de niru bošobuhabi, da niru ilibuha niyalma de enen obuha ba akū ofi, ini jukten be alifi icihiyara niyalma akū de isinara be boljoci ojorakū, bahaci ereci julesi niru bošoho niyalma de afabufi, da niru ilibuha niyalmai jukten be alifi enteheme lakcaburakū de isibume juktebuki.

emu hacin

gulu lamun i manju gūsai gioroi yunglu, ilibu sei bošoho fujuri niru be baicaci, dade gioroi nomhūn de enculebuhe, orhoda hūwaitabuha turgunde, fujuri niru obuha, nomhūn enen lakcafi, niru be banjiha amji i omosi gioroi yunglu, ilibu sede bošobuhabi, nirui janggin sindara jalin, niru sekiyen icihiyara wang ambasa, jakūn gūsai wang ambasa udu niru ilibuha niyalma enen lakcafi, banjiha ahūn deo, banjiha amji i juse omosi de kooli songkoi adali ubu bahabuha bicibe, cohoro adabure gebu faidabure ubu be ilgame faksalame gisurehekū, amban meni gisurehe bade, baicaci hafan sirara kooli de jalan sirara hafan de, bajiha juse omosi bisirengge be kemuni sirabureci tulgiyen, banjiha juse omosi akū oci, banjiha mafa ama, jai banjiha amji eshen ahūn deo i jui omolo de sirambi sehebi, ne niru bošoho niyalma gemu da niru ilibuha niyalma i banjiha ahūn deo, amji eshen i juse omosi, ubu bahabuci acara kooli de acanaha be dahame, enen lakcaha niyalma i banjiha ahūn deo i juse omosi de bošobuha niru oci, banjiha ahūn deo i juse omosi i dorgi niru bošoho bošohakū be bodorakū, gemu adali ubu bahabuki, banjiha ahūn deo akū ofi, banjiha amji eshen juse omosi de bošobuha niru oci,

317

banjiha amji eshen i juse omosi i dorgi niru bošoho bošohakū be bodorakū inu adali ubu bahabuki, banjiha amji eshen mafa i juse omosi dorgi, udu niru bošoho mudan bicibe, kooli de ubu akū be dahame, ubu bahaburakū obuki, ne niru bošoho enen lakcaha niyalma i banjiha ahūn deo amji eshen i juse omosi dorgi, damu emu gargan oci, ere gargan i dorgi ahūngga boo niru bošofi oron tucici, oron tucike niyalma i juse omosi be sonjofi cohobuki, jacin boo i juse omosi be birembume sonjofi adabuki, sirame boo i juse omosi be birembume sonjofi gebu faidabuki, oron tucike niyalma, eici enen juse akū ojoro, eici weile de nakabufi, nirui janggin sindarade, juse omosi be dosimbuci ojorakū oci, kemuni oron tucike ahūngga booi dorgici niyalma ojoro be tuwame birembume sonjofi cohobuki, jacin booi juse omosi be sonjofi adabuki, sirame booi juse omosi be sonjofi gebu faidabuki, jacin boo i juse omosi niru bošofi oron tucici, oron tucike niyalmai juse omosi be sonjofi cohobuki, ahūngga boo i juse omosi dorgi birembume sonjofi adabuki, sirame booi juse omosi be sonjofi gebu faidabuki, oron tucike niyalma de eici juse enen akū ojoro, eici weile de nakabufi, nirui janggin sindarade juse omosi be dosimbuci ojorakū oci, tesu gargan de udu banjiha ahūn deo amji eshen i juse omosi bihe seme cohoro ubu bahaburakū ahūngga booi juse omosi dorgici birembume sonjofi cohobuki, ahūngga boode aika ne niru bošohongge bici sonjoro be nakafi, niru bošohakū gargan i juse omosi i dorgici sonjofi cohobuki, oron tucike gargan, funcehe gargan be boo aname sonjofi adabuki, gebu faidabuki, aika juwe niru be gemu emu gargan de bošobufi, oron tucici, ceni gargan de ne niru bošoho bime, geli oron tucike niyalma i juse omosi de cohoro ubu bahabume ohode ubu neigen akū be dahame, niru akū gargan i juse omosi i dorgi sain ningge be sonjofi cohobuki, funcehe gargan, oron tucike gargan i juse omosi dorgici sonjofi adabuki, gebu faidabuki, aika juwe gargan oci, niru bošofi oron tucici, oron tucike niyalmai juse omosi be sonjofi cohobuki, tere emu gargan be sonjofi adabuki, funcehengge be birembume sonjofi gebu faidabuki, uttu ofi, gulu lamun i manju gūsai gioroi yunglu, ilibu sei giyapu be nirufi suwaliyame gingguleme tuwabume wesimbuheci tulgiyen, ere adali kubuhe suwayan i manju gūsai certei, gulu šanggiyan i ujen coohai gūsai šen do, kubuhe fulgiyan i manju gūsai fulehe

sei niru be gemu ere songkoi icihiyabuki, erei dorgi fulehe bošoho fujuri niru
giyapu be baicame tuwaci, cohono niru ilibuha, enen akū turgunde, niru be ahūn
unggeni, deo garda sei juse omosi de bošobuhabi, kooli de enen lakcaha niru
oci, banjiha ahūn deo i dorgi niru bošoho bošohakū be bodorakū gemu adali ubu
bahabumbi, hahana udu niru ilibuha cohono i banjiha ahūn bicibe, damu ere niru
be ini juse omosi de emu mudan inu bošobuha ba akū, hahana encu niru ilibufi,
ini juse omosi ne niru bošoho be dahame, fulehe niru sindara de, ubu bahaburakū
obuki, baicaci ere jergi niru serengge, da niru ilibuha niyalma enen lakcaha
turgunde, teni ini banjiha ahūn deo amji eshen sei juse omosi de niru bošobuhabi,
da niru ilibuha niyalma de enen obuha ba akū ofi, ceni jukten be alifi icihiyara
niyalma akū de isinara be boljoci ojorakū, bahaci ereci julesi niru bošoho niyalma
de afabufi, da niru ilibuha niyalmai jukten be alifi enteheme lakcaburakū de
isibume juktebuki.

一件

正红旗汉军郑安康所管二姓互管之原管佐领。查此佐领根原，原系郑
克塽、刘国轩由台湾投诚时，将各人所带之人丁编为两个佐领，各自管理。
其刘国轩之佐领初编时，系伊长子刘德任管理，并无别支。其郑克塽之佐
领初编时，系伊亲弟郑克坚管理。后郑克塽因家道贫寒，一个佐领不足养
赡，又恳恩添设一个佐领，令伊亲弟郑克壆管理。后因郑姓两个佐领下人
丁不足，于雍正二年将两个佐领并为一个佐领。后又因人丁不足，于雍正
六年改为半个佐领，后将郑克塽之子郑安康补放管理。其刘国轩之一个佐
领，伊孙刘显管理时，亦因人丁不足改为半个佐领。刘显缘事革职，因无
应袭之人，于雍正十年遵旨将刘姓半个佐领归于郑安康所管之半个佐领，
并为郑、刘二姓互管之一个原管佐领。现系郑安康管理。经办理佐领根原
王大臣、八旗王大臣等将原带人丁之子孙与管过佐领人之子孙给予均分在
案。今臣等议得，此佐领缺出时，于出缺之人子孙内拣选拟正，其彼一姓
之子孙拣选拟陪，其余两姓之人一体拣选列名。再，郑克塽尚有亲弟二支，
俱曾管过佐领。查补放原管佐领之例，立佐领人之子孙有分，如亲弟兄之

家虽经管过佐领，亦属无分。今郑克塽之亲弟郑克坚、郑克壐等子孙俱虽经管过佐领，按照定例应属无分。查臣等现议原管佐领有情愿让分者，将管过佐领之家议准让分。查郑克坚、郑克壐俱曾管过佐领，虽无让分字样，但据郑克塽之子郑安康原报内称，伊叔郑克坚系原管理初次编设佐领之人，郑克壐系原管理二次编设佐领之人，伊等子孙亦应有分等因，画押在案。亦应准其一体有分。其未管过佐领郑克塽之弟郑克均、郑克垣、郑克坰、郑克折之子孙应属无分。谨将郑、刘二姓家谱缮写，一并恭呈预览。

doroi ginggulehe giyūn wang amban sei gingguleme wesimburengge, dergi hese be gingguleme dahafi gisurefi wesimbure jalin.

gulu lamun i ujen coohai gūsaci benjihe bithede, meni gūsaci wesimbuhengge, hese be baire jalin, amban meni gūsai nirui janggin tung fang ni tucike nirui janggin oronde, amban be jing baicame icihiyafi sindaki serede, te da niru ilibuha tung yang sing ni jai jalan i omolo uju jergi jingkini hafan bihe tung žung sei habšahangge, meni da mafa šiguli efu tung yang sing de emu minggan orin jakūn haha bifi fukjin niru banjibure fonde, nadan fujuri niru banjibure be, gūsai baci dahūn dahūn i jurgan i dangse be getukeleme baicafi jedz arafi wesimbufi, fujuri niru obuha be dangsede ejehebi, te niru sekiyen icihiyara wang ambasa, geli fujuri niru seme toktobufi wesimbuhede, hese gisurehe songkoi ubu [obu] sehebe gingguleme dahafi inu dangsede ejehebi, damu fukjin niru banjibure fonde, meni mafari sei dorgi niyalma komso ofi, mukūn i ursede bošobuhabi, embici nirui niyalma de bošobuhangge inu bi, daci oron tucike dari gemu mukūn de [i] niyalma gaimbihe, meni mukūn de niyalma akū ofi, teni ceni mukūn i niyalma be gebu faidafi sindambi, ede tung fang ni mafa juse omosi de siran siran i ududu udan [mudan] bošobuha de isibuhabi, te tung fang ni oron tucike de, ce meni mukūn i ursei baru niyalma gairakū sere anggala, kemuni ceni amji unggu mafa tujan be šiguli efu tung yang sing ni enen obume ujiha jui ere niru be tujan de dendeme buhengge, tujan enen lakcaha manggi, uthai ceni boode obufi sindambi sembi, damu tujan udu šiguli efu tung yang sing ni enen obume ujiha jui bicibe, aifini enen lakcaha, ere niru be giyan i da niru ilibuha niyalmai jingkini enen de bederebuci acambi, jai tung fang unenggi tujan i juse omosi oci, be inu temšere ba akū, tung fang serengge tung i lin i juse omosi, ainahai ubu bini, tere anggala fujuri niru be gisurefi wesimbuhe jedz de arahangge, fujuri niru be sindarade, jalan halame bošoro nirude duibuleci ojorakū, kooli de da niru ilibuha niyalmai juse omosi de ubu bi, gūwa gargan i juse omosi udu niru bošoho sehe seme inu ubu akū seme wesimbuhe be dangsede ejehebi, te tung fang udu siran siran i ududu mudan niru bošoho bicibe, yargiyan i tujan i juse omosi waka, aika cembe gebu faidafi sindambime da niru ilibuha niyalmai jingkini enen de elemangga ubu akū obuci, yargiyan i da wesimbuhe jedz de acanahakūbi seme alibuhabi, bošobuha nirui janggin bihe tung fang ni deo tung lan sei alibuhangge, ere niru nenehe fonde ududu mudan jalan halame bošoro niru seme boolaha bihe, hūwaliyasun tob i nadaci aniya, jingkini hafan bihe cifu sei tung lan i ahūn tung fang be solime, ini boode gamafi hebedeme, ere niru be fujuri niru seme boolafi, ini booi nadan niru ton de jalukiyabuki sehede, tung lan i ahūn ohakū turgunde, ceni gisun tujan, tung yang sing ni ujiha jui, ere niru be uthai tujan de dendeme buhe niru obuki, tujan enen lakcaha banjiha deo tung i lin i sirame niru bošoho be dahame, eici gemu suweni emu gargan bošombi, jalan halame bošoro niru ci encu akū seme toktobuhabi, uttu ofi, nirui sekiyen be baicara de, cifu buyeme akdulara bithe tucibufi, ere niru be tujan de dendehe niru seme boolafi dangsede ejehebi, aika unenggi ini mafa ilibuha niru oci, ere nirude ainu tung yang sing ni hahasi akūni sehebi, amban be uthai neneme niru sekiyen be icihiyara de wesimbuhe jedz be baicaci, tung fang ni bošoho niru serengge, šiguli efu tung yang sing de emu minggan orin jakūn haha bifi, nadan niru banjibuha, tung fang ni amji unggu mafa tujan, tung yang sing ni enen obume ujiha jui ofi, tere fonde ere emu niru be dendeme bufi bošobuha, tujan poo de fushubufi akū oho manggi, niru niyalma liu yuwei k'u de bošobuha, akū oho manggi, tujan i jui hūi fu tung guwe yan de bošobuha, akū oho manggi, enen lakcaha turgunde, tujan i mukūn i deo tung siyang niyan de emu mudan bošobuha, enen akū ofi, geli tujan i banjiha deo tung i lin i juse omosi de bošobuha, ereci tung fang de isibume, ama jui uheri ilan jalan bošoho bihe, tung yang sing ni juse omosi daci umai gebu faidahakū bime, geli da nirui ilibuha tung yang sing ni jai jalan i omolo cifu i alibuhangge, ere niru serengge, enen obume ujiha jui tujan de dendeme buhe niru be dahame, kemuni cembe nenehe songkoi giyapu nirufi encu boolakini sehebe, amban meni gūsai baci tung fang ni mafa tung i lin i emu gargan de ubu bi seme toktobufi wesimbufi nirui sekiyen be icihiyara wang ambasa, jakūn gūsai ambasa de afabufi dahūme gisurefi, fujuri niru obuha be dangsede ejehebi, geli habšabuha tung lan sei alibuha cifu sei ini ahūn tung fang de hebešeme, ere niru be halafi fujuri niru boolaki sehe babe, cifu sede fonjici, gemu akū baita sembi, geli siden bakcin akū be dahame, tung lan i emu dere i gisun de uthai akdun dangsede obume banjinarakū, geli alibuha bade, ere nirui [niru] de tung yang sing ni hahasi akū sehebi, baicaci tung yang sing ni nadan niru be ududu mudan getukeleme wesimbufi, tung yang sing de emu minggan orin jakūn haha bifi banjibuha fujuri niru sehebe dangsede ejehe be dahame, ere nirude tung yang sing ni hahasi akū sehengge ele balai banjibume jabuhabi, amban be tuwaci, fujuri niru sindara de, jalan halame bošoho nirude duibuleci ojorakū, kooli de da niru ilibuha niyalmai juse omosi de ubu bi, gūwa gargan juse omosi udu niru bošoho sehe seme inu ubu akū, cembe gemu hūwaliyabufi amaga inenggi temšere habšara hacin be nakakini seme jakūn gūsade gemu ere kooli be dahame icihiyahabi, tung fang ni bošoro niru serengge, šiguli efu tung yang sing de emu minggan orin jakūn haha bifi, ilibuha niru tung i lin i emu gargan umai da niru ilibuha tung yang sing ni jingkini enen waka, aika ere niru be nenehe fonde ini banjiha ahūn tujan de dendeme bufi bošobuha, amala tung i lin i juse omosi geli ilan jalan bošoho, da niru ilibuha tung yang sing ni juse omosi umai gebu faidabuhakū seme kemuni nenehe songkoi tung i lin i juse omosi de ubu bahabuki seci, inu giyan i tung yang sing ni juse omosi hūwayalara akdulara bithe be gaiha manggi, ceni akdun dangse obuci ombi, gūnihakū amban meni gūsai nenehe tušan i gūsa be kadalara amban bihe jergi wasimbufi forhūšome〔forgošome〕baitalara ju jeng se, damu tung yang sing ni jai jalan i omolo cifu sei hūwayalaha akdulara bithe be tuwame, uthai tung i lin i emu gargan be ubu bi seme toktobufi, tung žung, tung giyan sebe melebufi hūwayalabuhakū turgunde, tung žung sebe te ere niru be ini da mafa tung yang sing ni niru jingkini enen gemu ubu bi, tung i lin umai jingkini enen waka bime, geli enen obume ujiha jui i juse omosi waka be dahame, gemu ubu akū seme habšara de isibuhangge, neneme icihiyahangge umesi heolendeme oihorilahabi, giyan i wakalame wesimbufi, heolendeme oihorilame siden i baita be icihiyaha amban, meni gūsai nenehe tušan i gūsa be kadalara amban bihe jergi wasimbufi forhošome〔forgošome〕baitalara ju jeng sebe jurgan de afabufi baicame gisurebure ci tulgiyen, ere niru be adarame ubu bahabure babe, hese be baifi, (hesei) tucibuhe nirui ubu be icihiyara wang ambasa de afabufi gisurefi toktobuha manggi, amban be jai niyalma be ilgame sonjofi gaifi beyebe tuwabufi sindaki sembi, amban meni cisui gamara ba waka ofi, erei jalin wesimbuhe hese be baimbi seme abkai wehiyehe i duici aniya juwan biyai orin jakūn de wesimbuhede, ineku inenggi hese gisurehe songkoi sehebe gingguleme dahafi benjihebi, amban be baicaci, ere niru serengge dade šiguli efu tung yang sing ni emu minggan orin jakūn haha be banjibuha nadan fujuri niru i dorgi emu niru be tung yang sing ni enen obume ujiha jui tujan de dendeme bufi bošobuha, tujan enen lakcaha manggi, niru be tujan i banjiha deo tung i lin i juse omosi de bošobuha, siran siran i tung fang de isibume, uheri ilan jalan bošobuhabi, baicaci fujuri niru sindara kooli de, niru ilibuha niyalma i juse omosi de ubu bi, banjiha ahūn deo udu niru bošoho seme inu ubu akū, tung fang ni mafa tung i lin umai da niyalma gajiha tung yang sing ni jingkini juse omosi waka bime, geli ujiha jui tujan i banjiha juse omosi waka, ubu bahabume banjinarakū be dahame, tung fang ni oronde nirui janggin sindara de, tung i lin i juse omosi de ubu bahaburakūci tulgiyen, tung fang ne oron tucike be dahame, da niyalma gajiha tung yang sin〔sing〕ni juse omosi i dorgici sonjofi sindaki sembi, erei jalin gingguleme wesimbuhe hese be baimbi seme abkai wehiyehe i duici aniya jorgon biyai juwan duin de baita wesimbure icihiyara hafan jang wen bin sede bufi ulame wesimbuhede, ineku inenggi hese nirui janggin sindara de, tung i lin i juse omosi i dorgi inu emu juwe niyalma sonjofi suwaliyame tuwabukini, esede belhere ubu bahabu, gūwa be gisurehe songkoi ubu sehe.

doroi ginggulehe giyūn wang amban yūn hi

taidz taiboo hebei amban hiya kadalara dorgi amban aliha amban dacun
kiyangkiyan gung amban necin

gūsa be kadalara amban amban dulai

gocika hiya de yabure gūsa be kadalara amban amban yunghing

meiren i janggin amban lii yuwan liyang

doroi ginggulehe giyūn wang amban sei gingguleme wesimburengge, hese be
baire jalin.

amban be kubuhe suwayan i ujen coohai gūsai baicafi benjihe kingtai i
bošoho niru be baicaci, dade cohotoi hese nemgiyen gungju de emu niru šangnafi,
nirui niyalma dung siyang wei de bošobuha, sirame efu šunggayan i banjiha eshen
kingyuwan bošofi, ne šunggayan i banjiha eshen kingtai bošohobi, nirui janggin
sindara de, harangga gūsaci wesimbuhe bade, ere niru gungju de šangnaha niru,
efu šunggayan serengge, tung guwe wei i banjiha omolo, tung guwe wei i juse
omosi de gemu ubu bi seme icihiyafi wesimbuhe be, hošoi tob cin wang yūn lu
sei damu gajiha niyalma jušen be toktobume wesimbuhe bicibe, niru sekiyen be
umai toktobume gisurehekūbi, giyapu be baicame tuwaci, efu šunggayan i gebu
fejile niru ilibuha seme arahabi, baicaci kingtai i bošoho nirude bisire gungju
de etuhun dahabuha juwan haha ci tulgiyen, funcehe urse gemu šunggayan i
unggu mafa tulai i bošoho nirui niyalma be acabufi banjibuha niru, ere niru
sekiyen be, eici šunggayan ci sekiyen obure, eici tulai ci sekiyen obure babe umai
toktobume gisurehekūbi, kubuhe šanggiyan i manju gūsaci baicafi benjihe fulu,
funing, tumin sei bošoho fujuri niru be baicaci, dade menggušen, goho, loton,
manggetu gajime jihe sunja tanggū niyalma be niru banjibufi, menggušen, goho
i jui karkama de bošobuha, menggušen, goho, loton, manggetu sei juse omosi
siran siran i bošofi, ne ilan niru ohobi, nirui janggin sindara de, harangga gūsaci
wesimbuhe bade, fulu, funing, tumin sei bošoho nirui〔niru〕daci niyalma gajiha
menggušen, goho, loton, manggetu sei juse omosi de ubu bahabuki seme icihiyafi
wesimbuhe be, nirui sekiyen icihiyara wang ambasa, jakūn gūsai wang ambasa

gisurehengge, niru sinadra ubu bahabure babe, hesei tucibuhe wang ambasa de benebufi baicame icihiyabuki seme wesimbufi, amban mende afabufi gisurebumbi, amban be kimcime baicaci, hūwaliyasun tob i uyuci aniya, dorgi yamun ci fujuri niru, jalan halame bošoro niru be baicafi toktobume gisurefi wesimbuhe bade, kubuhe šanggiyan i manju gūsaci benjihe dangsede, nirui janggin šisiyang sei alibuhangge, meni unggu mafa menggušen, goho, loton, menggetu se neyen baci deote juse gašan i hahasi sunja tanggū be gajime dahame jihe manggi, fukjin niru banjibufi meni unggu mafa karkama de bošobuha, siran siran i bošofi fusefi ilan niru ohobi, ne šisiyang, serdei, lersa bošombi, hūwaliyasun tob sunjaci aniya de duici i nirude nirui janggin sindara de, hese wasimbuhangge duici bošoho niru serengge, daci esehei sei fujuri niruci fakcaha niru bihe, amala tungji emu mudan bošohongge, cohome ceni niru niyalma coki sei gūldurame yabuhaci banjihangge, ere niru be udu esehei juse omosi de oburakū okini inu giyan i tusihi hergen sede obuci acara dabala, tungji de bošobure ai dalji, boji bošoho babe tucibu, duici i oronde serdei be nirui janggin sinda, fujuri niru obu sehebe gingguleme dahafi dangsede ehehebi, ošan se baicafi, hese fujuri niru obuha seme fujuri niru obume gisurefi wesimbuhe be dahame, encu gisurerakūci tulgiyen, nirui janggin fulu sei udu ceni da mafa menggušen, goho, loton, manggetu sei necin weji ba fukjin jugūn arafi warka be dailafi, deote juse gašan i hahasi sunja tanggū be gajime baime jihe manggi, niru banjibufi bošobuha seme alibucibe, damu niru urse i alibuha be tuwaci, gemu menggušen, goho gajifi jihe niyalma, umai loton, menggetu be dabume alibuha ba akū, niru sekiyen be baicame icihiyara de, ere niru be eici menggušan, goho, loton, manggetu ilan niyalma be sekiyen obure, eici ya emu niyalma be sekiyen obure babe inu umai faksalame gisurehekūbi, amban be ere jergi niru i janggin sindara ubu be gisurere de, gemu da sekiyen be tuwame icihiyambi, damu ere duin nirui sekiyen be getukeleme toktobuhakū ofi, ubu bahabure babe uthai icihiyame banjinarakū be dahame, amban be bahaci, kingtai, fulu, funing, tumin sei bošoho fujuri niru be dasame niru sekiyen icihiyara wang ambasa, jakūn gūsai wang ambasa de afabufi, niru sekiyen be toktobume icihiyafi wesimbufi benjihe erinde, amban be ubu bahabure babe encu toktobume gisurefi wesimbuki sembi, erei jalin gingguleme wesimbuhe hese be baimbi seme abkai wehiyehe i duici aniya jorgon biyai juwan duin de, baita wesimbure icihiyara hafan jang wen bin sede bufi ulame wesimbuhede, ineku inenggi hese gisurehe songkoi obu sehe.

doroi gingguļehe giyūn wang amban yūn hi

taidz taiboo hebei amban hiya kadalara dorgi amban aliha amban dacun kiyangkiyan gung amban necin

gūsa be kadalara amban amban dulai

gocika hiya de yabure gūsa be kadalara amban amban yunghing

meiren i janggin amban lii yuwan liyang

biya aliha gulu fulgiyan i gūsai bithe, kubuhe suwayan i manju gūsade unggihe piyoocan i baci sarkiyafi tucibuhe aliha amban dacun kiyangkiyan gung necin i wesimbuhengge, kubuhe fulgiyan i manju gūsai tiyan jin i gūsa be kadalara amban fucang ni teodenheme bošoro niru janggin oronde, ini jui fulehe be cohome gaifi beyebe tuwabuhade, hese teodenjeme bošoro niru be adarame gargan aname gemu neigen ubu bahabure babe, amban minde afabufi gisurebure emu baita be baicaci, neneme jakūn gūsai hafan niru ubu bahabure baita be icihiyara wang ambasa i gisurefi wesimbuhe bade, teodenjeme bošoro niru gargan tome gemu ubu bisire be dahame, ere emu gargan niru bošofi oron tucici, oron tucike niyalma i juse omosi be sonjofi cohobuki,tere emu gargan dorgici sonjofi adabuki, funcehengge be birembume sonjofi gebu faidabuki, aika juwe niru be gemu emu gargan de bošobufi oron tucici, ceni gargan de ne niru bošoho bime, geli cohobure ubu bahabume ohode, ubu neigen akū be dahame, niru akū gargan be sonjofi cohobuki seme wesimbufi toktobuhabi, ere kooli toktobuha ci wang ambasa i baci siran siran i baicafi wesimbuhe ging hecen i jakūn gūsaci teodenjehe fujuri niru emke, jalan halame bošoro niru juwan nadan, cahar jergi bai fujuri niru emke, jalan halame bošoro niru sunja, uheri teodenhehe niru orin duin, ere jergi niru oron tucici, gemu ere gisurehe songkoi icihiyahabi, amban bi esei niru giyapu be gaifi emke emken i kimcime tuwaci, juwe hala i urse emu niru be teodenheme bošohongge bi, ilan duin halai urse emu niru be teodenjeme bošohongge bi, geli juwe niru bifi juwe halai urse hala tome emte niru bošohongge bi, juwe halai teodenjeme bošoro niru bime, ne gemu emu halai niyalma bošohongge inu bi, geli teodenheme bošoro niru ci tulgiyen, meni meni encu ilibuha fujuri niru, jalan halame bošoro niru, hala tome gemu adali ubu bisirengge, aika kemuni neneme gisurehe songkoi niru bošofi oron tucike niyalmai juse omosi de cohobure ubu bahabuci, siran siran i bošobuki, emu ergide ejelebure de isinambi, yargiyan i neigen akū gese, te hese be dahame gisurefi, ereci amasi juwe halai emu niru be teodenjeme bošorongge oci, oron tucike manggi, oron tucike ergici sonjofi adabume, tere emu ergici sonjofi cohobufi, juwe ergi ci birembume sonjofi gebu faidabuki, ilan duin hala emu niru be teodenjeme bošorongge oci, inu oron tucike ergici sonjofi adabureci tulgiyen, funcehe gūwa hala ursei dorgi niyalma ojoro be tuwame sonjofi cohobuki, funcehengge be gebu faidabuki, sirame geli oron tucici, an i ere songkoi icihiyabuki, jai juwe halai teodenjeme bošoro juwe niru gemu emu hala niyalma bošohongge oci, yaya emu niru oron tucike manggi, niru akū ergici sonjofi cohobume, oron tucike ergici sonjofi adabuki, juwe hala emte niru bošofi oron tucici, an i oron tucike ergici cohobuki, tere emu ergi be adabuki, juwe ergici birembume sonjofi gebu faidabuki, tere emu niru oron tucici, inu ere adali icihiyabuki, uttu ohode, gargan tome geli adali ubu bahambime, niru be emu ergide ejelebure de isinarakū ombi, jai teodenjeme bošoro nirude ubu bisire urse, meni meni booi encu ilibuha fujuri niru ,jalan halame bošoro niru bisirengge, udu teisu teisu gemu niru bicibe, ishunde ubu akū be dahame, teodenjehe niru oron tucici, an i ne gisurehe songkoi, oron tucike ergi be adabume, tere ergi be cohobuki, harangga gūsaci encu niru bisire babe giyapu de tucibume ciyandz latubufi, dergici sindara be aliyaki, hese wasinjiha manggi, jakūn gūsa, geren bade afabufi, ne bisire teodenjeme bošoro niru be gemu ere songkoi icihiyabuki sembi seme abkai wehiyehe i jakūci aniya jorgon biyai ici de wesimbuhede, hese gisurehe songkoi ubu〔obu〕sehebe gingguleme dahafi sarkiyame tucibumbi, erei jalin unggihe.

327

hesei toktobuha jakūn gūsai niru sindara jalin ubu bahabuha kooli hacin jai debtelin

abkai wehiyehe i ningguci aniya de wesimbuhe enculebuhe jalan halame bošoro niru gūsin ninggun, uheri sunja hacin

emu hacin, niru ilibuha niyalmai juse omosi, banjiha ahūn deo, amji eshen i juse omosi de bošobuha enculebuhe jalan halame bošoro niru ubu bahabuha kooli

emu hacin, niru ilibuha niyalmai juse omosi, banjiha ahūn deo i juse omosi de bošobuha šangnaha jalan halame bošoro niru ubu bahabuha kooli

emu hacin, banjiha juse omosi de bošobuha enculebuhe jalan halame bošoro niru ubu bahabuha kooli

emu hacin, niru ilibuha niyalma enen lakcafi, niru be banjiha ahūn deo i juse omsoi de bošobuha enculebuhe jalan halame bošoro niru ubu bahabuha kooli

emu hacin, niru ilibuha niyalma enen lakcafi, niru be banjiha ahūn deo, amji eshen i juse omosi de bošobuha enculebuhe jalan halame bošoro niru ubu bahabuha kooli

hošoi hūwaliyaka cin wang amban sei gingguleme wesimburengge, dergi hese be gingguleme dahafi gisurere wesimbure jalin.

abkai wehiyehe i ilaci aniya omšon biyai juwan de hese wasimbuhangge, daci jakūn gūsai niru sindara hafan sirara de giyapu akū, gemu gūsai ambasa ilgame sonjofi sindame wesimbumbihe, amala gūsai ambasa be icihiyara de urhume gamarahū seme giyapu arabuha bicibe, ememu gūsaci dosimbuci acarakū niyalma be dosimbume, dosimbuci acara niyalma be elemangga meitehengge bi, tere dade niru sekiyen inu getuken akū, jakūn gūsai niru sekiyen be getukeleme baicame toktoburakū oci, amaga inenggi temšen habšan i baita nakarakū seme dahūn dahūn i hese wasimbufi, wang ambasa de afabufi baicame icihiyabuha, te jakūn gūsaci toktobume gisurefi tuwabume wesimbuhe giyapu be tuwaci, fujuri niru be gungge ambasa jušen gajiha, eici faššaha turgunde jušen šangnafi niru banjibuhangge ofi, damu da niru ilibuha niyalmai juse omosi be sonjome, niru bošoho akū be bodorakū, gemu ubu bahabume, da niru ilibuha niyalmai banjiha ahūta deote udu niru bošoho ba bicibe, ceni juse omosi de inu ubu bahaburakū, jalan halame bošoro niru oci, eici emu ba i niyalma be gaifi jihe seme, niru banjibufi bošobuha, eici tuktan niru banjibure de uthai niru bošoho, siran siran i ududu jalan bošoho seme jalan halame bošoro niru obuhangge bi, geli niru enculebure fonde enculebuhengge inu bi, te damu fukjin niru bošoho niyalmai juse omosi de jingkini ubu bahabume, sirame niru bošoho niyalmai juse omosi de niru sekiyen be tuwame hanci aldangga be ilgame niru bošoho mudan i labdu komso be bodome, jingkini ubu bahaburengge bi, adabure ubu belhere ubu bahaburengge inu bi, geli da niru bošoho niyalmai juse omosi ceni mafari be gūnime ubu akū encu gargan i urse be gemu emu mafari i enen seme hūwaliyasun gaime ubu bahabuki sere, eici ceni gargan de niru bi, gūwa niru be encu niru akū gargan i urse de anabuki sere, eici ududu niru be gargan tome emte dendeme ejelefi ishunde ubu faksalaki seme baiha babe yabubuhangge geli bi, jai niru sindara hafan sirara de, oron tucike niyalmai juse be cohome da hafan niru ilibuha niyalmai ahūngga booi juse omosi be ilgafi adabumbi, oron tucike niyalmai juse akū oci, da hafan niru ilibuha ahūngga booi juse be cohofi tuwaburengge bi, sirame booi jalan amba niyalma be da hafan ilibuha niyalma de jalan hanci cohofi ahūngga booi juse omosi be adabufi tuwaburengge inu bi, jai giyapu arara de, damu ubu bisire niyalma be dosimbume arara, ubu akū niyalma be uthai meitere, eici ubu bisire akū be bodorakū, gemu giyapu de dosimbume arafi turgun be ashabume arara babe yooni akūmbume gisurehekūbi, jai jakūn gūsaci wesimbuhe giyapu be tuwaci, da niruci emu juwe niru fakcahangge bi, ududu niru fakcahangge inu bi, fakcaha niru sindame wesimburede, da niruci suwayan ciyandz latuburengge, fakcame niruci suwayan ciyandz latuburengge inu bi, jakūn gūsaci icihiyahangge umai adali akū, te niru sekiyen baita be baicame getukelefi enteheme goidatala, kooli durun tutabure be dahame, ere jergi babe kimcime akūmbume baicafi emu obume toktobume icihiyarakū oci, amaga inenggi geli temšere habšara hacin banjinambime, gūsai ambasa dahame yabure de inu mangga, niru sekiyen baita be kemuni da icihiyaha wang ambasa getukeleme baicame icihiyafi wesimbureci tulgiyen, doroi ginggulehe giyūn wang, gung necin, gūsa be kadalara amban tulai, meiren i janggin yunghing, lii yuwan liyang be tucibufi, wang ambasa wesimbufi getukelehe niru be kimcime baicame tuwafi, cohoro adabure belhere ubu be ilgame faksalafi bahabure, giyapu de dosimbuci acara acarakū,ciyandz latuburede adarame getukeleme faksalara jergi babe akūmbume gisurefi emu obume icihiyakini, ere baicame icihiyara de, jakūn gūsai jalan sirara hafan i hafan sirara giyapu arara babe inu suwaliyame baicafi toktobume gisurefi wesimbukini sehe, abkai wehiyehe i sunjaci aniya ilan biyai ice uyun de, hese wasimbuhangge, jakūn gūsai niru sirara hafan i ubu kooli toktobume icihiyara baita be hūwaliyaka cin wang inu sasa icihiyakini sehebe gingguleme dahafi, amban be gingguleme gūnici, enduringge ejen gūsai baita be icihiyara de, gemu giyan fiyan i obuha bime, ser sere baci aname akūnahakūngge akū, te jakūn gūsai hafan sirara niru sindara baita be icihiyahangge adali akū, ubu bahabuhangge adali akū turgunde, cohotoi hese amban mende afabufi akūmbume baicafi gemu giyan fiyan i obume enteheme goidatala tutabure be bodome toktobume icihiyaburengge, cohome cooha dain de faššame yabuha gungge urse be gosime gūnime, ceni juse omosi i dorgi, ememu dursuki akū urse baitai kanagan de hafan niru bahara be kiceme temšen habšan banjinafi, hūwaliyame banjire giyan be efulerakū, gūsai baita be icihiyara de urhure haršara de isinarahū sere ten i gosingga gūnin, amban be baicaci, jakūn gūsaci siran siran i baicafi benjihe jalan halame bošro niru i dorgi enculebuhe jalan halame bošoro niru šangnaha jalan halame bošoro niru gūsin ninggun, baicaci, fujuri niru sindara kooli de niru ilibuha niyalma i juse omosi de ubu bi, banjiha ahūn deo udu niru bošoho sehe seme inu ubu akū, jalan halame bošoro niru sindara kooli de, niru bošoho niyalmai juse omosi de ubu bi, niru bošohakū banjiha ahūn deo i juse omosi de inu ubu akū, ere jergi enculebuhe niru be, aika fujuri niru sindara kooli songkoi icihiyaci, niru enculebuhe niyalma umai jušen gajiha ba akū bime, geli orhoda hūwaitabuha jergi hacin akū, aika jalan halame bošoro niru sindara kooli songkoi icihiyaci, niru ilibuha niyalma de gung faššan bifi teni niru enculebuhebi, an i jalan halame bošoro nirude duibuleci ojorakū be dahame, amban be giyan be baime acara be tuwame ilgame faksalame ubu toktobume gisurehengge ,ere jergi enculebuhe jalan halame bošoro niru šangnaha jalan halame bošoro niru dorgi niru ilibuha niyalma i banjiha ahūn deo, amji eshen i juse omosi ne bošoho niru oron tucici, niru ilibuha niyalma i juse omosi de cohoro ubu bahabuki, oron tucike niyalma i juse omosi be sonjofi adabuki, funcehe niru ilibuha niyalma i juse omosi, ere niru bošoho banjiha ahūn deo amji eshen i juse omosi i dorgici birembume sonjofi gebu faidabuki, niru ilibuha niyalma i juse omosi bošoho niru oron tucici, oron tucike niyalma i juse omosi de cohoro ubu bahabuki, ere niru bošoho banjiha ahūn deo amji eshen i juse omosi i dorgici birembume sonjofi adabuki, funcehe niru ilibuha niyalma i juse omosi, ere niru bošoho banjiha ahūn deo amji eshen i juse i dorgici birembume sonjofi gebu faidabuki, ere ubu bahabure de, ya niru bošoci damu bošoho niru teile ubu bahabuki, bošohakū nirude ubu bahaburakū obuki, ere jergi enculebuhe niru i dorgi beye niru ilibufi enculebuhengge oci, enculebuhengge niyalma ci deribume ubu bahabuki, aika mafa ama niru bošofi jui omolo de isinafi niru enculebuhe oci, kemuni da niru bošoho niyalma be bodome ubu bahabuki, niru ilibuha niyalma i banjiha ahūn deo amji eshen i juse omosi ishunde giyaganjame bošoho gulu lamun i manju gūsai žungšan i jergi enculebuhe šangname orin jalan halame bošoro niru be gemu amban meni ne gisurefi wesimbuhe kooli be dahame icihiyabuki, funcehe juwan ninggun enculebuhe jalan halame bošoro niru i dorgi, kubuhe šanggiyan i manju gūsai jahari i jergi juwan emu niru serengge, gemu niru ilibuha niyalma i banjiha juse omosi de bošobuha niru dasame baicame icihiyaci acara hacin akū be dahame gisurerakūci tulgiyen, kubuhe fulgiyan i manju gūsai kimbai i jergi sunja niru serengge, udu enculebuhe niru bicibe, damu niru ilibuha niyalma enen lakcafi, ne niru be gemu banjiha ahūn deo i juse omosi, banjiha eshen mafa i juse omosi de bošobuhabi, baicaci neneme jalan halame bošoro niru sindara jalin, amban be hacin aname ubu toktobume gisurefi wesimbufi, jakūn gūsai ambasa de afabufi kooli obume icihiyara be dahame, ere jergi niru oron tucici, amban meni gisurefi wesimbuhe kooli be dahame icihiyabuki, nirui janggin sindara giyapu de, kemuni neneme wesimbuhe songkoi ubu bisire urse be dosimbume arabuki, ubu akū urse be gemu meiteki, uttu ofi, amban be kooli be yarume ubu bahabure babe toktobume gisurehe sunja hacin be encu jedz arafi hacin tome giyapu nirufi suwaliyame gingguleme tuwabume wesimbuhe, hese wasinjiha manggi, jakūn gūsai ambasa de afabufi kooli obume dahame icihiyabuki sembi, erei jalin gingguleme wesimbuhe hese be baimbi seme abkai wehiyehe i ningguci aniya nadan biyai orin de, baita wesimbure gocika ilaci jergi hiya ušici sede bufi ulame wesimbuhede, ineku biyai orin ilan de, hese gisurehe songkoi obu sehe.

hošoi hūwaliyaka cin wang amban hūng jeo

doroi ginggulehe giyūn wang amban yūn hi

taidz taiboo hebei amban hiya kadalara dorgi amban aliha amban dacun kiyangkiyan gung amban necin

gocika hiya de yabure gūsa be kadalara amban amban yunghing

meiren i janggin amban lii yuwan liyang

emu hacin

gulu lamun i manju gūsai duici, žungšan, ušigio sei bošoho enculebuhe jalan halame bošoro niru be baicaci, dade duici sei da mafa asan taidzu hūwangdi be baime jihe manggi, fukjin niru banjibufi, asan de bošobuha, siran siran i bošofi, ne fusefi ilan niru ohobi, da niru ilibuha asan i ilaci jalan omolo duici emu niru bošohobi, asan i banjiha deo jarhai i ilaci jalan omolo ušigio emu niru bošohobi, asan i banjiha deo garai i duici jalan omolo žungšan emu niru bošohobi, hūwaliyasun tob i uyuci aniya de dorgi yamun ci wesimbuhe bade, asan niru enculebuhe ba bicibe, altasi muki bai niyalma nadan gašan manju be gaifi dahame jihe be, yargiyan kooli, tongki fuka akū dangsede akū bime, geli jušen harangga gajiha ba akū be dahame, jalan halame bošoho niru obuki seme wesimbuhebi, nirui janggin sindara jalin, niru sekiyen icihiyara wang ambasa, jakūn gūsai wang ambasa i emgi acafi dahūme gisurefi wesimbuhengge, žungšan, tuna, ušigio sei bošoho niru serengge, asan i ilibuha enculebuhe jalan halame bošoho niru be dahame, žungšan i bošoho da niru, tuna, ušigio sei bošoho fuseke niru oron tucici, asan i juse omosi de yooni ubu bi, jai asan i da niru be asan i banjiha deo garai, asan i banjiha jacin deo adahai i omolo jangge, minggiya, fangge, fangge i jui fandai, fandai jui fengšen, garai i duici jalan omolo ne nirui janggin žungšan gemu asan i bošoho da niru be bošoho be dahame, da niru oron tucici, niru ilibuha asan i omosi, niru bošoho garai, jangge, minggiya, fangge, fandai, fengšen, žungšan sei juse omosi be suwaliyame ilgafi sindaki, fuseke nirude ubu bahaburakū obuki, jai mudan fuseke niru, asan banjiha ilaci deo jarhai i jai jalan omolo hoošan, hoošan i jui ne nirui janggin ušigio jai mudan fuseke niru bošoho be dahame, jai mudan fuseke niru oron tucici, niru ilibuha asan i juse omosi, niru bošoho hoošan, ušigio sei juse omosi be suwaliyame ilgafi sindaki, da niru sucungga mudan fuseke niru de ubu bahaburakū obuki, jai juse enen akūngge be gisurerakūci tulgiyen, niru bošohakū niyalma i juse omosi de ubu bahaburakū obuki seme gisurefi wesimbuhebi, amban be baicaci, fujuri niru sindara kooli de, niru ilibuha niyalma i juse omosi de ubu bi, banjiha ahūn deo udu niru bošoho sehe seme inu ubu akū, jalan halame bošoro niru sindara kooli de, niru bošoho niyalma i juse omosi de ubu bi, niru bošohakū banjiha ahūn deo i juse omosi de inu ubu akū, ere jergi enculebuhe niru be, aika fujuri niru sindara kooli songkoi icihiyaci, niru enculebuhe niyalma umai jušen gajiha ba akū bime, geli orhoda hūwaitabuha jergi hacin akū, aika jalan halame bošoro niru sindara kooli songkoi icihiyaci, niru ilibuha niyalma de gung faššan bifi, teni niru enculebuhebi, an i jalan halame bošoho niru de duibuleci ojorakū be dahame, amban be giyan be baime acara be tuwame ilgame faksalame ubu bahabume gisurehengge, duici i bošoho sucungga mudan fuseke niru, damu niru ilibuha asan i juse omosi teile bošoho, ceni banjiha ahūn deo i juse omosi de emu mudan bošohakū be dahame, niru ilibuha niyalma i juse omosi de ubu bahabuha kooli be dahame icihiyabureci tulgiyen, niru ilibuha asan i banjiha deo jarhai i ilaci jalan omolo ušigio i bošoho jai mudan fuseke niru oron tucici, niru ilibuha asan i juse omosi de cohoro ubu bahabuki, oron tucike niyalma i juse omosi be sonjofi adabuki, jai niru ilibuha niyalmai juse omosi, ere niru bošoho niyalma i juse omosi be birembume sonjofi gemu gebu faidabuki, niru ilibuha asan i banjiha deo garai i duici jalan omolo žungšan i bošoho da niru oron tucici, niru ilibuha asan i juse omosi de cohoro ubu bahabuki, ere niru bošoho garai serengge niru ilibuha asan i banjiha deo, jai asan i banjiha deo adahai i omosi dorgi niru bošoho jangge, minggiya, fangge sei [se] inu niru ilibuha asan i banjiha deo i omosi, esede gemu emu adali ubu bahabuci acara be dahame, ere niru bošoho niyalma i juse omosi dorgici birembume sonjofi emu gargan be adabuki, emu gargan be gebu faidabuki, uttu ofi, duici, žungšan, ušigio sei giyapu be nirufi suwaliyame gingguleme tuwabume wesimbuheci tulgiyen, ere adali kubuhe suwayan i manju gūsai ušiboo, kingde, hesing, gulu šanggiyan i manju gūsai nahatai, nayantai, sirha, gulu fulgiyan i manju gūsai cade, entehe, singtai, šurungga, fusembu, kubuhe šanggiyan i manju gūsai buyantai, fucengge, gulu lamun i manju gūsai lioši, cengming sei bošoho niru be inu ere songkoi icihiyabuki.

emu hacin

kubuhe suwayan i manju gūsai kaduri, sanai sei bošoho jalan halame bošoho niru be baicaci, dade hese memema manduri de gūsade ejen akū niru be baicafi šangname bošobu seme manduri de bošobuha, siran siran i fusefi, ne juwe niru ohobi, da niru ilibuha manduri i juse, manduri i banjiha ahūn sanggū i juse ishunde hiyaganjame bošofi, ne da niru ilibuha manduri i jui kaduri fuseke niru bošohobi, manduri i banjiha ahūn sanggū i jui santai da niru bošohobi, nirui janggin sindara jalin, harangga gūsaci wesimbuhe bade, ere niru serengge šidzu hūwangdi i hese memema manduri de gūsade ejen akū niru be baicafi šangname bošobu sehe, niru manduri i juse omosi de gemu ubu bi, gadahūn, laduhūn udu niru bošoho bicibe, jalan umesi sangka, ere niru an i jalan halame bošoho nirude duibuleci ojorakū, gadahūn, laduhūn i juse omosi sede ubu bahaburakū obuki, nirui janggin santai sei juse omosi de giyan i ubu bahaburakū obuci acambihe, damu kaduri i oronde nirui janggin sindara de, hese mukūn i urse be gajihangge adarame, hešose hanci kai, hešose de bošobu sehebe gingguleme dahafi hešose de bošobuha, ne nirui janggin santai be dabume, ceni ahūn deo de duin mudan bošobuha be dahame, nirui janggin santai, jai niru bošoho santai i ahūn nanggū, nansi, hešose sei juse omosi i dorgi sain ojorongge be emke ilgame sonjofi belhere ubu bahabuki, niyalma juken oci, ilgara be nakaki, aika esede niru bošobufi, oron tucike manggi, ceni juse be kemuni belhere ubu bahabuki, cohoro ubu de enteheme daburakū obuki seme icihiyafi wesimbuhe be, niru sekiyen icihiyara wang ambasa, jakūn gūsai wang ambasa i emgi acafi dahūme gisurefi wesimbuhengge, santai sei niru be harangga gūsaci icihiyahangge acanaha be dahame wesimbuhe songkoi obuki seme dahūme gisurefi wesimbuhebi, amban be neneme jalan halame bošoro niru sindara jalin, ubu bahabure baita be gisurefi wesimbuhe bade, niru ilibuha niyalma de banjiha juse omosi bimbime, banjiha ahūn deo amji eshen i juse omosi de bošobuha niru i dorgi, daci niru ilibuha niyalma i juse omosi teile bošoho, ceni banjiha ahūn deo i juse omosi de bošobuhakū niru oci, damu niru ilibuha niyalma i juse omosi teile ubu bisire be dahame, amban meni ne gisurefi wesimbuhe banjiha juse omosi de bošobuha jalan halame bošoro niru sindara kooli be dahame icihiyabureci tulgiyen, niru ilibuha niyalma de banjiha juse omosi bimbime, niru be banjiha ahūn deo amji eshen i juse omosi de bošobuhangge oci, adali ubu bahabuki, oron tucike gargan de cohoro ubu bahabume, niru ilibuha niyalma i juse omosi, ere niru bošoho niyalma i juse omosi dorgici birembume sonjofi adabuki, gebu faidabuki, niru ilibuha niyalma i juse omosi niru bošofi oron tucici, eici enen juse akū ojoro, eici weile de nakabufi, juse omosi be nirui janggin sindara de dosimbuci ojorakū oci, niru ilibuha niyalma de gūwa juse omosi bisire be dahame, kemuni tesu gargan i dorgici birembume sonjofi cohobuki, aika niru ilibuha niyalma i banjiha ahūn deo amji eshen i juse omosi dorgi niru bošofi oron tucici, eici enen juse akū ojoro, eici weile de nakabufi juse omosi be nirui janggin sindara de dosimbuci ojorakū oci, ce umai niru ilibuha niyalma i juse omosi waka be dahame, tesu gargan de udu niyalma bihe seme cohoro ubu bahaburakū, adabure ubu bahabuki, niru ilibuha niyalma i juse omosi i dorgici birembume sonjofi cohobuki, funcehe niru ilibuha niyalma i juse omosi, ere niru bošoho niyalma i juse omosi i dorgici birembume sonjofi gebu faidabuki seme wesimbufi, ne kooli obume icihiyambi, amban be udu jalan halame bošoho niru i dorgi niru ilibuha niyalma i banjiha ahūn deo amji eshen i juse omosi dorgi, niru bošoho niyalma de adali ubu bahabume gisurehe bicibe, damu ere niru serengge memema manduri de šangnaha niru, an i

335

jalan halame bošoro niru de duibuleci ojorakū, amban meni ne gisurefi wesimbuhe enculebuhe niru sindara de, niru ilibuha niyalma i banjiha ahūn deo i juse omosi i dorgi niru bošohongge bici, damu adabure ubu bahabumbi, niru ilibuha niyalma i juse omosi de cohoro ubu bahabumbi, ere niru šangnaha niru be dahame, amban meni gisurehe enculebuhe niru sindara kooli songkoi ubu bahabuki, kaduri i bošoho fuseke niru, damu niru ilibuha manduri i juse omosi teile bošoho, ini banjiha ahūn i juse omosi de emu mudan inu bošobuhakū be dahame, niru ilibuha niyalma i juse omosi de ubu bahabuha kooli be dahame icihiyabureci tulgiyen, santai i bošoho da niru oron tucici, niru ilibuha manduri i juse omosi i dorgici sonjofi cohobuki, manduri i banjiha ahūn sanggū i juse i dorgi, ere niru bošoho nanggū, nansi, santai sei juse omosi i dorgici sonjofi adabuki, niru ilibuha niyalma i juse omosi, ere niru bošoho niyalma i juse omosi i dorgici birembume sonjofi gebu faidabuki, niru be aika manduri i juse omosi de bošobufi oron tucici, inu ere songkoi icihiyabuki, jai manduri i banjiha amji teišun i jui gadahūn, laduhūn, banjiha ahūn sanggū i jui hešose, udu sucungga mudan fuseke niru bošoho ba bicibe, damu ceni bošoho niru be ne siden niru obuha be dahame ubu bahaburakū obuki, uttu ofi, santai, kaduri sei giyapu be nirufi suwaliyame gingguleme tuwabume wesimbuhe.

emu hacin

kubuhe šanggiyan i manju gūsai jahari, jalangga sei bošoho enculebuhe jalan halame bošoro niru be baicaci, dade jahari sei da mafa cangju taidzu hūwangdi be baime jihe manggi, fukjin niru banjibufi, cangju de bošobuha, oron tucike manggi, jui cambu de bošobuha, siran siran i bošofi, ne fusefi juwe niru ohobi, da niru ilibuha cangju i ilaci jalan i omolo jahari da niru bošohobi, jalangga fuseke niru bošohobi, hūwaliyasun tob i uyuci aniya de dorgi yamun ci wesimbuhe bade, cambu emu hontoho taka enculebuhe ba bicibe, cangju juwe tanggū boigon gajime jihe be, yargiyan kooli, tongki fuka akū dangsede akū bime, geli jušen harangga gajiha, orhoda hūwaitabuha jergi ba akū be dahame, jalan halame bošoho niru obuki seme wesimbuhebi, nirui janggin sindara jalin, harangga gūsaci icihiyafi wesimbuhe bade, nirui janggin jahari sei alibuhangge, meni bošoho jalan halame bošoho niru nirui janggin sindara de, cangju i juse omosi de ubu bi, gūwa mukūn i gargan de ubu akū seme alibuhabi, amban be dasame kimcime baicaci, gemu kooli de acanaha ofi, ceni mukūn i urse be meni meni gebu fejile hūwayalabuha seme icihiyafi wesimbuhe be, niru sekiyen icihiyara wang ambasa, jakūn gūsai wang ambasa i emgi acafi dahūme gisurefi wesimbuhengge, nirui janggin sindara de ubu bahabure babe hesei tucibuhe wang ambasa de benebufi baicame icihiyabuki seme wesimbufi, amban mende afabufi gisurebumbi, amban be neneme fujuri niru, jalan halame bošoro niru sindara jalin, ubu bahabure baita be gisurefi wesimbuhe bade, da niru ilibuha niyalma i banjiha juse omosi niru bošoho ursei dorgi, ahūngga boo niru bošofi oron tucici, oron tucike niyalma i juse omosi de cohoro ubu bahabuki, sirame booi juse omosi be sonjofi adabuki, gebu faidabuki, oron tucike niyalma de, eici enen juse akū ojoro, eici weile de nakabufi, nirui janggin sindara de juse omosi be dosimbuci ojorakū oci, kemuni oron tucike ahūngga booi dorgici niyalma ojoro be tuwame birembume sonjofi cohoro ubu bahabuki, jacin booi juse omosi niru bošofi oron tucici, oron tucike niyalma i juse omosi be sonjofi cohobuki, ahūngga booi juse omosi be birembume sonjofi adabuki, sirame booi juse omosi be sonjofi gebu faidabuki, oron tucike niyalma de eici enen juse akū ojoro, eici weile de nakabufi, nirui janggin sindara de, juse omosi be dosimbuci ojorakū oci, tesu gargan de udu banjiha ahūn deo amji eshen i juse omosi bihe seme cohoro ubu bahaburakū, ahūngga booi juse omosi i dorgici birembume sonjofi cohobuki, ahūngga boode aika ne niru bošohongge bici, sonjoro be nakafi, niru bošohakū gargan i juse omosi i dorgici sonjofi cohobuki, oron tucike gargan, funcehe gargan be boo aname sonjofi adabuki, gebu faidabuki, aika juwe ilan niru be gemu emu gargan de bošobufi oron tucici, ceni gargan ne niru bošoho bime, geli oron tucike niyalma i juse omosi de cohoro ubu bahabume ohode, ubu neigen akū be dahame, niru akū gargan i juse omosi i dorgi sain ningge be sonjofi cohobuki, funcehe gargan, oron tucike gargan i juse omosi i dorgici sonjofi adabuki, gebu faidabuki seme wesimbufi, ne kooli obume icihiyambi, fujuri niru, jalan halame bošoro niru, enculebuhe jalan halame bošoro niru i da turgun udu adali akū bicibe, niru bošobuha turgun emu adali be dahame, niru ilibuha niyalma i banjiha juse omosi de bošobuha enculebuhe jalan halame bošoro niru be gemu amban meni neneme gisurefi wesimbuhe banjiha juse omosi de bošobuha fujuri niru, jalan halame bošoro niru sindara kooli be dahame icihiyabuki, uttu ofi, jahari, jalangga sei giyapu be nirufi suwaliyame gingguleme tuwabume wesimbuheci tulgiyen, ere adali kubuhe šanggiyan i manju gūsai liju, liošiboo, kubuhe fulgiyan i manju gūsai ciktaha, cersu, gulu lamun i manju gūsai ojin, ušihaci, kitungga, eldengge, odai sei bošoho niru be inu ere songkoi icihiyabuki.

emu hacin

kubuhe fulgiyan i manju gūsai kimbai, yocengge sei bošoho enculebuhe jalan halame bošoro niru be baicaci, dade kimbai sei amji unggu mafa loosa（i）dorgi niru bihe , dain de sain seme šongkoro baturu gebu bufi, emu tanggū haha enculebuhe, fukjin niru banjibure de loosa de bošobuha, siran siran i bošofi, ne fusefi juwe niru ohobi, fukjin niru bošoho loosa enen akū, ne niru be banjiha deo lobi i jai jalan i omolo kimbai, ilaci jalan omolo yocengge sede bošobuhabi, hūwaliyasun tob i uyuci aniya de dorgi yamun ci wesimbuhe bade, loosa de tanggū haha enculebuhe ba bicibe, yargiyan kooli, tongki fuka akū dangsede jušen harangga gajiha, orhoda hūwaitabuha jergi ba akū be dahame, jalan halame bošoro niru obuki seme wesimbuhebi, nirui janggin sindara jalin, harangga gūsaci wesimbuhe bade, nirui janggin kimbai, yocengge nirui baita be daiselaha duici jergi hafan gūningga sei alibuha bade, nirui janggin sindara de, meni mukūn i dorgi akio baturu i juse omosi de gemu ubu bi, šanggū, šartu, cikilaha, jengke, mergen, barsun, nandu sei juse omosi de ubu akū, erei dorgi barsun i ilaci jalan i omolo gūbca, udu emu jalan fakcaha niru bošoho bicibe, juse enen akū ofi, inu ubu akū seme alibuhabi, amban be baicaci, jalan halame bošoho niru sindara de, niru bošoho niyalma i juse omosi de ubu bi, niru bošohakū udu banjiha ahūn deo i juse omosi de inu ubu akū, ere niru daci kimbai i amji unggu mafa šongkoro baturu loosa i ilibuha niru ,loosa de enen akū ofi, banjiha deo lobi de bošobuha ofi, daci niru bošoho lobi i juse omosi be nirui janggin sindara de, ubu bisire de obufi

hūwayalabuhaci tulgiyen, geli nirui janggin kimbai se udu takina i emu gargan
omosi be, loosa, lobi i banjiha ahūn i omosi seme gūnime, nirui janggin sindara
de, inu ubu bi seme suwaliyame alibuha bicibe, damu kimbai sei bošoho niru
serengge jalan halame bošoro niru, takina i emu gargan daci umai niru bošohakū
be dahame, an i ubu akū de obufi hūwayalabuki, kimbai sei takina i emu gargan be
nirui janggin sindara de ubu bi sehe babe gisurere ba akū obuki, erei dorgi barsun
i ilaci jalan i omolo gūbca udu emu mudan fakcaha niru bošoho bicibe, damu juse
enen akū be dahame, nirui janggin kimbai sei alibuha songkoi gisurere ba akū
obuki, jai loosa i mukūn šanggū, šeritu, cikilaha, jengke, mergen, barsun, nantu
sei juse omosi daci niru bošohakū ofi, gemu ubu akū de obufi hūwayalabuha seme
icihiyafi wesimbuhe be, niru sekiyen icihiyara wang ambasa, jakūn gūsai wang
ambasa i emgi acafi dahūme gisurefi wesimbuhengge, nirui janggin sindara de,
ubu bahabure babe, hesei tucibuhe wang ambasa de benebufi baicame icihiyabuki
seme wesimbufi, amban mende afabufi gisurebumbi, amban be neneme jalan
halame bošoro niru sindara jalin, ubu bahabure baita be gisurefi wesimbuhe
bade, niru ilibuha niyalma enen lakcafi, ne niru be banjiha ahūn deo amji eshen i
juse omosi de bošobuhangge bi, banjiha ahūn deo bimbime, niru be banjiha amji
eshen i juse omosi, banjiha amji eshen mafa, amji eshen unggu mafa i juse omosi,
giyapu de sirabume muterakū goro mukūn urse i juse omosi de bošobuhangge inu
bi, banjiha ahūn deo amji eshen de juse omosi akū ofi, hanci goro mukūn i niyalma
i juse omosi de bošobuhangge inu bi, ere jergi niru serengge jalan halame bošoro
niru, fujuri niru de duibuleci ojorakū, baicaci, jalan halame bošoro niru sindara
kooli de, niru bošoho niyalma i juse omosi de ubu bi, niru bošohakū banjiha
ahūn deo juse omosi de inu ubu akū, niru bošoho niyalma de gemu ubu bisire be
dahame, amban be giyan be baime acara be tuwame, ceni jalan hanci aldangga be
bodome, ilgame faksalame ubu toktobume gisurehengge, ere jergi enen lakcaha
niru oron tucici, enen lakcaha niyalma i banjiha ahūn deo i juse omosi de niru
bošoho bošohakū be bodorakū gemu adali ubu bahabuki, banjiha ahūn deo i
juse omosi akū oci, banjiha amji eshen i juse omosi de niru bošoho bošohakū
be bodorakū inu adali ubu bahabuki, banjiha ahūn deo, amji eshen i juse omosi

gemu akū oci, jalan hanci be tuwame, ere songkoi ubu bahabuki, aika damu emu gargan niru bošofi oron tucici, banjiha juse omosi de niru bošobuha kooli songkoi icihiyabuki, aika juwe ilan gargan oci, oron tucike niyalma i juse omosi be sonjofi cohobuki, funcehe gargan be birembume sonjofi adabuki, gebu faidabuki seme wesimbufi, ne kooli obume icihiyambi, ere niru udu enculebuhe niru bicibe, damu niru enculebuhe šongkoro baturu loosa de enen akū, loosa i banjiha ahūn takina, banjiha deo lobi i juse omosi i dorgi niru bošoho bošohakū be bodorakū, gemu adali ubu bahabuci acara be dahame, amban meni neneme gisurefi wesimbuhe, niru ilibuha niyalma enen akū ofi, niru be banjiha ahūn deo i juse omosi de bošobuha jalan halame bošoro niru sindara kooli be dahame icihiyabuki, yocengge i bošoho fuseke niru be loosa i banjiha amji mafa barsun i ilaci jalan i omolo gūbca udu emu mudan bošoho bicibe, enen akū be dahame gisurerakūci tulgiyen, kimbai, yocengge sei bošoho niru oron tucici, ceni gargan de ne emu niru bošoho bime, geli oron tucike niyalma i juse omosi de cohoro ubu bahabume ohode, ubu neigen akū be dahame, loosa i banjiha ahūn takina i juse omosi i dorgici sonjofi cohobuki, oron tucike niyalma i juse omosi be sonjofi adabuki, jai takina, lobi juwe gargan i dorgici sonjofi gemu gebu faidabuki, aika juwe niru be juwe gargan de bošobufi oron tucici, oron tucike niyalma i juse omosi de cohoro ubu bahabuki, tere emu gargan i

juse omosi be sonjofi adabuki, jai juwe gargan juse omosi i dorgici sonjofi gemu gebu faidabuki, uttu ofi, yocengge, kimbai sei giyapu be nirufi suwaliyame gingguleme tuwabume wesimbuhe.

emu hacin

kubuhe suwayan i manju gūsai šigiyaboo, hadai, cinghai sei bošoho enculebuhe jalan halame bošoro niru be baicaci, dade šigiyaboo sei banjiha amji mafa gunggun taidzu hūwangdi be baime dahame jihe manggi, hontoho niru banjibufi, gunggun de bošobufi enculebuhe, siran siran i bošofi, ne fusefi ilan niru ohobi, fukjin niru bošoho gunggun enen akū, ne niru be banjiha deo nertei i omolo šigiyaboo, banjiha eshen mafa nimacan i jai jalan i omolo hadai, cinghai sede bošobuhabi, hūwaliyasun tob i uyuci aniya de dorgi yamun ci wesimbuhe bade, gunggun de hontoho niru enculebuhe ba bicibe, nimacan, hedungge, susai sunja manju gajiha ba, yargiyan kooli, tongki fuka akū dangsede akū bime, geli jušen harangga gaiha orhoda hūwaitabuha ba akū be dahame, jalan halame bošoho niru obuki seme wesimbuhebi, nirui janggin sindara jalin harangga gūsaci wesimbuhe bade, nirui janggin šigiyaboo, cinghai, hadai nirui daiselaha nirui janggin sobai sei alibuhangge, meni bošoho jalan halame bošoho niru, nirui janggin sindara de, meni mukūn i dorgi niru bošoho niyalma i juse omosi de ubu bi, niru bošohakū niyalma i juse omosi de ubu akū seme alibuhabi, damu ere niru daci gunggun de enculebuhe niru, neneme nirui janggin sindaha dari, gemu ceni mukūn ci alibuha songkoi hedungge, nimacan i juse omosi i dorgici sonjofi sindambi, hafan sirara kooli de hafan faššaha niyalma juse enen akū oci, banjiha ahūta deote i juse de sirabumbi, gunggun de enen akū be dahame, gunggun de enculebuhe niru be giyan i gunggun i deo nertei, laduhūn i juse omosi de bošobuci acambihe, neneme nirui janggin sindara de, gemu ceni mukūn ci alibuha songkoi hedungge, nimacan i juse omosi i dorgici sonjofi sindahai jihe, uthai halame banjinarakū, ereci julesi nirui janggin sindara de, eici gunggun i deo nertei, laduhūn i juse omosi de teile bošobure, eici ere niru be bošoho niyalma i juse omosi de bošobure, eici kemuni ceni mukūn i neneme alibuha songkoi hedungge, nimacan i juse omosi de bošobure babe jakūn gūsai ambasa de afabufi kimcime baicame gisurefi toktobuha manggi dahame icihiyaki seme icihiyafi wesimbuhe be niru sekiyen icihiyara wang ambasa, jakūn gūsai wang ambasa i emgi acafi dahūme gisurefi wesimbuhengge, šigiyaboo, hadai, cinghai sei bošoho niru serengge, dade nirui janggin šigiyaboo i banjiha amji mafa gunggun de enculebuhe jalan halame bošoho niru, ere niruci fakcafi mukūn i jui cinghai, hadai de bošobuhabi, udu gunggun de juse enen akū bicibe, giyan i hafan sirabure kooli songkoi hanci aldangga be bodome, gungun i banjiha deo nertei, laduhūn i juse omosi de bošobuci acambihe, damu gunggun ci sirame hedungge, nimacan i juse omosi sebe nirui janggin sindaha be dahame, uthai ubu akū obume banjinarakū, jai nirui janggin šigiyaboo serengge, jingkini gunggun banjiha deo nertei i omosi, giyan i hanci aldangga be bodome icihiyaci acara be dahame, ereci julesi šigiyaboo i bošoho niru oron tucici, damu nertei, laduhūn i juse omosi teile bošobuki, nimacan i omosi cinghai, hadai sei bošoho niru, da niruci fakcaha niru be dahame, cinghai, hadai sei oron tucici, hedungge, nimacan sei juwe ergi juse omosi de ubu bahabuki seme gisurefi wesimbuhebi, amban be neneme jalan halame bošoro niru sindara jalin, ubu bahabure baita ba gisurefi wesimbuhe bade, niru ilibuha niyalma enen lakcafi, ne niru be banjiha ahūn deo be banjiha ahūn deo amji eshen i juse omosi de bošobuhangge bi, banjiha ahūn deo bimbime, niru be banjiha amji eshen i juse omosi, banjiha amji eshen mafa, amji eshen unggu mafa i juse omosi, giyapu de sirabume muterakū goro mukūn i urse i juse omosi de bošobuhangge inu bi, ere jergi niru serengge, jalan halame bošoro niru, fujuri niru de duibuleci ojorakū, baicaci jalan halame bošoro niru sindara kooli de, niru bošoho niyalma i juse omosi de ubu bi, niru bošohakū banjiha ahūn deo i juse omosi de inu ubu akū, niru bošoho niyalma de gemu ubu bisire be dahame, amban be giyan be baime acara be tuwame, ceni jalan hanci aldangga be bodome ilgame faksalame ubu toktobume gisurehengge, ere [erei] jergi enen lakcaha niru oron tucici, enen lakcaha niyalma i banjiha ahūn deo i juse omosi de niru bošoho bošohakū be bodorakū, gemu adali ubu bahabuki, banjiha ahūn deo juse omosi akū oci, banjiha amji eshen i juse omosi de niru bošoho bošohakū be bodorakū adali ubu bahabuki, banjiha ahūn deo amji eshen i juse omosi gemu akū oci, jalan hanci be tuwame, ere [erei] songkoi ubu bahabuki, aika damu emu gargan niru bošofi oron tucici, banjiha juse omosi de niru bošobuha kooli songkoi icihiyabuki, aika juwe ilan gargan oci, oron tucike niyalma i juse omosi be sonjofi cohobuki, funcehe gargan be birembume sonjofi adabuki, gebu faidabuki, enen lakcaha niru ilibuha niyalma de banjiha ahūn deo i juse omosi bimbime, aika banjiha amji eshen i juse omosi i dorgi niru bošohongge oci, adali ubu bahabuki, banjiha amji eshen mafa, amji eshen unggu mafa juse omosi dorgi niru bošohongge oci adabure ubu bahabuki, da mafa ci wesihun mukūn i urse giyapu de sirabume muterakū goro mukūn i urse, niru bošohongge oci, gebu faidabure ubu bahabuki, udu niru bošobuha seme enteheme cohoro ubu bahaburakū obuki seme wesimbufi, ne kooli obume icihiyambi, šigiyaboo, cinghai, hadai sei bošoho niru serengge enculebuhe niru, giyan i niru enculebuhe be bodome niru ilibuha niyalma i juse omosi de cohoro ubu bahabume, niru bošoho banjiha ahūn deo, banjiha eshen mafa juse omosi de jalan hanci aldangga be bodome adabure ubu gebu faidabure ubu bahabuci acambihe, damu nirui enculebuhe gung faššan bisire niyalma enen lakcahabi, ne niru bošoho urse, gemu niru enculebuhe niyalma i banjiha deo banjiha eshen mafa i juse omosi, ubu bahabuci acara be dahame, šigiyaboo i bošoho da niru oron tucici, oron tucike niyalma i juse omosi be sonjofi cohobuki, niru enculebuhe gunggun i banjiha eshen mafa nimacan i juse omosi i dorgi niru bošoho unduri, tandu, dalai i juse omosi dorgici birembume sonjofi adabuki, funcehe niru ilibuha niyalma i banjiha deo i juse omosi, ere niru bošoho niyalma i juse omosi be sonjofi, gemu gebu faidabuki, hadai, cinghai bošoho sucungga mudan, jai mudan fuseke niru oron tucici, da niru ilibuha niyalma i banjiha juwe deo dorgi, niru akū gargan i juse omosi dorgici sonjofi cohobuki, ere juwe mudan fuseke niru bošoho niru ilibuha niyalma i banjiha eshen mafa nimacan i omolo cangguwamboo i juse omosi dorgici birembume sonjofi adabuki, funcehe niru ilibuha niyalma i banjiha deo i juse, ere niru bošoho niyalma i juse omosi dorgici sonjofi gemu gebu faidabuki, uttu ofi, šigiyaboo, hadai, cinghai sei giyapu be nirufi suwaliyame gingguleme tuwabume wesimbuhe.

《钦定拣放佐领则例》上册

　　乾隆四年奏勋旧佐领共一百三十七员，此内有归入汇总折件之因原立佐领人子孙甚多故出缺后每支各拣选一人拣放之勋旧佐领、以嫡派子孙管理之勋旧佐领、奉旨分给分额之勋旧佐领、奏请给分之勋旧佐领条例外，共计六项。计开：

　　一、原给分之勋旧佐领得分例；

　　一、以兄弟共同带来之人所编勋旧佐领得分例；

　　一、原立佐领人子孙情愿让分之勋旧佐领得分例；

一、原立佐领人绝嗣，以亲兄弟、伯叔子孙管理之勋旧佐领得分例；

一、遵旨给予异姓养子分额之勋旧佐领得分例；

一、两姓轮管之勋旧佐领得分例。

乾隆四年奏准以远族子孙管理之勋旧佐领得分例；

一、乾隆四年因根原不明，复交办理佐领根原事务王大臣、八旗王大臣定拟一件。

多罗慎郡王等谨奏，为遵旨议奏事。

臣等从前议奏，乾隆三年十一月初十日奉上谕：从前八旗承袭世职官员、佐领时并无家谱，皆由管旗大臣拣选奏放。嗣恐管旗大臣办理偏私，虽添家谱，而或有将不应与挑之人挑选，将应挑之人反为裁减，且于佐领原由亦多不明晰。八旗佐领根原，若不详查酌定，日后必至争讼不息。因屡降谕旨，交王大臣等详细查办。今览八旗议定进呈家谱，其勋旧佐领系功臣等带来奴仆，或因奋勉赏予奴仆作为佐领，故惟将始立佐领人员之子孙挑选，无论曾否管过佐领，概予有分。其始立佐领人员之亲兄弟，虽曾管过佐领，而其子孙亦作为无分。其世管佐领，或因其将所属一处之人带来作为佐领令其管理，或初立佐领时即管佐领，后因接管数世，遂作为世管佐领。又有优异佐领者。今惟将初管佐领人员之子孙作为应得正分，续管佐领人员之子孙视其佐领根原，分其支派之远近，量其管理次数之多寡，有定为正分应得者，有定为拟陪拟备者。又有始管佐领人员之子孙，念其祖先，虽无分别支之人均系一祖之后裔，亦准列入承袭有分之内。或因本支原有佐领，其他佐领让与别房无佐领之人。又有准其所请，将有数个佐领者每支各分占一佐领，以均承袭之分。再，补放佐领、世职官员，将出缺人之子孙拟正，将原立佐领人员长房子孙分别拟陪。如出缺人无嗣，有将原立世职、佐领之长房子孙拟正带领引见者，亦有将次房辈长之人，因与原立世职人员支派较近拟正，长房之子孙拟陪带领引见者。再，所绘家谱，只将有分人员绘入，无分人员裁减。或不论有分无分，概行绘入家谱，将其事故注写于旁。所办均未详细。再，阅八旗所进家谱，有由原立佐领内分出一二佐领者，亦有分出数佐领者，其奏放所分出佐领时，有于原佐领上贴黄签者，亦有于分出佐领上贴黄签者。八旗所办并不画一。今既清查佐领根原，永垂定例，若不详细查明，定为画一章程，将来复生争端，管旗大臣亦难遵行办理。所有佐领根原，除令原派出之王大臣详细议奏外，着派慎郡王，公讷亲，都统都赉，副都统永兴、李元亮等，将王大臣所议奏之佐领详加斟酌，分别定为应拟正、拟陪、拟备之分。其应入家谱与不应入家谱，贴签何以分别明白等处，详为画一办理。其八旗世袭官员袭职家谱，亦着一并详查定拟具奏。钦此钦遵。臣等谨思，惟吾圣主办理八旗事务，务期允协，无微不至。今因八旗世职、佐领承袭，未能画一、均匀定分，特降谕旨，令臣等详查，妥协办理，以永着为例。此乃圣上垂念昔日效力疆场、著有功绩人员之子孙，或有不肖之徒，借端图谋世职、佐领之分，因而争讼，致伤和睦，恐管理旗务大臣有办理偏私之至意。臣等谨遵圣谕，清查得现有出缺袭职案件六十六件。臣等逐项详查，将理应给分、画一定议之九件另折具奏，每件各绘家谱一份，将立官原由、陆续承袭原由，各于名下开列，其给分之处，画一议奏，恭呈御览外，又查得八旗世职、佐领根原事件繁多，情节不一，若不行详查，一时难以详细拟定。臣等请将各该旗陆续查送根原从容清查，核对详拟，再行具奏。俟命下之日，将现在所议交八旗作为定例遵行外，各旗仍照例一体粘签呈览可也。为此谨奏请旨。等因。乾隆三年十二月十二日交奏事郎中张文彬等转奏。本日奉旨：依议。钦此钦遵在案。臣等查得，八旗陆续查送以原立佐领人嫡派子孙管理之勋旧佐领一百十四员，以原立佐领人亲兄弟、伯叔子孙管理，甘愿推让分额之勋旧佐领十员，原立佐领人绝嗣，由亲兄弟、伯叔、叔祖子孙管理之勋旧佐领九员，以兄弟共同带来人丁编设、令伊等子孙管理之勋旧佐领三员，两姓轮管勋旧佐领一员，共计一百三十七员。此内镶黄旗满洲哲尔金、德新、爱必达、苏柱、恩特、赫柱、和绷额、伊星阿、明海等所管九个勋旧佐领，该旗以原立佐领人之子孙众多，奏准于出缺时，每支各拣选一人，不分拟正、拟陪、列名，一体拣放外，舅舅伊通阿之勋旧佐领，系遵旨赏给公凌柱子孙世袭罔替管理者。该十员既由该旗奏为定例办理，毋庸另议外，其余勋旧佐领一百二十七员之根原，既交办理佐领根原事务王大臣、八旗王大臣议定具奏，照例办理外，臣等核查从前议定家谱，虽原立佐领人之嫡派子孙照例一体给分，并未照支派多寡、是否现管佐领，分别拟正、拟陪、列名分额，所给分额不均。查拣放勋旧佐领定例，原立佐领人子孙有分，亲兄弟虽管过佐领，亦不得分。若不照家谱内人员多寡、行辈（之远近）分别拟定分额，日后难免有图占佐领、争讼分额者。臣等据理酌情议得，原立佐领人嫡派子孙管理之佐领，若以长房管理佐领，出缺后，将出缺之人子孙拟正，别房子孙拣选拟陪、列名。出缺之人或绝嗣，或因罪革退，子孙不应入挑，仍于出缺之长房择优拟正。若次房子孙管理佐领，出缺后，以出缺之人子孙拣选拟正，长房子孙一体拣选拟陪，别房之子孙拣选列名。若出缺之人或绝嗣，或因罪革退，子孙不应入挑，本支虽有亲兄弟、伯叔子孙，亦不得拟正，仍于长房子孙内一体拣选拟正。若长房现有佐领，免其拣选，由无佐领支派子孙拣选拟正，出缺支派、其余支派，逐房拣选拟陪、列名。若二、三佐领俱由一支管理，出缺后，该支现有佐领，仍以出缺人子孙拟正，则分额不均，相应于无佐领支派子孙内择优拟正，其余支派、出缺支派子孙拣选拟陪、列名。其由原立佐领人嫡派子孙管理之镶黄旗满洲永贵等勋旧佐领六十一员并奉旨给分之正红旗满洲四十九等勋旧佐领七员，俱遵旨办理。其奏请给分之镶黄旗满洲雅尔赛等二十九员，仍照原奏给分拣放。伊等亦系原立佐领人嫡派子孙，俱无别项情由，臣等除照现在拟定例办理外，尚有嫡派子孙情愿于原立佐领人亲兄弟、伯叔子孙内不计管过佐领与否，推让分额者。查得，补放勋旧佐领，原立佐领之人子孙有分，亲兄弟虽管过佐领，亦不得分。若照伊等所请给分，与例不合。若不准推让，则现管佐领人员内，累代管理佐领，至今不得分额，伊等念先祖原出一脉，意图和睦，与管理佐领之本意不协，且办理佐领根原事务王大臣、八旗王大臣亦恐有损和睦，乃将推让给分拟作定例具奏。臣等据理酌情议得，查补放官员之例，世职官员有嫡派子孙者仍令承袭外，若无嫡派子孙，于亲祖父、亲伯叔、兄弟子孙内补放等语。其原立佐领之人亲兄弟、亲伯叔之子孙管理佐领，请照所请给分。无佐领者无分，亦无佐领，虽原立佐领人子孙情愿让分，亦不准给分。兄弟共同带来人丁所编勋旧佐领、两姓轮管之勋旧佐领，其率众归降之人子孙，既俱有分额，其管佐领一支出缺后，以出缺人子孙拟正，另一支拣选拟陪，其余一体拣选列名。原立佐领人之子孙绝嗣，有以抱养之远近族人管理佐领者，亦有不管佐领者。若不将应否给分之处议定，日后断难保不无争讼之事。养子虽非嫡子，但绝嗣之人将伊等自幼抚养，年月既久，现在伊等又继承香火，即与嫡子同，理应一体给分，给予养父之分额。若系抱养异姓，则不给分。其原立佐领人绝嗣，未经抱养族人继嗣，现以亲兄弟、伯叔子孙管理者，查得世职承袭之例，有嫡派子孙者照旧承袭外，无嫡派子孙，以亲祖、伯叔、兄弟之子孙承袭等语。现在管理佐领之人，俱系原立佐领人亲兄弟、伯叔子孙，与应给分额之例吻合，出缺后，绝嗣人亲兄弟子孙，不论已未管过佐领，俱一体给分。如无亲兄弟，以亲伯叔之子孙管理者，即于其亲伯叔之子孙内，无论已未管过佐领，俱一体给分。其亲伯叔祖子孙虽曾管过佐领，既例应无分，仍不给分。现管理佐领绝嗣人之亲兄弟、伯叔子孙内，仅有一支，出缺后，照臣等所议嫡派子孙管理佐领例办理。若有两支派，以出缺人子孙拟正，另一支子孙拟陪，其余支派一体列名。又，从前有不计有分无分之人一体写入家谱者。臣等谨思，补放佐领家谱，理应将有分之人写入，若无分之人一并写入，伊等既无分，阅看时亦属烦累。嗣后拣放时，仅将有分之人写入，无分之人删去，若无分之人内有管过佐领者，将管过佐领次数写出。臣等将以上勋旧佐领三十员逐一详查，将据理给分情节定议六款，另折具奏，逐一绘制家谱，恭呈御览。俟命下之日，交八旗大臣着为定例，遵行办理可也。又查，八旗咨送世管佐领六百七十余员，世职一千六百余员外，仍有未经查送之佐领、世职。臣等请俟陆续咨送前来后一体核查明白，将各自原由详核后，定拟具奏。为此谨奏请旨。等因。乾隆四年十二月十四日交奏事郎中张文彬等转奏。乾隆五年正月初六日奉旨：依议。钦此。

多罗慎郡王臣允禧

太子太保议政大臣领侍卫内大臣尚书果毅公臣讷亲

都统臣都赖

御前侍卫行走都统臣永兴

副都统臣李元亮

一件

正白旗满洲达冲阿、亨泰、达海、保玉、佟柱、鄂岱、全保等勋旧佐领。查该佐领，从前达冲阿等始祖扈拉祜章京由雅尔虎噶山带来人丁，编为三个佐领，以长子达尔汉虾之子珲塔、准塔，扈拉祜章京次子瑚什他各管一个。今陆续滋生为七个佐领。从前拣放大计员缺时，扈拉祜章京子孙互争分额。经该旗奏准，查得扈拉祜章京之长房达尔汉虾一房独占两分，若将伊两子阿尔塞、布尔塞之分归入伊九弟所有之一佐领分额内，实属不均，请将归入瑚什他等一边之达尔汉虾长子阿尔塞、次子布尔塞子孙，归入达尔汉虾分内四个佐领，不必归入瑚什他等三个佐领内。等因具奏。奉旨：伊等始祖百年前之意，如今何必挠之？伊等知朕于拣放世职时拣选长房，故意图侥幸，思一旦列入达尔汉虾一边即成长房。着将鄂岱等先祖阿尔塞、布尔塞有无效力情形，详查具奏。钦此钦遵。查得，阿尔塞、布尔塞等并无效力之处，其达尔汉虾一边四个佐领、瑚什他一边三个佐领，请仍照原先办理之成例，各照得分办理可也。等因具奏。奉旨：知道了。钦此钦遵在案。臣等议得，达尔汉虾一边四个佐领、瑚什他一边三个佐领，既由该旗奏准给分，各照分额拣放毋庸另议外，惟达尔汉虾长子阿尔塞、次子布尔塞子孙，业经归入瑚什他一边。阿尔塞、布尔塞等系原立佐领之扈拉祜章京之长房子孙，伊等子孙仍得长房分额。但既遵奉上谕，伊等仍有意侥求长房分额，是以不便归入长房。嗣后瑚什他一边出缺，以出缺人员子孙拟正，未管佐领人员子孙拟陪，其余普遍列名。若两三个佐领俱由一支管理，出缺后，伊等支派有佐领者，复以出缺之人子孙拟正，既属不均，请于无佐领支派子孙内择优拟正，其余支派及出缺支派子孙拣选拟陪、列名可也。相应，绘制达冲阿、亨泰、达海、保玉、佟柱、鄂岱、全保家谱，一并恭呈御览。

一件

正蓝旗满洲阿玉玺、党爱等勋旧佐领。查此等佐领，原系阿玉玺、党爱等高祖布当、叔高祖希尔虎纳克、阿津、塞楞、恩伊勒兄弟五人共同带来人丁编立。办理佐领根原事务王大臣、八旗王大臣拟定照原立佐领人子孙例一体给分，但未据已未管过佐领分别拟正、拟陪、列名。今臣等议得，阿玉玺、党爱两佐领现俱由一支管理。出缺后，若伊等支派现有佐领，其出缺之人复得拟正分额，既属不均，相应于无佐领支派子孙内择优拟正，出缺人员子孙拟陪，其余普遍列名。若有一个佐领，出缺后，以出缺人子孙拟正，另一支拟陪，其余普遍拣选列名。照此，绘制阿玉玺、党爱家谱，一并恭呈御览外，类似之正红旗满洲齐林佐领，亦照此例办理可也。

一件

查正黄旗满洲俄勒登额、善宁、海冲阿、布占、色克图、鼎鼐、舒泰勋旧佐领，从前俄勒登额等始祖扬古利因屡次打仗奋勇，令专管人丁、挖参，并将满洲壮丁编为两个整佐领、一个半分佐领，令伊管理，今滋生为七个佐领，以嫡派子孙管理三个，亲叔登瑚善、亲弟楞格里、纳穆岱子孙管理四个。登瑚善、楞格里、纳穆岱等子孙内有管过佐领者，亦有未管过佐领者。原立佐领扬古利之子孙情愿不分已未管过佐领，将分额让与扬古利亲弟楞格里、纳穆岱、亲叔登瑚善之子孙。臣等据理酌情议得，查世职承袭之例，有嫡派子孙者仍令承袭毋庸议外，若无嫡派子孙，以亲祖父、亲伯叔兄弟子孙承袭等语。原立佐领之人亲兄弟、亲伯叔子孙如管过佐领，则照伊等呈请给分。若未曾管过则不给分，虽原立佐领人子孙情愿推让，亦不准给分。现在俄勒登额、善宁、海冲阿等佐领，系仅以原立佐领扬古利子孙管理之佐领，其扬古利亲弟楞格里、纳穆岱、亲叔父登瑚善子孙既未管过，则仅扬古利子孙有分。查得扬古利有二子，额勒登额、善宁、海冲阿等佐领出缺，以出缺人子孙拟正，另一支拣选拟陪，其余普遍拣选列名。扬古利亲叔登瑚善、亲弟楞格里、纳穆岱等之子孙布占、色克图、鼎鼐、舒泰等现管佐领，原立佐领人子孙既情愿推让分额，出缺后，即以出缺人员子孙拟正，扬古利二子后裔内拣选拟陪，曾管该佐领之人子孙及扬古利子孙普遍拣选列名。伊等让分之佐领，若由扬古利子孙管理，出缺后，仍于出缺人子孙内拣选拟正，管过该佐领之人子孙拣选拟陪，扬古利子孙及管理过该佐领之人子孙普遍拣选列名。未管过佐领人员子孙无分。照此，将额勒登额等七佐领家谱，一并恭呈御览外，类似之正黄旗蒙古灵山、曾保，正蓝旗满洲仪素特佐领俱照此例办理。

一件

查镶红旗满洲〔蒙古〕武尔图纳思图、佛宝、阿忠阿、纳松阿等所管勋旧佐领，从前武尔图纳思图叔高祖必拉喜自喀喇沁地方带领所部投顺，初编佐领，令伊管理。嗣因必拉喜绝嗣，现以伊亲兄噶尔玛色楞子孙管理。办理佐领根原事务王大臣、八旗王大臣虽以原立佐领人绝嗣，以亲兄之子孙照例一体给分，并未将拟正、拟陪、列名分别定拟。今臣等议得，查世职承袭之例，世职官员有嫡派子孙者仍令承袭外，若无嫡派子孙，以亲祖父、亲伯叔兄弟之子孙承袭。管过佐领之人俱系原立佐领必拉喜之亲兄子孙，给予分额既与例相符，其绝嗣人亲兄子孙内，不论已未管过佐领，俱一体给分。其长房管佐领，出缺后，由出缺之人子孙拣选拟正，次房子孙拣选拟陪，其余人员普遍拣选列名。次房出缺，拣选出缺之人子孙拟正，长房子孙内普遍拣选拟陪，其余一体拣选列名。若四个佐领俱由一支管理，出缺后，伊等支派现管佐领，仍将出缺之人子孙拣选拟正，既属不均，应于无佐领支派内拣选拟正，出缺人子孙拣选拟陪，其余人员普遍拣选列名。此内毕礼克养子鄂齐礼系异姓，并非同族，鄂齐礼之子孙现虽管理佐领，照例不应有分。但康熙三十年六月，拣放毕礼克员缺时，蒙圣祖仁皇帝降旨：现列名官员系毕礼克之属人，既经抱养，即为亲子矣。着将毕礼克养子鄂齐礼拟正，骑都尉札什拟陪。钦此。故毕礼克之养子鄂齐礼之子孙亦可一体给分。照此，绘制镶红旗蒙古武尔图纳思图、佛宝、阿忠阿、纳松阿家谱，一并恭呈御览。查原立佐领之必拉喜绝嗣，方由亲兄子孙管理。因原立佐领之人并未立嗣，恐致香火断绝。嗣后管佐领之人为原立佐领之人立嗣，毋使绝嗣可也。

一件

查正蓝旗满洲觉罗永禄、伊礼布等勋旧佐领，原以觉罗诺木环专管，令属下人挖参，故作为勋旧佐领。诺木环绝嗣，今由伊亲伯父之孙觉罗永禄、伊礼布管理。虽经办理佐领根原事务王大臣、八旗王大臣定拟，照原立佐领人绝嗣，由亲兄弟、亲伯（叔）子孙承袭之例一体给分，然并未拟定拟正、拟陪、列名分额。今臣等议得，查世职承袭之例，世职官员有嫡派子孙者，仍令承袭外，若无嫡派子孙，将其亲祖父、伯叔、兄弟之子孙承袭等语在案。现在管过佐领者俱系原立佐领人亲兄弟、伯叔子孙，既与给分之例相符，其由绝嗣人亲兄弟子孙管理者，其亲兄弟之子孙内不论已未管过佐领，均一体给分。若无亲兄弟，以亲伯叔子孙管理者，亦于其亲伯叔子孙内，不论已未管过佐领，均一体给分。其亲伯叔祖子孙内，虽曾管过佐领，例应无分，仍不给分。原立佐领绝嗣之人亲兄弟、伯叔子孙内，若仅存一支且由该

350

支内长房管理佐领者，出缺后，以出缺人之子孙拣选拟正，次房子孙普遍拣选拟陪，别房子孙普遍拣选列名。出缺之人或绝嗣，或因罪革退子孙例不应入挑，仍于出缺之长房内拣选妥善之人，普遍拣选拟正，次房子孙拣选拟陪，其余房子孙拣选列名。若次房子孙管理佐领，出缺后，将出缺之人子孙拣选拟正，长房子孙普遍拣选拟陪，其余房子孙拣选列名。出缺之人或绝嗣，或因罪革退子孙不应入挑，该支虽有亲兄弟、伯叔子孙，亦不得拟正，仍于长房子孙内普遍拣选拟正。若长房现有佐领，停其拣选，于无佐领支派子孙内拣选拟正。出缺支派、其余支派，逐房拣选拟陪、列名。若两个佐领俱以一支管理，出缺后，该支既有佐领，仍以出缺人子孙拟正，既属不均，理应于无佐领支派子孙内择优拟正，其余各支、出缺支派子孙拣选拟陪、列名。若有两支管理佐领，出缺后，以出缺之人子孙拟正，另一支拣选拟陪，其余普遍拣选列名。照此，绘制正蓝旗满洲觉罗永禄、伊礼布家谱，一并恭呈御览外，类似之镶黄旗满洲车尔特、正白旗汉军沈铎、镶红旗满洲福勒贺等佐领亦皆照此例办理可也。看得此内福勒贺所管勋旧佐领家谱，绰和诺系原立佐领人，绝嗣后以其兄翁格尼、弟噶尔达等子孙管理。绝嗣佐领，由亲兄弟支内不论已未管过佐领，俱一体给分。哈哈纳虽系原立佐领绰和诺之亲兄，其子孙并未管该佐领，哈哈纳既另立佐领，以伊子孙管理，则福勒贺所管佐领补放时，该支派无分。查得此等佐领，因原立佐领人绝嗣，方由亲兄弟伯叔孙管理。若不为原立佐领之人立嗣，必致香火断绝。嗣后，着令管理佐领之人为原立佐领人继承香火，庶永不至断绝。

一件

（郑、刘二姓互管之勋旧佐领，原文为汉文，已见前）

一件

多罗慎郡王等谨奏，为谨遵上谕议复事。

准正蓝旗汉军咨开，本旗奏，为请旨事。臣等查办补放佐领佟铎所出员缺，兹据原立佐领佟养性二世孙一等子佟镕等讼称，先祖西乌里额驸佟养性有壮丁一千二十八名，初编七个勋旧佐领。经本旗再三查明部档，奏准作为勋旧佐领在案。今办理佐领根原事务王大臣等复奏请定为勋旧佐领。

351

奉旨：依议。钦此钦遵。亦在案。但初编佐领时，因先祖人少，故令族人管理，或亦有佐领下人管理者。从前每次出缺，均以族人引见。因本族无人，方以伊等列名，以致佟钫祖父子孙累代承袭数次。今佟钫出缺，伊等不以本族人员引见，复以伊等伯曾祖图占作为西乌里额驸佟养性养子，称该佐领分给图占，绝嗣后即以伊等拣放。惟图占虽系西乌里额驸佟养性养子，但早已绝嗣，该佐领理应归还原立佐领人嫡派后裔。再，若佟钫果系图占子孙，职等亦无争议。佟钫系佟义林子孙，岂可有分？且议定勋旧佐领之奏折内曰：勋旧佐领之补放，与世管佐领有间，原立佐领人子孙有分，别支子孙虽管过佐领，亦不给分。佟钫一系虽管理数次，然实非图占之子孙，若将伊等列名拣放，则原立佐领人之嫡派后裔反无分额，诚与原折不符等语。据佟钫之弟佟镧等呈称，该佐领从前屡次具报作为世管佐领，雍正七年，子爵齐福等将佟镧之兄佟钫请至家中，商议将此佐领报为勋旧佐领，以足其家七个勋旧佐领之数。因佟镧之兄未允，乃议定将图占作为佟养性之养子，即作为分给图占之佐领。因图占绝嗣，乃由亲弟佟义林管理，若由其一支承袭，则与世管佐领无异。查办佐领源流时，曾调取齐福甘结，将该佐领作为分给图占之佐领记录在案。若果系伊先祖所编，该佐领内何以无佟养性之男丁等情。臣等即查阅从前办理佐领根原奏折，该佐领系以西乌里额驸佟养性壮丁一千二十八名编立七个佐领之一，佟钫之伯曾祖图占系佟养性养子，彼时分给一个佐领。图占中炮阵亡，令佐领下人刘岳科管理。身故后，令图占之子惠福、佟国彦管理。佟国彦绝嗣，令图占族弟佟祥年管理一次。绝嗣后，又令图占亲弟佟义林之子孙管理。至佟钫父子共袭三代。佟养性子孙原先并未列名，且原立佐领佟养性之二世孙齐福呈称，该佐领乃分给养子图占之佐领，照旧将伊等绘入家谱，另行呈报等语。臣旗奏准佟钫之祖佟义林一支有分，交办理佐领根原事务王大臣、八旗大臣等复议，作为勋旧佐领在案。又据佟镧等呈称，齐福等与其兄佟钫商议，将此佐领更改为勋旧佐领上报。将此情节询问齐福等，佥称并无此事。事无凭据，是以不便将佟镧一面之词写入档册。又称此佐领内并无佟养性之男丁。查，从前屡次明白具奏，佟养性有壮丁一千二十八名，编为勋旧佐领在案。该佐领并无佟养性之男丁之语，更属混供。臣等看得，拣放勋旧佐领，与世管佐领有间，原立佐领人子孙有分，其余支派子孙虽曾管过佐领，亦无分额。当令画押，以杜日后争讼，八旗俱照此例办理。佟钫所管系以西乌里额驸佟养性所属壮丁一千二十八名所编之佐领，立佐领之佟义林一支并非佟养性正派后裔，若照从前作为分给亲兄图占管理、后以佟义林子孙管理三代、原立佐领佟养性之子孙并未列名之佐领办理，仍给佟义林之子孙分额，亦应于佟养性之子孙画押之后作为信档。不料，因臣旗前任都统降调之朱震等，仅以佟养性之二世孙齐福等之画押为凭，即定佟义林一支有分，遗漏佟镕、佟镽等未曾画押，致佟镕等争告此佐领乃伊之始祖佟养性佐领，其嫡派后裔皆应有分，因佟义林既非嫡派亦非养子，是以俱不应有分。从前所办甚属怠玩，理应将怠玩公事降级调用之前任都统朱震等参奏，除交部察议外，此佐领如何给分之处，请交钦派办理佐领得分王大臣等议定后，臣等再分别拣选带领引见。臣等管见，未敢擅便，谨奏请旨。等因。乾隆四年十月二十八日具奏。本日奉旨：依议。钦此钦遵。臣等查得，该佐领原系以西乌里额驸佟养性一千二十八名男丁所编七个勋旧佐领（之一），分给佟养性养子图占管理。图占绝嗣，以图占亲弟佟义林子孙管理，至佟钫已管过三代。查，拣放勋旧佐领之例，原立佐领人子孙有分，亲兄弟虽曾管过佐领，亦不给分。佟钫之祖佟义林并非带领人丁投顺之佟养性嫡派子孙，亦非图占嫡派，是以不便给分。拣放佟钫佐领员缺时，佟义林子孙无分。今佟钫出缺，应于原带人投顺之佟养性子孙内拣放。为此谨奏请旨。

乾隆四年十二月十四日交奏事郎中张文彬等转奏。本日奉旨：拣放该佐领，亦于佟义林之子孙内选一二人，一并引见，给予备分。其余依议。钦此。

多罗慎郡王臣允禧
太子太保议政大臣领侍卫内大臣尚书果毅公臣讷亲
都统臣都赖
御前行走都统臣永兴
副都统臣李元亮

一件

多罗慎郡王等谨奏，为请旨事。

臣等查镶黄旗汉军咨送清泰所管佐领，从前奉特旨赏给温宪公主一个佐领，以佐领下人佟祥伟管理。续由额驸舜安颜之亲叔清元管理，现由舜安颜之亲叔清泰管理。拣放佐领时，该旗奏准：该佐领系赏给公主之佐领，额驸舜安颜系佟国维亲孙，故佟国维之子孙俱有分等因。和硕庄亲王允禄等惟将带来属民情节奏准，并未议定佐领根原。查阅家谱，额驸舜安颜名下写有"原立佐领"字样。查得，清泰所管佐领内，有公主陪嫁壮丁十名外，其余人员俱系伊曾祖图赖佐领之人。该佐领或以舜安颜作为根原，或以图赖作为根原一案，迄未议定。查镶白旗满洲查送之福禄、富宁、图敏等勋旧佐领，原系以蒙古慎国霍、罗屯、莽格图带来之五百人编设，以蒙古慎郭和之子喀尔喀玛管理。蒙古慎国霍、罗屯、莽格图等子孙陆续管过佐领。现分为三个佐领。该旗奏准：福禄、富宁、图敏等所管佐领，带来人丁之蒙古慎国霍、罗屯、莽格图等子孙俱有分。等因。办理佐领根原事务王大臣、八旗王大臣议奏：拟定给分之处，请饬钦派王大臣等查办可也。等因。臣等详查，雍正九年内阁查奏勋旧佐领、世管佐领时，镶白旗满洲咨送档册内开，佐领石相等呈称，曾祖蒙古慎国霍、罗屯、莽格图等自讷殷带领子弟并噶山壮丁五百名投顺，初编佐领，由曾祖喀尔喀玛管理，后陆续管理，今滋生为三个佐领，以石相、塞尔德、勒尔肯管理。雍正五年补放兑奇员缺时奉上谕：兑奇佐领自额塞赫等勋旧佐领分出后由佟济管过一次，特因该佐领下人绰吉等钻营所致。该佐领虽未作为额塞赫子孙佐领，亦应给图世希、赫尔根等，与佟济管过佐领有何关涉，着将佐领撤出，兑奇之缺着由塞尔德补放，作为勋旧佐领。钦此钦遵在案。额善等既已查明该佐领奉旨作为勋旧佐领，毋庸议外，佐领福禄等虽称系伊等始祖蒙古慎国霍、罗屯、莽格图等自讷殷窝集带领子弟、噶山壮丁五百名投顺后编为佐领，然佐领下人皆称系蒙古慎国霍带来之人，并未提及罗屯、莽格图。查办佐领根原时，或以蒙古慎国霍、罗屯、莽格图三人为根原，或以其中一人为根原，并未分析定议。臣等议得，拣放此等佐领时，俱照根原办理。但该四个佐领根原尚未查清，不便立即办理给分。臣等请将清泰、福禄、福宁、图敏等勋旧佐领，复交办理佐领根原事务王大臣、八旗王大臣，将佐领根原定拟具奏。俟咨送前来时，臣等即将给分之处另行定议具奏。为此谨奏请旨。

乾隆四年十二月十四日，交奏事郎中张文彬等转奏。本日奉旨：依议。

钦此。

多罗慎郡王臣允禧

太子太保议政大臣领侍卫内大臣大学士果毅公臣讷亲

都统臣都赖

御前侍卫都统臣永兴

副都统臣李元亮

一件

　　值月正红旗移咨镶黄旗满洲，票签处抄出尚书果毅公讷亲奏，查镶红旗满洲天津都统福昌之轮管佐领出缺，以伊子傅勒赫拟正带领引见。奉旨将轮管佐领如何按支均分分额之处交臣议奏。查得，从前办理八旗世职、佐领给分事务王大臣等议奏，轮管佐领各支俱有分额，若一支管理佐领，出缺后，以出缺人子孙拟正，另一支拣选拟陪，其余普遍挑选列名。若两佐领俱由一支管理，出缺后，该支派既管过佐领，又得拟正，既属不均，应以无佐领支派拣选拟正。等因。具奏在案。王大臣等照此定例陆续查奏京城八旗内轮管勋旧佐领一员、世管佐领十七员，察哈尔等地方勋旧佐领一员、世管佐领五员，共轮管佐领二十四员。此等佐领出缺后，向皆照此议定办理。臣等调阅伊等佐领家谱逐一详看，有两姓轮管一个佐领者，有三四姓轮管一个佐领者，亦有两个佐领由两姓各管一个者，两姓轮管佐领现俱由一姓管理者，又有于轮流管理之佐领外各自另立勋旧佐领、世管佐领每姓一体得分者。若仍照从前议定，将出缺之人子孙拟正，陆续管理，将致一方占据佐领，实属不均。兹臣等遵旨议奏，嗣后两姓互管一个佐领者，出缺后，由出缺一边拟陪，另一边拟正，两边普遍列名。三四姓轮管一佐领者，以出缺一边拟陪外，于其余异姓人员内择优拟正，其余列名。再遇出缺，仍照此办理。再，两姓互管之两佐领俱由一姓管理者，一个佐领出缺，由无佐领一边拟正，出缺一边拟陪。两姓各管一个佐领出缺者，仍以出缺一边拟正，另一边拟陪，两边普遍拣选列名。另一佐领出缺，亦一体办理。相应每支分额均等，又不致一边独占。再，互管佐领内有分人员，有各家另立勋旧佐领、世管佐领者，虽各支派皆有佐领，然彼此无分，出缺后，仍照现在所拟，由出缺一边拟陪，另一边拟正。该旗出具家谱，将另有佐领人之原由粘签，恭候补放。俟命下之日，饬八旗并各处将现有互管佐领悉照此办理可也。等因具奏。

乾隆八年十二月初一日奏入。奉旨：依议。钦此钦遵。抄出。为此移咨。

《钦定拣放佐领则例》下册

乾隆六年奏准优异世管佐领三十六员，共五条。计开：

一、原立佐领人子孙，亲兄弟、伯叔子孙承袭优异世管佐领给分例；

一、原立佐领人子孙、兄弟之子孙承袭恩赐世管佐领给分例；

一、嫡派子孙管理之优异世管佐领给分例；

一、原立佐领人绝嗣，以亲兄弟子孙管理优异世管佐领给分例；

一、原立佐领人绝嗣，以亲兄弟、伯叔子孙管理优异世管佐领给分例。

和硕和亲王臣等谨奏，为谨遵上谕议复事。

乾隆三年十一月初十日奉上谕：从前八旗承袭世职官员、佐领时并无家谱，皆由管旗大臣拣选奏放。嗣恐管旗大臣办理偏私，虽添家谱，而或有将不应与挑之人挑选，将应挑之人反为裁减，且于佐领原由亦多不明晰。八旗佐领根原，若不详查酌定，日后必至争讼不息。因屡降谕旨，交王大臣等详细查办。今览八旗议定进呈家谱，其勋旧佐领系功臣等带来奴仆，或因奋勉赏予奴仆作为佐领，故惟将始立佐领人员之子孙挑选，无论曾否管过佐领，概予有分。其始立佐领人员之亲兄弟，虽曾管过佐领，而其子孙亦作为无分。其世管佐领，或因其将所属一处之人带来作为佐领令其管理，或初立佐领时即管佐领，后因接管数世，遂作为世管佐领。又有优异佐领者。今惟将初管佐领人员之子孙作为应得正分，续管佐领人员之子孙视其佐领根原，分其支派之远近，量其管理次数之多寡，有定为正分应得者，有定为拟陪、拟备者。又有始管佐领人员之子孙，念其祖先，虽无分别支之人均系一祖之后裔，亦准列入承袭有分之内。或因本支原有佐领，其他佐领让与别房无佐领之人。又有准其所请，将有数个佐领者每支各分占一佐领，以均承袭之分。再，补放佐领、世职官员，将出缺人之子孙拟正，将原立佐领人员长房子孙分别拟陪。如出缺人无嗣，有将原立世职、佐领之长房子孙拟正带领引见者，亦有将次房辈长之人，因与原立世职人员支派较近拟正，长房之子孙拟陪带领引见者。再，所绘家谱，只将有分人员绘入，无分人员裁减。或不论有分无分，概行绘入家谱，将其事故注写于旁。所办均未详细。再，阅八旗所进家谱，有由原立佐领内分出一二佐领者，亦有分出数佐领者，其奏放所分出佐领时，有于原佐领上贴黄签者，亦有于分出佐领上贴黄签者。八旗所办并不画一。今既清查佐领根原，永垂定例，若不详细查明，定为画一章程，将来复生争端，管旗大臣亦难遵行办理。所有佐领根原，除令原派出之王大臣详细议奏外，着派慎郡王，公讷亲，都统都赉，副都统永兴、李元亮等，将王大臣所议奏之佐领详加斟酌，分别定为应拟正、拟陪、拟备之分。其应入家谱与不应入家谱，贴签何以分别明白等处，详为画一办理。其八旗世袭官员袭职家谱，亦着一并详查定拟具奏。乾隆五年三月初九日，奉上谕：拟办八旗承袭分例之事宜，着和亲王一同办理。钦此钦遵。臣等谨思，惟吾圣主办理八旗事务，务期允协，无微不至。今因八旗世职、佐领承袭，未能画一、均匀定分，特降谕旨，令臣等详查，妥协办理，以永着为例。此乃圣上垂念昔日效力疆场、著有功绩人员之子孙，或有不肖之徒，借端图谋世职佐领之分，因而争讼，致伤和睦，恐管理旗务大臣有办理偏私之至意。臣等查得，八旗陆续查送之世管佐领内，优异世管佐领、恩赏世管佐领三十六员。补放勋旧佐领之例，原立佐领人子孙有分，亲兄弟子孙虽管过佐领亦不给分。补放世管佐领之例，管过佐领之嫡派子孙有分，未管过佐领兄弟子孙无分。若将此等专管佐领照补放勋旧佐领办理，其专管佐领之人并无带来诸申、挖参等情节。若照世管佐领例办理，则原立佐领之人著有劳绩，方得专管，与寻常世管佐领有间。臣等据理酌情分别议定给分之例。此等优异世管佐领、恩赏世管佐领内，原立佐领人亲兄弟、伯叔子孙管理之佐领出缺，将原立佐领人子孙拟正，出缺人子孙拟陪，其余原立佐领人子孙及管过该佐领兄弟、伯叔子孙普遍拣选列名。原立佐领人子孙管理佐领出缺，以出缺人子孙拟正，管过该佐领之兄弟、伯叔子孙普遍拣选拟陪，其余原立佐领人子孙及管过佐领之兄弟、伯叔子孙普遍拣选列名。补放世管佐领给分之例，仅管过佐领者得分，未管过者不给分。此等优异佐领内，若原立佐领

357

时即为专管，则自原立佐领人给分。若系父祖管理佐领至孙辈始令专管者，仍照原立佐领人给分。原立佐领人亲兄弟、伯叔子孙轮管之正蓝旗满洲荣山等恩赏优异世管佐领二十员，俱照臣等现在议奏之例办理。其余十六员内，镶白旗满洲查哈里等十一个佐领，俱由原立佐领人嫡派子孙管理，并无复查情节毋庸议外，镶红旗满洲钦拜等五个佐领，虽系专管，惟原立佐领人绝嗣，现俱由兄弟、亲叔祖子孙管理。查臣等从前为拣放世管佐领，逐一奏准给分交八旗大臣作为定例遵办。此类佐领出缺，即照臣等议奏办理。拣放佐领家谱，仍照从前所奏，惟将有分之人写入，将无分之人裁去。照此，臣等将援引成例定议给分五项另誊折件，逐一绘制家谱，一并恭呈御览。俟命下之日，交八旗大臣作为定例遵行办理可也。为此谨奏请旨。乾隆六年七月二十日交奏事御前三等侍卫五十七等转奏。本月二十三日奉旨：依议。钦此。

和硕和亲王臣弘昼

多罗慎郡王臣允禧

太子太保议政大臣领侍卫内大臣果毅公臣讷亲

御前侍卫都统臣永兴

副都统臣李元亮

一件

查正蓝旗满洲堆齐、荣山、五十九等优异世管佐领，堆齐等始祖阿三投顺太祖皇帝，初编佐领，以阿三管理。陆续承袭，现滋生为三个佐领，以原立佐领阿三之三世孙堆齐、阿三亲弟扎尔海之三世孙五十九、阿三亲弟噶赖之四世孙荣山各管一个。雍正九年内阁奏准，阿三虽专管佐领，但带领阿勒塔西穆奇地方七个噶山满洲来投情节，《实录》、无圈点档册不载，且未带来诸申，请作为世管佐领。具奏在案。办理佐领根原事务王大臣、八旗王大臣议复：荣山、图纳、五十九等佐领系阿三所立专管佐领，故荣山之原佐领并图纳、五十九等滋生佐领出缺后，阿三子孙一体有分。再，因阿三之原佐领由阿三亲弟噶赖、阿三次弟阿达海之孙章格、莽嘉、方格，方格之子范岱、范岱之子丰申、噶赖四世孙荣山陆续管理，原佐领出缺，于原立佐领阿三子孙及管过佐领之噶赖、章格、莽嘉、方格、范岱、丰申、荣山等子孙内一并分析补放，滋生佐领不给分。二次滋生佐领以阿三之三弟扎尔海二世孙和善、和善之子五十九管理，出缺后，于原立佐领阿三之子孙及管过佐领之和善、五十九等子孙内，一并分别补放，原佐领、初次滋生佐领不给分。再，绝嗣者毋庸议外，未管过佐领人子孙不给分等因议奏。臣等查得，拣放勋旧佐领之例，原立佐领人之子孙有分，亲兄弟虽管过佐领亦不给分。补放世管佐领，管过佐领人子孙有分，未管过佐领亲兄弟子孙亦不给分。此等专管佐领，若照勋旧佐领例办理，则专管佐领之人并未带来诸申，亦无挖参等情节。若照世管佐领之例办理，其原立佐领人著有功绩，方定为专管，固与寻常世管佐领有间。臣等据理酌情，分别议得，堆齐之初次滋生佐领，仅原立佐领阿三子孙管过，其亲兄弟子孙未管过，照原立佐领人嫡派子孙给分例办理外，原立佐领阿三之亲弟扎尔海之三世孙五十九之二次滋生佐领出缺，以原立佐领阿三子孙拟正，出缺人子孙拟陪，原立佐领人子孙并管过该佐领并出缺人子孙普遍拣选列名。原立佐领阿三之亲弟噶赖之四世孙荣山之原佐领出缺，以原立佐领阿三子孙拟正，管过该佐领之噶赖系原立佐领阿三亲弟，阿三亲弟阿达海之孙内管过佐领之章格、莽嘉、方格等亦为阿三亲弟之后人，应一体给分，于管过该佐领人子孙内普遍拣选，一支拟陪，一支列名。相应，绘制堆齐、荣山、五十九家谱，一并恭呈御览外，类似之镶黄旗满洲之伍什保、庆德、赫星，正白旗满洲之纳汉泰、那颜泰、西尔哈，正红旗满洲之察德、恩特赫、星泰、舒隆阿、福森布，镶白旗满洲之布颜泰、富成额，正蓝旗满洲之六十、成明等所袭佐领亦照此办理。

一件

查镶黄旗满洲喀都里、三泰等世管佐领，从前奉旨查出无主之佐领，赏给奶公满都里管理。此后陆续滋生，现分为两个佐领，以原立佐领满都里、满都里亲兄桑古子孙轮管，现以满都里之子喀都里管理滋生佐领，桑古之子三泰管理原佐领。该旗拣放佐领时奏称，从前奉世祖皇帝谕旨查明旗内无主佐领，赏给奶公满都里管理，故满都里子孙俱有分。噶都珲、拉都珲虽管过佐领，但辈分远。该佐领与寻常世管佐领有间，噶都珲、拉都珲子孙等不给分。佐领三泰等子孙照理不应给分，但拣放喀都里员缺时曾奉上谕：带来族人者如何，赫硕色行辈近，着以赫硕色管理。钦此钦遵。即以赫硕色管理。现将三泰算入，其兄弟已管过四次，应于三泰及管过佐领三泰之囊武、南西、赫硕色等子孙内，择优给予备分。如人不及，即停其拣选。若伊等管佐领，出缺后，子孙仍给备分，永不得拟正。等因具奏。办理佐领根原事务王大臣、八旗王大臣等议复：该旗所办三泰等佐领与例相符，请依议办理可也等情。臣等从前奏准拣放世管佐领给分定例，原立佐领人有嫡派子孙，而以亲兄弟、伯叔子孙管理之佐领内，向仅以原立佐领人子孙管理，未以亲兄弟子孙管理者，仅原立佐领人之子孙有分。臣等议得，除照嫡派子孙管理之世管佐领例办理外，原立佐领人有嫡派子孙，以原立佐领人亲兄弟、伯叔子孙管理者，一体给分，出缺支派拟正，原立佐领人子孙、管过该佐领人子孙普遍拣选拟陪、列名。原立佐领人子孙管理佐领出缺，或绝嗣，或缘事革退子孙不应入挑，原立佐领人仍有其他子孙，仍于本支内普遍拣选拟正。若原立佐领人亲兄弟、伯叔子孙管理佐领，出缺后，或绝嗣，或缘事革退子孙不应入挑，伊等并非原立佐领人子孙，该支派虽有人，亦不得拟正，仅可拟陪，应于原立佐领人子孙内普遍拣选拟正，其余原立佐领人子孙、管过该佐领人子孙一体拣选拟陪、列名。等语。作为定例办理在案。臣等查得，世管佐领内，原立佐领人亲兄弟、伯叔子孙与管佐领人一体给分，但该佐领系恩赏奶公满都里之佐领，与寻常世管佐领有间。臣等议奏拣放优异世管佐领时，原立佐领人亲兄弟之子孙管理佐领者，仅令拟陪，原立佐领人子孙拟正。因系恩赏佐领，请照臣等所议给分。喀都里之滋生佐领，仅以原立佐领满都里子孙管过，伊亲兄子孙未管过，除照原立佐领人嫡派子孙管理佐领例办理外，三泰之原佐领出缺，以满都里子孙普遍拣选拟正，以满都里亲兄桑古，管过佐领之囊武、南西、三泰等子孙拣选拟陪，原立佐领人子孙并曾管过此佐领人子孙普遍拣选列名。若佐领由满都里子孙管理，出缺后亦照此例办理。另，满都里之亲伯忒伊顺之子噶都珲、拉都珲，亲兄桑古之子赫硕色，虽管过初次滋生佐领，但该佐领已作为公中佐领，故不给分。照此，绘制三泰、喀都里家谱，一并恭呈御览。

一件

镶白旗满洲查哈里、查朗阿等优异世管佐领。查哈里等高祖长住投顺太祖皇帝，初编佐领，以长住管理。出缺后以其子查木布承袭。陆续管理，现滋生为两个佐领。原立佐领长住之三世孙查哈里管理原佐领，查朗阿管理滋生佐领。雍正九年内阁奏准：查木布虽暂专管一个半分佐领，但长住带来两百户投顺情节，《实录》、无圈点档册内并无记载，且无带领诸申挖参情节，故作为世管佐领可也。等因具奏在案。该旗奏称，据佐领查哈里等呈称，补放该世管佐领，长住子孙有分，其他支派无分。等语。臣等详细复核，俱与例相符，相应令伊等族人各于名下画押。等因。办理佐领根原事务王大臣、八旗王大臣等议复，请饬钦派王大臣将补放佐领给分事宜查送办理。等因。臣等从前拟定勋旧、世管佐领给分事宜时奏准，原立佐领人嫡派子孙管过佐领人员内，长房出缺，以出缺人子孙拟正，别房子孙拟陪、列名。出缺人绝嗣，或缘事革退子孙不应入挑，仍于出缺之长房内普遍拣选拟正。次房出缺，以出缺人子孙拣选拟正，长房子孙普遍拣选拟陪，别房子孙拣选列名。出缺人或绝嗣，或缘事革退子孙不应入挑，该支派虽有亲兄弟、伯叔子孙，亦不拟正，仍于长房子孙内普遍拣选拟正。若长房现管佐领，即停其拣选，将未管过佐领支派子孙拣选拟正，出缺支派、其余支派逐房拣选拟陪、列名。若其二、三佐领俱以一支管理，出缺时，该支现管佐领，若仍将出缺人子孙拟正，则分额不均，应于无佐领支派子孙内择优拟正，其余支派、出缺支派子孙拟陪、列名。现作为定例办理。勋旧佐领、世管佐领、优异世管佐领根原不同，然管理佐领之原由无二，故以原立佐领人嫡派子孙管理之优异世管佐领，俱照臣等从前奏准之嫡派子孙管理之勋旧佐领、世管佐领拣放例办理可也。照此，除绘制查哈里、查朗阿等家谱，一并恭呈御览外，类似之镶白旗满洲李柱、六十保，镶红旗满洲之奇科塔哈、彻尔素，正蓝旗满洲鄂金、伍什哈齐、奇通阿、额勒登额、鄂岱等佐领亦照此办理。

一件

查镶红旗满洲钦拜、岳成额等优异世管佐领原系钦拜等伯曾祖劳萨之内牛录，因战场效力，赐号硕翁科洛巴图鲁，专管壮丁百名，令劳萨初管。陆续管理，现滋生为两个佐领。原立佐领劳萨绝嗣，现以其亲弟罗璧之二世孙钦拜、三世孙岳成额管理。雍正九年内阁奏准：劳萨虽专管壮丁百名，但《实录》、无圈点档册内并无带来诸申、挖参情节，请作为世管佐领。等因。该旗奏称，据佐领岳成额、署理佐领事务四品官固宁阿等呈称，拣放佐领时，本族内阿球巴图鲁子孙俱有分，商古、沙尔图、齐齐拉哈、郑克、墨尔根、巴尔孙、南图等子孙无分。此内巴尔孙之三世孙顾巴查虽管过滋生佐领一次，绝嗣后，亦不得分。等语。臣等查得，拣放世管佐领，管过佐领人子孙有分，未管过佐领亲兄弟子孙无分。该佐领原系钦拜之伯曾祖硕翁科洛巴图鲁劳萨佐领，绝嗣后，给亲弟罗璧管理，其原管佐领罗璧子孙，于补放佐领时有分，俱于名下画押外，佐领钦拜等与塔奇纳系同支，视同劳萨、罗璧亲兄之孙，于补放佐领时亦应得分。等因。但钦拜等佐领系世管佐领，塔奇纳一支既未管过，故不得分，令于名下画押。补放钦拜等佐领时，塔奇纳一支毋庸议。此内巴尔孙三世孙顾巴查虽曾管过一次，既已绝嗣，仍照钦拜等所呈不议。另，劳萨同族之商古、沙尔图、齐齐拉哈、郑克、墨尔根、巴尔孙、南图等子孙原未管过佐领，俱不给分，相应画押。等因具奏。办理佐领根原事务王大臣、八旗王大臣等复奏：拣放佐领给分之处，交钦派王大臣等查办可也。等因具奏。臣等从前拟定勋旧佐领、世管佐领给分事宜，原立佐领人绝嗣，现有以亲兄弟、伯叔之子孙管理者，亦有虽有亲兄弟仍以亲伯叔祖、伯叔曾祖子孙并不能叙入家谱之远支人员子孙管理者。此等佐领系世管佐领，与勋旧佐领有间。查补放世管佐领之例，管过佐领人员子孙有分，未管过佐领之亲兄弟子孙无分。臣等据理酌情，照其辈分之远近定议，此等绝嗣之佐领出缺后，绝嗣人之亲兄弟子孙无论已未管过佐领，俱一体给分。无亲兄弟子孙，亲伯叔之子孙无论已未管过佐领，俱一体给分。若无亲兄弟、伯叔子孙，照辈分近者照此给分。一支管理佐领出缺，照嫡派子孙例办理。若系两三支管理之佐领出缺，将出缺人之子孙拟正，其余支派普遍拣选拟陪、列名。等因具奏。现作为定例。该佐领虽系专管佐领，因专管佐领之硕翁科洛巴图鲁劳萨绝嗣，故劳萨亲兄塔奇纳、亲弟罗璧之子孙内，不论已未管过佐领，皆应给分。故照臣等先前议奏，原立佐领人绝嗣，照以佐领亲兄弟子孙管理之世管佐领例办理。岳成额之滋生佐领，虽由劳萨亲伯祖巴尔孙三世孙顾巴查管过一次，既已绝嗣毋庸议外，钦拜、岳成额等佐领出缺，伊等支派内现有一个佐领，复以出缺人子孙拟正，则分额不均，应以劳萨亲兄塔奇纳子孙拣选拟正，出缺人子孙拟陪，塔奇纳、罗璧两支内普遍拣选列名。若两佐领由两支管理出缺，以出缺人子孙拣选拟正，另一支子孙拣选拟陪，其余两支子孙普遍拣选列名。照此，绘制岳成额、钦拜等家谱，一并恭呈御览。

一件

镶黄旗满洲释迦保、哈岱、清海等优异世管佐领。查从前释迦保等亲伯祖龚衮投顺太祖皇帝，编设半个佐领，由伊专管。陆续承袭，现滋生为三个佐领。原管佐领龚衮绝嗣，现以亲弟讷尔特之孙释迦保，亲叔祖尼马禅之二世孙哈岱、清海管理。雍正九年内阁奏准：龚衮虽专管半个佐领，但尼马禅、黑东格带来满洲壮丁五十五名情节，《实录》、无圈点档内并无记载，亦无带领诸申、挖参情节，作为世管佐领可也。该旗拣放佐领时奏准，据佐领释迦保、清海、哈岱及署佐领之索拜等呈称，职等世管佐领拣放时，族内管过佐领人子孙有分，未管过佐领人子孙无分。等语。但该佐领原以龚衮专管，从前拣放时，俱照伊等族人所呈于黑东格、尼马禅子孙内拣放。袭职之例，若效力人员绝嗣，以亲兄弟子孙承袭。龚衮既已绝嗣，该专管佐领理应令龚衮之弟讷尔特、拉都珲子孙管理。从前拣放佐领时，俱照伊等族人所呈于黑东格、尼马禅之子孙内拣放之处，不便更改。嗣后补放佐领时，或仅令龚衮之弟讷尔特、拉都珲子孙管理，或令管过佐领人子孙管理，或仍照该族从前所呈以黑东格、尼马禅子孙管理之处，请饬八旗大臣详查议定，臣等遵照办理可也。等因具奏。办理佐领根原事务王大臣、八旗王大臣等复奏：释迦保、哈岱、清海等佐领，原系释迦保亲伯祖龚衮之优异世管佐领，分出滋生佐领后由族子清海、哈岱管理。龚衮绝嗣，理应照袭职之例，分别支派远近，以龚衮亲弟讷尔特、拉都珲子孙管理。但佐领向以黑东格、尼马禅子孙补放，现不给分，事属不便。佐领释迦保确系龚衮亲弟讷尔特后人，理应分别支派远近办理。嗣后释迦保佐领出缺，惟令讷尔特、拉都珲子孙承袭，尼马禅之孙清海、哈岱等佐领，系由原佐领分出之滋生佐领，若清海、哈岱等出缺，于黑东格、尼马禅两房子孙给分可也。等因。臣等从前拟定补放世管佐领事宜，原立佐领人绝嗣，有以亲兄弟、伯叔子孙管理者，亦有虽有亲兄弟、伯叔之子孙，仍以亲伯叔祖、伯叔曾祖子孙，不能叙入家谱之远支子孙管理者。此等佐领系世管佐领，与勋旧佐领有间。查补放世管佐领之例，管过佐领人员子孙有分，未管过佐领之亲兄弟子孙无分。臣等据理酌情，视其辈分远近，拟定分额：此等绝嗣佐领出缺，其绝嗣人亲兄弟子孙，无论已未管过佐领，俱一体给分。无亲兄弟子孙，其亲伯叔子孙，无论已未管过佐领，俱一体给分。若亲兄弟伯叔绝嗣，将行辈近者照此给分。若仅以一支管理之佐领出缺，照以嫡派子孙管理佐领例办理。若以二三支管理之佐领出缺，将出缺人子孙拟正，其余支派普遍拣选拟陪、列名。原立佐领绝嗣之人有亲兄弟子孙，而由亲伯叔子孙承管者，予以同分。若以亲伯叔祖、伯叔曾祖子孙管理者，给予拟陪分额。若系以高祖以上、不能叙入家谱之远族管理者，给列名分额，伊等虽管过佐领，永不得拟正。等因。现作为定例办理在案。释迦保、清海、哈岱优异世管佐领，理应以原立佐领人子孙拟正，亲兄弟亲叔祖之子孙视其辈分远近分别拟陪、列名。但曾经专管佐领、著有功绩之人绝嗣，现管佐领之人系专管佐领人之亲弟、亲叔祖子孙，既应给分，释迦保之原佐领出缺，以出缺人子孙拣选拟正，龚衮之亲叔祖尼马禅子孙，及管过佐领之温都礼、谭都、达赖之子孙一并拣选拟陪，其余原立佐领人亲弟子孙、管过佐领人子孙拣选列名。哈岱、清海之初、二次滋生佐领出缺，以原立佐领人之两亲弟内拣选无佐领支派子孙拟正，管过二次滋生佐领之原佐领人亲叔祖尼马禅之孙常官保子孙普遍拣选拟陪，其余原立佐领人亲弟子孙、管过该佐领人子孙普遍拣选列名。照此，绘制释迦保、哈岱、清海家谱，一并恭呈御览。

附录二

东洋文库藏《缮折房六条例》

abkai wehiyehe i gūsici aniya omšon biyai gūsin de, jakūn gūsai hafan nirui kooli hacin be, jakūn gūsai wang ambasa, coohai nashūn i ambasai emgi acafi hese be dahame dahūme gisurefi wesimbufi toktobuha ninggun hacin i kooli

niru hafan ilibuha niyalmai banjiha juse omosi de bošobure sirabure kooli

niru ilibuha niyalmai banjiha juse omosi i dorgi ahūngga booi gargan i juse omosi de niru bošobufi, oron tucici, oron tucike niyalmai juse omosi be sonjofi cohobuki, gūwa gargan juse omosi i dorgi, niru bošoho mudan bici birabume sonjofi adabuki, funcehe niru bošoho gargan i juse omosi, niru bošohakū gargan juse omosi be gargan tome sonjofi gebu faidabuki,damu ahūngga booi gargan i teile niru bošoho, gūwa gargan i juse omosi aika gemu niru bošoho mudan akū oci, ahūngga boo emgeri cohoro ubu bahabuha be dahame, gūwa gargan i juse omosi be birabume sonjofi adabuki, gebu faidabuki,gūwa boo niru bošofi, oron tucike manggi, oron tucike niyalmai juse omosi be sonjofi cohobuki, ahūngga booi gargan i juse omosi i dorgi, aika niru bošoho mudan bici, ere gargan i dorgici niru bošoho bošohakū be bodorakū birabume sonjofi adabuki, funcehe niru bošoho gargan i juse omosi, niru bošohakū gargan i juse omosi be gargan tome birabume sonjofi gebu faidabuki, ahūngga booi gargan de aika niru bošohakū oci, niru bošoho gargan i dorgici sonjofi adabuki, niru bošohakū ahūngga boo, funcehe niru bošohakū gargan be gargan tome birabume sonjofi gebu faidabuki, gūwa gargan i juse omosi i dorgi, aika gemu niru bošoho mudan akū oci, kemuni ahūngga booi gargan i dorgici sonjofi adabuki, funcehengge be gargan tome sonjofi gebu faidabuki, niru bošoho ahūngga boo oron tucike niyalma, eici enen juse akū ojoro, eici weile de nakabufi, nirui janggin sidara de juse omosi be dosimbuci ojorakū oci, kemuni oron tucike ahūngga booi gargan i dorgici birabume sonjofi cohobuki, gūwa boo oron tucike niyalma eici enen juse akū ojoro, eici weile de nakabufi, nirui janggin sindara de juse omosi be dosimbuci ojorakū oci, ahūngga booi gargan de niru bošoho mudan bici birabume sonjofi cohobuki, niru bošoho mudan akū ojoro, ne niru bošoho mudan bici, gemu sonjoro be nakafi, gūwa gargan i niru bošoho mudan bisire juse omosi i dorgi sonjofi cohobuki, gemu niru bošoho mudan akū oci, kemuni oron tucike gargan i dorgici birabume sonjofi cohobuki, ne niru bošohongge bici, inu sonjoro be nakafi, uthai niru akū gargan i dorgici, ahūngga boo be bodome gargan aname sonjofi cohobuki, funcehe gargan, oron tucike gargan be birabume sonjofi adabuki, gebu faidabuki, hafan sirara baita be inu ere songkoi icihiyabuki, erei dorgi hafan ilibuha niyalmai banjiha juse omosi hafan siraha amala, geli hafan faššafi, da hafan de acabufi sirabuhangga be, hafan nonggiha gargan de aika cohoro ubu de isinarakū oci, adabure ubu bahabuki.

enculebuhe jalan halame bošobuho niru bošobure kooli

niru ilibuha niyalmai juse omosi, niru ilibuha niyalmai banjiha ahūn deo i juse omosi ishunde hiyaganjame bošobuha enculebuhe jalan halame bošoho niru serengge, niru ilibuha niyalma de gungge faššan bifi, teni niru enculebuhebi, an i jalan halame bošoho niru de duibuleci ojorakū, esei dorgi aika damu niru ilibuha niyalmai juse omosi teile bošoho, ceni banjiha ahūn deo i juse omosi de emu mudan inu bošohakū niru oci, niru ilibuha niyalmai juse omosi de ubu bahabuha kooli be dahame icihiyabureci tulgiyen, niru ilibuha niyalami banjiha ahūn deo i bošoho niru oron tucici, niru ilibuha niyalmai juse omosi de cohoro ubu bahabuki, oron tucike niyalmai juse omosi be sonjofi adabuki, niru ilibuha niyalmai juse omosi, ere niru bošoho niyalmai juse omosi be birabume sonjofi gemu gebu faidabuki, geli fukjin niru bošoho niyalma, umai niru enculebuhe ba akū, banjiha ahūn deo de bošobufi teni niru enculebuhe, gulu šanyan i manju gūsai nirui janggin nahantai, nalin, mingšu i jergi ilan niru bi, harangga gūsacai neneme ubu bahabuhangge neigen akū ofi, ereci julesi niru bošofi oron tucike niyalmai juse omosi de cohoro ubu bahabuki, funcehe adabure gebu faidabure ubu be kemuni neneme toktobuha songkoi icihiyaki sehebi, damu ere jergi niru aika siran siran i bošofi, gemu niru ilibuha niyalmai ahūn deo i juse omosi de bošobufi, oron tucike manggi, kemuni oron tucike niyalmai juse omosi de cohoro ubu bahabume ohode, niru ilibuha niyalma, niru enculebuhe niyalmai juse omosi elemangga niru akū be dahame, kemuni niru ilibuha niyalmai juse omosi de cohoro ubu bahabuki, oron tucike niyalmai juse omosi de adabure ubu bahabuki.

banjiha juse omosi banjiha ahūn deo amji eshen juse omosi ishunde hiyaganjame bošobuha jergi niru bošobure kooli

niru ilibuha niyalma de banjiha juse omosi bimbime, niru be niru ilibuha niyalmai banjiha ahūn deo i juse omosi, amji eshen i juse omosi, amji eshen mafa, amji eshen da mafa i juse omosi, jai goro mukūn booi durugan de sirabume muterakū urse de ishunde hiyaganjame bošobuha, jalan halame bošoho niru serengge, jalan halame bošoho niru, fujuri niru de duibuleci ojorakū, jalan halame bošoho niru sindara kooli de, niru bošoho niyalmai juse omosi de ubu bi, niru bošohakū banjiha ahūn deo i juse omosi de inu ubu akū, niru bošoho niyalmai juse omosi de gemu ubu bahabuci acara be dahame, ceni jalan i hanci aldangga be bodome, aika damu niru ilibuha niyalmai juse omosi teile bošoho, ceni ahūn deo amji eshen i juse omosi, jai mukūn i niyalma de emu mudan bošohakū niru oci, niru ilibuha niyalmai juse omosi de ubu hababuha kooli be dahame icihiyabureci tulgiyen, aika niru ilibuha niyalmai banjiha ahūn deo i juse omosi de bošobufi, oron tucici, oron tucike niyalmai juse omosi be sonjofi cohobuki, niru ilibuha niyalmai juse omosi i dorgici sonjofi adabuki, funcehe niru ilibuha niyalmai juse omosi, ere niru bošoho niyalmai juse omosi i dorgici sonjofi gebu faidabuki, oron tucike niyalma de eici enen juse akū ojoro, eici weile de nakabufi, juse omosi be nirui janggin sindara de dosimbuci ojorakū oci, ere niru umai ceni mafari i ilibuha niru waka be dahame, tesu gargan de udu gūwa juse omosi bihe seme cohoro ubu bahaburakū, adabure ubu bahabuki, niru ilibuha niyalmai juse omosi i dorgici cohobuki, ere niru be aika niru ilibuha niyalmai juse omosi de bošobufi, oron tucici, oron tucike niyalmai juse omosi be sonjofi cohobuki, ere niru bošoho banjiha ahūn deo amji eshen i juse omosi i dorgici sonjofi adabuki, niru ilibuha niyalmai juse omosi, ere niru bošoho niyalmai juse omosi i dorgici sonjofi gebu faidabuki, oron tucike niyalma, eici enen juse akū ojoro, eici weile de nakabufi, juse omosi be nirui janggin sindara de dosimbuci ojorakū oci, niru ilibuha niyalma de gūwa juse omosi bisire be dahame, kemuni niru ilibuha niyalmai juse omosi i dorgici birabume sonjofi cohobuki, aika juwe ilan niru be niru ilibuha niyalmai banjiha juse omosi de bošobufi, oron tucici, oron tucike niyalmai juse omosi be sonjofi cohobuki, oron tucike gargan de ne niru bošohongge bici, niru akū gargan i juse omosi i dorgici sonjofi cohobuki, ere niru bošoho banjiha ahūn deo amji eshen i juse omosi be sonjofi adabuki, funcehe niru ilibuha niyalmai juse omosi, ere niru bošoho niyalmai juse omosi i dorgici sonjofi gebu faidabuki, aika juwe ilan niru be gemu niru ilibuha niyalmai banjiha ahūn deo amji eshen i juse omosi de bošobufi oron tucici, ceni mafa umai niru ilibuha niyalma waka bime, ne geli niru bošoho be dahame, oron tucike niyalmai juse omosi de cohoro ubu bahabume banjinarakū, niru ilibuha niyalmai juse omosi be sonjofi cohobuki, ere niru bošoho banjiha ahūn deo amji eshen i juse omosi be sonjofi adabuki, funcehe niru ilibuha niyalmai juse omosi, ere niru bošoho niyalmai juse omosi i dorgici sonjofi gebu faidabuki, niru ilibuha niyalma de ne banjiha juse omosi bimbime, niru be booi durugan de sirabume muterakū goro mukūn i ursei juse omosi de bošobufi, oron tucici, kooli de gebu faidabure ubu bahabure be dahame, udu niru bošoho seme enteheme cohoro ubu bahaburakū, kemuni niru ilibuha niyalmai juse omosi, ere niru bošoho banjiha ahūn deo i juse omosi i dorgici birabume sonjofi cohobuki, niru ilibuha niyalmai banjiha amji eshen mafa, amji eshen unggu mafa i juse omosi i dorgi, ere niru be bošoho mudan bici, sonjofi adabuki, niru ilibuha niyalmai juse omosi, ere niru bošoho niyalmai juse omosi, ne oron tucike niyalmai juse omosi i dorgici sonjofi gemu gebu faidabuki, ere jergi nirui dorgi, aika damu emu gargan teile funcehengge oci, banjiha juse omosi i niru bošoho kooli songkoi icihiyabuki.

enen lakcaha niru hafan bošobure sirara kooli

niru ilibuha niyalma enen lakcafi, banjiha ahūn deo i juse omosi bici, niru bošoho bošohakū be bodorakū adali ubu bahabuki, banjiha ahūn deo akū oci, banjiha amji eshen i juse omosi i dorgi, niru bošoho bošohakū be bodorakū inu adali ubu bahabuki, ne niru bošoho enen lakcaha niyalmai banjiha ahūn deo, amji eshen i juse omosi i dorgi, damu emu gargan i teile funcehengge oci, banjiha juse omosi i niru bošoho kooli songkoi icihiyabuki, juwe ilan gargan oci, oron tucike niyalmai juse omosi be sonjofi cohobuki, ere niru bošoho niyalmai juse omosi be sonjofi adabuki, funcehengge be birabume sonjofi gebu faidabuki, niru ilibuha niyalmai banjiha amji eshen ahūn deo de juse omosi bimbime, niru be aika banjiha amji eshen da mafa i juse omosi de bošobufi, oron tucici, kemuni niru ilibuha niyalmai banjiha ahūn deo amji eshen i juse omosi i dorgici sonjofi cohobuki, ere niru bošoho niyalmai juse omosi be sonjofi adabuki, gebu faidabuki, aika niru ilibuha niyalmai banjiha ahūn deo i juse omosi emu mudan inu bošohakū, daci goro mukūn i ursei juse omosi de bošohoi jihe niru oci, ese udu niru bošohakū bicibe, gemu fukjin niru bošoho niyalmai banjiha ahūn deo i juse omosi, aika ubu bahabukarakū oci, turgun giyan de acanarakū be dahame, gebu faidabure ubu bahabuki, niru ilibuha niyalma de enen akū, banjiha ahūn deo amji eshen juse omosi de inu enen akū, damu banjiha amji eshen mafa i juse omosi de bošobuha niru oci, inu oron tucike niyalmai juse omosi be sonjofi cohobuki, niru akū gargan i dorgici birabume sonjofi adabuki, funcehengge be birabume sonjofi gebu faidabuki, aika juwe ilan niru be gemu emu gargan de bošobufi, oron tucici, geli oron tucike niyalmai juse omosi be sonjofi cohobume ohode, ubu neigen akū be dahame, niru akū i gargan dorgici birabume sonjofi cohobuki, adabuki, oron tucike gargan, funcehengge gargan, ere niru bošoho booi durugan de sirabume muterakū gargan i juse omosi be sonjofi gebu faidabuki,hafan niru ilibuha niyalma enen lakcafi, hafan niru be gūwa gargan de sirabuha amala, siran siran i sirafi, te

369

damu emu gargan funcehe, kemuni hafan niru siraha niyalma de afabufi, da hafan niru ilibuha niyalmai jukten be alifi enteheme lakcaburakū de isibume juktebuki.

ahūn deo sasa gaifi jihe niyalma be niru banjibufi bošobure kooli

ahūn deo sasa niyalma gaifi jihe niyalmai juse omosi de gemu ubu bi, fujuri niru, jalan halame bošoho niru turgun adali akū bicibe, niru bošoho turgun emu adali, ahūn deo sasa gaifi jihe niyalma be banjibuha jalan halame bošoho niru be, niru ahūn deo sasa gaifi jihe niyalma be banjibuha fujuri niru sindara kooli be dahame icihiyabuki, juwe ilan gargan oci, oron tucike niyalmai juse omosi be sonjofi cohobuki, funcehe niyalma gaifi jihe gargan, ya gargan de niru akū oci, niru akū gargan i juse omosi be sonjofi adabuki, ne niru bisire gargan i juse omosi be sonjofi gebu faidabuki, aika niru be gemu emu niyalami juse omosi de bošobufi, oron tucici, geli oron tucike niyalmai juse omosi de cohoro ubu bahabume ohode, ubu neigen akū be dahame, niru akū sasa gaifi jihe niyalmai juse omosi i dorgi birabume sonjofi emu gargan be cohobuki, emu gargan be adabufi, ne niru bošoho gargan juse omosi be sonjofi gebu faidabuki, aika juwe ilan duin gargan damu emu niru oci, oron tucike niyalmai juse omosi de cohoro ubu bahabuki, funcehe gargan i juse omosi be birabume sonjofi adabuki, gebu faidabuki, ne oron tucike niyalma de enen juse akū oci, kemuni tesu gargan i dorgici birabume sonjofi cohobuki, aika weile de nakabufi, juse omosi be nirui janggin sindara de dosimbuci ojorakū oci, enen akū niyalma de duibuleci ojorakū be dahame, tesu gargan de udu niyalma bihe seme cohoro ubu bahaburakū, adabure ubu bahabuki, gūwa niru akū sasa niyalma gaifi jihe gargan i dorgici birabume cohobuki, jai niyalma gaifi jihe niyalmai banjiha amji eshen mafa i juse omosi i dorgi, ere niru be bošoho mudan bici, adabure ubu bahabuki, ere niru bošoho booi durugan de sirabume muterekū, goro mukūn i juse omosi de gebu faidabure ubu hababuki, geli meni meni hontoho niru be acabufi, gulhun niru obufi, ne fusefi juwe niru ohongge bi, inu sasa gaifi jihe niyalma be banjibuha nirui adali, da hontoho niru bošoho niyalmai juse omosi de gemu ubu hababuci acara be dahame, ere kooli be dahame icihiyabureci tulgiyen, da hontoho niru bošoho niyalma de enen akū oci, banjiha ahūn deo i juse omosi i dorgi niru bošoho bošohakū be bodorakū,gemu adali ubu bahabure be dahame, meni meni hababuci acara ubu be gemu sasa gaifi jihe niyalma be banjibuha niru kooli songkoi icihiyabuki.

mukūn i teile urse be banjibuha jalan halame bošoho niru bošobure kooli

mukūn i teile urse be banjibuha jalan halame bošoro niru serengge, daci goro mukūn i ursei nirude kamcibuha amala, niru fusere de mukūn i manjusa tanggū haha jalukiyafi banjibuha niru, ceni mukūn i niyalma de gemu adali ubu bahabuci acara be dahame, ere jergi niru oron tucici, oron tucike niyalmai juse omosi be sonjofi cohobuki, ceni mukūn i ubu bisire ele niyalmai dorgici acara be tuwame birabume sonjofi adabuki, gebu faidabuki.

371

后　记

　　2011年秋季的一个中午，我正在国家清史编纂委员会的资料室看书，博士导师张永江教授来查阅资料，顺便问起我对博士学位论文的设想。我前一天正好读了松浦茂先生的《清代中期三姓之迁移与佐领的编成》一文，便提出不妨利用佐领世袭档案，把每个京旗佐领的根原、承袭情况做一个梳理，对研究八旗制度会有很大帮助。这一想法得到导师赞赏。此后我一边在中国第一历史档案馆、中国国家图书馆、东洋文库查阅文献，一边撰写论文。通过博士学位论文答辩后，我先后进入中国人民大学历史学院博士后流动站、中国社会科学院近代史研究所工作，学术兴趣有所变化，对博士论文的修改也时断时续。幸蒙研究室主任刘萍研究员不断督促，终于完成修改工作。

　　佐领虽然只是八旗的基层官员，但涉及很广泛的问题，从小处说，佐领档案可以修正两部《八旗通志》的错误，揭示世袭佐领群体的特点，探究家族甚至个体的命运；从宏观层面则可供考察八旗和满族共同体的形成等问题，对清王朝的所谓满洲特性的讨论也可以此为切入点。同为基层的清代州县已经得到了深入研究，而学术界特别是国内学术界对佐领的研究尚在起步阶段。所以世袭佐领堪称清史研究中的"富矿"，尚待有兴趣的学者挖掘。

　　如此丰富的内容，不可能全部纳入一本专著，加之笔者学力有限，拙著又是在博士学位论文基础上修改而成的，不免有错谬、生涩之处，至多算是抛砖引玉之作，望读者不吝赐教。

　　拙著的完成，要感谢我的博士导师张永江教授、硕士导师中央民族大学历史文化学院赵令志教授、师伯中国社会科学院近代史研究所刘小萌研究员，三位老师是我学术的引路人，每次与老师们探讨学问都使我获益匪浅，我的点滴成果和三位老师的教诲分不开。本科班主任雷虹霁教授的研究方向虽然不是清史、满族史，但她在我入学不久便要求我学满文，这一师教令我受益终身。此外还要感谢在我赴日进修期间给予我热心关照和指导的早稻田大学文学学术院柳泽明教授。拙著忝列"中国社会科学院青年学者文库"，亦是院、所领导专家对我的鼓励。责编陈肖寒博士精心编校，订正了书中不少舛误，在此一并感谢。

内子孟修一直鼓励、支持我，她的爱和包容是我学术之路的动力。

2024 年 8 月

图书在版编目（CIP）数据

八旗佐领承袭制度初探 / 关康著 . -- 北京：社会
科学文献出版社，2025.4. -- （中国社会科学院青年学
者文库）. -- ISBN 978-7-5228-5062-7

Ⅰ . D691.2

中国国家版本馆 CIP 数据核字第 2025A0307U 号

·中国社会科学院青年学者文库·历史考古研究系列·

八旗佐领承袭制度初探

著　　者 / 关　康

出 版 人 / 冀祥德
责任编辑 / 陈肖寒
责任印制 / 岳　阳

出　　版 / 社会科学文献出版社·历史学分社（010）59367256
　　　　　　地址：北京市北三环中路甲29号院华龙大厦　邮编：100029
　　　　　　网址：www.ssap.com.cn
发　　行 / 社会科学文献出版社（010）59367028
印　　装 / 三河市龙林印务有限公司

规　　格 / 开　本：787mm×1092mm 1/16
　　　　　　印　张：23.75　字　数：380 千字
版　　次 / 2025年4月第1版　2025年4月第1次印刷
书　　号 / ISBN 978-7-5228-5062-7
定　　价 / 98.00元

读者服务电话：4008918866